八閩文庫

要籍選刊

24

林文忠公政書

［清］林則徐 著

茅林立 林 湋 點校

海峽出版發行集團
THE STRAITS PUBLISHING & DISTRIBUTING GROUP
海峽書局

二〇一九年八閩文庫出版工程領導小組

組　長

梁建勇

副組長

楊賢金

成　員

施宇輝　馮潮華　賴碧濤　陳熙満
王建南　黄　誌　卓兆水　葉飛文
陳　强　林守欽　王秀麗　蔣達德

二〇二〇年八閩文庫出版工程領導小組

組　長

邢善萍

副組長

郭寧寧

成　員

施宇輝　馮潮華　賴碧濤　陳熙満
肖貴新　王建南　黄　誌　卓兆水
葉飛文　陳　强　林守欽　王秀麗
林義良

二〇二一年八閩文庫出版工程領導小組

組　長

張　彦

副組長

鄭建閩

成　員

林端宇　鄭家紅　顔志煌　黄國劍
許守堯　肖貴新　林　生　黄　誌
卓兆水　吴宏武　陳　强　張立峰
鄭東育　林義良　林　彬

八閩文庫總序

葛兆光　張帆

一

在傳統中國的文化史上，福建算是後來居上的區域。

經歷了東晉、中唐、南宋幾次大移民潮，浙、閩之間的仙霞嶺，早已不是分隔内外的屏障，而成了溝通南北的通道。歷史使得福建越來越融入華夏文明之中，唐宋兩代，特別是在「背海立國」的宋代，東南的經濟發達，海洋的地位凸顯，福建逐漸從被文明中心影響的邊緣地帶，成爲反向影響全國文明的重要區域。在七世紀的初唐，詩人駱賓王曾說「龍章徒表越，閩俗本殊華」（駱臨海集箋注卷二晚憩田家，陳熙晉箋注，上海古籍出版社一九八五年，第三六頁），前一句說的是華夏的衣冠對斷髮文身的越人没有用，後一句說的是閩地的風俗本來就與華夏不同，意思都是瞧不起東南。但是，到了十五世紀的明代中期，黄仲昭在弘治八閩通志序裏卻説，八閩雖爲東南僻壤，但自唐以來文化漸盛，「至宋，大儒君子接踵而出」，實際上它的文明程度，已經「可以不愧於鄒魯」（四庫全書存目叢書史部一七七册，齊魯書社一九九六年，第三六四頁）。

的確，自從福建在唐代出了第一個進士薛令之，而且晉江有歐陽詹，福清有王棨，莆田有徐夤、黄滔這些傑出人物之後，到了更加倚重南方的宋代，福建出現了蔡襄（一〇一二—一〇六七）、陳襄（一〇一七—一〇八〇）、游酢（一〇五三—一一二三）、楊時（一〇五三—一一三五）、鄭樵（一一〇四—一一六二）、林光朝（一一一四—一一七八）、朱熹（一一三〇—一二〇〇）、蔡元定（一一三五—一一九八）、陳淳（一一五九—一二二三）、真德秀（一一七八—一二三五）等一大批著名文人士大夫。這些出身福建或流寓福建的士人學者，大大繁榮和提升了這裏的文化，甚至使得整個中國的文化重心逐漸南移，也許，就像程頤説的那樣「吾道南矣」（宋史卷四二八道學楊時傳，中華書局一九七七年，第一二七三八頁）。也就是説宋代之後，原本偏在東南的福建，逐漸成了中國重要的文化區域。

不過，習慣於中原中心的學者，當時也許還有偏見。以來自中心的偏見視東南一隅的福建，那時福建似乎還是「邊緣」。雖然人們早已承認福建「歷宋逮今，風氣日開」

（黄虞稷閩小紀序，撰於康熙五年，續修四庫全書史部七三四册，上海古籍出版社二〇〇二年，第一二七頁），但有的中原士人還覺得福建「僻在邊地」。像北宋樂史的太平寰宇記，一面承認「此州（福州）之才子登科者甚衆」，一面仍沿襲秦漢舊説，稱閩地之人「皆蛇種」，並引十道志説福建「嗜欲、衣服，別是一方」（樂史太平寰宇記卷一〇〇江南東道一二，中華書局二〇〇七年，第一九九一頁）。所以，歷史上某些關於福建歷史、文化和風俗的著作，似乎還在以中原或者江南的眼光，特別留心福建地區與核心區域不同的特異之處，筆下一面凸顯異域風情，一面鄙夷南蠻鴃舌。但是從大的方面説，我們看到宋代以降，實際上福建與中原的精英文化越來越趨向同一，正如宋人祝穆方輿勝覽所説，「海濱幾及洙泗，百里三狀元」，前一句裏所謂「洙泗」即孔子故鄉，這是説福建沿海文風鼎盛，幾乎趕得上孔子故里；後一句裏「三狀元」是指南宋乾道年間福建登第的三個狀元，即乾道二年（一一六六）的蕭國梁、乾道五年的鄭僑和乾道八年的黄定，他們都是福建永福（今永泰）這個地方的人（祝穆新編方輿勝覽卷一〇，施和金點校，中華書局二〇〇三年，第一六三頁）。

文化漸漸發達，書籍或者文獻也就越來越多，福建文獻的撰寫者中不僅有本地人，也有流寓或任職於閩中的外地人。日積月累，這些文獻記録了這個多山臨海區域千年的文化變遷史，而八閩文庫的編纂，正是把這些文獻精選並彙集起來，爲現代人留下唐宋以來有關福建的歷史記憶。

二

福建鄉邦文獻數量龐大，用一個常見的成語説，就是「汗牛充棟」。那麽多的文獻，任何歸類或叙述都不免挂一漏萬。不過，我們這裏試圖從區域文化史的角度，談一談福建文獻或書籍史的某些特徵。

毫無疑問，中國各個區域都有文獻與書籍，秦漢之後也都大體上呈現出華夏同一思想文化的底色，但各區域畢竟有其地方特色。如果我們回溯思想文化的歷史，那麽，唐宋之後福建似乎也有一些特點。恰恰因爲是後來居上的文化區域，所以福建積累的傳統包袱不重，常常會出現一些越出常軌的新思想、新精神和新知識。這使得不少代表新思想、新精神和新知識的人物與文獻，往往先誕生在福建。衆所周知的方面之一，就是宋代儒家思想的變遷。應當説，宋代的理學或者道學，最初乃是一種批判性的新思潮，一些儒家士大夫試圖以屬於文化的「道理」鉗制屬於政治的「權力」，所以，極力强調

「天理」的絶對崇高，人們往往稱之爲道學或理學，也根據學者的出身地叫作「濂洛關閩之學」。其中，「閩」雖然排在最後，卻應當説是宋代新儒學的高峰所在，以至於後人乾脆省去濂溪和關中，直接以「洛閩」稱之（如清代張夏雒閩源流録），以凸顯道學正宗，恰在洛陽的二程與福建的朱熹，而道學最終水到渠成，也正是在福建。因爲宋代道學集大成的代表人物朱熹，雖然祖籍婺源，卻出生在福建，而且相當長時間在福建生活。他的學術前輩或精神源頭，號稱「南劍三先生」的楊時、羅從彦（一〇七二—一一三五）、李侗（一〇九三—一一六三），也都是南劍州即今福建南平一帶人，他的提攜者之一陳俊卿（一一一三—一一八六），則是興化軍即今莆田人，而他的最重要的弟子黄榦（一一五二—一二二一）是閩縣（今福州）人、陳淳是龍溪（今龍海）人。

正是在這批大學者推動下，福建逐漸成爲圖書文獻之邦。慶元元年（一一九五），朱熹在福州州學經史閣記中曾經説，一個叫常濬孫的儒家學者，在福州地方軍政長官詹體仁、趙像之、許知新等資助下，修建了福州府學用來藏書的經史閣，即「開之以古人敦學之意，而後爲之儲書，以博其問辨之趣」（朱文公文集卷八〇，朱子全書第二四册，上海古籍出版社、安徽教育出版社二〇一〇年，第三八一四頁）。宋代之後，經由近千年的日積月累，我們看到福建歷史上出現了相當多的儒家論著，也陸續出現了有關儒家思想的普及讀物。大家可以從八閩文庫中看到，這裏收録的不僅有朱熹、真德秀、陳淳的著述，也有明清學者詮釋理學思想之作，像明人李廷機性理要選、清人雷鋐雷翠庭先生自恥録等等，應當説，這些論著構成了一個歷經宋元明清近千年的福建儒家文化史。

三

説到福建地區率先出現的新思想、新精神和新知識，當然不應僅限於儒家或理學一系。更應當記住的是，從宋代以來，中國政治、經濟和文化的重心，逐漸從西北轉向東南，一方面由於中原文化南下，被本地文化激蕩出此地異端的思想，另一方面海洋文明東來，同樣刺激出東南濱海的一些更新的知識。

我們注意到，在福建文獻或書籍史上，呈現了不少過去未曾有的新思想、新精神和新知識。比如唐宋之間，福建不僅出現過譚峭（生卒年不詳）化書這樣的道教著作，也出現過像百丈懷海（約七二〇—八一四）、潙山靈佑（七七一—八五三）、雪峰義存（八二二—九〇八）那樣充滿批判性的禪僧，還出現過禪宗史上撰於泉州的最重要禪史著作祖堂集。又如明代中後期，那個驚世駭俗而特立獨行的李贄（一五二七—一六〇二），有人説他的獨特思想，就是因爲他生在各種宗教交匯融合的泉州，傳説他曾受到伊斯蘭教之影響，當然更因爲有佛教與心學的刺激，使他成了晚明傳統思想世界的反叛者。而另一個莆田人林兆恩（一五一七—一五九八），則是乾脆開創了「三一教」，提倡「三教合一」，也同樣成爲正統的政治意識形態的挑戰者。再如明清時期，歐洲天主教傳教士「梯航九萬里」，也把天主教傳入福建，特別是明末著名傳教士艾儒略（一五八二—一六四九）應葉向高（一五五九—一六二七）之邀來閩傳教二十五年，從而福建才會有「三山論學」這樣的思想史事件，也産生了三山論學記這樣的文獻，無論是葉向高，還是謝肇淛，這些思想開明的福建士大夫，多多少少都受到外來思想的刺激。最後需要特别提及的是，由於宋元以來，福建成爲向東海與南海交通的起點，所以，各種有關海外的新知識，似乎都與福建相關，宋代趙汝適撰寫諸蕃志的機緣，是他在泉州市舶司任職；元代汪大淵撰寫島夷志略的原因，也是他從泉州兩度出海。由於此後福州成爲面向琉球的接待之地，泉州成爲南下西洋的航線起點，因而福建更出現了像張燮東西洋考、吴樸渡海方程、葉向高四夷考、王大海海島逸志等有關海外新知的文獻，這一有關海外的知識史，一直延續到著名的林則徐四洲志。老話説「草蛇灰線，伏脈千里」，歷史總有其連續處，由於近世福建成爲中國的海外貿易和海上交通的中心，所以，這裏會成爲有關海外新知識最重要的生産地，這才能讓我們深切理解，何以到了晚清，福建會率先出現沈葆楨開辦面向現代的船政學堂，出現嚴復通過翻譯引入的西方新思潮。

甚至還可以一提的是，近年來福建霞浦發現了轟動一時的摩尼教文書，這些深藏在道教科儀抄本中的摩尼教資料，説明唐宋元明清以來，福建思想、文化和宗教在構成與傳播方面的複雜性和多元性。所以，在八閩文庫中，不僅收録了譚峭化書，李贄焚書、藏書續藏書，林兆恩林子會編等富有挑戰性的文獻，也收録了張燮東西洋考、趙新續琉球國志略等關係海外知識的著作，讓我們看到唐宋以來，福建歷史上新思想、新精神和新知識的潮起潮落。

四

在八閩文庫收録的大量文獻中，除了福建的思想文化與宗教之外，也留存了有關福建政治、文學和藝術的歷史。如果我們看明人鄧原岳編閩中正聲、清人鄭杰編全閩詩録收録的福建歷代詩歌，看清人馮登府編閩中金石志、葉大莊編閩中石刻記、陳棨仁編閩中金石略中收録的福建各地石刻，看清人黄錫蕃編閩中書畫録中收録的唐宋以來福建書畫，那麽，我們完全可以同意歷史上福建的後來居上。這正如陳衍（一八五六—一九三七）在閩詩録的序文中所説「余維文教之開，吾閩最晚，至唐始有詩人，至唐末五代中土詩人時有流寓入閩者，詩教乃漸昌，至宋而日益盛」（續修四庫全書集部一六八七册，第四一一頁）。可見，宋史地理志五所説福建人「多向學，喜講誦，好爲文辭，登科第者尤多」，「今雖閭閻賤品處力役之際，吟詠不輟」（杜佑通典州郡十二），真是一點兒不假。

清代學者朱彝尊（一六二九—一七〇九）曾説「閩中多藏書家」（曝書亭集卷四四淳熙三山志跋，四部叢刊初編集部二七九册，上海書店一九八九年，第六〇一頁）。千年以來的人文日盛，使得現存的福建傳統鄉邦文獻，經史子集四部之書都很豐富，翻檢八閩文庫，就可以感覺到這一點，這裏不必一一叙説。需要特别指出的是，福建歷史上不僅有衆多的文獻留存，也是各種書籍刊刻與發售的中心之一。福建多山，林木葱蘢，具備造紙與刻書的有利條件，從宋元時代起，福建就成爲中國書籍出版的中心之一。宋元時代福建的所謂「建本」或「麻沙本」曾經「幾遍天下」（葉夢得石林燕語卷八，侯忠義點校，中華書局一九八四年，第一一六頁），更有所謂「麻沙、崇安兩坊産書，號稱『圖書之府』」的説法（新編方輿勝覽卷一一，第一八一頁）。版本學家也許將它與蜀本、浙本對比，覺得它並不精緻，但是，從書籍流通與文化貿易的角度看，正是這些廉價圖書，使得很多文化知識迅速傳向中國四方，也深入了社會下層。淳熙六年（一一七九），朱熹在建寧府建陽縣學藏書記中曾說到，「建陽版本書籍行四方，無遠不至」，可當時嘉禾縣學居然藏書很少，「學於縣之學者，乃以無書可讀爲恨」，於是一個叫姚耆寅的知縣，就「鬻書於市，上自六經，下及訓傳、史記、子、集，凡若干卷以充入之」。當地刊刻的書籍，豐富了當地學者的知識，也增加了當地文獻的積累，甚至扭轉了當地僅僅重視「卅備所誦科舉之業」的風氣（朱文公文集卷七八，朱子全書第二四册，第三七四五頁），這就是一例。到了清代，汀州府成爲又一個書籍刊刻基地，近年特別受到中外學者注意的四堡，就是一個圖書出版和發行中心，文獻記載這裏「以書版爲產業，刷就發販，幾半天下」（咸豐長汀縣志卷三一物產）。所以，美國學者包筠雅（Cynthia J. Brokaw）文化貿易：清代至民國時期四堡的書籍交易（劉永華、饒佳榮等譯，北京大學出版社二○一五年）就深入研究了這個位於汀州府長汀、清流、寧化、連城四縣交界地區的客家聚集區的書籍事業，繼承宋元時代建陽地區（如麻沙）刻書業，這裏再一次出現中國書籍出版史上佔據重要位置的福建書商群體。

可以順便提及的是，福建刻書業也傳至海外。福建莆田人俞良甫，元末到日本，由九州的博多上岸，寓居在京都附近的嵯峨，由他刻印的書籍被稱爲「博多版」。據説，俞氏一面協助京都五山之天龍寺雕印典籍，一面自己刻印各種圖書，由於所刊雕書籍在日本多爲精品，所以被日本學者稱爲「俞良甫版」。

從建陽到汀州，福建不僅刊刻了精英文化中的儒家九經三傳、諸子百家以及文選、文獻通考、賈誼新書、唐律疏議之類的典籍，也刊刻了很多大衆文化讀本，諸如西廂記、花鳥争奇和話本小説。特别在明清兩代書籍流行的趨勢和作爲商品的書籍市場的影響下，蒙學、文範、詩選等教育讀物，風水、星相、類書等實用讀物，小説、戲曲等文藝讀物，在福建大量刊刻。如果我們不是從版本學家的角度，而是從區域文化史的角度去看，這種「易成而速售」（石林燕語卷八，第一一六頁）的書籍生産方式，使得各種文獻從福建走向全國甚至海外，特别是這些既有精英的、經典的，也有普及的、實用的各種知識的傳播，是否正是使得華夏文明逐漸趨向各地同一，同時也日益滲透到上下日常生活世界的一個重要因素呢？

五

八閩文庫的編纂，當然是爲福建保存鄉邦文獻，前面我們説到，保存鄉邦文獻，就是爲了留住歷史記憶。

這次編纂的八閩文庫，擬分爲三個部分。第一部分是「文獻集成」，計劃選擇與收録唐宋以來直到晚清民初的閩人各種著述，以及有關福建的文獻，共一千餘種，這部分採取影印方式，以保存文獻原貌。這是八閩文庫的基礎部分，按傳統的經史子集四部分類，這是爲了便於呈現傳統時代福建書籍面貌，因而數量最多；第二部分是「要籍選刊」，精選一百三十餘種最具代表性的閩人著述及相關文獻，以深度整理的方式點校出版，不僅爲了呈現歷代福建文獻中的精華，也爲了便於一般讀者閱讀；第三部分則爲「專題彙編」，初步擬定若干類，除了文獻總目之外，還將包括書目提要、碑傳集、宗教碑銘、官員奏折、契約文書、科舉文獻、名人尺牘、古地圖等，我們認爲，這是以現代觀念重新彙集與整理歷史資料的一個新方式，它將無法納入傳統的四部分類，卻是對理解福建文化與歷史至關重要的文獻，進行整理彙集，必將爲研究與理解福建，提供更多更系統的資料。

經歷幾年討論與幾年籌備，八閩文庫即將從二〇二〇年起陸續出版，力爭用十年時間，經過一番努力，打下一個比較完備的福建文獻的基礎。

當然，不能説八閩文庫編纂過後，對於福建文獻的發掘與整理就已完成。八閩文庫僅僅是我們這一兩代人的工作，還有更多或更深入的工作，在等待著未來的幾代人去努力。無論從舊材料中發現新問題，還是以新眼光發現新材料，都是建立在前人的基礎上，而又對前人的工作不斷修正完善的過程。還是朱熹寫給陸九齡的那句廣爲流傳的老話：「舊學商量加邃密，新知培養轉深沉。」用舊的傳統融會新的觀念，整理這些縱貫千年的歷史文獻，也就無論「人間有古今」了。

八閩文庫要籍選刊出版説明

福建自唐代以降，名家輩出，著述繁興，流傳千載，聲光燦然。遺存之文獻，多可彰顯福建歷史發展脈絡，展示前賢思想學術及文學藝術成就，爲研究福建區域文化之基本典籍。八閩文庫「要籍選刊」擇取重要之閩人著作及相關福建文獻百數十種，予以點校。其中具備條件者，將採用編年、箋注、校證等方式整理。諸書略依經史子集分部編次，陸續出版。

二〇二一年八月

整理說明

林則徐（一七八五—一八五〇）字元撫、少穆，晚號竢邨老人，謚文忠，福建侯官（今福州）人，中國近代杰出的政治家。林則徐嘉慶十六年（一八一一）成進士，嘉慶十九年（一八一四）在翰林院任編修，嘉慶二十五年（一八二〇）開始任外官，先後任江南監察御史、浙江杭嘉湖道、江蘇按察使、陝西按察使、湖北布政使、河南布政使、江寧布政使、東河河道總督、江蘇巡撫、湖廣總督、兩廣總督、署理陝甘總督、陝西巡撫、雲貴總督等職，兩次出任欽差大臣，歷官十四省，長達三十年，經歷了嘉慶、道光、咸豐三朝，特别是出任欽差大臣及任職兩廣期間，領導的禁煙運動和抗英鬥争，奠定了林則徐民族英雄、近代中國開眼看世界第一人的歷史地位。

林則徐一生留下大量的奏摺、奏片、公牘和譯稿，僅奏摺、奏片，林則徐全集就收入一一三八件，這些文獻真實反映了清嘉慶、道光年間政治、經濟、財政、外交、民族、社會治理、民生建設等方面的内容，是研究清代社會的重要史料，極具歷史價值。林則徐的奏摺、奏片主要保留在清宫檔案之中，有奏摺原件和軍機處録副文件，還有就是私家保存的奏稿。林文忠公政書就是林氏後裔將林家保存奏摺底稿的彙編，它出版於清光緒年間，收入林則徐奏稿一百五十一篇，分東河、江蘇、湖廣、使粵、兩廣、陝甘、雲貴奏稿七個部分，其中東河奏稿一卷六篇，江蘇奏稿八卷三十六篇，湖廣奏稿五卷十九篇，使粵奏稿八卷，合兩廣奏稿四卷，計五十八篇，陝甘奏稿一卷五篇，雲貴奏稿十卷三十三篇。從這些奏稿可知，其收入的都是林則徐任督撫或欽差大臣時上奏文件，除去擬稿、翻譯鈔録夷禀夷信九篇，約占林則徐存世奏摺、奏片總量的八分之一。從林文忠公政書可以看出，這部書是林則徐奏稿的彙編本。從政書所選的奏稿看，可見林則徐的基本工作情況，反映其經歷的重大歷史事件和基本政治觀點。這些奏摺涉及治水、錢糧、賑灾、蠲緩、捐輸、科舉、漕運、鹽務、緝私、禁煙、國防、案問、戡亂、礦務、察吏等方面，内容豐富，具有代表性。相較於林則徐的全部奏摺，政書算是個精編本，幾乎囊括林則徐所有重要的奏稿，普通讀者通過這部彙編，基本能够瞭解林則徐的政治生涯、政治作爲和政治主張。毫不夸張地説，這是林則徐奏稿最簡潔明了的彙編本。

相對林則徐奏稿的全編本和其他彙編本，林文忠公政書有如下特點：一、以林則徐主要任職分類，比較清晰地看出林則徐各個任職之内的主要工作及其作爲；二、同樣的工作，仍按任職分散各卷，如治水，既見於東河奏稿，也見於湖廣奏稿；又如禁煙，既見於湖廣奏稿，也見諸使粵、兩廣奏稿；再如戡亂，既有陝甘番務，也有雲南回務；分别看待可知不同時期的具體情況，綜合來看可見林則徐政治全貌；三、彙編詳略相宜，如東河奏稿因林則徐任職時間短，僅收一卷；禁煙事在使粤和兩廣任職期間，合計十二卷，爲全書收文最多者，這和林則徐的歷史貢獻是相符的；四、重要奏稿爲本書獨有，爲後來選本不能或缺，如江蘇陰雨連綿田稻歉收情形片，是體現林則徐重民思想的重要文獻；又如籌議新漕事宜摺、籌辦通漕要道摺、覆奏遵旨體察漕務情形通盤籌畫摺、整頓鹺務摺爲林則徐漕務、鹽政思想的重要文件；又如錢票無甚關礙宜重禁喫煙以杜弊源片，是林則徐禁煙思想的重要文件，清宫檔案尚未見原摺及録副檔案，林文忠公政書收録尤爲重要；五、部分奏摺原始檔案鈔録從略，而林文忠公政書收録齊全，如設法銷疏淮引片，政書保存齊全者便於補充正式檔案的不足。林文忠公政書是林則徐集出版之前，林則徐奏稿的最大彙編，是一個時期人們瞭解林則徐的重要資料。

當然，由於成書較早，林文忠公政書也有不足之處：其一，相比較於後來出版的林則徐集、林則徐全集、清宫林則徐檔案滙編收入奏摺，林文忠公政書所收奏稿較少；其二，出於當時人編文集的慣例，奏稿責任人基本删去，僅從題由開始；奏稿涉及一些人事，因時代較近，人名往往删去，僅留姓氏；個别文件做了删節處理；其三，因爲是作者底稿，並非正式文件，部分數字及内容與正式文件有出入；其四，因爲雕版原因，内文篇名與目録並不完全相同，目録僅僅具有提示、查找的意義。

針對上述情況，本次整理點校，一、考慮再版林文忠公政書在林則徐全集之後，其主要價值在於版本原貌，因而只按規範對林文忠公政書做現代標點，對原版異體、避諱字以及外國人名地名加「口」旁，稱地方暴動爲「匪」，以及李元度林文忠公事略對太平天國運動的所有評述，一律不改，盡量保存原貌；二、奏稿原有題由，文件標題均爲彙編者根據内容擬定，林文忠公政書擬題言簡意賅，但未必全面反映内容，而今人彙編，也是重新擬題，因而標題一仍其舊，不做改動；三、林文忠公政書原無卷次細分，如江蘇奏稿無卷一、卷二之别，除目録外，甲集、乙集等及各卷均不列標題，爲方便閲讀，編者特列出集、卷標識，眉題亦標明卷次；四、原稿删去的責任人及稿中删去人名，據清宫檔案記載，以校記的方式注出；五、不同於正式上呈的奏摺的人名、地名和數字，也根據正式檔案文件，以校記形式注出；六、根據清宫檔案記載，盡量在校記中註名各奏稿的上奏時間；校記不一一點明「根據清宫檔案」。

此次整理，由茅林立負責點斷整理，撰寫校記，林漧負責校對。限於水平，點校難免舛错，敬請讀者批評指正。

茅林立

二〇二一年五月三十一日

林文忠公事略

平江李元度譔

道光三十年春，文宗皇帝既嗣服，下詔求賢。時太子太保、雲貴總督侯官林公方引疾家居，大學士潘公世恩、尚書杜公受田交章以公應詔奉召入都。未即至，九月上以粵逆洪秀全等稔亂，特命公爲欽差大臣馳赴廣西督勦。尋命署廣西巡撫事。公故嘗督粵，威惠著聞中外，想望丰采。至是，力疾出粵，民額手相慶，賊黨散大半。洪秀全懼，謀遁入海。十一月，公行次潮州薨。遺疏入，上震悼，優詔議卹，賜祭葬，予謚文忠。自公薨後，軍民失所倚，賊寖不可制。未幾，踰嶺涉湘，絶長江，踞金陵爲窟穴，蹂躪遍天下。又十四年，竭海内全力廑乃克之。論者謂生靈多阨，致天不憖遺，使得假公數年，賊不足平矣。然公之身繫天下安危者尤不始此也，先是，公總督湖廣時，鴻臚卿黄君爵滋疏請禁鴉片以塞漏卮，有旨下中外大臣議。公條上利害，深切著明，宣廟嘉焉。十八年冬，命以欽差大臣，蒞廣東查辦海口事務。明年，補兩廣總督。公宣諭德威，繕守備，於虎門各海口添建礮臺，設木桴鐵索，奏移高廉道駐澳門，撥隸水師，資控馭。時通商之國以十數，咸傾心受約束，惟嘆咭唎持兩端。九月，夷目義律等以索食爲名糾師船犯尖沙嘴。公遣參將賴恩爵擊走之，斷其接濟。尋六犯海口，皆受懲創。義律潛赴澳門倩西洋夷目遞說帖求轉圜。公以其言未可信，奏請相機勦撫，並請敕福建、浙江、江蘇諸督撫嚴防各海口，復奏停其貿易。嘆人屢撼之不動，則大懼，既以粤之無隙可乘也，乃改圖犯浙，陷定海，掠甯波，沿海騷動。在事者莫能折衝禦侮，爭歸咎公，因中傷之。事垂成而敗，代者至，悉反公所爲，恐和議之不速成也，撤公所設各隘兵以媚之。嘆人遂徑犯粤城。公知事不可爲，具遺疏以待圜解。命以四品卿銜赴鎮海軍營效力，尋謫戍伊犂。海疆事自此益棘。王相國鼎、湯協揆金釗至以死生去就爭之，卒爲忌者所持，不能得冋。令公得始終其事，決裂不至此。公之爲天下重也可勝道哉！

公諱則徐，字元撫，一字少穆，晚號竢村老人。父賓日，歲貢生，家貧力學，以經術掖後進，有子三，公其次也，生警敏，長不滿六尺，英光四射，聲如洪鐘，每劇談，隔舍數重聆之輒了了。年十三，郡試冠軍，補弟子員。二十舉於鄉，就某邑令記室。閩撫張公師誠見所削牘，奇之，延入幕。嘉慶十六年公年二十有七成進士，選庶吉士，派習國書，授編修，益究心經世學，雖居清秘，於六曹事例因革、用人行政之得失，綜核無遺，識者知爲公輔器矣。典江西、雲南鄉試，分校己卯會試，咸得士。二十五年補御史，海寇張竇投誠後累官副將，至是擢總兵。公慮其愈驕蹇不可制也，疏劾之。仁宗韙其言，授杭嘉湖道，修海塘，興水利，士民德之。會聞父病，既引疾，不待命馳歸。道光二年授淮海道。明年，擢江蘇按察使，決獄平恕，民頌之曰林青天。尋丁母憂。明年，奉旨赴南湖督修隄工。工竣，仍回籍。六年夏，命署兩淮鹽政，以未終制辭，不拜。七年，按察陝西，遷江甯布政。父憂歸。濬福州西湖以惠桑梓。十年夏，補湖北布政使。尋調湖南〔一〕。十一年，復調江甯，遂擢東河總督。疏辭。優詔不許。尋奏言稭料爲河工第一弊端，其門垛、灘垛、併垛諸名目，非抽拔折視難知底裏，已將南北十五廳各垛逐查，抗弊者察治。得旨：「向來河臣查驗料垛，從未有如此認真者。」十二年春，調江蘇巡撫。吳中洊饑，公奏免逋糧，籌賬卹，清釐各屬交代，盡結京控諸獄，昧爽視事，夜過半方息，數年如一日焉。會考績，疏言：「察吏莫先於自察，必將各屬大小政務逐一求盡於心，然後能舉以驗屬吏之盡心與否。若大吏之心先未貫徹於此事之始終，又何從察其情僞？臣惟恃此不敢不盡之心，事事與屬僚求實際耳。」公此言蓋生平得力處也。先是，公在江藩任內，以各屬水災，建議倡捐煮賬，資送留養，收孩瘞棺，捐衣勸糶，養佃典牛，借耔種，禁燒鍋，凡十二則，經江督陶公澍奏行，至是事竣，在事者得獎敘，公之爲臬司也，奉詔綜辦三江水利，以憂歸。嗣經陶公奏允孟瀆、劉河分年籌辦。至是孟瀆工竣，公以劉河爲三江之一，於墊尤甚，請勘辦。從之。又言江蘇錢漕倍他省，其中有緩有急，有舊有新，勢難一律，清款與其漫無區別，徒令剜肉補瘡，莫若專嚴於提新，而暫緩於補舊，新款果能全解，是州縣無新虧而舊欠亦可冀彌補。得旨：「竭力爲之。」江南人文甲天下，鄉試恆萬六七千人，入鏁院時竭一晝夜之力不能畢，有擁擠仆斃者。公創設信礮，立燈牌，陰以兵法部勒之，日晡而畢。十七年春，擢湖廣總督。荆襄苦水患，歲以爲常。公修築堤工，躬自監視，奏籌襄陽等屬監務緝私事宜，及辰沅道屬苗疆屯務事宜。皆如議行。尋疏報南北兩省拏獲奸民興販鴉片各情形。璽書褒美。又以江、漢安瀾請列漢神於祀典。從之。十八年冬入覲，賜紫禁城騎馬，遂有粵東之命。公之在粵也，奏虎門收繳𠹭咭唎躉船鴉片已十逾其八。得旨褒敘。及奏請剿撫兼施，手敕報曰：「既有此番舉動，若再示柔弱，則大不可。朕不慮卿等孟浪，但誡卿等不可畏葸。先威後德，控制之良法也。」尋請停貿易，又諭曰：「該夷自外生成，是彼曲我直，中外咸知，尚何足惜！」公前後所陳皆稱旨，爲忌者所中傷，卒不安其位而天下自此多故矣。公議戍時河決開封，首輔王公鼎出視工，疏留公督辦。工成，仍就戍。有門下士官於陝，迎謁公，竊爲不平，見公談笑自若，不敢言，退謁鄭夫人曰：「甚矣此行也！」夫人曰：「子毋然。朝廷以汝師能，舉天下大局付之，今決裂至此，得保首領，天恩厚矣。臣子自負國耳，敢憚行乎？」公在塞外，奉命勘辦開墾事宜，親歷庫車、阿克蘇、烏什、和闐、喀什噶爾、葉爾羌及伊拉里克、塔爾納沁等城，縱橫三萬餘里，水利大興。稍暇，則以筆墨自娛。公書具體歐陽，詩宗白傅，在官事無巨細，必躬親。家居必熟訪民間利病，白諸當道。求題詠者雖踵接，不暇應也。至是，始得肆意，遠近爭寶之。伊犁爲塞外大都會，不數月，縑楮一空，公手蹟徧氷天雪地海中矣。二十五年秋賜環，以四五品京堂用。十一月，命署陝甘總督，會野番肆刼，先飭鎮將，防護馬廠。時承平久，營政弛，公出按邊，命演巨礮，舉營無知者。一老卒能之，公立授以官，士氣爭奮。尋勦捕番族及漢奸殆盡。明年，授陝西巡撫。關中旱，民不能耕，爭殺牛以食。公曰：「如此則來歲又饑也。」飭官爲收牛，償其值，勸富民質牛，予以息，次年乃大有秋。二十七年，遷雲貴總督。滇中漢回搆釁垂數十年，焚殺無虛日，議者各有所袒，莫能決。公至諭之曰：「止分良莠，不分漢回。」適回民丁燦廷赴京疊控漢民沈正達等，有司提犯解訊，保山民糾衆奪犯，燬官署，搜殺回戶并抗拒鎮道兵。公提兵出勦，途次聞趙州之彌渡有客回句土匪滋事，遂就近勦彌渡，破其柵，殲匪數百。保山民股栗，縛犯迎師。公召漢回父老，各諭以恩信，復乘勢搜獲永昌、順甯歷年拒捕戕官諸匪，寘諸法。得旨：加太子太保，賞戴花翎。引疾歸，滇人繪像以祀。家居倡驅夷議，大忤當事。外夷方爲斂迹，而當事思中傷之。會璽書召用，讒者乃止。時方以西洋爲憂，後進咸就公請方略。公曰：「此易與耳，終爲中國患者，其俄羅斯乎？吾老矣，君等當見之。」然是時俄人未交中國者數十年，聞者惑焉。公之薨於行臺也，易簀時呼「星斗南」者三，年六十有六。

公服官江南最久，以吳民苦賦重，講求漕政不遺餘力。在粤時中旨詢江南漕務，公條舉四端，曰本原，曰補救，曰本原中之本原，曰補救中之補救。宣宗襃許，擬俟粤東事畢，次第施行。文宗之召公也，將使籌畿輔水利，即公前疏所謂本原中之本原者也。以二聖知公之深，任公之重，以公報國憂民之心一往無所郤顧，而卒不果行，惜哉！然公於政事無所不盡心而其尤關天下治亂之數者，則以辦夷務，剿粤寇二者爲最鉅，而皆齎志以終，此海内士大夫，下及婦人孺子聞公薨所由太息流涕，其爲天下惜者也。公天性孝友，事事以養志顯親爲念，自奉儉而資助族戚，歲必數千金，尤愛士，所至必擇其秀異者召入官署，勖以學行，家居凡族姻中子弟讀書者，約期治膳，集而課之，曰「親社」。性聰察，摘伏如神，馭左右嚴，每黑夜潛行，躬自徼察，無敢因緣爲奸，然待人以恕，接人以誠，人咸樂爲之用。與人言，必令反覆詳盡得達其情；道人善，孜孜若不及。善飲喜弈，服官後皆郤弗御，好勤動，與處數十年者未嘗見其袖手枯坐也。咸豐元年滇撫請祀雲南名臣祠，陝撫據輿情入告，請建專祠。報可。子汝舟，官編修；聰彝，浙江知府；拱樞，刑部郎中。

校記：

〔一〕據清史列傳、清史稿本傳，應是「河南」誤。

林文忠公政書總目

林文忠公政書目録

甲集

乙集

丙集

雲貴奏稿卷六

雲貴奏稿卷七

雲貴奏稿卷八

雲貴奏稿卷九

雲貴奏稿卷十

甲集

東河奏稿一卷

補授河督謝恩並陳不諳河務下忱摺〔一〕

奏爲恭謝天恩並瀝陳不諳河務，惶悚恐懼下忱，仰祈聖鑒事。

竊臣於十月十九日奉兩江督臣陶澍行知准吏部咨：「欽奉上諭：河東河道總督員缺著林則徐補授，即赴新任，毋庸來京請訓。等因。欽此。」臣謹即恭設香案，望闕叩頭，虔謝天恩。伏念臣以至愚極闇之資，仰蒙聖主鴻慈，用至藩司，由河南調任江甯，甫經兩月，正恐未能稱職，時切冰兢，茲復渥荷恩綸，擢畀總河重任。臣自顧何人，疊膺隆遇，雖捐縻頂踵，不足仰答高深，感激涕零，莫能言狀。惟思河工脩防要務，關繫運道民生最爲重大，河臣總攬全局，籌度機宜，必須明曉工程，胸有把握，始能釐工剔弊，化險爲平，而道、將、廳、營皆得聽其調度，非分司防守之員事有稟承者可比。臣先由翰林、御史外擢浙江杭嘉湖道，本未經習河工。迨道光二年奉旨補授江南淮海道，雖有兼河之責，但自是年十二月二十四日到任，至次年正月初七日即已蒙恩升授江蘇臬司，計在任不及一月，又值歲暮停工之際，不特河防形勢未及講求，即土埽各工作法亦未目覩。至五年閒，奉旨赴高家堰催工，爲時約有數月，而所見祇係砌石，所司祇係督催，竝未經手工程，於河務仍屬閡隔。今若驟膺總河重任，既不明於形勢，即不審於機宜，縱使趕緊研求，已屬緩不及事。且河工尤以杜弊爲亟，必先周知其弊，乃可嚴立其防。臣具有天良，固不敢不認真稽察，然能自矢不欺之念，終無不受人欺之明。平時未曉工程，難瞞通工耳目，若莅任之始，措置有乖，狡獪之徒即皆生心嘗試。況河工事務與地方不同。地方有利當興，有害當除，所見未真，可待從容察看，縱一時一事受人朦蔽，而挽迴補救，猶可徐圖。河工事多猝來，計不旋踵，苟胸無定見，一事被朦，毫釐之差，即成千里之謬。若以爲盡不可信，動輒駮飭，則又恐是非顛倒，緩急混淆。設或猝遇險工，束手無策，游移牽掣，致失機宜，彼時即將臣從重治罪，在臣之一身固不足惜，而糜帑病民，貽誤河防大計，上何以對君父，下何以對生靈？一念及此，不勝股慄。此臣所以輾轉思維，有必須量而後入，不敢貿然從事者。古稱陳力就列，又云學而後入政。臣於地方政務，雖亦力所難勝，究曾學習十年，尚冀勉圖報效。若河工全未諳悉，何以設施？聖明之前，萬不敢有一毫欺飾，與其將來貽悮，莫若據實瀝陳。伏乞皇上格外垂慈，鑒其愚昧，俯允將河東河道總督一缺另賜簡放，以重河防。此時幸在霜降水落之後，前任河臣嚴烺尚未離任，仍可候旨遵行。

再，臣先經督臣陶澍傳奉諭旨，總司江北賑撫事宜，飭往災區周歷履勘。臣遵即先赴附近省城各縣往來稽查，仍聽候督臣委員代理藩司事務。旋經督撫臣奏明，「飭俟鹽巡道葆謙提調文闈事竣，將藩署事件移交代印代行，再往淮揚查勘」等因。臣於災務事宜業經頒發章程，正在移交出省。茲江甯藩司一缺已蒙簡放有人，臣無署中兼顧之事，更可專心賑務，藉以勉竭駑駘。現仍欽遵前奉諭旨，周歷淮揚一帶查勘督辦，斷不敢稍圖暇逸，自外生成。

所有微臣感激悚懼下忱，不揣冒昧，謹據實具奏，叩謝天恩，伏乞皇上聖鑒訓示。臣無任戰慄屏營惶恐待命之至。謹奏。

校記：

〔一〕此稿道光十一年十月十九日具奏，時林則徐在江寧布政使任。

接篆謝恩摺〔一〕

奏爲恭報微臣接篆日期，叩謝天恩，仰祈聖鑒事。

竊臣恭荷恩綸，擢任東河河督，當經具摺虔謝天恩。嗣由江南起程，遵旨即赴新任，復經恭摺奏報在案。兹於山東途次接奉硃批：「一切勉力爲之，務除河工積習，統歸誠實，方合任用盡職之道。朕有厚望於汝也。慎勉毋忽。」欽此。又於夾片内奉硃批：「當今外任官員，清慎自矢者固有其人，而官官相護之惡習牢不可破，此皆係自顧身家之輩，因循苟且，尸禄保身，甚屬可惡！記曰：官先事，士先志。其可忽諸！」欽此。臣跪讀之下，仰見皇上設誠務實，澄叙官方，訓誡諄諄，要在挽回積習。臣雖愚昧，具有天良，每念一介寒微，渥被聖明知遇，苟志存温飽，念重身家，是已失讀書致用之本心，更何以仰酬君上？是以臣受恩愈重，悚懼愈深，夙夜捫衷，惟矢此不敢欺之一念，任難勝而心務盡，才未逮而守必嚴。且近閲邸抄，伏讀上諭：「各直省督撫，宜潔己奉公，尤須正色率下。倘正己而不能率屬，則是形同木偶，於地方有何裨益？」等因。欽此。聖諭煌煌，不至爲明切。况河工積習尤所熟聞，將欲力振因循，首在破除情面。臣惟有自持刻苦，不避嫌，以防意者防川，以糾心者糾吏，務冀弊除帑節，工固瀾安，以仰副聖主委任提撕之至意。現於十二月初七日行至鄒縣地方，准前任河臣嚴烺飭委署臣標中軍副將穆奠邦、運河同知朱長垣，恭齎河東河道總督關防移交前來。該處距任所六十里。臣即於是日至署，恭設香案，望闕叩頭，恭謝天恩，祇領任事。所有應辦一切事宜，容臣查覈案卷，悉心講求，周歷履勘，隨時奏請訓示遵行。

所有到任日期，除恭疏題報外，理合繕摺具奏，伏乞皇上聖鑒。謹奏。

校記：

〔一〕此摺道光十一年十二月初七日具奏。

驗催運河挑工竝赴黄河兩岸查料摺〔一〕

奏爲驗催運河挑工，統計已完六分，現仍督飭儹辦，臣即赴黄河兩岸查料勘工，恭摺奏祈聖鑒事。

竊照東省運河挑工，截至正月初六日，已辦三分有餘，經臣於奏報摺内聲明親往驗催。旬餘以來，周歷沿河工次，南至滕汛之十字河一帶，北至汶上等汛塘長各河挨次履勘。凡已經挑完工段，除出土外，其鏨鑿大塊堅冰，纍纍山積。詢之土人，僉稱歷年河凍，未見如今年之厚，是以挑工之費力，器具之損傷，亦較往年加至數倍。臣目覩現挑之處，先須鑿起兩三層冰塊，或將凍土打鬆，然後得施畚挶。及至挑動之後，不免滲水，雖經隨挑隨戽，而隔夜即又凍結。昨已節交雨水，河冰尚在堅凝，其貼邊墊壓之積弊，因土凍不能膠黏，已無所施其伎。臣當將所挑寬深尺寸逐段丈量，驗其灰印誌樁，均相符合，尚無偷減情弊。惟沿堤出土之路，漸被泥漿拋撒，逐條凍積，名曰泥龍，往往工段挑完而泥龍尚未除淨。雖據各汛員弁禀稱，向係全工完後一律起除。但日積日多，挑運更爲費事，且一經春雨，更恐沖入河心。臣復嚴飭工員押令夫役，凡挑完一段即起淨一段泥龍，其已挑未淨之處，官差夫頭均先量予懲責。並因鉅嘉汛主簿督挑工內有稍偏於東岸之處，雖量明丈尺無差，並非弊竇，但不居中挑空，側注一邊，則靠西淺處，誠恐日久積淤，河身遂窄，不可不防其漸。現值儧工緊急之際，臣先將該汛主簿徐恂摘去頂帶，責守督夫加挑，展寬丈尺，務使一律均勻。俟工竣時查驗，如果協宜，給還頂帶。倘不如式，立即咨革示儆。茲截至正月二十一日，統計各汛挑有六分工程。此後天氣融和，施工自易爲力。

臣因黄河各廳購辦料物，亟應親往查驗，並有督催土工，勘辦春廂事宜，均難延緩，即於拜摺後由濟起程，前赴豫東黄河兩岸周歷履勘。惟查歷届驗料，往返不過半月，臣於河務未能諳悉，必得將各工形勢細加體察，諮訪研求，每到一工，即不敢忽略走過。且思料物爲修防根本，果皆堆垛結實，防險當自裕如，若查料之時稍任以虚作實，以舊作新，則冒項誤工，即無有甚於此者。臣惟有細加拆驗，計束稱斤，總當從實從嚴，不敢稍爲將就。但歲添兩料共有七千餘垛之多，逐一親查，即不免多需時日。其運河未完挑工，一時不及兼顧，惟當責成運河道往來量驗，並督飭廳營汛閘，妥速儹挑。現在只餘四分工程，自可依限全完，不悮啟壩鋪水。臣仍隨時密加稽察，如有草率偷減，即行據實嚴參，不敢稍有徇隱。

所有運河挑工已完分數並臣現赴黄河查驗工料緣由，理合恭摺具奏，伏乞皇上聖鑒。謹奏。

校記：

〔一〕此摺道光十二年正月二十二日具奏。

查驗豫東各廳垛完竣摺〔一〕

奏爲豫東黃河各廳料物查驗完竣，並將辦理未能盡善之廳員，請旨撤任，責令翻堆賠補以杜弊混，仰祈聖鑒事。

竊臣於本年正月間驗過運河挑工之後，即於二十二日由濟起程，稽查黃河兩岸料物，當經恭摺奏蒙聖鑒在案。旋由北岸之曹考廳上堤，查至上游黃沁〔二〕廳，問渡而南，循順東行，復從歸河渡過北岸，查驗下游之曹河、糧河二廳，計時一月有餘，業經竣事。竊思稭料爲修防第一要件，即爲河工第一弊端，前次荷蒙特派欽差，查出虛鬆殘朽等弊，降革示懲，俾在工大小官員咸知儆惕。臣仰膺簡任，且疊蒙訓示諄諄，辦工雖尚未諳，查料必先覈實。到任以來，講求訪問，因知堆料積弊更僕難終。蓋料物應貯於有工處所，而河堤地段本不甚寬，兵夫堡房既經林立，積土雜料又復紛紜，秫稭每垛長至六丈，寬至一丈五尺，占地已多，故堤頂未能盡堆。惟頭一層在堤上者，謂之門垛，其餘則爲灘垛，爲底廠。大抵門垛近在目前，多屬完整，灘垛、底廠，即爲掩藏之藪，最易朦混。其顯然架井虛空、朽黑霉爛者，固無難一望而知，更有理舊翻新，名曰併垛。以新蓋舊，名曰戴帽。中填碎料雜草，以襯高寬。旁插短節稭根，以掩空洞。若非抽拔拆視，殊難悉其底裏。臣周歷履勘，總於每垛夾檔之中，逐一穿行，量其高寬丈尺，相其新舊虛實，有鬆即抽，有疑即拆，按垛以計束，按束以稱斤，無一垛不量，亦無一廳不拆。兵夫居民觀者如堵，工員難以藏掩。聞上年自奉旨嚴飭之後，各廳辦料皆尚認真。此次所驗料垛，除上年舊料剔留抵辦，不領錢糧外，其新購之料，丈尺多有出額，間有三五處長欠數寸，臣先亦疑其偷減，及至拆束稱斤，仍無短少。細查其故，始知垛夫堆垛，每高至尺餘，必須用木板四面打緊，乃可加堆，而稭料尾細根粗，一板之敲有輕有重，即兩尾相接，有緊有寬，故有前面不足而後面有餘，上截不足而下截有餘者，均之無關於弊竇。惟一垛之中成色竟不能一律，緣民閒種植高粱，種類本不齊一，有黃色而鮮明者，亦有似黝似紅而質性亦甚堅挺者，是以前次部議章程，總以適用爲斷。以臣所查，南北兩岸十五廳之垛，上南同知羅綬所辦最爲高大結實，簇簇生新。曹考、睢甯、商虞三廳次之。餘亦大都如式。惟蘭儀同知于卿保所辦料內，拆至蔡家樓一處，垛底有潮溼之料。雖據稟稱，係上冬雨雪之中趕買趕堆，不及曬晾，目下並未霉爛。但此料晾乾之後，即恐斤重有差，辦理殊爲未善。若遽照不適工用之例革去頂帶，又與實在霉爛短斤者無所區别。如僅責令翻曬補足，該員在任，復恐易於掩飾。據開歸道張坦具稟前來，相應請旨，將蘭儀同知于卿保撤任，免其革去頂帶，即責成接印之員，逐垛拆晾，如晾乾有所折耗，仍著落于卿保賠補。俟補完之後，另行察看，酌量補用。至曹河、糧河二廳料垛，以層縱層橫，逐排相間，望之似乎架井，而尺寸加大，斤重仍復不差。查係堆手粗疎，尚非偷減弊混，但究屬未盡合式，應令拆改另堆。該管兗沂道徐受荃先經查驗，已據稟請翻堆。即飭該道督視驗報，另行覆查核辦。又，商虞廳有稭料被燒一案，已於另摺奏明辦理。所有各廳麻斤積土，亦已點驗如數。土工次第硪築，尚皆踴躍，應俟大汛前完竣，一律驗收。大河水勢，先於正月杪因積凌初化，長水二三尺不等，近已逐漸消落，各工一律穩固。所有春廂埽段，飭據各道撙節估計，均比上年有減無增。臣核定後，已令照估廂修，務使加壓穩實，以防桃汛長水。至運河挑工，現亦將次完竣。臣查料畢後，應先回濟，督辦啓壩放水、迎濟新漕各事宜，仍須再至工次督防桃汛，另行次第奏報。

所有查竣豫東各廳料物情形，理合恭摺具奏。

再，臣經過地方，麥苗出土青葱，已占豐稔，堪以仰慰宸懷。合併附陳，伏乞皇上聖鑒訓示。謹奏。

校記：

〔一〕此摺道光十二年二月二十七日具奏，時林則徐新授江蘇巡撫，仍在河東河道總督任。

〔二〕據清史稿地理志，應是「沁」誤。

查勘商虞廳料垛被燒分别辦理摺〔一〕

奏爲豫省商虞廳料垛被燒，已飭該廳賠補足數，竝將防汛守廠各弁兵分别降革飭審，務究起火根由，獲犯懲辦，以儆惡習而重工儲，恭摺奏祈聖鑒事。

竊臣來豫查料，於二月初七日行至開歸道屬之上南廳工次，接據商虞通判沈賜恩禀稱：「虞城上汛十六堡底廠存稭一百六十垛，於二月初二日三更時分忽報失火，當即趕往撲救，正值風大火急，被燒五十六垛。」等情。臣查河工稭料，莖束皆關國帑，理應嚴密防護，不容稍有疎虞，乃適值臣來工驗料之時，忽報失火，恐因料物本未購足，借端捏飾，尤覺情節可疑。當即嚴批開歸道，先飭該廳勒限賠補，務於臣到工以前趕補足數，堆貯候驗，不得照依尋常例限寬俟一年賠完，如驗時短少虛鬆，或查有捏情，定即從重參辦去後，旋於二月十九日據稟賠補齊全。臣行至該廳，逐垛丈量，拆束過稱，實係買補足數，斤重無差，且成色均屬鮮明，尺寸尤多出額。臣當即親至燒料處所履勘形迹。該廠在南岸之南，地居底路，本屬空曠，不與民居相連，四面挖有溝濠，前設柵門，以時啟閉，原足以資防範，且經專派記名外委兵丁韓松茂等三名在廠看守，並按舊章，交付該汛分防外委張奇亮、額外外委吳相臨往來防護，該廳營亦以時巡查。如果管廠弁兵慎守柵門，不許閒人擅入，何致有被燒之事？是典守之責已不能辭。且臣訪聞黄河兩岸迤東一帶，分隸河南歸德、山東曹州，匪類出没，向有放火燒垛惡習，疊經前河臣具奏在案。其放火之故，或因偷料被拏，或因他事挾嫌，並有在廠之人監守自盜焚燒滅迹者。又查商虞廳購料，向派河營弁兵分垛領買，而春閒料價比年前倍爲昂貴，奸猾之徒，明知料垛被燒，例應廳員賠買，更可擡價居奇，是以燒垛之案，在督、道將次臨工者十居八九，乘急圖害，獲利倍多。而秫稭本爲燒烟之用，見火即燃，不比燒屋燬棺，尚須引火藥具。迨至事過之後，贓據毫無，更不似命盜案件尚有兇器原贓可以查起比對，所以破案愈難而此風愈熾。在廳員則以稟報無益而賠補難辭，遂不免相率規避，隱忍匿報，或燒多而賠少，或借案以浮銷，名雖虧官，實仍糜帑。是誠吏治河防風俗人心之大害，堪爲切齒者也。但一時放火正犯既無指證，又未便操之過促，致有妄拏，惟防汛守廠各兵弁總難諉爲不知。

臣勘明之後，即將守廠之記名外委兵丁韓松茂、李鳳舞、殷朝臣拏交歸德府知府錢寶琛嚴行審訊，竝將駐防該汛之額外外委吳相臨斥革，分防外委張奇亮先行降補額外外委，同被燒料垛内承買有分之記名外委兵丁袁秉禮等十名，一併發交該府提集質訊，以期水落石出。仍移咨撫臣楊國楨，嚴飭地方文武，訪拏放火正犯務獲懲辦，以肅法紀而儆刁頑。查處分例載：「河工燒燬物料，該管官有借端捏飾情弊者，革職嚴審究追。若巡查不力，以致燒燬料物價在一千兩至五千兩者，該管官降三級留任，一年賠完開復。限滿完不足數，照所降之級調用。」等語。此案商虞廳被燒料垛，該管通判沈賜恩查無捏飾情弊，已於半月之内賠完，尚爲迅速，似可仰懇天恩，免其交議。至該營協備杜曰讓，巡查不力，按例亦應著賠；惟該廳業已賠完，似可免其再賠，仍俟訊明所管弁兵有無知情縱火，另行核辦。

所有勘明料垛被燒，已飭賠補足數，竝分別飭審查拏緣由，謹繕摺具奏，伏乞皇上聖鑒訓示。謹奏。

校記：

〔一〕此摺道光十二年二月二十七日具奏。

覆奏訪察碎石工程情形摺〔一〕

奏爲遵旨訪查東河碎石工程情形，據實覆奏，仰祈聖鑒事。

竊臣於上年十一月内在江南途次，承准軍機大臣字寄：「道光十一年十一月初二日奉上諭：本日嚴烺奏豫省上南、中河、曹考三廳險工酌拋碎石一摺，已明降諭旨，准於豫省藩庫照數撥發，趕緊採運矣。此項碎石工程起於南河，道光七年九月間始據嚴烺奏：蘭儀廳柴壩十八埽以上，已將碎石蓋護，化險爲平，十八埽以下及下北十一堡，廂修歲無虛日，此後年復一年，更恐危險堪虞。現飭各道仿照柴壩碎石成案，分别估辦，以爲固工節費之計等語。是年蘭儀、下北兩廳，當經降旨准行。既用碎石拋護，則歲料防險等項自應節省，乃歷年以來碎石工程無歲無之，而其採辦來年歲料及請撥防險銀兩竝未節省絲毫。究竟此項碎石工程是否於黄河有益？如果有益，何以歲料竝不見節省，徒添出碎石一項費用？林則徐係朕特簡，甫經到任，無所用其迴護，此時亦不必亟亟，著明查暗訪，悉心體察情形，據實覆奏。將此諭令知之。欽此。」當經臣附片陳明，俟到東河訪查情形，再行覆奏在案。自到任以來，將碎石檔册逐一檢查，從前豫東黄河本無拋護成案，因道光元年前兩江督臣孫玉庭、南河河臣黎世序會奏，以碎石工程實資鞏固，竝無流弊，東河從前未拋碎石，是以漫決頻仍，請飭一體照辦；即創始之初多費數十萬金，而日後工固瀾安，不惟節費，實可利民等語。旋奉諭旨，飭令仿照兼辦。二年春閒，前河臣嚴烺覆奏，請於北岸黄沁廳馬營挑壩，酌量試拋，繼因河勢不定，僅拋兩段而止。迨五年閒，調任河臣張井以南岸蘭儀廳柴壩工程險要，議辦碎石，兩次奏准拋護一萬四千八百餘方，該處險工因成平穩。迨後北岸之下北、祥河、曹考，南岸之中河、下南等廳，先後仿照請辦，經嚴烺節次奏准各在案。查此項動用錢糧，除馬營壩拋試兩段不計外，自道光五年至十一年已拋碎石，共用銀六十五萬餘兩，上冬估辦之上南等三廳方價七萬四千餘兩，尚不在此數之内。核之歷年採辦歲料及請撥防險銀兩，均未減少。誠如聖諭：碎石工程如果有益，何以歲料竝不見節省？隨於兩次上堤，周歷查訪，竝詢之年老兵民，咸謂「未辦碎石以前，誠不知其有濟與否；既辦之後，每遇險工緊急，潰埽塌堤，力加拋護，即不至於潰塌，功效甚著」等語。臣於伏秋搶險雖未經歷，而人言鑿鑿，異口同聲，因就埽前有石之處細加測量，悉心揣度。緣埽工勢成陡立，溜行迅急，每易淘深，是以埽前之水輒至數丈，而碎石斜分入水，鋪作坦坡，既以偎護埽根，竝可紓回溜勢。考工記所謂「善防者水淫之」，似即此意也。豫東河堤多係沙土，不能專恃爲固。堤單而護之以埽，埽陡而護之以石，總在迎溜最險之處始行估拋。蓋東河採運碎石比南河遠近懸殊，方價倍蓰，難以多辦，而其化險爲平，頻歲安瀾之效，未嘗不資於此。是碎石之於河工有益，實可斷爲必然，而非敢隨聲附和者也。惟何以未能省料之故，詰詢員弁兵夫，或謂「拋石本在埽前，只能保埽段之不外游，而不能禁舊埽之不下蟄。故雖有石之埽，仍不免擇要加廂，惟較諸未經拋石之埽，需料自然大減。但統計兩岸堤上，長至二十餘萬丈，而堤前之有埽者不過六千八百餘丈，埽前之有石者甫及二百七十餘丈。豫東河面寬闊，溜勢時有變遷，此工閉而彼工生，購料防險諸費即難概省」等語。臣核其所言，似亦近理。然思用料之節省與否，天事居其半，人事亦居其半。譬如極險之工忽然淤閉，平緩之處忽又生工，每非恒情所能測度，工生則料費，工閉則料省，此存乎天事也。亦有出於人爲者，如順堤廂埽，費料實多，惟溜到堤根，即不能不資以搶護，而工非自閉，亦不能不逐歲加廂。若工員果悉機宜，善揣溜勢，則於工之將生未生，豫築挑壩，使之溜向外趨，埽即可省。蓋攩溜者埽，而引溜者亦埽，觀於埽前水深，其故可想。一壩得力，可護數段之工，則不須順堤廂埽，而所省無算矣。然若審勢未確，挑護失宜，壩守不住，仍復退順堤廂埽，則勞費更不啻什倍。此又人事之難言者也。總之，有治人。無治法，在工人員果皆講明利弊，自無枉費之工，果皆激發天良，自無妄開之費。至料物貯於堤上，督道常川往來，注目留心，不徇情面，似亦無可藏掩。伏讀皇上批臣前摺，有「如此勤勞，弊自絶矣。作官皆當如是，河工尤當如是」之諭。仰見聖明洞燭，訓勉至周。臣兢悚之餘，永當服膺遵守。大抵覈實查驗，即歲料與碎石竝用，未嘗無漸省之方。如其不實，則雖裁去碎石一項，而他物稱是，亦可藉端滋弊。要在認真督察而已。臣仰奉諭旨：「明查暗訪，不必亟亟。」謹於兩次巡工，反覆推求，悉心體察，據實繕摺覆奏。

再，查東省運河各廳臨湖堤工，亦有兼用碎石之案，由來已久，歲銷錢糧無多，合併陳明，伏乞皇上聖鑒。謹奏。

校記：

〔一〕此摺道光十二年三月二十六日具奏。

江蘇奏稿卷一

奏報到蘇接篆日期摺〔一〕

奏爲恭報微臣到蘇接篆日期，叩謝天恩，仰祈聖鑒事。

竊臣欽奉恩命，補授江蘇巡撫，於五月二十五日交卸河東河督篆務，即行起程來蘇，當經恭摺奏聞在案。茲於六月初八日行至蘇州，准護撫臣梁章鉅飭委揚州府知府黄在厚、臣標中軍參將吉祥保，恭齎江蘇巡撫關防，暨王命旗牌、書籍文卷，移交前來。臣即於是日恭設香案，望闕叩頭，祗領任事。伏念臣才識庸愚，前荷聖恩，曾任江蘇藩、臬，刑名錢穀，職在分司，尚恐未能周妥，今蒙簡畀封圻重任，刑錢皆所統司，報稱愈難，悚惶愈切。竊思刑錢本相爲表裏，而江蘇刑錢事件，其勢每至於相妨。蓋一省設兩藩司，錢穀最爲繁重，而漕務痼疾已深，尤難逃聖明洞鑒。若概繩之以法，則不獨州縣之浮勒，旗丁之刁難，胥吏之侵漁，莠民之挾制，均爲法所不宥，即凡漕船經由處所，與一切干涉漕政衙門，在在皆有把持，幾於無一可恕。所最堪憐憫者，獨此小户之良民耳。乃至極敝之餘，大户之包抗日多，而小户之良民日少。昔所謂利藪，今變爲漏卮，贏餘半屬虚名，挪墊轉貽隱患，正恐漕額愈大之州縣，倉庫愈不完善。其致弊之故，人人能言，而救弊之方，人人束手。因循則伊於胡底，懲創則立見誤公。是刑名之難，實因錢穀之繁而滋甚也。臣身膺重任，總當極力挽迴，斷不敢稍存畏難之見。前次謝恩摺内，欽奉硃批：「知人難，得人尤難。汝當知朕之苦衷，一切勉力而行，毋負委任。朕有厚望焉。」欽此。臣再三跽誦，感極涕零。自揣具有天良，宜何如殫竭血誠，上副鴻慈委任。惟有持清勤以端其本，慎張弛以善其施。整頓錢漕，先懲已甚；清釐倉庫，尤貴截流。當執法者，不敢以姑息啟玩心；當設法者，不敢以拘牽礙全局。且值災荒之後，元氣未復，正須培養拊循，自不宜求治過急，致涉孟浪。一切地方公事，與督臣和衷商榷，設誠致行，使刑錢不致相妨而適相爲用，庶幾積疲漸振，治效漸臻，以答高厚生成於萬一。

至臣入境以後，察看民情，均甚安帖。二麥收成中稔，雖上年被水之處種植不多，而客販云集，加以採買平糶，源源接濟，市價已見平減。日來連得雨澤，農田正在插秧。惟因上游時疫流行，江淮亦被傳染。臣在途次會晤督臣陶澍，知已廣施方藥，救濟頗多。現在督飭各屬清理羈縲，存恤老疾，勤修職業，以召時和，祈禳兼行，以祛疹癘，冀副我聖主懷保如傷之至意。

所有微臣接篆日期，除恭疏題報外，理合繕摺具奏，伏乞皇上聖鑒。謹奏。

校記：

〔一〕此摺道光十二年六月初十日具奏。

請定鄉試同考官校閱章程並預防士子勦襲諸弊摺〔一〕

奏為鄉試屆期，請定同考官校閱章程，並預防士子勦襲雷同之弊，恭摺奏祈聖鑒事。

竊臣欽奉上諭：「本年壬辰科江南鄉試，著派林則徐入闈監臨。」欽此。臣到蘇接篆，已近闈期，當卽遵照科場條例，將監臨應辦事宜預為布置。

伏查本年四月內欽奉上諭：「三載賓興，為掄才大典，各直省主試，經朕特加簡任，宜何如滌慮洗心，認真校閱，務求為國得人。順天同考官及會試同考官，俱係翰詹、科道、部屬，該員等甲第本高，又經朕親加校試，尚無荒謬之人充選，所以得人較盛。各直省同考官，則年老舉人居多，勢不能振作精神，悉心閱卷。即有近科進士，亦不免經手簿書錢穀，文理日就荒蕪。各省督撫雖照例考試簾官，仍恐視為具文，全恃主試搜閱落卷，庶可嚴去取而拔真才。嗣後各直省督撫務將簾官認真考校，不得以年老荒謬之員濫行充數。」等因。欽此。又，上年十月内欽奉上諭：「著各直省督撫將書肆小本板片，概行銷燬。其貢院左右，如有公然售賣小本文策者，枷責嚴辦。倘士子尚有不知檢束，懷挾徼倖者，即著斥革。其恃衆逞强不服約束者，枷號示衆，治以應得之咎。士子中式後，除策學援引經史語句相同毋庸議外，其四書經文有全篇勦襲舊文者，一經磨勘官簽出，立即斥革，務期永絕此弊，以端士習。」等因。欽此。仰見我皇上慎重掄才、清釐積弊之至意。竊查江南為人文淵藪，入闈士子多至一萬四五千人，額設同考官十八房，每房約須校閱八百餘卷，稍有草率，即恐遺濫交譏。臣聞近科房官每有争先薦卷之弊，以為薦早則獲雋者多，薦遲則中額已滿，難於入彀。故於頭場分卷到手，輒將首藝中幅略觀大概，謂之望氣，其合意者彙為一束，以備加圈呈薦；稍不稱意，即置落卷之列，不為下筆。原其初心，仍欲俟佳卷薦完，再將落卷覆加細看，以決去取。乃頭場薦卷未畢，而二、三場試卷已陸續送入内簾，因又趕覓已薦之字號，連經文、策問一併加圈，亟隨頭場呈薦。蓋恐别房之薦卷三場均已齊全，而該房僅有頭場，不能早供考官比校，則所中即不及别房之多。是以相率效尤，總以趕早薦完為分房之捷訣。直至三場薦卷俱已畢事，然後將先前略觀大意之落卷，批點塞責。彼時中卷已定，意興闌珊，縱或見為佳文，亦諉諸其人之命。於是悞分段落者有之，悞讀破句者有之，竝有文非荒謬，僅點首藝開講數句而即擯棄者。其批駁之詞，不曰欠精警，即曰少出色。此等批語，竟可豫先書就，不論何等文字，皆得以此貶之。似此校閱情形，定棄取於俄頃之閒，判升沈於恍惚之際，誠如聖諭：「迴思未第之先，與多士何異？乃於落卷漠不關情，設身處地，於心何忍？」臣前任京職，曾充鄉試考官二次、會試同考官一次，自揣學疎識淺，惟有細心勤閱，庶少屈抑人才。歷在闈中，刊刻批語板片，刷成批紙，分別首藝、次藝、三藝及詩。凡頭場四篇，逐篇皆有批語。被黜之卷，必將如何疵累之處分篇批出，自錄底本，不使有一篇批語相同者。此次臣職任監臨，除考試簾官，必擇文理優長精神振作之員，不敢以年老荒庸濫行充數外，竊擬將臣逐篇分批之章程，責令該簾官循照辦理。除二、三場批語不拘外，首場四篇必使逐一批出。凡泛而不切字樣，如「欠精警」、「少出色」之類，概不許用。蓋三藝統批，往往藉口賅括，轉不切當。逐篇分批，則於此一篇之得失利病，非了然於心，不能了然於口。該簾官受此繩束，不敢草率了事，於衡才似有裨益。至揭曉之後，臣仍將落卷復加查核，如首場文藝非有大疵，僅點數行而止者，據實參奏，予以處分，尤足以儆惰心而免物議。惟思首場三文一詩，每卷約有二千餘字，如果認真校閱，則窮日之力只能以四十本為度，每房卷帙八百餘本，約須兼旬始可了一首場。查例載：「大省於九月十五日内揭曉，不得匆促儹辦。」等語。近科揭曉之期，往往趕早。此次欽遵新奉諭旨，主考官須將落卷全行校閱，江南卷帙最繁，則揭曉之期自應照例以九月十五日為斷。如臨時尚虞匆促，或再仰懇聖恩寬展數日，總不出九月中旬之期，庶主考、房官均得悉心細閱，真才自不致有遺矣。至士子，敦品自愛者固多，而希圖倖獲者亦復不少，科場搜檢自當從嚴，惟人數至一萬數千之多，難保全無遺漏。且往往因搜檢而愈形擁擠，因擁擠而不免稽遲。查嘉慶癸酉科江南鄉試，因首場封門太遲，奏請議處。是於認真搜檢之中，又須不悮日時，方為得體。臣查夾帶之弊，約有三端：一則專帶文中典故，以及經解策料，雖有所取資，而尚須運用；一則坊刻小本成文之類，明知不可抄襲，只圖採掇成篇；一則分倩多人，將四書題文全行製就，攜帶入場，見題即抄，不費思索，聞近科以此倖獲者，頗不乏人。是以平時言館地者，教讀之外，別有作文席面，每撰一篇，自二三百文至洋錢一圓不等。文名愈著之士，攬作愈多。則衆人争託其名以售，文藝大半脱胎錄舊，竝非獨出心裁，而一篇或售賣兩家，一稿又傳抄數手，如斯之類，必犯雷同。但簾官眼力不齊，雷同者未必均在一房，故有通篇一樣之文，此中而彼黜者。臣前在江西典試，取中之文已經發刻，及搜閱落卷，竟查出許多雷同，將已刻者復經黜去。雖彼時未被倖獲，而事後無所示懲，究恐不知自愛之徒仍存僥倖萬一之想。查錄舊倖中，例有斥革之條。但闈墨祇刻前魁，其通榜中式之文，榜後即已解部，未必人人得見。即聞有錄舊雷同之卷，而事無左證，孰肯壞其已成之名。是以勦襲倖售，仍無忌憚。惟於場内閱卷之際，對出雷同，即記檔册，於撤闈後加以懲儆，庶可杜其惡習。且本科欽遵諭旨，將落卷通行校閱，雷同勦襲者更無所逃。臣請移行主考、簾官，記其字號，揭曉之後移臣查辦。除策學援引語句毋庸議外，其四書經文雷同至三行以上者，正途貢監生員，照考案事例以次降等，罰令對讀；若係俊秀監生，以後不許應試。至全篇雷同勦襲者，毋論正途、俊秀，概行斥革，永不准考。如此，則士子皆有畏憚之心，不敢錄舊，而倩人作文者恐其無益有害，則懷挾之弊似可立除，而真才愈以輩出矣。臣職在監臨，意存杜弊，不揣冒昧，敬陳管見。是否可行，伏乞皇上聖鑒訓示。謹奏。

校記：

〔一〕此摺道光十二年六月二十五日具奏。

附奏資送流民片〔一〕

再，本年淮揚一帶因洪湖盛漲，啓壩減水，下河各屬低窪之處多有被淹。幸早種二禾先已收穫，晚禾亦多搶割，閭閻餬口尚屬有資。雖續經桃南決口，各壩堵閉稍遲，減水倒漾，淹浸日久，然較之上年馬棚灣漫口全無收成者，情形迥異。惟是該處民人，因上年被災出外，經沿途州縣留養賙恤，轉獲餘資，遂以逃荒爲得計。此次仍藉避水爲名，結隊四出，竟有衣履整齊、面無菜色者，亦厠其中。且有積慣災頭，迫脅多人，冒荒漁利。節經臣等札飭各屬，曉諭農民，以各壩陸續興堵，積水漸消，田畝自可涸復，正宜回籍補種二麥，以期無悞春收。且該處糧價已平，無虞艱食，而錢糧又經奏緩，更免追呼，何得輕去其鄉，轉荒農業？其查係實在貧乏者，臣等率屬捐資，酌給口糧，飭雇船隻，分投遣送，務令到籍安農。惟先赴他省之民，或依親覓故，或隨地傭工，其去處竝無一定，猶恐狃於積習，不即遄歸。現飭各州縣分別關移，勸諭回籍，沿途量爲資遣。如有本非災民，希圖漁利，或被災頭迫脅從行者，即將災頭嚴究懲辦，附和之民，驅逐回籍，不准再有逗遛。現在水陸地方均稱安静，仍飭淮、揚府縣隨時察看，如有田畝涸出過遲，不及播種，或蓋藏已罄，種植無資，民力實形拮据者，再行恭懇天恩，借給籽種口糧，俾資接濟。謹將現在查辦緣由，先行附片陳明，伏祈聖鑒。謹奏。

校記：

〔一〕此片道光十二年十月二十三日具奏，與督臣陶澍聯銜。

密陳司道府考語摺〔一〕

奏爲密陳藩臬道府考語，仰祈聖鑒事。

竊照司道暨知府各員賢否，例應於年終出具切實考語，密奏一次。臣仰蒙畀任封圻，察吏是其專責，如有庸劣不職之員，即應隨時參劾，原不必俟及年終。若同在循職之中，而才具互有短長，器識各有深淺，非時刻留心察看，未易周知。查上司所以考察屬員者，非於公牘中觀其事理，即於接見時詢以語言。然各屬禀謁之時，誰不能摭拾地方一二情形，以備應對？即公牘事件，有實在自費心力者，有專任幕友吏胥者，但就皮面觀之，鮮不被其掩飾。臣竊謂察吏莫先於自察，必將各屬大小政務逐一求盡於心，然後能舉以驗屬員之盡心與否。蓋徇人者浮，任己者實，凡事之未經悉心籌畫者，縱能言其梗概，而以就中曲折，反覆推究，即粉飾之伎立窮。若上司之心先未貫徹於此事之始終，又何從察其情僞？則表率甚不易言也。臣闇昧無能，惟恃此不敢不盡之心，事事與屬員求其實際，半載以來，隨時考察，雖不敢謂灼見無遺，而司道府之立心行事、人品官聲，尚可陳其梗概。除揚州、徐州二府甫經請補，尚未到任，未便註考外，其餘各員，謹就臣管見所及，出具切實考語，手繕清單，恭呈御覽。伏乞皇上聖鑒。謹奏。

校記：

〔一〕此摺據清史列傳於道光十二年十二月具奏。

會奏查議銀昂錢賤除弊便民事宜摺〔一〕

奏爲遵旨體察銀錢貴賤情形，酌籌便民除弊事宜，恭摺覆奏，仰祈聖鑒事。

竊臣等承准軍機大臣字寄：「欽奉上諭：據給事中孫蘭枝奏，江、浙兩省錢賤銀昂，商民交困，竝臚陳受弊除弊各款一摺。著陶澍等悉心籌議，體察情形，務當力除積弊，平價便民，不得視爲具文，致有名無實。原摺著鈔給閱看。等因。欽此。」當即恭録轉行江蘇藩、臬各司，分別移行，確查妥議去後。兹據江甯藩司趙盛奎、蘇州藩司陳鑾、臬司額騰伊體察情形，會議詳覆前來。臣等伏查給事中孫蘭枝所奏：「地丁、漕糧、鹽課、關税及民閒買賣，皆因錢賤銀昂，以致商民交困。」自係確有所見。因而議及禁私鑄，收小錢，定洋錢之價，期於掃除積弊，阜裕財源。惟是銀錢貴在流通，而各處情形不同，時價亦非一定，若不詳加體察，欲使銀價驟平，誠恐法有難行，轉滋窒礙。即如洋錢一項，江蘇商賈輻輳，行使最多，民閒每洋錢一枚大概可作漕平紋銀七錢三分，當價昂之時，竝有作至七錢六七分以上者。夫以色低平短之洋錢，而其價浮於足紋之上，誠爲輕重倒置。該給事中奏稱：「以内地足色紋銀，盡變爲外洋低色銀錢。」洵屬見遠之論。無如閭閻市肆久已通行，長落聽其自然，恬不爲怪。一旦勒令平價，則凡生意營運之人，先以貴價收入洋錢者，皆令以賤價出之，每洋錢一枚折耗百數十文，合計千枚即折耗百數十千文，恐民閒生計因而日絀，非窮蹙停閉，即抗阻不行，仍屬於公無裨。且有傭趁工人，積至累月經年，始將工資易得洋錢數枚，存貯待用，一旦價值虧折，貧民見小，尤恐情有難堪。

臣等詢諸年老商民，僉謂：「百年以前，洋錢尚未盛行，則抑價可也，即厲禁亦可也。自粤販愈通愈廣，民閒用洋錢之處轉比用銀爲多，其勢斷難驟遏。蓋民情圖省圖便，尋常交接，應用銀一兩者，易而用洋錢一枚，自覺節省，而且毋須彈兑，又便取攜，是以不脛而走，價雖浮而人樂用。」此係實在情形。或云：「欲抑洋錢，莫如官局先鑄銀錢，每一枚以紋銀五錢爲準，輪廓肉好，悉照制錢之式，一面用清文鑄其局名，一面用漢文鑄「道光通寶」四字，暫將官局銅錢停卯，改鑄此錢，其經費比鑄銅錢省至什倍。先於兵餉搭放，使民閒流通使用，即照紋銀時價兑换，而藩庫之秏羨雜款，亦準以此上兑。計銀錢兩枚，即合紋銀一兩，與秏銀傾成小錁者不甚參差，庫中收放，竝無失體。蓋推廣制錢之式以爲銀錢，期於便民利用，竝非仿洋錢而爲之也。且洋錢一枚，即抑價亦係六錢五分，如局鑄銀錢重只五錢，比之洋錢更爲節省。初行之時，洋錢竝不必禁，俟試行數月，察看民閒樂用此錢，再爲斟酌定制。似此逐漸改移，不致遽形虧折。」等語。臣等察聽此言，似屬有理，然錢法攸關，理宜上出聖裁，非臣下所敢輕議，故商民雖有此論，臣等不敢據以請行。惟自洋錢通用以來，内地之紋銀日秏，此時抑價固多窒礙，究宜設法以截其流，衹得於聽從民便之中稍示限制。嗣後商民日用洋錢，其易錢多寡之數，雖不必官爲定價，致涉紛更，而成色之高低，戥平之輕重，應令悉照紋銀爲準，不得以色低平短之洋錢，反浮於足紋之上。如此則洋錢與紋銀價值尚不致過於軒輊，而其捶爛翦碎者尤不敢輾轉流行，或亦截流之一道也。至原奏稱：「鴉片煙由洋進口，潛易內地紋銀。」此尤大弊之源，較之以洋錢易紋銀，其害愈烈。蓋洋錢雖有折耗，尚不至成色全虧，而鴉片以土易銀，直可謂之謀財害命。如該給事中所奏，「每年出洋銀數百萬兩，積而計之，尚可問乎」？臣等查江南地本繁華，販賣買食鴉片煙之人原皆不少，節經嚴切查拏，隨案懲辦，近日竝無私種罌粟花、作漿熬膏之人。蓋罌粟之產於地，非旦夕可成，因新例有私種罌粟即將田地入官之條，若奸民在地上種植，難瞞往來耳目，一經告發究辦，財産兩空，故此法一立，即可杜絶。且以兩害相較，即使內地有人私種，其所賣之銀仍在內地，究與出洋者有閒。無如莠民之嗜好愈結愈深，以臣所聞，內地之所謂葵漿等種者，不甚行銷，而必以來自外洋方爲適口。故自鴉片盛行之後，外洋竝不必以洋錢易紋銀，而直以此物爲奇貨，其爲厲於國計民生，尤堪髮指。臣等隨時認真訪察，力拏嚴懲。誠恐流毒既深，此拏彼竄，或於大海外洋即已句串各處奸商，分路潛銷，以致未能浄盡，又密飭沿海關津營縣，於洋船未經進口之前，嚴加巡邏，務絶其源；再於進口之時，實力稽查夾帶。如有偷漏縱越，或經別處發覺，即將牟利之奸商、得規之兵役，一并追究，加倍重懲，以期令在必行，法無虛立，庶可杜根株而除大害。至紋銀出洋，自應申明例禁。查户部則例內載：

「洋商將銀兩私運夷船出洋者，照例治罪。」等語。而刑部律例内，祇有黄金、銅、鐵、銅錢出洋治罪之條，竝無銀兩出洋作何治罪明文，恐無以懾奸商之志。近年以來，銀價之貴，州縣最受其虧，而銀商因緣爲奸，每於錢糧緊迫之時倍擡高價，州縣虧空之由，與鹽務之積疲，關稅之短絀，均未必不由於此。要皆偷漏出洋之弊，有以致之也。如蒙勅部明定例禁，頒發通行，有以紋銀出洋者，執法嚴辦，庶奸商亦知儆畏，不敢公然透越矣。

又，該給事中原奏「私鑄宜清其源」一條。查蘇省寶蘇局鼓鑄錢文，道光六年至九年，因銀貴錢賤，先後奏準停鑄。嗣於道光十年起復行開爐，每年額鑄七卯，照依部頒錢樣，如式鼓鑄。開卯之時，俱經該局監督率同協理委員，常川駐局稽查。每届收卯，由藩、臬兩司親往查驗，所鑄錢文均屬堅實純淨，竝無剋扣攙和及於正卯之外另鑄小錢情弊。惟奸民私鑄小錢，最爲錢法之害，久經嚴行查禁，而私販一層尚難保其必無。臣等通飭各屬，隨時隨處密訪嚴查，一經拏獲，即行從重究治。如有地保朋比，胥役分肥，竝即按律懲辦。第鋪户留匿小錢，亦所不免，若委員挨户搜索，誠如該給事中所奏，「非特勢所不行，抑且遂其訛詐騷擾之習」。查蘇省嘉慶十四、二十二等年，均經奉旨設局收繳小錢，官爲給價，每小錢一斤給制錢六十文，鉛錢一斤給制錢二十文，歷經遵辦在案。該給事中所奏，「令各鋪户將小錢繳局」，原係申明舊例。惟收繳必以斤計，則凡不及一斤者，未必不私自行使。伏查定例，各省鑄錢，每一文重一錢二分，計每千文重七斤八兩。今收小錢一斤例給價六十文，約計以小錢二文抵大錢一文，其收鉛錢一斤例給價二十文，約計以鉛錢三文抵大錢一文。如照此數宣諸令甲，令民閒隨時收買，仍俟收有成數，捶碎繳官，照例給價，則市上賣物之人必不許買物者之以一小錢抵一大錢。彼私鑄者原冀以小混大，以一抵一，方可牟利，迨見小錢與大錢價值迥殊，莫可攙混，則本利俱虧，雖至愚不肯犯法爲之。加以查拏嚴密，自可漸期淨盡。其寬永錢，雖有攙使，尚不甚多，消除較易，自當隨時查禁，不任稍有混淆。

臣等謹就見聞所及，斟酌籌議。是否有當，恭候聖裁。謹合詞繕摺覆奏，伏祈皇上聖鑒。謹奏。

校記：

〔一〕此摺道光十三年四月初六日具奏，與督臣陶澍聯銜。

江蘇奏稿卷二

驛站餘賸銀兩展限提解片〔一〕

再，江蘇錢漕之重，款項之繁，皆數倍於他省。終年提解，本無一息之停，惟其中有緩有急，有舊有新，積重多年，勢不能一齊清楚。與其漫無區別，徒令剜肉補瘡，莫如專嚴於提新，而漸責其補舊，尚足以收實效。誠以每年辦漕之後，最要者莫若奏銷。溯查蘇藩司屬歷届奏銷，未有以全完具報者，總緣銀數繁多，催徵非易。此次臣督同藩司陳鑾逐卯嚴提，按照定限辦理，十二年分奏銷錢糧，據報業已全完，甫見年清年款。即江藩司屬，此届未完之數，亦僅六釐，視歷届皆屬有盈無絀。容即覈明比較，另行奏聞。以臣愚昧之見，果使新款皆能全解，是州縣已無新虧。既無新虧，則舊欠可漸冀彌補。且款項所由來，亦須究其底裏。如驛站餘賸一款，名雖餘賸，實即捐賠。蓋驛站報銷皆有一定例價，即如餧養一項，定例每馬一匹日銷草料銀六分，以常年市價覈之，非加添一倍，斷不足以敷餧養。况近年歷遇歉收，草豆昂貴，較諸例銷之價奚啻三倍。此係實在情形，無從揑飾。北方驛站，草料尚或派買於民。南方以賦重之故，一切不由民間支應，官買之價，轉比民買更昂。且江南各驛站，上下里數相去甚遥，道路綿長，兼多沿河圩埂，一遇急遞往來兵差要務，隨到隨馳，不能不添設腰站，因而每棚額馬，不敷濟用，歷須寬備數十匹，以期無悮傳郵。即如蘇城之姑蘇驛，爲四通八達最繁驛分，而額馬只有六十匹，年例准倒四成，每年應買馬二十四匹，實不敷用。查道光十二年，姑蘇驛請票赴北口購馬，載明五十匹，此即加倍買馬之明證。且每匹部價一十三兩九錢七分，而北口購價實不止於加倍，加以夫工、飯食等項，在在均須添貼。該州縣報銷驛站銀兩，只許遵照例價覈計造報，凡例不准銷者，即名爲餘賸之款，應行解司報撥。其實即將額徵銀兩全許坐支，尚恐未必敷用。况州縣解款繁多，不能不先其所急。此項餘賸銀兩歷任積欠，遇有交代，未有現銀移交，即以墊完民欠漕尾列抵。緣漕米數繁限迫，當重運兑開之時，顆粒不容短少，而花户不能如期全納，州縣必須買米墊交。及至漕船開後，米未徵完，遇有交卸，即將未徵之漕串抵應解之現銀。此等先墊後徵，原非正辦，然漕務疲累已極，年復一年，惟恐轉輸貽悮。似此墊辦之州縣，尚屬急公，較諸坐視悮漕者，奚啻霄壤。迨交代時，將未徵糧串實欠在民者，交與後任接徵，留抵解款，雖非定例所許，而其勢不得不然。

今若先行禁止漕尾，則埶漕者相率引以爲戒，不敢埶完交幫，而地方積歉之餘，即峻法嚴刑，亦不能使之全納，是悞漕之害滋大。總之，江蘇自道光三年水災之後，歷年疊遇歲荒，民力之拮据，久荷聖明洞鑒。刻下雨晹應候，稻田極覺青葱，尤祝此兩月内不起風潮，江湖皆無異漲，圩田不破，各壩不開，則秋成可期大稔。仰賴皇上洪福，自今以往，連歲豐登，斯漕尾漸可徵收，即款項皆可補解，官民各無掣肘，而倉庫亦就清釐矣。

臣荷蒙畀任封圻，稽覈錢糧是其專責，總期得臻實效，不敢徒應虛文。謹將辦理情形據實附陳，伏祈聖鑒。謹奏。

校記：

〔一〕清宮林則徐檔案今查道光十三年三月至八月奏摺奏片闕如，但據道光十三年四月十四日上諭著陶澍林則徐飭屬勒限一個月解送驛站餘剩銀兩及七月二十九日上諭林則徐奏江蘇各屬積欠驛站餘剩銀兩著准予分限提解推断，此片應作於道光十三年四月至七月間。

新漲沙洲承買報部有案請仍准買執業摺〔一〕

奏爲查明新漲沙洲例，前承買報部有案之民業竝書院、善堂公產，仍請准買執業，仰祈聖鑒事。

竊照江蘇省新漲沙洲，原係例準民閒繳價承買執業，前因爭占滋訟，經督臣陶澍在巡撫任内奏定章程，召佃收租，以充水利經費，於道光八年十一月内准部議覆通行。嗣緣新例以前民閒先有投買之案，又經奏明：「凡民業沙地在新例以前報部有案者，准其承買，其餘例前未經報部及例後詳報各案，均一律歸公。其中有書院、善堂等請買沙洲作爲公産，如例前未經定案，亦應發還原價。」等因。於道光九年九月奉到硃批：「依議。户部知道。」欽此。當經由司查明書院、善堂公産及民業應準承買各案沙洲，逐一造册詳咨。旋准部覆，以例前未將册結専咨，駁飭歸公。當又飭據藩司查明，原奏内竝無「册結専咨」字樣，即如册造江甯縣鳳林洲、南匯縣牧馬廠地公産、民業承買册結，均在新例之後専咨，業經奉部覆准，已有成案可循，聲敘覆准年月，抄録原案，明晰登覆，仍未奉部覆准。而各處承買之户，多已繳價在先，據各屬紛紛具詳，請照原奏成案循舊准買，均經行司查明詳辦去後。茲據江甯藩司趙盛奎、蘇州藩司陳鑾會詳稱：「各屬報買沙洲，自應分別新例前後，劃清界限，俾有區别：所有例前報部應行歸公沙地，現在委員分赴各屬查丈，召佃收租。其前次咨部册造應行准買之例前報部有案民業，竝已經定案公産，細加確覈，實與原奏相符，且與奉部准買之江甯縣鳳林洲、南匯縣牧馬廠地事同一律，仍應准買執業。」等情。請奏前來。臣查書院所以養士育材，善堂專爲恤煢保赤，皆屬地方要務，實與水利農田相爲表裏，而經費所需，每多絀乏，各紳士等於例前承買沙洲以資公用，久經批准繳價執業，即屬定案。若又退價另召，必致經費不敷，有妨善舉。其例前報部有案民業，應準承買之地，内有已經繳價，分别造入部册撥用，即屬報部有案。今若一概退價歸公，不准承買，不獨應須籌撥價銀，且自道光八年新例以前漲出之地，歷年已久，小民備本開墾，或因無力，輾轉售賣，業户衆多，其中賴此度活窮民亦復不少，一旦剔出歸公，勒追退業，頓失衣食之源，家口嗷嗷，毫無依賴，殊堪憫惻。惟有仰乞聖恩，俯准［三］將前次同造咨部各案公産、民業，凡在道光八年新例以前者，遵照奏案一律準買執業，俾各項善舉經費有資，不致坐廢，更免小民流離失業。其餘册外未經報部沙洲，概行歸公，不得援以爲例，以示限制而杜效尤。

除將前次册造應准承買各案開單咨明户部外，謹會同兩江總督臣陶澍，合詞恭摺具奏，伏乞皇上聖鑒訓示。謹奏。

校記：

〔一〕此摺具奏時間據清史列傳在道光十三年八月。

〔二〕應是「淮」誤。

上元江甯等六縣沿江地方被淹請撫恤摺〔一〕

奏爲查明上元等六縣沿江地方被水較重，仰懇天恩，量予撫恤，恭摺奏祈聖鑒事。竊照江蘇省本年夏閒雨水較多，江、揚、淮、徐等屬疊沛滂沱，低窪之區積潦未能消退，加以上游黔、蜀、兩湖，江西、安徽之水，併力東趨，來源過旺，江潮疊經盛發，沿江之上元、江甯、句容、江浦、六合、江都、儀徵、丹徒等縣，潮汐泛漲，多被沖破圩圍，漫過隄埂。在田禾稻，正在揚花，頓遭淹浸。業經臣林則徐於七月分雨水糧價摺内奏陳大概情形，一面飭司委員分投勘辦在案。旋查八月初三、四兩日雨大風狂，連宵達旦，各屬同日具報者十之七八。而江潮正當大汛，經此風浪沖擊，圩岸愈不能保護。茲據上元縣稟報：該縣北鄉沿江各圩，潮水沖潰，田禾先已被淹。其東南鄉沿河一帶圩田，前被河水灌注，情形尚輕，復值江潮加漲，淹没殆盡，民情困苦。又據江甯縣稟報：西鄉圩田均係貼近大江，前已被淹。七月中旬以後連遭大雨，江水盛漲，附近江圩之處一片汪洋。又東鄉貼近秦淮河之鳳東等區，因河水通江，江水加漲，擁入河内，水不能下流，倒漾散漫，田禾均遭淹没。又據句容縣稟報：北鄉地處低窪，自六月以來，潮水泛溢，浸及低田。八月初三、四等日風雨連綿，江潮洶湧，前此未破之圩，水浸日久，堤腳已鬆，更值風潮盪激，遂致潰決。或因圩身塌矬過水，人力難施，田禾漂没，閒有廬舍倒坍，棲止失所，尤堪憫惻。又據江浦縣稟報：低田圩岸先被江潮沖缺，禾苗俱在水中，房屋多有坍塌，洲地蘆葦被水漫淹，梗葉腐爛，迨七月二十五、六等日潮水加長，地勢略高之腹内各圩亦被漫破。又據儀徵縣稟報：東鄉沿江一帶外圩田畝，前因風潮陡發，於六月十三等日先後被淹。八月初一、二日來源湧急，水勢更大，兼值初三日大汛之期，風雨晝夜不息，江水泛溢，復將西鄉接壤六合之内圩田畝及南鄉未淹裏圩，俱經淹浸。又據丹徒縣稟報：七月初一、二、三等日大汛期内，東風大作，初四、五等日風雨交加，山水下注，以致江潮陡長，沿江低窪田廬同時均有淹漫。七月二十八、九及八月初一、二、三等日，霪雨東風連宵達旦，兼之江北各路水勢驟注，潮汐更大，圩岸沖殘，各栽民篷棲露宿，口食維艱。各等情。先後稟請撫恤。竝據江甯藩司趙盛奎、蘇州藩司陳鑾查明屬實。所需撫恤銀兩，江屬即由司庫地丁正項銀内動撥，蘇屬在於道光十三年秋撥款内動支，委員齎往各處隨查隨放，趕緊辦理等情。詳請具奏前來。臣等伏查濱江各縣疊遭盛漲，雖水勢由漸而至，居民遷移高阜，人口尚無損傷，但田廬淹没，棲食無資，情形較重。連日天已暢晴，潮仍未退，民閒積淹日久，困苦倍形。若俟勘定裁分再請接濟，實屬緩不濟急，自應先行撫恤，俾免流離失所。除一面飭司動放銀兩，責成該府督率印委各員周歷確查，即行散給外，相應恭懇聖恩，俯准將上元、江甯、句容、江浦、儀徵、丹徒六縣沿江被淹各鄉，先行撫恤一月折色口糧，以資接濟。至六合縣被水之處，已據該縣稟報，勸捐辦理。其江都縣被淹各處，據該縣稟報，察看民情，目前尚可支持，應請無庸撫恤。惟毘連丹徒之廬田被淹較早，民情拮据，已由縣捐廉接濟。此外，高湻、溧水二縣，因江漲灌湖，亦有泛溢，又淮、揚一帶濱臨湖河各州縣，因洪湖水勢日增，將車邏、南關及五里中壩次第拆除，以資宣泄，壩下田畝難免被淹，幸早稻業已全收，中稻亦可搶割，其晚稻是否可以保護，尚須隨時察看。至徐、海各屬，積雨數旬，低窪閒有積水，節經飭令設法疏消，冀於秋收不致大損。現在委員查勘，俟覆到覈明，如尚有應須撫恤之處，亦即酌辦，另行具奏。

所有上元等六縣應請先行撫恤緣由，謹合詞恭摺具奏，伏乞皇上聖鑒。謹奏。

校記：

〔一〕此摺據内容推斷與陶澍聯銜，應作於道光十三年八月具奏。

太倉等州縣衛幫續被歉收請緩新賦摺〔一〕

奏爲續查太倉、鎮洋、嘉定、寶山四州縣，於秋後連被陰雨，收成歉薄，恭懇聖恩，一體酌緩新賦，以紓民力事。

竊照江蘇省本年秋禾被裁及勘不成裁各處，先經臣等查明會奏，請將新舊錢糧分别蠲緩在案。其時禾稻已形減色，而木棉尚有晚花，太倉州暨所屬之鎮洋、嘉定、寶山等縣，種稻之處十僅二三，而木棉居其七八，猶冀十月之内天氣暄晴，晚棉或有薄收，稍資補救。茲據該四州縣暨坐落境内之太倉、鎮海、金山三衛幫先後禀報：自九月至十月下旬連遭風雨，已刈在田之稻無從曬晾，霉爛生芽，木棉先結花鈴多已脱落，即晚結之鈴亦經腐爛，收成失望，稟請將應徵新賦與舊欠一體緩徵等情。復經節次批行藩司委員勘辦去後。茲據蘇州藩司陳鑾詳稱：「飭據委員先後勘明具覆，實係收成歉薄，勘不成烖，應請照例緩徵。」等情，詳請具奏前來。臣查定例：「地方遇有烖傷，先將被烖情形日期飛章題報，秋烖限九月終旬，題後續被烖傷，一例速奏，仍一面題報情形，一面遴委妥員履畝確勘，司道覆查，加結詳報具題。」等語。今太倉、鎮洋、嘉定、寶山四州縣，地處海濱，收成本屬最遲，每俟立冬以後始可刈穫，且向來多種木棉，紡織爲業，小民終歲勤動，生計全賴於棉。本年八九月閒天氣陰寒，連遭風雨，花蒂搖落，收成已減，然晚棉尚有鈴子，猶冀薄收，是以秋烖案内祇請緩徵舊欠，未將新賦一律請緩。乃自九月以後至十月下旬，復又陰雨連綿，晚花盡行腐落，即晚稻之已經刈割者，多置田閒，不能曬晾，稻根霉爛，穀粒生芽，收成實爲歉薄。坐落該州縣之衛地，情形亦屬相同。相應恭懇聖恩，俯准將太倉、鎮洋、嘉定、寶山四州縣及坐落之太倉、鎮海、金山三衛幫續被歉收田地，應徵道光十三年地漕各款銀米，一體緩至十四年秋成後，分作二年帶徵。其該州縣衛幫應徵甲午年新賦，竝請緩至該年秋後啟徵。所有帶徵各年舊欠錢糧，如係坐落歉區者，亦請一併遞緩，以紓民力。

除飭將原報烖歉及續被歉收情形，另行彙詳請題外，所有查明太倉等州縣衛幫續被陰雨歉收，懇請緩徵緣由，謹會同兩江總督臣陶澍，合詞恭摺具奏，伏乞皇上聖鑒訓示。謹奏。

校記：

〔一〕結合江蘇陰雨連綿田稻歉收情形片推斷此摺具奏時間當在道光十三年十一月。

江蘇陰雨連綿田稻歉收情形片〔一〕

再，江蘇連年歲歉，民情竭蹶異常，望歲之心，人人急切。今夏雨暘調順，滿擬得一豐收，稍補從前積歉，乃自七月間江潮盛漲，沿江各縣業已被水成災。其時蘇、松等屬棉稻青葱，猶冀以江南之贏補江北之絀。蓋本省漕賦在江北僅十之一，而江南居十之九，故蘇、松等屬秋收關係尤重。惟所種俱係晚稻，成熟最遲，秋分後稻始揚花，偏值風雨陰寒，遂多秀而不實，然大概猶不失爲中稔。迨九月以後，仍復晴少雨多，晝則霧氣迷濛，夜則霜威嚴重，雖已結成顆粒，僅得半漿。鄉農傳説暗荒，臣初猶未信，當於立冬前後，親坐小舟，密往各處察看，見其一穗所結，多屬空稃，半熟之禾，變成焦黑，實爲先前所不及料。然猶盼望晴霽，庶可收曬上礱。不意十月以來，滂沱不止，更有迅雷閃電，晝夜數番，自江甯以至蘇、松，見聞如一。臣率屬虔誠祈禱，悚懼滋深，雖中閒偶爾見晴，而陽光熹微，不敵連旬甚雨。在田未刈之稻，難免被淹，即已刈者，欲曬無從，亦多發芽霉爛。鄉民以熏籠烘焙，勉强試礱，而米粒已酥，上礱即碎，是以業田之户至今未得收租。臣先因欽奉諭旨，新漕提前趕辦。當經欽遵嚴飭各屬，勒令先具限結，將何日開倉，何日徵完，何日兑足開行，登載結内，竝聲明「如有逾期，願甘參辦」字樣呈送；如不具限狀，即係才力不能勝任，立予撤參，不使戀棧貽誤。各屬尚皆具結遵辦。然賦從租出，租未收納，賦自何來？當此情形屢變之餘，實深焦灼。又各屬沙地祇宜種植木棉，男婦紡織爲生者十居五六，連歲棉荒歇業，生計維艱。今年早花已被風摇，而晚棉結鈴尚旺，如得暄晴天氣，猶可收之桑榆，乃以雨霧風霜，青苞腐脱，計收成僅只一二分。小民紡織無資，率皆停機坐食。且節候已交冬至，即趕緊種麥，猶恐過時，況又雨雪紛乘，至今未已，田皆積水，難種春花。接濟無資，民情更形窘迫。此在臣奏報秋裁以後歉象加增、日甚一日之情形也。地方官以秋裁不出九月，不許妄報，原係遵守定例，然值連陰苦雨，人心難免惶惶，外縣城鄉不無搶掠滋鬧之事。臣飭委文武大員分投彈壓，現已安静。除寶山鄉民因補報歉收擠至縣署一案，另摺奏明嚴拏提審外，其餘情節較輕，例不應奏者，亦當隨案照例懲辦，以戢刁風。惟據續報歉收情形，勘明屬實，不得不照續被栽傷之例酌請緩徵。

正在繕摺具奏間，承准軍機大臣字寄：「欽奉上諭：近來江蘇等省幾於無歲不緩，無年不賑，國家經費有常，豈容以展緩曠典年復一年，視爲相沿成例！竝奉上諭：該督撫等不肯爲國任怨，不以國計爲亟，是國家徒有加惠之名，而百姓無受惠之實，無非不堪下吏私充囊橐，大吏祇知博取聲譽。等因。欽此。」臣跪誦之下，兢凜慚惶，莫能言狀。伏念臣渥蒙恩遇，任重封圻，且居此財賦最繁之地，乃不能修明政事，感召和甘，致地方屢有偏烖，極知經費有常，而不得不爲賑恤蠲緩之請，撫衷循省，已無時不汗背靦顏，乃蒙皇上不加嚴譴，訓飭周詳，但有人心，皆當如何感愧！況臣受恩深重，何敢自昧天良？若避怨沽名，不以國計爲亟，則無以仰對君父，即爲覆載之所不容。臣雖至愚，何忍出此？即如上年臣到蘇之後，秋成僅六分有餘，而蘇、松等四府一州於徵兑新漕之外，尚帶運十一年留漕二十萬石，合計米數，將及一百八十萬，爲歷來所未有之多。原因天庾正供，不敢不竭力籌辦。其辛卯年地丁，督同藩司陳鑾催提嚴緊，亦於奏銷前掃數全完，業經專摺奏蒙聖鑒在案。

竊維盡職之道，原以國計爲最先，而國計與民生實相維繫，朝廷之度支積貯無一不出於民，故下恤民生，正所以上籌國計，所謂民惟邦本也。本年江潮之盛漲，係由黔、蜀、湖廣、江西、安徽各省大水併入長江，其破圩淹灌之處，原不止上元等六縣，臣所請撫恤第舉其最重者而言。仰蒙聖上天恩，准給口糧，𢦏黎感淪肌髓。嗣經官紳捐資撫恤，臣即復行奏請無庸動項，惟將所發上元、江甯、句容、江浦、儀徵五縣銀兩，留爲大賑之需。其丹徒一縣捐項已有五萬餘兩，並足以敷賑濟，當將前發之銀提回司庫。凡此稍可節省之處，均不敢輕費帑金。惟於𢦏分較重、捐項又難猝集之區，則不得不酌給例賑。臣等另摺請撥之十三萬兩，係分給十二縣衛軍民，雖地方廣而户口多，亦只得撙節動撥。此外無非倡率勸捐，以冀隨時接濟。惟頻年以來屢勸捐輸，即紳富之家實亦力疲難繼。查道光三年大𢦏，通省捐至一百九十五萬餘兩，至道光十一年，𢦏分與前相埒，僅能捐至一百四十二萬餘兩。其餘各年捐項較絀，此時閭閻匱乏，勸諭愈難，然覩此待哺𢦏黎，要不能不勉籌推解。臣與督臣督率司道等，各先捐廉倡導，以冀官紳富户觀感樂施，凡此情形，皆人所共聞共覩。如果不肖州縣揑𢦏冒賑，地方刁生劣監豈肯不爲舉發？而紳富之家又安肯聽其勸諭，捐資助賑至再至三？且揑𢦏而轉自捐廉，似亦無此愚妄之州縣也。至請緩之舉，祇能緩其目前，仍須徵於異日，非如蠲免之項慮有侵吞。州縣之於錢漕未有不願徵而願緩者，至必不得已而請緩，且年復一年，則地方凋敝情形早已難逃聖鑒，然臣初亦不料其凋敝之一至於是。今漕務瀕於決裂，時刻可虞，臣不得不將現在實情爲我皇上密陳梗概。查蘇、松、常、鎮、太倉四府一州之地，延袤僅五百餘里，歲徵地丁、漕項正秏額銀二百數十萬兩，漕白正秏米一百五十餘萬石，又漕贈、行月、南屯、局恤等米三十餘萬石，比較浙省徵糧多至一倍，較江西則三倍，較湖廣且十餘倍不止。在米賤之年，一百八九十萬之米即合銀五百數十萬兩，若米少價昂，則暗增一二百萬兩而人不覺。況有一石之米，即有一石之費，逐層推計，無非百姓膏脂。民間終歲勤動，每畝所收，除完納錢漕外，豐年亦僅餘數斗。自道光三年水裁以來，歲無上稔，十一年又經大水，民力愈見拮据，是以近年漕欠最多，州縣買米墊完，留串待徵，謂之漕尾，此即虧空之一端，曾經臣縷晰奏聞，然其勢已不可禁止矣。臣上冬督辦漕務，將新舊一併交幫，嗣因震澤縣知縣張亨衢辦漕遲悞，奏參革審，而漕米仍設法起運，不任短少，皆因正供緊要，辦理不敢從寬也。今歲秋禾約收已遜去年，兹復節節受傷，甚至發芽霉爛，詢之老農，云云：現在縱能即晴，趕晾糟朽之穀，每畝比之上年已少收五六斗。就蘇州一府額田六百萬畝計之，即已少米三百餘萬石。合之四府一州，短少之米，有不堪設想者。民間積歉已久，蓋藏本極空虚，當此秋成之餘，糧價日昂，實從來所未見，來歲青黄不接，不知更當何如？小民口食無資，而欲强其完納，即追呼敲撲，法令亦有時而窮。前此漕船臨開間有缺米，州縣尚能買補。近且累中加累，告貸無門。今冬情形，不但無墊米之銀，更恐無可買之米。至曩時蘇、松之繁富，由於百貨之流通，挹彼注兹，尚堪補救。近年以來，不獨江蘇屢歉，即鄰近各省亦連被偏裁，布疋絲綢銷售稀少，權子母者即無可牟之利，任筋力者遂無可趁之工。故此次雖係勘不成裁，其實困苦之情，竟與全裁無異。臣惟有一面多勸捐資，妥爲安撫，一面督同道府州縣，將漕務設法籌辦，總不使藉口躭延。但本年已請緩徵之處，尚不過十分中之二分有餘，此外常、鎮等處亦已紛紛續稟。臣覆其情形略輕者，無不先行駁飭。但天時如此，日後情形如何，臣實不敢豫料。晝見陰霾之象，自省愆尤；宵聞風雨之聲，難安寢席。竝與督臣陶澍書函往復，於捐賑辦漕等事，思艱圖易，反覆籌商，楮墨之間不禁聲淚俱下。倘從此即能晴霽，歉象尚不至更加。如其不然，臣惟有再行據實奏聞，仰求訓示遵辦。大江南北，爲各省通衢，且中外仕宦最多，一切實情難瞞衆人耳目，臣如捏飾，非無可以舉發之人。我聖主子惠黎元，恩施無已，正恐一夫不獲，是以查覈務嚴，但民間困苦顛連，尚非語言所能盡。本年漕務，自須極力督辦，而覩此景象，時時恐滋事端。至京倉儲蓄情形，臣本未能深悉，倘通盤籌畫，有可暫紓民力之處，總求恩出自上，多寬一分追呼，即多培一分元氣。天心與聖心相應，定見祥和普被，屢見綏豐，長使國計民生悉臻饒裕。臣不勝延頸頌禱之至！

謹將現辦裁歉委無捏報緣由，瀝忱附片具奏，伏乞皇上聖鑒。謹奏。

校記：

〔一〕據清宮檔案道光十三年十二月初四日上諭林則徐奏稱江蘇陰雨連綿田稻歉收著准予緩徵推斷此片應作於道光十三年十一月。

江蘇奏稿卷三

覆奏查辦災賑情形摺〔一〕

奏爲查明現辦災賑情形，恭摺覆奏，仰祈聖鑒事。

竊臣承准軍機大臣字寄：「道光十三年十月二十九日奉上諭：據給事中金應麟奏稱，積貯之利無窮，補救之利有限，被裁地方，窮民最苦，而豪棍最强，富户最憂，而吏胥最樂。有攙和糠粃，短缺升斗，私飽已橐者。有派累商人，抑勒鋪户，令其幫助者。有將鄉紳家丁、佃户混入丁册，希圖冒領者。有將本署貼寫、皁班列名影射者。有將已故流民、乞匃入册分肥者。有將紙張、飯食、車馬派累保正作爲攤捐者。有將經紀貿易人等捏作饑民，代爲支領者。甚至將已經報荒之地，水退不准耕種，以待州縣履勘，名曰指荒地畝。百姓漸至逃亡，而奸狡之徒以栽荒爲得計。賑糧到手，猶復隨衆扳號；本境已完，旋即改居他邑。米船過境，設卡截留；典鋪未開，邀人爬搶。生監把持，婦女喧嚷。

種種惡習，不可勝言。州縣略加懲處，吏胥即串同土棍鬨堂毀辱，上司慮生事端，予以撤任，於是相習成風。冊籍付之糧吏，銀米委之劣衿，今歲已賑，明歲復然，真正饑民全無實惠。加以疲猾州縣，剋扣賑糧彌補虧空，病國病民尤堪痛恨。從前乾隆、嘉慶年間捏災冒賑之案，無不盡法處治，今十數年來，各省督撫未有參劾及此者，豈今之州縣勝於前人乎？總緣各上司憚於舉發，故雖百弊叢生，終不破案，實爲近來痼習。嗣後各督撫府尹，務當激發天良，力除積習，於稔收處所積存穀石，不准僅留例價；於歉收處所訪查各弊，不得稍事姑容。倘不能實力實心，認真查辦，再有前項弊端，經朕派員查出，或別有訪聞，定當從嚴懲處，決不寬貸。等因。欽此。」仰見我皇上念切民生，澤必下究，惟恐一夫不獲，務期百弊盡除。臣跪誦再三，莫名欽凜。

伏查災賑之弊悉數難終，而致弊之由非一端，即無弊之人亦非一類。若但統謂之弊，而未經分別推求，則雖極意剔除，終恐情形隔膜。即如該給事中臚舉各弊，有在土棍者，有在生監者，有在吏胥者，並有在州縣者。臣請分晰陳之。土棍之弊在於悍潑。如該給事中所稱扳號喧嚷，截米爬搶等情，皆係實有之事，然猶其淺者耳。其兇惡情形，則至强索賑票，不許委員挨查户口，如不遂欲，則抛磚擲石，潑水濺泥，翻[illegible]員擁置空屋，扃鐍其户，以爲要求必得之計。並主[illegible]

喻。其於殷富之户，則恃衆鬨鬧，名曰坐飯，又曰併家，而統謂之吃大户。公然傳單糾約助勢分贓，不獨設立災頭，並有管帳、包厨等名目。如十一年奏辦之陸長樹、王玉淋等案，即皆土棍之尤。屢經嚴拏痛懲，近雖稍知斂戢，而惡習總未盡除。當玆災歉頻仍，惟有寬猛兼施，隨時懲處。若指此爲辦災之弊，則弊在民而不在官。緣此種兇徒，不但州縣疾之如仇，吏胥尤畏之如虎，似無敢與串同之理也。生監之弊在於包攬。平居無事，慣寫災呈，一遇晴雨欠調，即約多人赴官呈報。若經有司駁斥，輒架民瘼大題，聯名上控。及聞查賑，則各捏寫户口總數，勒索賑票，自稱力能彈壓。只要遂伊所欲，便可無事，否則挾制官吏，訐告不休，京控之案，往往若輩爲之。吏胥之弊在於捏册。當報荒之始，即造具災形圖册，詳載區圖斗斛，謂之注荒。迨給賑，則有口册、賑票、飯食、紙張，在在需費。吏胥即借災費爲名，於查荒時索錢賣單，查賑時捏名入册，先藉口於賠墊而暗遂其侵欺。此等或愚弄本官，或買囑委員，或句結生監，尚皆事所時有，曾經懲辦有案。若謂其串同土棍，則彼此判若兩途，拒之惟恐不嚴，避之惟恐不遠，未必引而近之，以自取累也。凡此三種舞弊之人，欺詐萬端，不勝枚舉，尚不止如該給事中所陳。然扼要總在州縣。州縣廉，則人不敢啗以利；州縣嚴，則人不敢蹈於法；州縣勤而且明，則人不得售其奸。所慮災賑之區，難得許多良吏，誠如聖諭：「豈今之州縣勝於前人？」此臣所以深思原本，而必以察吏爲最亟也。幸賴我皇上澄敘官方，首以清廉爲重，近來江蘇州縣，雖其才幹未必果勝前人，而辦災一事，實係清賑，不能更有侵冒之事，亦非必其人之皆清，而實有不得不清之勢也。蓋放賑總以稽覈户口爲第一要義，如道光十一年江蘇災重且廣，維時督臣陶澍與升任撫臣程祖洛先後奏定災賑章程，力除積弊，責令委員户必親填，人必面驗，票必親給，查完一户，即以油灰書其門首。查完一邨，即將户口榜諸通衢。俾人人共聞共見。迨查過數邨，彙開口數清摺，先由委員申報司道，仍將花名底册移送該管州縣，其賑票之上蓋用委員銜名戳記，使驗票即知何員所查。是委員查報之後，印官若欲添一户口，而印票、底册、榜示、清摺四項總不符合，即欲作弊而勢有不能。至印官之稽查委員，祇須携册下鄉抽查，如其有册無票，有票無榜，或票、榜與册不符，即將委員禀揭。又有各上司層層覆查。如印委通同迴護，有弊不揭，察出一併參辦。其委員、吏役薪水紙飯，皆由督撫司道捐廉優給，俾免賠累而杜需索，彼時印委各員，頗知惕然遵守。復蒙我皇上軫念民艱，欽派大臣朱士彥、白鎔來江督辦，一時官吏更加震肅，生監、地棍人等亦知斂迹，積弊爲之一清，道路傳言，皆謂之清賑。嗣後查辦災務，即以此爲定章。臣又嘗剴切札諭各屬，以地方官辦理命盜案件，如有故勘致死，即干抵償，然猶不過一人一事。若辦賑有所侵蝕，是直向千萬垂斃之民奪之食而速其死，即使倖逃法網，天理必不能容。況江蘇前有山陽縣王仲漢冒賑之案，府縣皆陷重辟，大吏亦干嚴譴，尤時時指爲炯戒，聞者莫不股栗。今平心論之，如王仲漢之貪婪殘忍，不惟現在州縣不至如此，即數十年來亦所僅聞。且查王仲漢案内，山陽一縣所領賑銀至九萬九千餘兩之多，今十二縣衛賑銀通共請撥十三萬兩，值此連年災歉，饑口繁多，因經費有常，不得不力籌撙節，減之又減，幾於杯水車薪，即有貪員，亦已杜其浮冒地步。且例賑之外，無處不賴捐輸協濟，若有司以賑銀入己，而轉令民户書捐，則必爲衆所切齒，一日不能相安，豈肯聽其勸諭？而刁生劣監虎視眈眈，如州縣稍有營私，則訛詐分肥，人人得而挾制，縱將所領賑銀全給訛詐之徒，尚不足填其慾壑，安能更有餘銀入己？況災民嗷嗷待哺，豈不慮激成事端？州縣即不顧聲名，斷無不惜其身家性命，似此受制於人而仍無利於己之事，雖至愚亦不肯爲。而自督撫以至道府，皆職司糾察，災賑重務，孰敢徇庇姑容？是今日之州縣無從舞弊，既爲法令所限，亦屬時勢使然。該給事中所奏，或係從前舊弊，而非近來事歸覈實之情形也。至積存穀石，原係備荒善政，惟近年連遭災歉，穀價增昂，即鄰省亦非豐稔，不惟向存例價不敷買補，抑恐官爲採買，民間食貴堪虞，仍應俟年歲稔收後，糧價稍平，再飭各州縣籌買歸倉，以爲有備無患之長計。總之，民生凋敝之際，官斯土者無不棘手焦心，惟矢此一片血誠，上以宣皇仁而下以結民信。局中之苦，不敢求諒於旁人，所謂及之而後知，履之而後難也。臣惟有恪遵聖諭，察覈加嚴，不敢市惠以沽名，亦不敢因噎而廢食，總使有司畏朝廷之法，則積弊去而吏治清，小民感君上之恩，則元氣培而本根固，庶以仰副我聖主察吏安民訓誡諄諄之至意。

謹將實在情形恭摺覆奏，伏乞皇上聖鑒。謹奏。

校記：

〔一〕據摺内所引上諭時間及清宫檔案道光十三年十二月十五日上諭著陶澍確查林則徐奏常州府屬緩徵各縣應緩分數具奏推斷，此摺應作於道光十三年十一、二月間。

籌挑劉河白茆河以工代賑摺〔一〕

奏爲劉河、白茆河年久愈形淤塞，議請撙節估挑，以工代賑，分别借帑捐辦，恭摺奏祈聖鑒事。

竊照蘇、松、太倉等屬，爲錢漕最多之區，水利農田攸關重大，該境有吳淞、黄浦、劉河，即古所謂三江。其北又有白茆河，自爲一大支，與三江相爲表裏。此道光四年間奉旨飭辦三江水利，因高堰方舉大工，集夫不易，僅將黄浦一路先爲挑浚。道光六年諭旨飭挑吴淞江，其餘劉河、白茆各工，竝經奏明分年辦理。惟因工費較鉅，查道光四年奉旨飭辦案内，曾估需銀四十萬餘兩，頻年籌措維艱，祇有糶變米價餘賸銀五萬餘兩，奏奉恩准，留作劉河工用，仍須另籌款項，方可湊辦。年來河道愈形淤塞，農田連遭績歉，更宜亟修地利，以期補助天時；而地方紳民先後懇請興挑，呈詞盈帙，察看輿情，甚爲急切，節經臣等飭司委員覈實勘估撙節籌辦去後。兹據蘇州藩司陳鑾、署臬司李彦章、蘇松太道吴其泰會詳稱：劉河爲古婁江，源出太湖東北，至新陽縣界與吴淞江分流而東，繞太倉州城，歷鎮洋、嘉定二縣境，綿長七八十里。白茆河坐落常熟、昭文二縣境内，上承長洲、元和、無錫、金匱、江陰諸水，綿長五六十里。均因淤塞多年，幾成平陸，旱澇俱無從灌洩，田疇即漸就荒蕪，錢漕亦愈難徵比。該兩河急需開浚，實爲目前必不可緩之工。但尾閭皆有堈身，外高於内，若必開通海口，恐潮汐倒漾，轉易停淤。且口門皆有攔沙，挑濬倍爲費力，即開通之後，漲沙恐復相連。今爲農田起見，期於利灌溉而便疏消，則莫若挑作清水長河，不必求通海船，既節目前之工費，且免日後之受淤，其爲利益農田，似有把握。先經該藩司檄委署蘇州府知府陳經、太倉州知州李正鼎、青浦縣知縣蔡維新，公同履勘估計。續又添委蘇州府知府沈兆澐、元和縣知縣平翰、前上元縣知縣黄冕，會同署太倉州知州周岱齡、鎮洋縣知縣曾承顯、署常熟縣知縣藍蔚雯、昭文縣知縣張綬組，逐段丈量，分别造册呈送。竝以上年秋禾被歉，現值青黄不接之時，小民力食維艱，正宜以工代賑，稟請即時興辦。復經該藩司親往覆勘，劉河自吳家墳港口起至白家廠，又鹽鐵老壩基起至吳家墳港，又老虎灣至紅橋灣及陶家嘴、錢家嘴等處，通共約計工長一萬五百一十六丈，估挑面寬十丈餘尺至八丈餘尺不等，底寬三丈，平水面浚深九尺。又南北兩岸切灘，竝挑土山土埂，以及修築通工壩閘，穵廢民田給價等項，共約估銀一十六萬五千三百二十餘兩。白茆河自支塘東勝橋起至海口止，工長七千八百四十丈，估挑面寬六丈，底寬四丈，深一丈。所需挑濬土方，併建新閘及滚水壩一座，共約估銀一十一萬兩零。惟兩處工程竝計，需款較多，自應分别籌辦，請將劉河借項興挑，分年攤徵歸款，白茆河歸於官民捐辦等情。詳請具奏前來。臣等伏查劉河、白茆河兩處，均係早經勘估奏明必應辦理之工。惟從前估計，係欲挑通入海，而議者謂其海口高於内地，潮來旋即淺河，又謂口門現有攔沙，即極力穵通，不久恐仍堵合。且鑿沙通海，需費太繁，款項難籌，是以未能興辦。近因旱潦無備，田畝頻至歉收，若再因循，此後愈難爲力。且民間望霑水利，與目前望賑，同一急切之情，尤須乘此興工，乃爲一舉兩得。竊思挑通海口，工費既大，而能否經久，轉不可知，不若挑作清水河，工省利長，於農田實有裨益。緣三江之中，黃浦、吳淞兩處海口，水勢皆已暢出，惟因劉河、白茆兩處淤塞，東北一帶之水溢於平疇。今將此兩處河道開通，共長一百數十里，可資容納，正不必自闢海口，而與吳淞、黃浦交匯通流，適足以助其建瓴之勢。查劉河老鎮本有閘座，可以隨時啓閉，今擬於閘外白家廠之地，再建滚水石壩一道，以堵渾潮。白茆河亦於海口縮入數段，建閘築壩，使潮汐泥沙平時不能壅入，如遇内河水大，仍可由壩上瀉出歸海，則河水有清無渾，即永遠有利無害。其劉河估需土方壩工等銀十六萬五千三百餘兩，係屬節省無浮，除遵照奏准之案動撥緩漕米價五萬三千餘兩外，其餘銀兩，查有司庫現存水利經費專款銀五萬兩，本係從前議濬三江案内奏明爲蘇省水利之用，應請儘數動撥。尚不敷銀六萬二千三百二十餘兩，請於封貯款内借支。所借之銀，在於同需水利之蘇、松、太三屬，長洲、元和、吳縣、吳江、震澤、崑山、新陽、華亭、婁縣、上海、青浦、太倉、鎮洋、嘉定、寶山、崇明十六州縣，按照銀數均派，分作八年，按畝攤徵。將來解還司庫，除先歸米價外，餘皆收作水利經費專款，以備蘇省將來續修各處水利之需。仍照舊案，俟收有捐監銀兩，首先歸補封貯原額。其應挑工段，亦請循舊歸於太倉、鎮洋、嘉定、寶山、崑山、新陽六州縣，計畝雇夫，分股承挑。至白茆河估銀一十一萬兩零，亦屬節省辦理，惟經費有常，未敢概請借帑。臣等現在率同司道府縣，倡捐廉銀，並諳勸常、昭兩縣紳商富户，以此河既係萬不可緩之工，而民情又處迫不可支之景，各宜勉力捐貲，以工代賑。該紳民等聞而感奮，均各踴躍急公。現已議定章程，自可捐收如數。臣等仍督率司道，遴委廉明勤幹之員，協同地方官，選董集夫，隨捐隨辦，並責令該管道府州，於西河工程各須認真查察。一俟工竣，由臣林則徐親往驗收，不許稍有草率偷減，並不令假手胥役、地保，稍滋弊竇，以期工歸實在，利濟農田，仰副聖主爲民興利之至意。除將劉河挑工取造估計報銷各册、繪圖，另行題咨外，其白茆河係捐辦之工，應請毋庸報銷。

謹合詞恭摺具奏，伏乞皇上聖鑒訓示。謹奏。

校記：

〔一〕據驗收劉河挑工竝出力人員請奬摺，劉河三月初八日開工，並據會奏白茆河挑工驗收并出力人員請奬摺，白茆河三月初一日開工，推斷此摺具奏時間在道光十四年初。

江蘇省各屬捐賑情形片〔二〕

再，江蘇省上年災歉，仰蒙聖主疊沛恩綸，賑恤蠲緩，復於今春加賞口糧，小民莫不感淪肌髓。地方官職司民牧，於一切拊循綏輯，更宜仰體皇仁。而自上冬以迄今年春夏，爲日正長，不得不藉資衆力，廣籌接濟，先經臣與督臣陶澍率同司道府縣，捐廉倡導，竝督飭各屬諳勸紳商大户，勉力捐輸，以爲安貧保富之計。截至現今，各處義賑均已集有成數，分別散放。其捐項較多之處，如蘇州省城捐錢十四萬三千餘千，寶山縣捐錢九萬二千餘千，丹徒縣捐錢八萬餘千，上海縣捐錢七萬八千餘千，嘉定縣捐錢五萬五千餘千，江陰縣捐錢五萬餘千。此外，各屬所捐，自一萬千至四萬餘千不等。俱已按圖查户分鬮給錢，窮黎可資接濟。又，蘇州省城於上冬分設粥廠之外，猶恐遠近貧民跋涉擁擠，强悍者慮其滋事，老弱者難免向隅，當又率屬捐廉，挑施擔粥。每一擔約可給百人以上，分勸紳庶之家，有力者日施數擔，即力微者，亦可合數人以成一擔，各就本圖鄰近地段，同時挑擔分施，凡老幼孤寡、殘廢之人力難赴廠領粥者，皆得就近給食，衆擎易舉，所濟較多。各屬官紳咸相效法，城市之内多者至百餘擔，少者亦數十擔。其各鄉零星擔數，雖多寡不齊，合而計之，亦與城市相埒。行之數月，差少餓斃之人。其餘有買米平糶者，有採辦雜糧輾轤糶施者，有收養幼童棄孩及流亡病匄者，有捐修各項工程以代賑濟者。延至此時，天氣較爲暄暖，窮黎亦得傭趁謀生。察看民情，較上冬實有起色。恐廑宸念，謹將辦理情形附片陳明，伏祈聖鑒。謹奏。

校記：

〔一〕此片據内容推斷作於道光十四年春季。

江蘇奏稿卷四

各屬拏獲兇盜要犯分别審辦情形片〔一〕

再，大江南北積歉連年，安分良民原不至藉荒滋擾，而兇悍之徒因乏食而流爲匪類者，原情雖不無可憫，而禁暴則不得不嚴。臣疊經出示曉諭，以各屬裁歉之區，屢蒙皇上天恩，蠲緩賑恤有加無已，惟恐一夫不獲其所。並經地方官捐廉，勸諭紳富集資接濟，凡以養其廉恥，使之勉爲善良。若藉口饑寒，爲匪不法，斷不能曲爲寬貸。一面嚴飭緝捕，有犯必懲。其中拏獲圖財害命之案，除高郵州事主陳保懷被殺一家二命，獲犯高大、陳登三、高全玉等，已奏明嚴辦外，又經拏獲上海縣張小狗圖財勒死幼孩李關淋一案，海州高照隴圖財謀殺房泳盛一案，無錫沈阿三圖財謀殺張大觀一案，海州朱廣道、耿惠沅圖財謀殺潘徐氏燒屍滅迹一案，沭陽姜繩焕聽從張三秃剥取姜二運衣服勒死燒屍滅迹一案，均已先後審明，按律懲辦。兹又拏獲高郵州船户蔣其倉、蔣其受圖財謀殺毛起雲，及興化縣宋萬高、馬亭選圖財謀殺吴湛恩、徐金沅等案。而宋萬高商同馬亭選，先後雇船行至中流，乘船户吴湛恩等不備，推溺斃命，將衣服船隻賣錢分用，與臣現在奏辦姜開沅等推溺船户之案，兇惡相類。業經分飭確審嚴辦，並剴切札諭沿江湖河一帶文武員弁加意巡防，一有報案，立拏務獲。如有玩延，即當徹參示儆。刻下民情頗爲舒展，水陸均甚安恬，而捕務仍時刻從嚴，庶足以靖地方而安行旅。至糧船水手，最易滋事，經給事中金應麟條奏，欽奉上諭：「漕船水手沿途訛詐，擾累商民，種種不法情弊，必至遲誤重運，爲害地方，不可不嚴行懲辦。著林則徐嚴飭所屬，於内河地方，凡漕船停泊經行之處，訪查各弊，嚴行申禁。如仍有前項弊端，即責成地方官隨時懲辦，其徇縱之運弁，立予參革，以肅漕政而除民累。」欽此。當經恭録轉飭欽遵嚴行示禁，彈壓巡緝去後。節據各屬禀報：此次江、浙兩省漕船經由内河北上，因催儹緊急，晝夜遄行，水手人等并未泊船上岸，尚無横截河中需索買渡錢、排幫錢，及用糧米傾入商船訛詐分肥各情弊。惟查糧船自上冬歸次，以逮本年開行，爲期數月之久，此等羣聚水次，乘閒恃衆，靡惡不爲，是以搶劫之案出於糧船水手者尤多，惟有隨時嚴拏懲辦。計自上年十二月至今年正、二月内，拏獲滋事水手：如婁縣禀獲夥劫黄勝榮等行船之水手張明德、李永年、朱永春、周德榮、王得富五名，又獲搶奪丁琪行船之水手宋廣德一名，又獲搶奪周德順行船之水手韓光玉、劉四海、于培松、王志、張明受五名，又據江陰縣報獲行劫旗丁吳鳴揚之水手徐運時、常德勝、蘇大中三名，又據陽湖縣報獲搶奪楊紀興之水手安貴、李順二名，均因關係搶劫重情，批行臬司分別提省飭屬確訊追贓，按律嚴辦。此外尚有盤踞船艙，搶拉頭縴，硬送水手，勒加辛工，種種不法，非但擾害商民，即幫丁亦深受其累，凡被人告發及得自訪聞之犯，皆即拏獲嚴訊，分別究辦，始覺稍爲斂戢。現在各幫重船計已過淮，陸續渡黄北上，臣仍照案咨行沿途一體催儹彈壓，以期悉臻安静。合併附片縷晰陳明，伏乞聖鑒。謹奏。

校記：

〔一〕據内文推斷此片作於道光十四年二三月間。

驗收劉河挑工竝出力人員請奬摺〔一〕

奏爲開浚劉河併建設石壩、涵洞各工全行告竣，驗收如式，請將格外節省餘銀，疏挑上游各源流淤淺處所，以資久遠，竝擇在工尤爲出力之官紳董事，分别懇恩獎勵，恭摺奏祈聖鑒事。

竊照太倉、鎮洋境内之劉河，爲古三江之一，前因淤塞多年，幾成平陸，旱澇無備，田畝頻至歉收，爲目前必不可緩之工。當經臣等會摺奏蒙恩旨俯准借項興挑，分年攤徵還款。凡在蘇、松、太三屬得霑水利之處，無不頂感皇仁，勇躍趨事。臣等轉飭司道府縣督率委員董事，分段承挑，勒限完竣。並以工段綿長，如其中有可格外節省之處，亦宜隨時斟酌，據實稟辦。嗣據署太倉州知州周岱齡、署鎮洋縣知縣曾承顯、委員前上元縣知縣現署元和縣知縣黄冕等會稟：「原估各工土方丈尺，均係覈實無浮，惟河勢灣環之處，若相機取直，尚可加意撙節。查老虎灣至紅橋灣，舊河向南圍繞，今由吳家墳港取直挑至小劉河口，匯歸原河，計可省工一千八百餘丈。又陶家嘴、錢家嘴舊有河形，亦俱向南繞越，若再取直開挑，可省工五百餘丈。又原議於閘外白家廠建滚水石壩一道，以禦渾潮。兹查石壩固足禦潮，但恐内河水大，宣洩欠靈，因於該壩添設涵洞五所，俾潮大時，將洞閉塞，不使渾水漫入。設遇内河水大，即可全行開放，宣洩入海，操縱較有把握。」等情。復經批飭妥辦。即據藩司先後報放銀兩，於本年三月初八等日陸續開工，幸天氣暄晴，人夫雲集，印委各員及董事人等皆能認真督率嚴催，所有應挑土方，於四月底即經挑浚。

臣陶澍出赴蘇、松閲伍之便，會同臣林則徐暨藩司陳鑾，到工驗收，沿途香花載道，欽感皇恩，歡忭異常。驗量所挑丈尺，有贏無絀。惟河身既已浚深，則隄岸愈高，轉有崩卸之慮。復令逐段挑切，以歸一律。又海口砌築石壩，添設涵洞，凡石料、樁木、錠鋦、灰漿，購運鳩工，有需時日，復飭趕緊料理。旋據太、鎮二州縣暨委員具報，通工全行告竣。又經臣林則徐臨工覆驗，河身倍見深通，隄岸一律平整，閘座俱臻堅固，涵洞最便蓄宣，均無草率偷減情弊。查劉河自吴家墳港口起至白家廠，又鹽鐵老壩基起至吴家墳港，又老虎灣至紅橋灣及陶家嘴、錢家嘴等處，原估工長一萬五百一十六丈，面寬十丈餘尺至八丈餘尺不等，底寬三丈，平水面浚深九尺。又南北兩岸切灘，並挑土山、土埂以及估築通工壩閘、乞廢民田給價等項，共估銀一十六萬五千三百二十餘兩。今將吴家墳、陶家嘴、錢家嘴等處取直開挑，又省工二千四百餘丈，少挑土十五萬六千餘方，計通工土方連修築閘壩、乞廢民田給價等項，共銀十三萬四百二十二兩零，較之原估，格外節省銀三萬四千九百兩零。據蘇州藩司陳鑾請將前項節省餘銀，留辦上游淤淺處所，併查明在事尤爲出力官員紳董，酌議分別獎勵。詳請具奏前來。臣等伏查劉河工程，係屢經奏明必應辦理之工，祇因工鉅費繁，有需籌措，兹以濬清堵濁之法，撙節估挑，仰荷聖恩借帑興辦，而相機取直，則於節省之中又有節省。此次工竣之後，適七月二十三、四、五等日，蘇、松一帶大雨傾盆，太湖附近諸山陡發蛟水，處處盛漲，拍岸盈隄，當卽飛飭太倉、鎮洋二州縣，將該壩涵洞全行啓放。據稟：滔滔東注，兩日之内消水二尺有餘，而秋汛大潮仍無倒灌。是劉河之容納，與涵洞之宣洩，實已著有成效。惟思三江之水，無不承太湖而來，而自太湖遞至三江，其中泖、澱等處均係經由要道，淤塞多年，前因三江尚未全疏，無暇兼顧，臣陶澍於順勘劉河工程片内，卽經聲明尚須再浚上游各澱。兹劉河工程得以格外節省，卽上游水道亟須擇要接挑。又太倉州有七浦河一道，在州境東北，直達海口，形勢較劉河爲小，實則與爲表裏，亦因年久淤塞，僉懇一律疏通。此等水利工程，在江蘇原不勝枚舉，然其最爲扼要之處，所繫於利害者匪輕，若不乘時興修，脈絡仍多阻滯。竊思前項節省餘銀，本係原估應行動用之款，今因逢灣取直，極力省出，卽留作挑浚支河之用，實屬以公濟公。合無仰懇聖恩，准將節省餘銀，於各處淤淺河道擇要興辦。所有劉河借款，仍照原估十六萬五千三百二十餘兩之數，歸於太、鎮等十六州縣分年攤徵還款，自足以資遠利而愜輿情。至此次挑辦劉河在工印委各員及紳董人等，均係自備資斧，奮勉趨公，不辭勞瘁，似應量予獎勵。惟人數衆多，臣等未敢悉登薦牘，謹擇其尤爲出力者，開具清單，恭呈御覽。如蒙聖主鴻慈，俯加鼓勵，該官紳等倍加感激，踴躍急公，臣等亦得收指臂之效。其出力稍次人員，在外分別記功給獎。

除同時捐挑之白茆河道現亦將次全完，容俟驗收，另行具奏，併飭將劉河工長高寬丈尺、土方夫工銀兩各項價值細數，另開清單，一面將太湖以下泖、澱支河，暨太倉州境内七浦河道，委員確勘估計銀數，分別詳請奏報外，所有臣等驗收劉河工程緣由，謹合詞恭摺具奏，伏乞皇上聖鑒訓示。謹奏。

校記：

〔一〕陶澍曾在道光十四年五月初七日上奏查勘情形，稱「不日即可全蕆」，結合内文，具奏當在道光十四年八九月間。

協辦浙塘條石動款摺〔一〕

奏爲遵旨協辦浙江海塘條石，並動用銀款緣由，恭摺奏祈聖鑒事。

竊臣承准軍機大臣字寄：「欽奉上諭：浙江塘工應用條石爲數甚多，著林則徐採辦條石四萬丈，務於來春全數解交浙江工次應用。等因。欽此。」當經恭録行司欽遵。查照乾隆年間蘇省協辦浙江海塘條石成案，派令出産石料之蘇州府屬太湖、吴縣，常州府屬無錫、宜興、荊溪等五廳縣，分領承辦，一面將應行採運各事宜，臚列條款，咨詢浙省去後。旋准覆稱：「協濟條石四萬丈内，應辦面石三千三百丈，牆石一萬二千丈，裏石二萬四千七百丈，均由江蘇就地鏨鑿，委員運赴浙省之施、賀二壩，交浙江委員接收。所有石價、鏨工、運脚，俱照成案由蘇自行給領，浙省先解銀五萬兩，交蘇州藩庫兑收應用，其不敷之項，亦照前案由蘇找發，自行報銷。」等因。臣當飭藩司陳鑾查覆。兹據詳稱：「浙省所撥銀五萬兩現在尚未解到，而蘇省業經開採，亟須發銀給辦。且覈計工料、運費，除浙省撥銀五萬兩外，不敷尚多，應請在於蘇州藩庫正項道光十四年秋撥款内，先撥銀五萬兩，以資支用。統俟事竣，同浙省解到銀兩，覈實報銷，如有盈餘，另行奏請撥還歸款。又查乾隆年間，海塘石料曾由浙江委員來蘇會辦，此次准到浙省咨覆：『因值興舉大工，勢難多派委員駐蘇督採。』等因。但江蘇各廳縣辦石既多，即難保無丈尺參差，石質高下，若不就開採之地逐一驗明，任聽承辦各員徑行運至工次，事關隔省，一經駁回更换，往返需時，不特運費虚糜，轉恐要工停待。現在商明，俟蘇省採有成數，咨會浙省，酌委妥員來蘇量驗。不如式者，就地立即駁换；如果合式，即於石上蓋用浙省委員驗明戳記，並標明尺寸，再令起運赴壩。其在壩收石之員，除查無委員驗明戳記，及雖有驗戳而途中别經磕碰折斷殘損，不准駁交外，其與驗記符合者，收石之員亦不得故意刁難，勒令守候，致啓需索而誤工需。再，查蘇省産石廳縣，惟太湖、吴縣石質尚堅，堪以選充面石、牆石之用，其荆溪、宜興、無錫多係黄石，質地松脆。溯查乾隆四十六年間欽奉諭旨：「無錫、宜興、荆溪三邑之山，質雖松脆，堪作裏石之用。等因。欽此。此次該三縣之石，自應照案採作裏石，仍飭加意選擇，務合工用，合併聲明。」等情。請奏前來。臣覆覈無異。

除飭各屬妥速採辦，務令依限足額，以濟要工，不任稍有遲誤外，所有採辦石料，動用銀款緣由，理合恭摺具奏，伏乞皇上聖鑒。謹奏。

校記：

〔一〕據七月初十日上諭及浙省咨覆往返時間推算，此摺具奏時間當在道光十四年八九月間。

會奏白茆河挑工驗收并出力人員請奬摺〔二〕

奏爲捐資挑濬白茆等河，并建築閘壩工程全行告竣，驗收如式，請將捐輸出力之官紳董事分别奬勵，恭摺奏祈聖鑒事。

竊照常熟、昭文二縣境内有白茆河一道，於三江之北别成一大支，爲蘇、常兩郡洩水尾閭，淤塞多年，幾成平陸，旱澇無備，急須挑濬。前經勘估土方竝建閘等項，共約需銀一十一萬兩零。因與劉河挑工同時并舉，未敢概請借帑，議由官民捐資興辦，以工代賑。奏奉諭旨：「隨捐隨辦，免其造册報銷。」等因。欽此。當即轉行欽遵辦理。臣陶澍、臣林則徐各倡捐銀一千兩，藩司陳鑾捐銀二千兩，蘇松糧道陶廷杰捐銀三千兩，蘇松太道吳其泰捐銀五千兩，前任蘇州府知府沈兆澐、署常熟縣事試用知縣藍蔚雯各捐銀一千兩，昭文縣知縣張組綬捐銀六千兩。此外紳民捐項，除安徽候選道章廷榜所捐二萬兩内，奏明以一萬兩撥歸白茆經費外，餘皆常、昭二縣紳商富户隨時捐集。因係地方水利，均各踴躍樂輸，統計官民捐項，較之估需銀數，有贏無絀。於本年三月初一日開工興辦。並因附近白茆之徐六涇及東西護塘河，均係呼吸相通，亦須兼濬，飭據藩司陳鑾親往履勘估計，一體開挑，竝先後委員分赴各工催儹。又因其時本係以工代賑，壯者固可自食其力，而老弱殘廢之人不能工作，饑寒可憫，復於辦工經費内力加節省，量予接濟，俾附近工次悉歸安静。臣陶澍於四月内至蘇、松一帶閲伍，會同臣林則徐到工量驗，所挑寬深丈尺，多有逾額。沿途香花載道，閭閻歡抃異常。旋據稟報，五月十九日挑工全竣，復經臣林則徐督同藩司陳鑾按段驗收。自昭文縣之支塘東勝橋起，至海口止，工長七千八百四十丈。原估面寬六丈、底寬四丈、深一丈，旋又將河面展寬二丈，以資容納，河身倍見寬闊，隄岸一律坦平。惟海口建築閘壩因須購備石料、樁木等物，未及同時興舉。復於七月閒施工，至十月二十三日，據報閘壩工程全行完竣，復委藩司陳鑾赴工驗收。兹據該司詳稱：「驗明各工，均係如式堅固，並無草率偷減情弊。統計土方夫工以及閘座工料，戽水築壩，並就近接濟老弱饑民一切經費，其用銀一十一萬五千二百七十八兩零。應遵前奉諭旨，免其造册報銷。並查明在事出力之印委各員及董事、捐户人等，酌議分别奬勵。」詳請具奏前來。臣等伏查白茆等河本係早經勘估必應辦理之工，惟因需費繁多，未能遽行興辦。兹於地方連歉之後，官紳設法集捐，以工代賑，民夫得資口食，踴躍赴工，未敢借動帑金，而水利以興，窮黎以濟，洵爲一舉兩得。加以閘壩並設，蓄洩咸宜，淤塞無虞，旱潦有備。即如本年七月間太湖陡發蛟水，幸賴新河通暢，宣洩極靈，惟形如釜底之田，未能卽時消涸，其餘連歲被淹處所，皆幸得免沈災。成效已臻，輿情允洽。所有大小官員捐資籌辦，除臣陶澍、臣林則徐暨藩司陳鑾無庸議外，其餘糧道陶廷杰、蘇松太道吴其泰、前任蘇州府知府沈兆澐，職分較大，均不敢請邀議敘，又總辦出力之委員前高郵州知州平翰，已荷聖恩升授通州知州，亦不敢請獎外，臣等會同查明，擇其捐項較多、勞績最著之印委各員，及捐輸出力之鄉紳董事，分繕清單，恭呈御覽，仰懇聖主天恩，分別獎勵，以爲急公者勸。此外，出力稍次員弁及捐銀在三百兩以下各户，應由臣等在外給獎。

除工料丈尺細數，遵旨無庸造册報銷，仍飭取捐户履歷清册另行咨部給照外，所有驗收白茆等河工程緣由，謹合詞恭摺具奏，伏乞皇上聖鑒訓示。謹奏。

校記：

〔一〕此摺道光十四年十一月初十日具奏，與陶澍聯銜。

彈壓水手情形片〔一〕

再，臣接閱邸抄，欽奉上諭：「各省糧船數千號，水手不下數萬人，必須實力稽查，咸知儆畏，方不致沿途滋事。近日山東東昌府境内廬州幫水手聚衆械鬭一案，致斃數十餘命之多，且糧船所過地方，時有折體斷肢漂流水面，皆由水手戕害所致。此等積習，自宜亟加整頓。嗣後糧船所過地方，著沿途各督撫遴派武職較大之營員，酌帶兵丁，一路接遞巡查，遇有水手滋事，立即嚴拏，有犯必懲，毋令一名漏網。」等因。欽此。伏查歷届糧船入境，本皆酌派營員會同府廳州縣，督帶兵役彈壓稽查。惟水手恃衆逞兇，已非一日，而近年爲尤甚。除廬州二幫在東省殺斃多命之外，其沿途糾衆圖鬭，經地方文武彈壓解散者，探聞所在多有。即如蘇省之鎮江前、後兩幫，最爲著名兇悍，劫殺擄搶，靡惡不爲，且與浙江湖州府屬八幫向有積仇，各不相下。而鎮江幫水次本在徒陽，又爲浙船必經之路。重運先後開行，尚可不令遇見。迨回空過鎮，輒即糾約復仇。上冬臣得有風聞，先期親赴鎮江催提軍船，即督率文武彈壓訪拏，酌示懲儆，其風始息。今冬河乾水淺，雖經設法灌蓄，亦僅容一葦之杭，若湖、鎮兩幫狹路相逢，定必滋事。與其懲辦於事後，莫如防範於未形。查丹徒境内有江邊之鮎魚套地方，清穩背風，爲浙船不必經由之處，現在鎮江前、後幫船均已渡江入境，經臣咨會漕臣，飭令該兩幫船隻先進鮎魚套寄泊，並委鎮江營參將繼倫督率備弁駐兵彈壓，俟浙幫全行出境之後，再歸兑糧水次，以免尋衅互鬭。是以現在計算進口船數，該兩幫並不在内，其實已泊本境地面，儘可油艌修船，即與歸次無異。又查在東滋事之廬州二幫，沿途復與鎮海前、蘇白糧等幫屢圖糾鬭，因逐段有官兵彈壓，幸未成事。但廬州二幫係兑常熟縣漕糧，鎮海前幫係兑昭文縣漕糧，該二縣既屬同城，即糧船同一水次，難保不又滋鬭。臣現飭糧道量爲調换，毋使竝在一處。其蘇白糧渡黄之後，廬州二幫復與接連行走，現亦飭令先後挽渡，務使分檔隔遠，以杜其圖鬭之心。臣仍派委標營將領，並咨會督臣、提臣，分委武職大員稽查催儹，一到水深之處，即令晝夜行駛，不任一刻停留。惟淺處曳纜絞關，每段增雇人夫數百名，仍形喫力，有數刻之久，始能挽過一船者。前幫未克通行，後幫即皆停泊，更須嚴密防範。是以臣仍駐丹徒督催彈壓，一時未敢回蘇。

合竝附片陳明，伏祈聖鑒。謹奏。

校記：

〔一〕此片道光十四年十一月二十五日附奏。

回空漕船全進横閘彈壓安靜摺〔一〕

奏爲江、浙回空漕船掃數催進横閘，欽遵諭旨派兵彈壓，均極安靜，恭摺奏祈聖鑒事。

竊照本年回空南下較遲，鎮江運河潮枯水淺，京口沙灘涸露，難以通舟，當經查照成案，改由横閘行走。旋據府縣禀報：十一月初八日以後，西風大發，江潮消落異常，閘口露出之沙反高於江面之水，並横閘亦難進船。臣得信後，即馳赴丹徒鎮駐劄，親率常鎮道李彦章暨鎮江府縣，設法攔蓄，並於附近運河各處尋覓積水，引灌濟送，一面分段派員，多雇人夫拉船撈淺，催提各幫陸續進口，業將辦理緣由並催過船數，先後具奏。欽奉硃批：「務要竭力盡人事以理之，不可藉口諉爲天時水勢也。勉之！」欽此。臣跪誦之下，倍當竭誠盡慎，將幫船速挽歸次，以慰宸懷。臘月以來，雨雪疊霑，正喜運河得以長水，而連值北風狂大，江中數日未有船行，軍艘尤不宜冒險，加以雪後嚴寒，內河凍結，復飭署鎮江府王用賓、署丹徒縣張寬培，多備敲冰船隻，晝夜開鑿，十二月十二日河道始通。亟令署京口協副將張成龍，察看風色稍平，即親帶幫船折戧渡江，常鎮道李彦章與鎮江營參將繼倫來往江干，互相策應。每當阻淺、阻潮、阻風、阻凍之際，在事文武各員倍加焦思竭慮，設法籌催，不敢稍遺餘力。除提前之浙江幫船先經過竣，其江、廣幫船亦已全數出江外，兹截至十二月十九日，將先泊鮎魚套之鎮江前、後幫船作爲尾幫，亦令進閘歸次。統計江、浙兩省回空共六十二幫，計船二千二百零四隻，掃數由横閘跟蹤南下，各歸水次。查軍船自道光八年以後歷由横閘進口，然少者僅數百隻，即多者亦止一千餘隻，從未有江、浙兩省回空之船全由横閘行走者。今冬河水至乾，而經由横閘之船較之歷届多至兩三倍。臣惟恐回空不能全進，致如從前留在江外過年，則新漕幾難提前催辦。幸荷聖主洪福，自進口以迄竣事，計三十五日，各幫到次修艌，均在歲前，可期速爲開兑。且於連旬風暴之中，各將領往來江上，提帶二千二百餘艘，並無一船疏失。臣恭繹竭盡人事之旨，下忱感幸，悚惕彌深。至糧船停泊之時，水手尤虞滋事。前奉諭旨：「遴委武職較大之營員，酌帶兵丁，一路接遞巡查，遇有水手滋事，立即嚴拏。」等因。欽此。臣當將欽遵辦理緣由，附片奏蒙聖鑒在案。月餘以來，横閘內外及金山、鮎魚套一帶，節節停船，皆係鎮江、京口水、陸兩營將備，率帶弁兵，支架帳房，常川彈壓，已臻安靜。迨鎮江前、後兩幫最後進口，其水手尤爲强悍，臣復與京口副都統岱□〔二〕面商，就近酌飭駐防滿兵一體彈壓，以壯聲勢。該兩幫内桀驁之水手，聞有添兵，恐被查拏，率已潛行逃竄，不敢過江，遺有刀械在船，即經弁兵逐件搜獲，撥營配用。並責令幫弁旗丁，換雇安分水手駕船，赴次受兑；一面嚴查在逃各水手姓名籍貫及曾犯何案，隨時飭拏務獲，有犯必懲。總期猛以濟寬，令行禁止，以仰副我皇上除莠安良之至意。

所有回空掃數進口緣由，謹會同兩江總督臣陶澍恭摺具奏，仰慰聖懷。

至在事出力文武各員，本係分内應辦之事，惟此次辛勞繁費，實與常年催儹迥不相同。伏查道光八年横閘催船一千一百餘隻，仰蒙恩旨量加鼓勵，此次船數加倍，可否循照八年成案准予酌奬之處，出自聖主鴻慈。如蒙恩允，容臣會同督臣，擇其尤爲出力之員，覈實具奏，不敢稍有冒濫。合竝陳明，伏乞皇上聖鑒。謹奏。

校記：

〔一〕此摺道光十四年十二月二十日具奏。

〔二〕據軍機處録副檔案，缺字為「林」。

會奏官銅商辦運洋銅請復舊章摺〔一〕

奏爲蘇省辦銅官商賠累難支，懇請酌復舊章，以全銅運而垂經久，仰祈聖鑒事。

竊照蘇省官商承辦直隸、陝西、湖北、江西、浙江、江蘇六省鼓鑄洋銅，前於嘉慶二年僉商王履階承辦，奏定每百斤例給價銀十三兩五錢九分三釐，每年額辦六省洋銅共五十萬五千九百六斤，歷給價銀六萬八千七百七十八兩七錢八分，豫給一年帑本。嗣王履階之弟王日桂接辦十有餘年，銅帑兩清，從無貽誤。迨嘉慶十三年程洪然投充官商，自願減價，每百斤衹請價銀十二兩，並願先繳銅斤，後領帑項，其意衹圖邀准，未計虧賠。自此更改舊章，不久即因力乏告退。後商汪永增接辦僅止四年，亦即乏退。復舉舊商王日桂之子王宇安奏充，以資熟手。當據該商稟請復還舊制，未經准行，仍照減價後帑之例辦理。王宇安連年賠累，屢次求退，因無人愿充，著令勉力承辦。嗣據蘇州府詳：「據現商王宇安以前商程洪然率請改易章程，減價後帑，以致連年虧累，資本全空，稟求循復舊章，仍領十三兩五錢九分三釐之價，豫請一年帑本，俾得源源辦運。」等情。當經藩司批飭確查疲乏之情形果否屬實，覈議詳辦去後。旋據蘇州府知府沈兆澐、寶蘇局監督榮匯覆稱：「官商承辦洋銅，從前原定章程本屬妥善，是以銅帑均得清完。嗣因前商程洪然呈請投充，自願減價，先銅後帑，承辦未久，即行乏退，以後各商遺累虧賠，旋充旋退。該商王宇安接手之始，即據稟覆舊章，未經批准，歷年疲乏求退。曾僉殷户分辦，又皆畏縮不前。惟有懇復前奏舊章，俾銅運得以經久。」等情。由藩司陳鑾覆查屬實，詳請具奏前來。臣等伏查蘇省官商辦銅，從前奏定章程，照發帑採辦價值之例，每百斤給價銀十三兩五錢九分三釐，並豫給一年帑本，王履階等弟兄相繼歷辦十有餘年，尚能支持無誤。後商程洪然於嘉慶十三年自願減價接充，頓改舊章，並未計及辦公掣肘，以致虧乏退商。迨嘉慶二十二年以現商王宇安奏充，該商接辦之初，即據稟請復舊，未經批准，嗣以無力賠累，節次稟退。經升任撫臣程矞采〔二〕查僉殷户承充，均各視爲畏途，僉名〔三〕莫應，只得責令王宇安勉力辦理，不准退歇。近年以來，銅船屢次遭風，倍形苦累，經該司府飭查至再，臣等復加察訪，委係實在情形。查蘇局洋銅爲六省鼓鑄要需，若不酌復舊章，必致缺誤。並查程洪然減價後帑之案，雖經奏明，實出自該商一時遷就之見。今據請仍復嘉慶十三年以前舊制，覈與原案相符，非另改新章之比。但豫給一年帑本，設有轉運遲誤，帑項未免虛懸，應不准行。惟每百斤給價銀十三兩五錢九分三釐，本係從前奏定章程，並非格外加增，合無仰懇皇上天恩，俯念商力疲乏，准予循復舊章，以敷辦運。其價六省分銷，贏縮亦尚有限。如蒙俞允，應請即從道光十五年爲始，飭令遵照妥辦，俾免藉口求退，無人接充，致誤六省鼓鑄重務。除飭司另覈章程細册詳請咨部外，臣等謹合詞恭摺具奏。伏乞皇上聖鑒訓示。謹奏。

校記：

〔一〕此摺與陶澍聯銜，道光十五年二月十二日具奏。

〔二〕軍機處錄副檔案作「程祖洛」，清史稿疆臣表亦「程祖洛」。

〔三〕「名」，軍機處錄副檔案作「召」。

江蘇奏稿卷五

蘇省並無洋銀出洋摺〔一〕

奏爲江蘇省行用洋銀，不至運往外洋，遵旨體察情形，酌覈覆奏，仰祈聖鑒事。

竊臣等接准户部咨：「欽奉上諭：前據御史黄爵滋奏，紋銀、洋銀應並禁出洋，杜絶仿鑄，從重科罪一摺。當交刑部妥議具奏。兹據刑部將仿鑄洋錢明定治罪科條具奏，著照所議辦理。其禁止洋銀出洋、於海洋交易事宜是否可行，著沿海各督撫體察情形，妥議章程，酌覈具奏。餘依議。欽此。」仰見我皇上於防微杜漸之中，寓因地制宜之意。當經恭録欽遵轉行司道府州，將各海口情形備細體察籌議去後。兹據蘇州布政使陳鑾、江蘇按察使裕謙、蘇松太道陽金城會議詳覆前來。臣等查該御史請禁洋銀出洋原奏，以内地向有仿鑄洋銀之弊，若紋銀有禁而洋銀無禁，恐奸民盡以紋銀鑄爲洋銀，資外夷無窮之利。其言原爲杜弊起見。惟洋銀行用情形，各省本不相同。其始祇用於粤、閩，漸次乃及於江、浙。江蘇本居腹地，市肆買賣，行用較多，其濱海之區，雖設有江海一關，准令商船出入，然止北至山東、奉天，南至浙江、閩、粵，並無有與外夷互市之事，較之粵海關例准夷船貿易者，情形迥不相同。且奉天、山東二省向不行用洋銀，故上海出口沙船只有帶貨北行，並無帶洋銀前往者。蓋南貨販北，可以取贏，若帶洋銀，全不適用，是以不待禁止而人自不肯爲。其浙江、閩、粵海船，攜帶洋銀來至上海置買蘇、松貨物者，往往有之，若將蘇省洋銀載運往南，則有〔二〕百不得一，蓋江、浙洋銀價值向比閩、粵等省爲昂。緣其物本由南來，輾轉流行，愈遠則作價愈貴：浙江貴於閩、粵，江蘇又貴於浙江。商賈計及錙銖，豈肯貴買賤售，甘心折耗？且即使有人帶往，亦祇於浙江、閩、粵互爲流通，而非遽資外夷之利。以蘇省情形而論，洋銀行用，祇在内地，不往外洋。今若創立例禁，則閩、粵洋船來至上海者，均不得攜帶洋銀，是欲截其去路，而先斷其來路，於商民買賣、海關税務未免皆有窒礙。至謂内地鎔化紋銀仿鑄洋銀，如原奏所稱蘇板、吴莊、錫板等名目，向來誠有此種作僞之弊。然仿鑄原以牟利，自必攙雜銅鉛，然後有利可牟。而近來民間兑驗洋銀，極爲精細，蘇板等類較洋板成色懸殊，以之兑錢，價值大減，是以客商皆剔出不用，民禁嚴於官禁，行商公估，絲毫不能隱瞞。是仿鑄之洋銀，在本地已不能通用，更何能行及外洋？況經刑部議定新例，「奸民消化白銀仿鑄洋錢，即照白銀出洋之例分别治罪」，自足以杜其弊。若洋銀出洋之禁，雖未知於閩、粤等省何如，而就江蘇言之，似可無庸多立科條，致滋紛擾。除通飭各屬嚴禁仿鑄，有犯必獲，以清弊源外，謹將體察蘇省情形，毋庸禁止洋銀出洋緣由，合詞恭摺具奏。

再，臣等因分飭各屬詳加體察，並自行明查暗訪，反覆推求，是以覆奏稍稽，合並聲明，伏祈皇上聖鑒。謹奏。

校記：

〔一〕此摺與陶澍聯銜，道光十五年閏六月十九日奉硃批，具奏時間當在六月二十九日。

〔二〕軍機處録副檔案作「又」。

勘估寶山塘工摺〔一〕

奏爲寶山縣海塘工程籌議捐修，規模已具，應即興工，隨捐隨辦。謹將勘估情形，奏祈聖鑒事。

竊照太倉州屬之寶山縣，三面環海，境内土塘一萬五千餘丈，石塘一千三百丈。石塘之内仍加土戧，其沿塘迎險處所，外釘排樁，填砌塊石，自靠塘一層至二、三、四、五層不等。歷年久遠，潮汐激盪，樁石捐缺之處，風浪遂及塘身。嘉慶四年、十年兩次遭被風潮，疊經奏准動帑興修，迄今又閱卅餘年，每遇伏秋大汛，土石各工被潮潑損，責令該縣隨時擇險搶修，權爲保護。本年六月十四日，陡遇異常風潮，水勢飛騰，高起數丈，沿海塘隄率多沖塌，經臣陶澍先將大概情形，奏奉硃批：「查明據實覈辦。」欽此。臣林則徐接據沿海各屬稟報，當查風潮沖壞塘工，以寶山爲最甚。除飭先行擇要搶護外，復委藩司陳鑾親赴寶山，會同蘇松太道陽金城逐加查勘。該縣江西各段土塘穿缺一千七十餘丈，殘損二千一百八十餘丈。江東各段土塘穿缺一千一百餘丈，殘損四百四十餘丈，石塘沖裂六丈，其餘亦多殘損。雖經該道陽金城督縣捐廉，趕做土戧，暫爲擁護，而急須大加修築，方足以資抵禦。臣等往返札商，以此項工程浩大，保障攸關，斷不可遷延貽誤。而國家經費有常，又值浙省大修海塘之際，不敢復以江蘇塘工請動帑項。因思該縣士民素尚好義急公，上年賑案勸捐，已各勉力輸助，今海塘爲地方保障，尤期衆力同擎。當飭該司道體訪輿情，妥爲勸諭，一面由臣林則徐先行附片陳明。欽奉硃批：「所辦妥。」等因。欽此。臣等即率同司道州縣捐廉爲倡，並勸諭城鄉紳庶陸續書捐。至七月初間，已得十萬有零之數。正飭印委各員會同估辦間，復據蘇松太道陽金城等稟報：「七月初二日未刻，又有颶風突起，雨驟潮喧，徹夜震撼，至初三日未刻始經漸息。寶山江西各段塘面所築土戧，均被風潮漫溢，全行穿缺，江東各段新築小圩沖缺五百餘丈，舊隄亦處處增坍。」等情。臣等仍飭該縣，俟潮勢稍落，先行設法堵禦，一面飭據太倉州知州李正鼎督同寶山縣知縣毛正坦，暨委員候補知縣龔潤森、鎮洋縣知縣孔昭顯、坐補崇明縣知縣徐家槐等，趕緊逐一履勘估計。茲據稟覆：「舊塘本嫌陡直，收分過少，不足以柔潮勢。今加築新塘，擬用外面三收，裏面二收，底寬八丈，頂寬二丈，高至一丈二尺，普律齊平。所有舊塘業已殘損過半，若即以新土鑲築，恐新舊不相膠黏，應將舊土一律剷平，將凸補凹，鋪作塘底，潑水行硪，再以新土層層加築，套硪飽錐，以期堅固。塘外簽釘排樁，填砌塊石，層數不等。其小沙背、談家濱一帶，形勢尤爲頂沖，除外面多加樁石，俾資保護外，並於裏面加築新塘，以爲重門保障。又，該處舊有挑水壩二道，久經殘廢，今一並修復，仍於壩外雙樁夾石，以資挑溜。至石塘沖裂殘損各段，普律添購新石，砌築完整。其石塘尾段與土塘交接之處，加土裹護，並加石壩三層。合計江西、江東應估硪築土方，約共三十五萬六千四百餘方，石塘添辦青條石一百九十餘丈，通工樁木約需六萬一百餘根，碎石二萬一千三百餘方，統計銀數，須得二十萬兩有零，方能料足工堅，永資鞏固。」並據司道核覆：「所估並無浮揑。」等情。臣等伏查寶山縣境江東、江西所轄土塘，本年兩遇風潮，穿缺殘損共有五千餘丈，其石塘亦多沖裂脱卸。既經該州縣等確加履勘，逐段修復，竝將石塘添砌新石，土塘加幫高寬，且於頂沖處所，裏面添築新塘，外建挑水壩二道，以復舊制。沿塘簽釘排樁，填砌塊石，再於石塘工尾土石交接之處，築土裏護，外加石壩三層，俾工段益增鞏固，實可爲一勞永逸之計。所估土方樁石，覆核尚無浮多。惟統計銀數，須得二十萬兩有零，方敷辦理，而捐項甫經及半，若必俟全數捐足始行興工，則今冬已恐無及，明歲春潮驟長，抵禦無資，人心惶惶，深爲可慮。臣等復經採訪衆論，公同商搉，事關生民保障，不獨寶山一縣紳庶自衛身家，捐輸已形踴躍，即貼近之嘉定、上海二邑，亦皆唇齒相依，尚可互勸集捐，以期衆擎易舉。因令先將已捐之項採購料物，趕運赴工，並於寶山紳耆中公舉總董數人，散董數十人，分司其事。現在將届立冬，水勢消落，應即擇吉開工，派令印委各員分頭催辦，並飭蘇松太道陽金城率同太倉州知州李正鼎，時刻來往稽查，不任稍有草率。一面續勸協捐，以資辦理。察看該處民情，因見各官捐廉倡辦，係爲保衛民生起見，無不心懷感奮，雖需款繁鉅，而妥爲勸導，稍寬時日，自可有成。統於竣工之後，查明捐户銀數，照例奏咨鼓勵。如有格外多捐者，容臣等酌量懇恩加奬。仍嚴札州縣，毋許抑勒科派，並飭杜絶虚糜，不准有絲毫浮費。如能格外撙節，即可稍減捐數，總期認真核實，以蕆鉅役而奠海疆。一俟通工完竣，臣等酌往驗收，另行具奏。

再，該工既係捐辦，應請照案免其造册報銷，據該司道會詳請奏前來。臣等謹將勘估籌辦情形，合詞恭摺具奏，伏乞皇上聖鑒訓示。謹奏。

校記：

〔一〕此摺與陶澍聯銜，道光十五年九月十五日具奏。

劉河節省銀兩撥挑七浦等河摺〔一〕

奏爲蘇省水利工程，動用劉河節省銀兩，擇要舉辦，其餘酌量捐修，恭摺奏祈聖鑒事。

竊照江蘇號爲澤國，而財賦甲乎東南。賦出於田，田資於水，故水利爲農田之本，不可失修。如吳淞、黄浦、劉河，乃三江之舊蹟，白茆河又别爲一大支，近年以來，或動項，或捐挑，均經奏奉諭旨准辦，以次深通。小民感戴皇仁，同歌樂利。此外，尚有太倉州境内七浦河道及太湖以下泖、澱等處，亦多湮塞，亟宜擇其要道挑空疏通，俾上下一氣呵成，清水暢流，以刷潮淤而資灌溉。查上年借項興挑劉河案内，有節省餘銀三萬四千九百兩，經臣等於收工時奏蒙恩准，留作接挑各處河道之用。當即行司飭委前署太倉州、現署蘇州府知府周岱齡，青浦縣知縣蔡維新等，會督各該州縣，周歷履勘，次第舉辦。旋據稟覆，勘明青浦縣境内澱山河一道，現尚深通，毋庸開浚外，其太倉州境七浦河一道，東爲海口，設有七浦閘一座，淤塞已久，量應浚工長五千六百二十八丈二尺，内有浮橋鎮市河六十丈，雖向由該處居民自行開挑，而自河淤以來，民居大半遷移，鋪户亦多閉歇，應一竝給價承挑，實需土方填工銀一萬五千二十兩零。又元和縣境内南塘寶帶橋一座，共五十三孔，係太湖出水咽喉，年久失修，圈洞坍塌，以致湮塞水道，湖瀦宣洩不靈，夏秋盛漲之時，深虞泛溢，於水利全局大有關繫，亟須修整。據估工料銀六千六百七十兩零。由司確核無浮，詳明動支劉河節省銀兩，撥給興辦。已據具報，於本年三、四等月先後興工，如式挑修完竣。經臣林則徐與藩司陳鑾親往察驗，並無草率偷減。其餘承接太湖之支港各河，如吳江縣境之瓜涇港、王家匯、挑家莊、七里港、郙前嘴、大港、新港，及太倉州境之楊林、朱涇兩河，嘉定縣境之華亭涇、黃姑塘、蒲華塘，並據該州縣等勘明，皆係上承下注要道，近亦處處淤淺，俱應一律興挑，以資宣洩。除朱涇河、華亭涇、黃姑塘、蒲華塘均由民捐民辦外，其楊林河一道，並吳江縣境瓜涇港等處，請動劉河節省餘銀興浚。又泖湖一處，跨連元和、婁縣、青浦三縣，上承太湖及浙西諸水，下同黃浦入海，蓄洩並用，旱澇兼資，惟淤土甚多，須將新漲之灘切除挑浚，方免滋蔓。祇因劉河案內節省銀款，分辦各河已不敷用，據青浦縣蔡維新稟請，情願捐辦，現已集夫興工，歲内諒可告竣。又，松江府屬川沙廳並上海、南匯兩縣共轄之白蓮涇、長濱、吕家濱、小腰涇等河，均係跨連數處水利，亦已勸捐興辦等情，由蘇州藩司陳鑾彙詳請奏前來。臣等伏查劉河節省銀三萬四千九百兩，既經奏准留爲接挑各河之用，自應覈實辦理。惟存銀祇有此數，而河道淤塞之處，悉數難終，惟有擇要量准動款，其餘可以籌捐者即歸捐辦，可以略緩者即歸緩辦。除七浦河、寶帶橋兩處工程已撥給銀二萬一千六百九十五兩零，業經挑修完竣，驗收如式外，現僅存銀一萬三千二百四兩零，以之挑浚太倉州楊林河及吳江縣瓜涇港等處，核其工費，尚有不敷，祇可就款量爲分撥。現經給發太倉楊林河銀八千兩，吳江瓜涇港等河銀五千二百四兩零，飭令乘此水涸，集夫趕挑，其有不敷，悉由該州縣捐廉湊辦。所有撥用銀兩，統歸劉河案内，依限攤徵還款。其泖湖、朱涇，以及華亭涇、黃姑塘、蒲華塘、白蓮涇、長濱、吕家濱、小腰涇等河，或先已挑竣，或現在儹挑，皆由官民分别捐輸，不敢概動款項，亦不許稍有草率偷減，並不得假手胥役、地保，致滋弊竇。總之，地力必資人力，而土功皆屬農功，水道多一分之疏通，即田疇多一分之利賴。臣等惟當隨時率屬講求經理，未雨綢繆，以期仰副聖主劭農勤民之至意。

再，青浦縣知縣蔡維新，係卓異案内應行引見之員，因委估挑工，業經奏准展限在案，應俟工竣，再行給咨赴部，合並聲明。

除飭將七浦河等工取造估計報銷各册、繪圖詳請題咨外，臣等謹合詞恭摺具奏，伏乞皇上聖鑒。謹奏。

校記：

〔一〕此摺與陶澍聯銜，道光十五年十一月初十日具奏。

籌議新漕事宜摺〔一〕

奏爲遵旨籌議趕辦新漕各事宜，恭摺覆奏，仰祈聖鑒事。

竊臣等接准部咨：「欽奉上諭：朱爲弼奏，遵旨籌議剔弊速漕各事宜，酌擬條款請旨辦理一摺。如所稱新漕兑開，宜竭盡人力趕早等語。著有漕各督撫通飭各該糧道及所屬州縣，先事預籌，提前儹辦。至所稱飭提浙江、湖廣船隻，無分省分幫次，先到先進瓜洲口，趕儹來淮盤驗等語。著陶澍、林則徐妥議具奏。至糧艘交卸以後，必須趕緊回空，庶辦理新漕可期及早受兑。著沿途各督撫，於回空糧幫趕緊催儹，不准藉詞停泊，庶幾以速補遲，剋期歸次，毋得任令延逾，致誤例限。又稱各衛屯田應妥爲清理等語。著有漕各督撫妥議具奏。又稱江蘇總運丞倅應管押幫船過淮渡黄等語。著林則徐妥議具奏。等因。欽此。」當經恭録轉行欽遵辦理，並將應議各條，札飭江甯、蘇州兩藩司，江安、蘇松兩糧道會同籌議，一面飭令沿河文武員弁，督率兵役，親駐河干，將各省回空幫船剋期催儹。臣陶澍復經委員分往北運河及山東臨清一帶加緊催提，已於十月二十八日掃數渡黄完竣。惟徒陽運河因冬令潮弱，兼被西風刮耗，水勢淺小，經臣林則徐預飭該府縣將橫閘支河搶挑深通，並令隨時察看，如京口過淺，即飭各幫循舊由橫閘進口。截至十一月初六日，催進京口船二百四十三隻，又進橫閘船一千一百十一隻，共進口船一千三百五十四隻。在後幫船，現仍飭令晝夜緊催，總期趕早歸次，不任藉口停延。至新漕事宜，臣等於秋米報稑之時，即飭有漕各屬先事預籌，趕早開倉，催徵交兑，能得水次早開一日，則渡江過淮，渡黄抵通，均早收一日之效。況疊奉諭旨提前儹辦，不特臣等與漕臣及各糧道一體欽遵，力求趕早，即有漕之州縣，亦惟冀幫船早離水次，如釋重負。但一縣之漕糧多者逾十萬石，少亦數萬石，倉廒每不敷收貯，必得隨收隨兑，始無積壓之虞。而旗丁以米色爲停兑之藉詞，以停兑爲索費之把握，總因相持不下，兑遲則開亦不得不遲。臣林則徐於上冬幫船津貼一節，循照從前奏案，早飭定議，雖爭執刁難之處亦復不少，而猛寬兼濟，大概不敢以私誤公。今冬漕船輪值調幫之年，恐貪詐者更有所藉口，惟有早爲嚴立限制，確訪尖丁、蠹棍，懲一儆百，以杜阻撓而速兑開。本届收成之時，天氣連晴，與上冬無異，則所收米色，亦與上冬無異。但幫丁之借題挑剔，久已習爲故套。今惟照例責成糧道，臨倉親驗，並委各屬總運廳員，逐廒察看，凡道廳驗定之米，即不許幫丁混挑妄稟。少一分之挾制，即早一日之開行。果其自南至北，在在加意體卹，使旗丁不負重累，自可冀漕清運速，年勝一年矣。又飭提浙江、湖廣船隻，無分省分幫次，先到先進瓜口一條。臣等恭查道光六年欽奉諭旨：「琦善奏，來年各省漕船，請不論幫次，隨時提前過淮一摺。來年起運新漕，節經降旨嚴催迅速儹行，若令沿途停候挨延，恐致稽遲，著照所請，浙江幫行抵江境如在江蘇各幫之前，即將浙江幫提前插檔渡江前進，江西、湖廣各幫先行停泊江面者，無論何省何幫，即行儹挽徑進瓜口。俟全數渡黄後，於邳、宿一帶仍令按照原定省分次序，順幫前進。」等因。欽此。欽遵在案。來年浙江重運行抵江境，如果在蘇、松各幫之前，自應欽遵前奉諭旨，將浙江幫提前插檔渡江前進。其江西、湖廣各幫，如有先行停泊江口者，無論何省何幫，即行儹挽徑進瓜口，俟全數渡黄後，於邳、宿一帶仍按照原定省分次序，順幫前進。倘有水手人等爭競擁擠，即由該處文武營汛及該幫運弁，嚴拏究辦，俾知儆畏。又各衛屯田妥爲清理一條。業經分飭各府州縣衛，查屯丁有無私行典賣。如有典出之田，即行根查明白，限一月内開册具詳，俟覆到，即由糧道會同藩司速籌回贖章程，妥議詳辦。又江蘇總運丞倅應管押幫船過淮渡黄一條。伏查總運廳員有彈壓水手、稽查盜賣之責，原應督押所屬尾幫過淮渡黄北上，近因守候各州措解存公銀兩，以致不克隨幫起程。查存公一項，即係州縣所給各幫津貼銀内扣出之款，嘉慶十七年，前任蘇松糧道李長森拏獲通州放債跟幫盤剥一案，經前撫臣章煦奏明，酌量幫情，每船提存數十兩封貯，俟抵通散給各丁接濟，此項應解總運收貯管帶。惟漕船開行緊迫，花户米石既難概令全輸，而天庾正供不可顆粒短少，各州縣墊項買米，久已不得不然。又開船以前，幫丁水次所用率皆取諸津貼，計州縣逕行給丁之數，已屬不貲，此項存公未能即時同解，以致總運廳員羈留守候，亦勢之無可如何。歷年以來，經臣疊檄嚴催，未嘗稍予以暇，僅保解交無誤。朱爲弼以總運本應隨幫督押，不得因此久延，所論亦正。嗣後應責有漕州縣，將扣存帶北存公銀兩，於幫船開行十日内，按數解交總運廳員收存。倘延至所屬幫船全行渡江之時尚未清解，即先催該總運迅速起程督運，一面飭令將何縣存公已解、何縣未解由總運據實禀明司道，責成該管府州，勒令州縣將銀專差趕解總運舟次；倘趕送不到，竟至誤公，由司會同糧道詳請將該州縣撤參，以儆疲玩。此外凡有可以速漕事宜，臣等分飭司道次第妥辦，以期漸復舊規，斷不敢稍任因循貽誤。

兹據該司道會詳前來，臣等覆加核議，謹合詞恭摺覆奏，伏乞皇上聖鑒。謹奏。

校記：

〔一〕此摺與陶澍聯銜。朱爲弼道光十五年六月卸任漕督，文中所引上諭爲道光十五年七月二十四日所奉。陶澍移交關防在道光十五年十一月初十一日，結合林則徐日記推斷此摺當在道光十五年十一月十六日前具奏。

江蘇奏稿卷六

親勘海塘各工片〔一〕

再，太倉州屬之寶山縣捐修海塘工程，經臣會同督臣陶澍奏奉上諭：「陶澍等奏，籌議捐修海塘工程，估需銀二十萬兩有零。據稱業經率屬倡捐，該縣紳士踴躍輸將，捐項已經及半，其附近之嘉定、上海二縣，皆唇齒相依，尚可互勸集捐，以期蕆事。著即責成蘇松太道陽金城、太倉州知州李正鼎，督令各該縣，隨捐隨辦，竝往〔二〕稽查，無任草率。」等因。欽此。當經恭録轉行欽遵辦理。旋據蘇松太道陽金城、太倉州知州李正鼎等，以該處塘工有迫近〔三〕海濱、外無護灘之處，應否繞越挽築，稟請臣臨工勘辦。又嘉定、上海二縣雖已分勸盡捐，尚未集有成數，亦須臣親往督勸。臣隨於十月二十八日自省起程，前赴寶山工次，親加履勘。除縣城迤西之小沙背、迤北之談家浜二處，雖皆臨水頂衝〔四〕，而迫近城垣市鎮，未便過於縮進，仍照原估於舊塘裏面加築新塘，以資重門保障外。其江西之衣周塘及江東之八房宅、唐家宅、長浜、周家宅各處，均係頂對大洋，形勢挺出，外灘已塌，塘脚漸卸入海，若仍於原處修築，現在礙難施工，且恐不能經久，自應繞越另集，庶臻鞏固。又江西、江東兩礮臺挺峙海口，雖潮大之時不免漫及根腳，而形勝所在，未便改移，惟於臨水之一面加築圈堰，多護樁石，以憑扞衛。又施港迤南，塘身留有石洞一座，因係農民灌溉取需，不便令其堵塞，但恐大汛潮猛，易被沖決，亦須略爲挽越，以避激蕩。均經臣逐加履勘，與該道縣並紳董人等酌商定見，即飭該縣等妥爲照辦，毋許稍有草率。至嘉定、上海二縣協捐一節，竝經臣親督道府州縣，傳令各該紳士，詳加開導，互勸輸將。僉稱各官尚且捐廉爲民保障，該紳等住居切近，自當勉力輸助，以濟要工。察其情詞，尚屬踴躍，可期源源捐濟，無誤工需。臣仍諄飭撙節動用，務使料實工堅，以爲一勞永逸之計。又查今歲夏秋之間，沿海屢被風潮，本不止寶山一處，如華亭縣之海塘，亦據該縣禀報，外塘樁石多被沖損，内塘腳土間被汕刷等情。經臣彙入風潮案内附片奏蒙聖鑒在案。茲臣於寶山勘畢之後，竝到華亭海塘逐段查勘。該塘内面砌條石十五層，外面包土，其迎潮處所又加樁木碎石，層層攔禦，潮至雖被漱齧，仍從空隙處退回，故相沿謂之玲瓏埧，實爲全郡保障。前於道光十一年遭被風潮損壞，曾經請帑承修，計今已逾保固例限。本年六月十四、五及七月初二、三等日，颶風大作，致將玲瓏埧土石、椿木各工先後沖壞，潮汐直到塘根，刷去面土，激動條石。當經署松江府周岱齡督同該縣張慶瑗，趕緊搶堵，一面按段查勘估計詳辦。即據該府縣以工段綿長，一時無款可籌，而該處民力拮据，即勸捐亦恐無濟，衹得由松江府屬各員捐廉酌辦。議請先行擇要將珠、稱等號有土無石之單塘一百二十餘丈，再加木椿一層，椿内填石，石後添土，鋪築行硪，務令堅實。又將最險之金山嘴地方鳥、官以下等號，擇要修築四百四十餘丈。均於石塘包土之外量至六丈地位，排釘木椿，内填碎石，加築尾土，悉照玲瓏埧做法，修成護塘灘坡。俾險要之處捍衛有資，再將金塘外埧徐圖修復等情。臣此次親詣覆勘，所估各段皆係刻不容緩之工，應如該府縣所議，先行興辦，已令即速施工。所需經費，據該府正署各員督率該屬之華亭、奉賢、上海、南匯、青浦等縣，分別捐廉，通力合作。

除俟工竣驗收，查明實用確數，再行專摺具奏外，所有臣出省親勘海塘，分別飭辦緣由，謹會同督臣陶澍附片陳明，伏祈聖鑒。謹奏。

校記：

〔一〕此片道光十五年十二月初三日奉硃批，推斷十一月初十日附奏。

〔二〕清宫軍機處録副檔案作「来往」。

〔三〕清宮軍機處録副檔案作「逼近」。
〔四〕清宮軍機處録副檔案作「沖」。

籌辦通漕要道摺〔一〕

奏爲籌辦通漕要道，將練湖隄堰勸諭民修，運河閘工由官捐辦，俾漕運長資利益，恭摺奏祈聖鑒事。

竊照鎮江爲漕運咽喉，江、浙兩省糧船皆所必由之路，而每年重、空往返，挑浚河道、蓄水提船一切機宜，則惟鎮江道府縣營責成爲重。其挑河例價不敷，竝須江蘇各屬州縣捐資協貼，一遇江潮低落，設法推挽，勞費尤倍於平時。揆其致病之由，總因該處運河本係鑿山通道，竝無水原，祗恃引江入河，以資浮送。而江水本不宜過大，若運河灌輸盈滿，於行舟固爲順利，而沿江田地早已被淹。如江水落低，則利於洲田，又不利於漕運。兩者相較，固係農田爲本，而運道則須隨時盡力，以圖補救之方。臣陶澍於嘉慶二十一年巡視南漕，即以修整閘座、濬治練湖等事縷晰陳奏。道光七年、九年在巡撫任内，復節次奏明籌辦閘埧隄埂，以資收蓄。誠以江潮長落靡常，緩急仍難盡恃。練湖開於晋代，在運河之西，爲長、驪諸山衆水所注，唐、宋、元、明皆治之以濟運。其上接丹徒境者謂之上練湖，下接丹陽城者謂之下練湖。上湖高於下湖，下湖又高於運河，以節節傳送，有湖水放一寸運河增一尺之諺，與山東運河之有南旺、南陽、微山諸湖情形相仿。明季湖禁漸弛，居民占墾，遂致就堙。我朝康熙十九年始定以上練湖改田升科，下練湖留資蓄水。然湮塞已久，所蓄究屬無多，而濬湖築隄經費太鉅，是以屢議屢寢。臣陶澍在巡撫任内奏修閘座，亦係先其所急，將黄泥閘移於張官渡，以當湖之下游，俾得擎托湖流，使之回漾，稍濟江潮之不逮，每於重運回空經過，閉板蓄水，曾著成效。然全湖隄埧久已損壞，水來則直沖而易決，水去又一洩而無餘。臣林則徐於道光十二年秋間親歷履勘，因議擇要築埧以利節宣。迨十四年四月，臣陶澍閲兵過彼，亦經覆勘，意見相同，遂即定議籌辦，竝經附片奏明在案。隨飭常鎮道李彦章相度機宜，在於該湖頂沖之黄金埧及東岡一帶，先築兩重蓄水埧，加培圩埂二千八百八十丈零，使山水皆得入湖，不令散漫。又恐水勢暴猛，或虞沖決，因於湖之東隄添建減水石埧兩座，如遇暴漲，有所分洩，可以保隄。其通入運河之處，勘得有念七家古涵，較舊濬之范家溝機勢更順，因修復古涵以作水門，并就近建設濟運石閘一座，於運送軍船時放水接濟，漕過之後用土填築，留一涵洞以灌隄外民田，是不特濟運有資，即農民亦咸霑其利。臣等當即飭道督縣，勸諭得霑水利之業佃，或出力，或出資，令其舉董經理，官爲督率。輿情咸知利益，踴躍急公，自夏至冬，工程陸續報竣。適值是冬丹徒水涸，回空全進橫閘，臣林則徐親駐鎮江督催提挽，飭委該道李彦章試放濟運新閘，由念七家涵引水而出，竟能倒漾上行至數十里之遠。連放數次，軍船得以銜尾南行，其效頗爲顯著。此道光十四年勸諭民間捐築練湖蓄水減水諸埧，暨修復古涵，改建濟運閘之情形也。復查下游張官渡一閘，爲漕船經過要津，前將黄泥閘移建該處，原以引截練湖，便資擎托，時經七載，固限早逾。第年來溜勢時有變遷，河形漸形灣曲，每遇夏秋盛漲，疏洩不及金門，難免逼溜，即恐有礙舟行。臣等復往返札商，今昔情形既殊，自須變通盡利，欲其順溜取直，莫若因地制宜。隨勘得該閘迤上相距二百丈之處，溜勢漸形平緩，而其地段仍在練湖濟運閘之下游，疊經督匠相度，僉謂宜將該閘移建於此。但舊閘只有一座金門，而舟楫經由，絡繹不絶，欲議改建，尚須另籌行船之路，始可截埧興工。因思移地建閘原欲以殺水勢，莫若改爲正閘、越閘兩座尤靈，遂於所勘改建之地，先就南岸一邊開出越河，將地勢加倍展寬，俾其可容磯心雙孔之閘。即於越河圈築攔埧一道，仍留靠北一半河路，俾得照常行船。其在攔埧以内者，即可施工先建越閘。俟越閘工竣，放水通舟，然後拆去靠南之埧圈，於靠北一邊以建正閘。如此倒換辦理，往來船隻既無阻滯之虞，而雙孔閘成，又免涌激之患，將來設遇修理，亦可不礙漕行。但一閘改爲兩閘，中添磯心一道，所需工料倍多，而經費有常，仍不敢遽請動帑。查挑辦徒陽運河，向由各屬捐資協貼，本係歷有舊章，若果閘座鈐束得宜，即挑費亦可期節省，是以改建該閘仍歸官捐辦理。各州縣中急公從事者尚不乏人，自上年秋間集項購料興工，至十二月內，先將越閘辦竣，工料均稱堅固。維時回空南下，又值潮枯水涸之時，當即放出湖瀦，將該閘下板攔蓄，愈得倒漾之力，江、浙回空約三千艘，無不由該閘而下，更爲濟運之明效。旋即接手砌辦正閘，不日亦可告成。此自上年至今，建改張官渡正、越兩閘，官捐辦理之情形也。惟思張官渡之下游，尚須重門收束，遇水淺時，上下拗板，此啟彼閉，始能呼吸相通。即練湖圩埂填涵，雖已擇要勸民修辦，而殘缺之處尚多，仍須設法籌維，期湖水多蓄一分，即運河多得一分之益。查張官渡迤下六十里有呂城閘，建自宋元祐四年，其地勢正當扼要，我朝雍正年間就舊基重建正、越兩閘。嗣是越閘堙塞，糧船祇由正閘經行。嘉慶二十二年曾經估修，旋又議緩。上年該閘金剛牆漸坍到底，坍下之石堵至金門，重運經臨，幾爲所阻，經丹陽縣督率呂城巡檢，集夫抬撈，始得通舟。此時勘估興修，實屬刻不容緩。惟該閘越河久爲瓦礫填壅，越閘石料剝損尤多，今既議興修，仍須兩閘并辦，不便偏廢。現照張官渡章程先行挑浚越河，趕修越閘，已於正月興工。此時糧船正在北行，仍令經由正閘，俟越閘修竣得以通舟，再將正閘接手開砌。所需經費，亦歸本省官捐項下撙節辦理，概不敢請動款項。至練湖隄身單薄之處，西南兩面尤甚。其蓄水舊制，本以湖心二尺八寸爲度，因湖底既淤，隄埂又缺，遂致不能多蓄。欲籌束水，不外培隄。但湖面正寬，即以下湖而言，周圍已四十里，勢難全行圍築。前於湖東一帶酌建蓄水減水各壩，並築圩埂二千八百餘丈，來源已有歸宿，不至旁溢斜分。今再勸諭民閒，於湖之西南兩面就近挑空湖淤，即以挑出之土培築隄埂，照舊制高一丈二尺，面寬四尺，兩邊二五收分，更足以資攔蓄。該處近湖民居有一百八十三邨，計田四萬六百八十餘畝。查歷修水利，本有按田出夫、業食佃力之章程，兹復由該道李彦章督同鎮江府龔文焕，分别出示，覆加勸諭，農民均各樂從。臣等已飭陸續興挑，即令印委各員常川駐工，稽查督辦，務使逐一核實，迅速蕆事。俾運河長資利益，漕事年勝一年，以期仰副聖主利運便民之至意。

至此案均係捐辦工程，應請免其造册報銷。除各工一律全竣，分别驗收，另行奏報外，所有先後籌辦緣由，據署蘇州藩司裕謙會同常鎮道李彦章，具詳前來。臣等謹合詞恭摺具奏，伏乞皇上聖鑒。謹奏。

校記：

〔一〕道光十六年正月十七日，因運司出缺，上諭令陶澍折回江寧。正月二十日，林則徐將總督關防賫送陶澍，回巡撫本任。此摺與陶澍聯銜，具奏時間當在道光十六年正月二十二日陶澍接篆後，林則徐主稿。

會奏道光十年以前積欠銀米麥豆穀石請豁摺〔一〕

奏爲遵旨查明江蘇省積年民欠，及因裁緩帶銀米麥豆穀石實在未完各數，開列清單，恭摺具奏，仰祈聖鑒事。

竊臣等接准部咨：「欽奉上諭：朕寅承丕緒，撫馭萬方，旰食宵衣，無日不以勤恤民依爲念。十五年中，劭農重穀，減賦停徵，疊沛恩綸，覃敷愷澤，所願四海烝黎，家給人足，共享昇平之福。因思各省民欠錢糧，自嘉慶年閒蠲免以後，迄今又閱十餘年矣。比歲以來，仰蒙慈佑，慶協綏豐，民氣和樂。本年恭逢聖母皇太后六旬萬壽，欽惟慈禧光被，歡洽敷天，允宜申錫無疆，普蠲逋賦。所有各省節年正耗民欠錢糧，及因裁緩徵帶徵銀穀，竝借給籽種、口糧、牛具，及漕項、蘆課、學租、雜税等項，即著該督撫、將軍、府尹等，將道光十年以前實欠在民者，詳悉查明，按照該省所屬之某州某縣銀穀若干，速行開單具奏，候朕以次降旨，全行豁免。竝著先將此旨謄黄宣示城鄉邨鎮，咸使聞知，俾官吏胥役無從影射侵欺，以期膏澤下究，用副朕錫羡延釐、普惠寰區至意。該部遵諭施行。欽此。」當經恭録轉行江甯、蘇州兩藩司及江安、蘇松兩糧道，欽遵查辦，一面恭刊謄黄，頒發各屬，遍行曉諭，業將辦理情形先行覆奏在案。臣等伏查江蘇爲財賦之區，錢漕繁重甲於他省。上届查辦嘉慶二十二年以前民欠，共銀四百六十九萬二千餘兩，米麥豆等項一百六萬六千餘石，均奉恩旨全行豁免。今自嘉慶二十三年以後截至道光十年，又閱十有餘載，其年應征之項，歷於奏銷案内，比較分數，按年造册奏咨，復將上下兩忙徵解銀數，隨時據實奏報，層層考覈，備極周詳。是以應征熟田項下，民欠尚不至於過多。惟因栽緩征之項，是道光三年大水以後，江、蘇兩藩司所屬頻年屢有栽傷，民生積困之餘，既不能概予議蠲，自不得不量爲展緩。就一年而計，爲數尚少，合十餘年併計，積數遂多。此次曠典特頒，總期實惠及民，不使官吏有一毫之侵欺，款用有一毫之隱混。臣等節次飭司，將應豁者何年何款，不應豁者何年何款，須發各屬，遍行示諭，務令城鄉市鎮共見共聞，在官之人無從影射。凡在茅檐蔀屋，無不歡呼載道，感頌皇仁。查十年以前積欠之地丁、驛俸、損腳、屯折、貢舫、蘆課、雜稅、學租、河灘租等款錢糧，以及漕糧、漕項銀米，俱在清豁之例，款目甚繁。其中已入清查及參案虧缺續完各數，必當逐款剔除，不許混入。而未完民欠，尤以版串爲憑，故必逐張盤驗，果係的欠在民者，方准查辦。惟歷年久遠，串據紛紜，鉤稽大爲不易，隨復督飭藩司、糧道悉心綜核，往返駁查，並遴派明幹丞倅及候補州縣等官，分赴各屬，會同該管府州弔查各任實徵簿册，交代案據，按年按款核對，務使針孔相符，遞加切結，送司核辦。其直隸州廳民欠，由巡道核盤加轉，如有影射朦混，責令據實揭參。並又節次札催去後。兹據江甯布政使楊簧、署蘇州布政使裕謙、江安督糧道唐鑑、蘇松督糧道陶廷杰，先後會督各道府州暨委員等，查實節年民欠及因栽緩帶銀米各確數，開單詳請具奏前來。臣等復加查核，除太湖、金匱、嘉定、崇明四廳縣，太倉、鎮江二衛，應徵錢糧均係年清年款，並無十年以前應豁民欠外。計自嘉慶二十二年起至道光十年止，江甯藩司所屬熟田應徵項下，實欠地漕等銀六萬六千七百二十八兩零，穀二千二十三石零。蘇州藩司所屬熟田應徵項下，實欠地漕等銀八萬六千三百九十七兩零，米一百四十五石零。以額徵之數科算，其所欠尚不及百分之一。惟節年因栽緩徵項下，江甯藩司所屬地丁、驛俸、損腳、屯折、貢舫、蘆課、雜稅、公費、學租、漕價、出借糧種、口糧、油麻、地租、河灘租並漕項，鳳陽、淮安、徐州倉正秏及補徵蘆課各款，共銀三百七十二萬七千九百八兩零，外有阜甯縣新淤灘地，未完道光十年地丁、灘租正耗銀七百五十九兩零，南屯恤孤漕糧漕項麥豆，及出借常平倉穀一百一十六萬六千三百三石零。蘇州藩司所屬節年𣙜緩地丁、損腳、蘆課、漕項、學租等款，共銀一百一十二萬五百六十八兩零，地漕米豆二十二萬九千五石零，均因連年𣙜歉，疊奉恩旨遞緩，本不在應徵之列，尚非花户完納不前，亦非州縣催科不力。以上江、蘇兩屬，統共熟田未完銀十五萬三千一百二十六兩零，米穀二千一百六十六石，因𣙜遞緩銀四百八十四萬九千二百三十五兩零，米豆麥穀一百三十九萬五千三百九石零，皆係實欠在民，並無絲粒隱混。

除將應豁各款清册咨部核辦外，臣等謹會同漕運總督臣恩特亨額、河道總督臣麟慶，合詞恭摺具奏，並開繕清單，敬呈御覽，恭候恩旨遵行。

再，各屬社倉穀石，係民捐民辦，所有出借未完各數，上届係於欽奉恩詔豁免籽種、口糧案内，聲明歸入年例咨報册内請豁，奉部覆准在案。今届社倉出借應豁穀石，另查明確數詳咨，仍歸本案報銷册内造報。又各項應免雜款及攤徵河銀，容照上届成案，查明另行分别具奏。其蘇州藩司所屬，並無出借常平倉穀、籽種、口糧、牛具，亦無雜税欠款，合并陳明。伏乞皇上聖鑒。謹奏。

校記：

〔一〕陶澍於道光十六年六月初五日上奏啟程返鄉時交印林則徐。據此，此摺具奏時間當在道光十六年一月二十二日至六月。

江蘇奏稿卷七

會奏各州縣墊完民欠銀米請豁摺〔一〕

奏爲積欠案内，查有各州縣歷年墊完民欠銀米，無從徵還，恭懇天恩一體豁免，仰祈
聖鑒事。

竊照欽奉恩旨，查豁道光十年以前民欠銀米，業經臣等督飭司道府州等吊核簿串，剔除已入清查、參案續完各款，將實欠在民確數，另摺開單具奏，恭候恩旨欽遵外。惟盤查銀米版串，實有溢於報部欠解之數。查係征少解多，官爲墊完之項，而其中漕米尾欠，爲數居多。吊齊實徵堂簿以及交代案據，逐一核對，均屬相符。由各府州會同委員層層加結，並無捏混。計自嘉慶二十三年起至道光十年止，除陸續徵完外，江藩司屬尚有墊完未徵銀一十七萬七百四十八兩零，米二萬四千二百七十一石零。蘇藩司屬尚有墊完未徵銀一十六萬一千六百七十一兩零，米三十七萬三千六百八十八石零。緣江蘇起運

漕糧，數居南漕之半，而漕船開行次序，又在各省之前，例限則緊迫異常，糧户復殷疲不一，加以頻遭積歉，即嚴刑峻法，亦不能於冬春之際，責令花户一律全完，而天庾正供不敢遲緩，州縣恐誤兑運，不得已暫動庫項，買米交幫。其地丁漕項錢糧，每年奏銷時，畸零小户完納不前，亦有官爲挪墊，以副例限而濟要需。遇有交代，將墊完銀米流抵挪缺之項，移交後任接征，實相沿年久。在州縣之動項墊解，固不免規避處分，然當漕務喫緊之時，催兑催開急如星火，實迫於萬不得已。即地漕錢糧，院司亟待截數奏報，不能任其緩解，故亦間有墊完。此等情形，久邀聖明洞鑒。但所墊銀米，原係實欠在民，歷經責令州縣陸續徵完，歸補庫項，本爲有著之款。今民間逋賦已蒙恩旨蠲除，不能再向糧户催徵，遂致無從歸款。查嘉慶二十三年查辦豁免，曾以墊完銀米，官非一任，墊非一年，其現在本任者尚可勒限追完，而事故離省者難免咨追懸宕，經前督撫臣奏蒙恩旨，准由現任分作十年攤補。行之一年，仍歸於恩詔款内豁免。且上届查辦之時，嘉慶十四年以前墊完民欠，已於二次清查案内開報，僅有十五年至二十二年之款，爲時不過八載，相隔亦止一年，尚有本任之員可追。今道光十五年查豁積欠，計各屬各墊之款，自嘉慶二十三年起至道光十年止，已積十有三載之多，現又相距五年之久，原墊各員均已輾轉更易。此内如嘉慶二十三、四、五等年銀米，已入三次清查，分限催納；又道光元、二、三、四等年米石，先限一年徵完，繼復請分三年帶征。除屢被裁歉各廳州縣欠款展緩之外，其餘仍照原限催征，凡征不足數，分年追賠，皆曾奏咨有案。柰完繳寥寥，類多人亡産盡，猶冀仍追民欠，藉以補苴。今民欠既無從著追，原墊即無可彌補。而自道光三年大水以後，灾歉頻仍，不獨民力拮据，而州縣辦公尤形支絀，即令現任之員分年攤補，恐亦徒託空言。兹據江甯藩司楊簧、署蘇州藩司裕謙，詳據江蘇各府州稟請，將此項墊完民欠銀米，各按交代原抵之數，一體懇免註銷動缺庫項等情，先後請奏前來。臣等查此等銀米，在小民實欠，原應並荷恩蠲，而州縣墊完，早已上供國用，無從徵補。合無仰懇天恩，俯念江蘇錢漕重大，迥非他省可比，墊出因公，官經屢易，今除還過之外，所餘尾欠，按各年額征科算，不及百分中之一二。所有兩藩司屬墊完民欠，共銀三十三萬二千四百一十九兩零，米三十九萬七千九百五十九石零，照各屬交代原抵之數，每石折價三兩上下不等，共合銀一百一十七萬一千三百四十二兩零，伏乞皇上格外慈施，准予一體豁免，註銷各屬存庫，則州縣得免攤賠，小民益霑愷澤，而庫項亦歸實在，感沐恩慈，倍無涯涘。此後根本既清，末流可截。臣等惟有督飭藩司道府加意徵儲，倍嚴稽核，不任稍涉虛懸，庶幾澄源節流，仰副聖主實惠均被之至意。

謹合詞恭摺具奏，並繕清單，敬呈御覽，伏乞皇上聖鑒訓示。謹奏。

校記：

〔一〕此摺具奏時間當與上一件同時。

會奏各屬墊完民欠銀米情形片〔一〕

再，江蘇錢漕之重，款項之繁，終歲催提，幾無虚日，各屬咸知考成所係，無不加意催科。但一州縣中大者數十萬户，小亦十餘萬户，其一户之中，又將田畝糧額私自分析，粉碎畸零，莫可勝數。有田在此圖而糧由别處完納，令人難以尋覓者，謂之寄莊。有墳墓、住房本係有糧之地，因無可耕種，永遠拖欠者，謂之板荒。又有私將田畝出售，並不推收過户，而逃亡無踪者，謂之虚糧。此等錢漕，皆不得不由官墊解。然錢糧尚有奏銷分數，即未經全解，猶許照例開參，而漕米照糧船起運之時，顆粒不能短少，限期緊迫，功令森嚴，臣等不敢不極力催提，州縣即不得不買米墊兑。且不獨墊米而已，凡重運之自南而北，與回空之自北而南，除例給各款之外，無非取諸州縣。即例給之款，亦須州縣將漕項銀兩趕緊解赴糧道，方足以資開發。故漕船開出之後，州縣逋累不少，而未征之糧串正多，惟期陸續征還，始能歸墊。而民間則以漕船已去，延宕無妨，設遇歲功不齊，更必藉詞抗欠。乃未幾而奏銷須截數矣，未幾而上忙又頂限矣。新錢糧與舊漕尾勢難同時並催，一轉輾間，而上屆之漕尾未清，下屆之新漕又至，不得不先其所急，舍舊圖新。年復一年，遂成交代抵款。此等墊漕之州縣，雖非正辦，而其心究屬急公，較諸坐視悞漕者，奚啻霄壤。設或禁其墊辦，必致貽悞兑開。歷年以來，惟有於辦理新漕之餘，責令設法帶催舊欠，使之遞年減少，漸就清釐。故自嘉慶二十三年起至道光十年止，已閱十餘載之久，中間征辦漕白正秏、行月、兵匠等米，不下三千萬石，而僅留此三十餘萬之尾欠，是催徵未敢鬆懈，似可概見。卽其墊解錢糧銀兩，亦皆迫於供支之急，不得不然。今若免於民而賠於官，如咨追原墊之員，既恐人亡産絶，如責令現任彌補，尤恐剜肉補瘡，甚且藉詞賠累，朘削民膏，卽使參劾嚴懲，亦已無裨於事矣。

幸蒙聖主洞察下情，恩綸普被，臣等不揣冒昧，謹將實在情形，合詞附片縷陳，伏乞聖鑒訓示。謹奏。

校記：

〔一〕此片當為上一件附片，具奏在同時。

驗收寶山縣海塘工程摺〔一〕

奏爲捐修寶山縣海塘，先將已完土石各要工驗明如式，仍飭妥速集捐，趲添樁石，永資鞏固，並將四千兩以上至萬餘兩之捐户，先行懇恩獎勵，以昭激勸，仰祈聖鑒事。

竊照太倉州屬之寶山縣海塘，於七年六、七月閒連遇風潮，異常猛烈，沖坍至五千餘丈，經臣與督臣陶澍函商，以海濱保障攸關，斷不可遷延貽悞，而工程浩大，國家經費有常，又值浙省大修海塘之時，不敢復以江蘇塘工請動帑項。當飭升任藩司陳鑾親赴寶山，會同蘇松太道陽金城體訪輿情，妥爲勸諭捐輸辦理，由臣附片具奏。欽遵硃批：「所辦妥。」等因。欽此。隨即率同司道州縣捐廉爲倡，勸諭城鄉紳庶，陸續出捐十萬有零。因估需工費在二十萬兩以外，復於附近之嘉定、上海二縣互勸集捐，以襄鉅役。一面督飭印委各員，選舉董事，乘時興工。會同督臣陶澍，奏奉諭旨：「責成蘇松太道陽金城、太倉州知州李正鼎，督同各該縣隨捐隨辦。」等因。欽此。當即恭録轉行欽遵辦理。旋據該州縣等以該塘有逼近海濱，外無護灘之處，應否繞越挽築，禀請臣臨工勘辦。又嘉定、上海二縣協捐，亦須臣親往督勸。臣當於上年十月内赴工親勘定議，並將勸捐踴躍情形，續經附片陳明在案。伏查該塘舊工因收分過少，形勢近於陡直，恐不足以柔潮勢，是以現築新塘，概係底寬八丈，頂寬二丈，高一丈二尺，外面臨水之處，均用三收作法，裏面亦用二收。並恐舊土與新土不相膠黏，所有沖壞之處，悉將舊土剷平鋪底，重新硪築，每鬆土一尺，行硪三遍，打成實土六寸，責令各段委員逐層面驗，驗實一層，方許加築一層。又石塘鋪砌條石一百九十餘丈，皆令選擇堅結石料，鏨鑿平整，其土石交接之處，加築石垻三層，以資裏護。並於小沙背、談家浜二處，收復挑水垻兩道，垻外雙樁夾石，以資挑溜。又沿塘簽釘排樁，填砌塊石，凡迎潮頂沖之處，皆用雙層，其次要之處，酌用單層。又施港迤南舊有石洞一座，係農民灌溉所需，不宜堵塞，而大汛潮猛，易被沖決，原估挽越砌築，嗣察看形勢，竟須改建石閘一座，始足吐納潮汐，農田既資霑潤，而閘身寬厚，亦無激蕩之虞。又塘後舊有隨塘河一道，工長五千二百餘丈，歲久湮塞，幾成平陸，該河本關水利，且沿塘樁石得由内河運送，可免海運風濤之險，自宜乘此興舉鉅工之時，一律開濬。以上各工，有原估所未備及者，節據太倉州知州李正鼎、統辦委員候補知縣龔潤森、總催委員坐補崇明縣知縣徐家槐、鎮洋縣知縣孔昭顯，暨寶山縣知縣毛正坦等，稟由司道覈明，詳請添辦。當經批飭督率紳董，覈實經理。計自上年九月二十一日開工起截至本年五月内，除石塘先經補砌完竣外，所有新築土塘工長五千二百餘丈，均已告竣。其石塘南北兩頭與土塘交接之處，三層盤頭石塡，一律砌就挑濬，隨塘河亦已完竣。通工樁石，先將頂沖之處擇要釘砌，其餘尚須集捐購料，陸續接辦。接各該員將已竣各工，稟請先行驗收。臣於五月十九日由蘇州前赴寶山，周歷查驗，所有江西、江東各土塘，量明高寬丈尺，較原估格外敷餘，逐段錐試，均屬十分飽滿，硪築實爲認真。補砌石塘，面面方整，並用鐵鋦鐵錠逐層句貫，新舊相合，灰漿堅結。盤頭石塡三層，排樁緊密，塡砌塊石，高與土石塘相平，塘外單、雙各石塡，擇險釘砌之處，樁密石厚，足資護塘挑溜。其隨塘河道，挑深九尺至一丈不等，正届插秧之際，塘内數萬農田咸資灌溉。施港口石閘業經砌至十三層，工已及半，砌法與石塡塘相同，甚爲堅整。臣連日查看工段，紳士耆民，扶老攜幼，香花載道，無不歡忻鼓舞，感頌皇仁。就中有年近百歲及九十歲之耆民王七大、陸孔彰、楊世奇等，僉稱曾經四見大修海塘，未有如此次之層土層硪、高寬堅固者。臣驗工之時，適見伏汛潮汐正屬盛旺，塘工大局告竣，已覺捍禦堪資，再得通工樁石全完，定足以垂久遠。惟應行續購各料尚屬不少，而江西海口礮臺，攸關設險，亦須拆修，尚有天后宮及海神廟年久坍損，並應改建。所需經費，本係奏奉諭旨，隨捐隨辦。除官捐項下，升任藩司陳鑾捐銀三千兩，解任蘇松太道陽金城捐銀三千兩，護理蘇松太道蘇州府知府汪忠增捐銀三千兩，太倉州知州李正鼎捐銀三千兩，寶山縣知縣毛正坦捐銀六千兩，署上海縣事元和縣知縣黄冕捐銀三千兩，署嘉定縣知縣王錫九捐銀一千五百兩，均已交齊支用外；其紳庶各捐户内有捐數在四千兩以上至萬餘兩者，似應先懇恩獎，俾共聞風鼓舞，互相激勸，已捐者趕緊湊繳，未捐者倍加輸將，庶大工剋期告成，以仰副我皇上保衛海疆、登民衽席至意。據署蘇州藩司裕謙具詳前來。謹另繕清單，恭呈御覽，伏候欽定。至印委各員辦事日久，冒暑衝寒，皆能實力實心，不辭勞瘁，應俟大工全竣，歷過秋汛風潮，再行奏懇恩施，以昭核實。

所有現在驗收已完塘工並籌畫趕辦情形，臣謹會同兩江總督臣陶澍，恭摺具奏，伏乞皇上聖鑒訓示。謹奏。

校記：

〔一〕此摺内云「五月十九日由蘇州前赴寶山」。七月初十日上諭免工程造册報銷。具奏時間應在道光十六年五月下旬至六月間。

驗收蘇松太等處水利摺〔一〕

奏爲蘇、松、太三府州陸續挑辦各河道均已告成，驗收如式，恭摺奏祈聖鑒事。竊維江蘇漕賦出自水田，水治則田資其利，不治則田被其害。仰荷聖明洞鑒，疊蒙諭旨飭修。近年以來，水利農田頗收實效。如十四年秋間之發蛟，十五年夏間之亢旱，幸賴吴淞、劉河、白茆等處挑浚寬深，蓄洩得力，故皆不致成裁，此尤效之顯著者，是以官紳士庶倍知加意講求。臣於上年驗收太倉之楊林河、吴江之瓜涇港兩處，將劉河案内節省餘銀量爲分撥，仍令自行湊辦外，其餘概由官民籌捐辦理。當經會同督臣陶澍，奏蒙諭旨允行在案。自上年至今，各屬續挑河道，除零星汊港不計外。其在蘇州府屬，則吴江縣之瓜涇港、王家匯、姚家莊、七里港、郙前嘴、大港、新港各河，統共工長一千五百六十七丈。常熟、昭文二縣之福山塘河，下通海口，工長四千九百八十八丈零。其附近之竺塘涇、景市橋河，共長三千四百丈，並添建攔潮石閘一座。又吴縣之張家塘、香山港、王家橋河，統共工長二千二百三十六丈。其在松江府屬，則上海縣之蒲匯塘、肇家浜兩河，共長八千五百七十五丈，又李從涇、新涇、薛家浜三河，共長四千八百六十一丈，各河挑竣之後，於接連黃浦之龍華、日赤二港，各留大埧一座，以截渾潮。又修復南門外石閘，以時啓閉，並將該縣城河一體疏通，又川沙廳之白蓮涇、長浜、吕家浜、小腰浜四河，與上海、南匯並界，共長六千五百二十四丈零。又華亭縣之亭林鎮、鶴頸匯、大小運港，共長三千餘丈。又婁縣之古浦塘、官紹塘等河，共長三千六百六十六丈。又金山縣先挑洙涇鎮、互迎港、周家埭、邵家塘等河，共長十五里，續挑腰涇河、千巷鎮、陸巷港、歸涇河、老鴨涇、朱泥涇各河，共長四十五里。又青浦縣泖湖切灘，與元和、婁縣並界，共長二千九百六十五丈零。其在太倉州屬，則太、鎮兩境之楊林河，工長四千九百四十七丈。又州境之錢涇、瑶塘，又鎮洋縣境之朱涇、南北漕漕、石婆蕭塘、西南十八港、六窰塘、大淩門等河，統共工長二萬四百九丈零。又嘉定縣先挑之華亭涇、蒲華塘、黄姑塘，共長六千七百四十九丈，續挑之南北雙塘、吉涇、心涇、川路涇、横塘、練祈塘等河，連内外城濠，共長九千四百六十九丈。以上各工，界連十五廳州縣，合計挑竣土方共一百六十六萬七千四百餘方，兹已陸續據報挑竣。臣於驗收海塘工程之便，凡可以經由處所，俱經親歷該河，量驗口底寬深，並將現存水勢逐竿測量，按段標記。其未能經由之處，遞委司府分往驗收；均據禀覆，寬深如式。其中尤以上海之蒲匯塘等五河，常、昭之福山塘河，川沙之白蓮涇等四河，太、鎮之楊林各河，挑竣倍見深通，水勢極形暢順。臣舟輿所歷，親見遍地禾棉，皆已長發，彌望青葱，耰耡祲襭之民，皥皥熙熙，共冀歲登大有，較前此數年，景象迥乎不侔，胥由聖澤之淵涵，下普斯民之樂利。臣職司疆土，感懍彌深。除借款之瓜涇港、楊林河，應飭按例造册報銷外，其餘捐辦之工，自應遵照歷奉諭旨，免其造報。至楊林河工長幾及五千丈，估至十七萬餘方，前經酌借銀八千兩，不敷尚多，概係勸捐湊辦，應與瓜涇港不敷之項，均准其核實開明。此外各工，多由地方官首先捐廉爲之倡導，紳庶人等或量力捐輸，或業食佃力，均賴衆擎易舉，適勸厥成。所有大小各捐户，已分飭查取確數，由司核明，按照定例，分别詳請奏咨。至倡捐勸導暨在工出力之印委各員，固係分所應盡，惟工段長而經費鉅，其中設法籌辦，若非殫心竭力，累月經營，亦恐未易集事。如蒙皇上天恩，念其著有微勞，准予獎勵，臣當與督臣陶澍擇其尤爲出力者，另行會摺，奏懇恩施，不敢稍任冒濫。

除將現浚河道丈尺，彙開清單恭呈御覽外，所有驗收挑工緣由，謹會同督臣陶澍，合詞恭摺具奏，伏乞皇上聖鑒。謹奏。

校記：

〔一〕此摺具奏時間與上一件同時，上諭免造册報銷時間亦在同日。

通州捐挑河道片〔一〕

再，江甯藩司所屬之通州地方，瀕江控海，負郭即爲高阜，近沙皆屬低區，因潮汐往來，沙港漸成淤墊，圩岸閘壩，亦多年久傾頽，旱澇每虞無備。飭據前任通州、升任貴州遵義府知府平翰，督率委員紳董，勸諭捐修，當經奏明責令該員一手經理。旋據稟報：將通江引潮之姚港等二十七港，照業食佃力之例，開挑深通，共出土五十六萬二千四百餘方。又白蒲鎮六十里河道半屬淺塞，未能納潮，内近田之三十里，亦照業食佃力挑辦，其最淺之七處，計長三十里，係平翰首先捐廉，勸諭紳董捐挑，一律挑深三尺，即以挑出之土加培圩岸。又修復唐家閘、鹽倉壩正閘、耳閘，以爲蓄洩關鍵，並以工餘之項，修理該州試院。統共用銀一萬八十八兩零，均由官紳籌捐興辦，次第完工，並將捐數用數榜示曉諭。又，各鄉董事或開挑柴南沙界河，加築圩岸，或修築餘中頭橋至四甲壩十餘里河岸，或開挑六垺港、民灶沙、雙鼻子港及紫琅書院公田，旁通各河道，或改建西三十里鎮之翔鳳橋，亦俱一律告成，不在捐數之内。經委常鎮道前往逐一驗收，工程悉皆如式，實於地方有裨。

除升任知州平翰自行稟明不敢仰邀議敘外，其餘捐輸出力官紳，飭司查明，照例請獎，俟詳到再行彙辦。合併附片具奏，伏乞聖鑒。謹奏。

校記：

〔一〕此片具奏時間與上兩件同，當為其中一件附片。

江蘇奏稿卷八

覆奏稽查防範回空糧船摺〔一〕

奏爲回空糧船漸次行抵江境，遵旨飭屬稽查防範，恭摺覆奏事。

竊臣承准軍機大臣字寄：「欽奉上諭：糧船水手人等，類皆無業游民，獷悍性成，愍不畏法，漕河及地方文武員弁如果認真稽察，遇案即辦，有犯必懲，該水手人等自必聞風斂迹。乃本年甫經議定章程之後，屢有起獲器械及水手滋事之案。此時重運經過地方，沿河文武員弁節節催提，嚴密彈壓，水手人等尚知斂迹，日後卸運回空，稽查稍懈，更恐不肖之徒逞兇玩法，尤應先事豫防。漕運總督，約束水手是其專責。其漕船經過地方各督撫，亦屬責無旁貸。著不分畛域，一體通飭所屬，於漕船回空加意稽查，小心防範，毋稍松懈。倘稍涉寬縱，或至別釀事端，惟該督撫等是問。將此各諭令知之。欽此。」遵查南漕約計一百幫，其船數在四千左右，無一不由江南經過，而渡黃渡江，灌放催提，尤貴機宜悉協，是以江南文武無不以漕事爲兢兢。加以水手獷悍性成，無惡不作，近年來其風愈熾，惟有嚴拏懲辦，庶可斂戢兇頑。前臣等議立章程，仰荷聖明飭部覆准辦理。計本年滋事之水手，已經拏獲者如王七、韓老、閻大漢、丁朋鈴等，俱問擬斬梟，恭請王命，先行正法。劉汝罄、王老、劉洸太、汪泳順、張四、高蘇城等，俱問擬斬決。王富貴問擬絞決。徐得生、張興名、吳俊、彭瑞安、張富倉、吳啓等，俱問擬外遣。徐贊鼈、錢占元、繆永幅、倪啓祥等，俱問擬充軍。張殿奎、王烓、戴忠林、陳兆奎、李繼泰、張德山、吳朝雲、侯二、薛瓏康、侯深義、張永林、丁永祥、吳金貴、胡鼎義、王太富等，問擬流徒。又拏獲疊次搶劫之夏明輝、段添喜、戴泳發及馬九、小沙四、馬炳源、張萬發、楊開泰、沈二即小朱子、徐小、趙跪兒、李成信即李老、李兆華、陳八、劉三、李萬春、孫大肚、孫四、王三、朱老等二十犯，亦已審訊得實，即儘法分別懲辦。以故本年糧船自水次開行以及渡江渡黄，凡在江南境上，較之往年頗覺安靜。惟自東省閘河以及北壩，水路尤長，人數既多，難保別無滋事。如一船之中，在册水手以十名爲率，合全漕而計，即不下四萬人。此外游幫之短縴、短橛，在岸隨行覓食者，更不啻倍蓰。所謂青皮、散風之類，亦即雜處其間，難以數計。且回空比之重運，更易滋生事端，一則帶回棗梨等貨，分合售賣，計少爭多；再則豫攬次年出運之頭篙、頭縴，如不遂意，即相殘殺，謂之爭窩。若遇徒陽水淺，江面多行數里，則又加索旗丁腳費，別立名目曰性命錢。不特此也，積仇之幫，每相遇則不相下。重運開行時，尚有別幫阻隔；若回空，則此幫泊船之水次，即彼幫過路所經由，糾約復仇，多在此際。臣於近數年來，均將到次在前之鎮江前、後兩幫，奏明先泊江邊鮎魚套，俟浙船過完，再令歸次，以免互擠生事。此次仍當循案辦理。其自宿遷入境以至黃河北岸之楊莊，已派參游都守帶兵四隊，分駐催提。自南岸至清江迤下之平河橋，又駐四隊。淮城、高、寶以至揚州，酌駐三隊。揚州城外分設南北兩廳，搜鹽儹放，派員較多。及出瓜洲，則一路由長江西上，一路入京口南行，又皆逐段分駐文武委員，與府縣營汛相爲犄角。如此星羅棊布，似足以敷彈壓而免空虛。如有水手滋事，會合兜擒，聲勢亦皆聯絡。仍將新定嚴辦章程，刊刷簡明告示，委員齎往前途，按船實貼，俾相觸目警心。至水手私帶器械，原貴搜查，然不敢謂一搜之後便無餘賸。即如著名强悍之鎮江前、後兩幫，前歲回空，經臣親駐鎮江，於其進口時逐船搜獲大小刀械不下數百件，曾經奏蒙聖鑒。而此後續經購制者，仍難保其必無。竊謂搜查器械，若預定其時其地，則若輩先有準備，無難寄頓隱藏，迨時過境遷，仍不免礪其鋒刃。現擬剴切示諭，以軍船無論何處停泊，皆准該處文武會合搜查，一經搜出，即照新例重辦。則無一定之時地，而有一定之刑章，凡在催儹之員，皆有搜查之責，匿之不勝其匿，購之亦不勝其購，其勢即不敢停留。

既不停泊，即無滋事，此亦理之相因而見者也。總之，水手之逞强在於恃衆，而官員之畏葸實恐悞漕。今自嚴定章程以來，果皆有犯必懲，有懲必重，當未有不畏法紀者。現據禀報，入江南境之船約有二十餘幫，臣已函商河臣麟慶，相度機宜，早籌灌放。一得啓壩之期，臣即親赴清江，督催儧渡，務期迅速南下，安静小心，以仰副聖主諄諄誥誡至意。所有稽查防範緣由，臣謹會同護撫臣怡良，合詞恭摺具奏，伏乞皇上聖鑒。謹奏。

校記：

〔一〕此摺道光十六年八月二十五日具奏。時林則徐護理兩江總督篆務。

鹽城豐縣兩處借項修築河堤摺〔一〕

奏爲鹽城、豐縣兩處河道堤工，勘明淤墊殘缺，循案借項挑築，分年攤徵還款，恭摺奏祈聖鑒事。

竊照淮安府屬鹽城縣境内皮大河一道，即皮岔河，上承高郵、寶應、興化、泰州諸河蕩之水，下注天妃閘，歸新洋港入海，爲淮、揚兩屬自西至東洩水歸海要道，因年久失浚，河身淤高，閘成平路，遇水則不能暢洩，逢旱則灌溉無資。又徐州府屬豐縣順堤河一道，上接山東單縣交界起，至沛縣交界止，向係宣洩條河兩岸上下數百里民田之水，歸入昭陽湖濟運。又該河迤北有太行堤一道，係保障順堤河要工，因嘉慶年間豐汛六堡黄水漫溢，河身閒段汙墊，堤工漸形卑矮，並多沖成缺口，不能攔禦，每逢夏秋，大雨時行，河水漲發，由太行堤各缺口横流北注，漫淹堤北遠近民田，以致連遭災歉，歷年以來，節據各該縣士民紛紛呈請借項挑築，屢經批飭從緩。近來河淤堤缺，較前更甚，經藩司先後委員分詣該處逐一履勘，復由道府覆勘，委係必不可緩之工。查鹽城縣皮大河計長七千八十六丈，按段之高下，一律配平河底，共估挑土二十五萬一千三百三十六方四分一釐，每方連戽水工實需銀一錢九分，並工頭工尾及兩旁港汊，分別酌估，椿埧土埧，查照海防廳漕規例價，統共確估銀四萬八千三百九十三兩一錢三分八釐一毫。豐縣順堤河挑土六萬零三百一十一方，乾淤不一，每方價銀三錢及二錢七分二釐、一錢六分不等，合銀一萬二千二百六十八兩八錢八分。又太行堤一道，估土十萬二千二百七十方九分八釐，每分價銀一錢二分五釐，合銀一萬二千七百八十三兩八錢七分二釐五毫。二共確估銀二萬五千五十二兩七錢五分二釐五毫。造册具結，詳由府道遞減無浮。該兩縣均係屢歉之區，民力實在拮据，不能自行捐辦，循照成案，借項挑築，分年攤徵還款。由江甯布政使楊簧詳請具奏前來。臣等伏查道光七年閒，御史錢儀吉條奏河湖漕運情形案内，欽奉諭旨：「飭委妥員將興化、鹽城等州縣湖蕩詳細履勘，應如何興築疏導，及早興辦，總期一律深通，方有裨益。」等因。欽此。當經前督臣蔣□□〔三〕欽遵行司委勘，即據府縣印委各員，以鹽城縣皮大河淤墊，勘估應挑。維時或因春水方生，或因壩水下注，是以延未興辦。其豐縣順堤河、大行堤工程，亦於道光九年，經前督臣等彙同徐屬河堤等工，酌議動支閘河經費銀兩，次第請辦，奏奉諭旨允准，嗣因閘河經費一款不敷動撥，是以暫緩。今據先後勘明，實係河淤堤缺，頻年被災，挑築各工刻不可緩，經督臣陶澍批准辦理，尚未具奏。現在水勢已落，自應乘時趕緊挑辦，以資蓄洩而衛田廬。所有鹽城縣土方夫工銀四萬八千三百九十三兩一錢三分八釐一毫，豐縣土方夫工銀二萬五千五十二兩七錢五分二釐五毫，均已核實無浮，合無仰懇聖恩，俯准于司庫蘆課、雜稅、漕價等款銀内照數借給，責令各該縣分別督董，乘此農功事畢，趕緊集夫挑築，工竣委員覈實驗收，實於水利民生均有裨益。至所借銀兩，請從道光十七年起，鹽城分作五年，豐縣分作六年，各於受益民田攤徵還款。

除飭取攤徵估計各册另行詳題外，謹會同江南河道總督臣麟慶，合詞恭摺具奏，伏

乞皇上聖鑒訓示。謹奏。

校記：

〔一〕此摺與護撫臣怡良聯銜，道光十六年八月二十五日具奏。

〔二〕據軍機處録副檔案，爲「蔣攸銛」。

各屬民欠攤徵借辦工程銀兩請豁摺〔一〕

奏爲遵旨查明江蘇省各屬借辦工程，攤征未完民欠銀數，開單恭奏，仰祈聖鑒事。

切照欽奉恩旨，普免道光十年以前民欠錢糧一案，業經臣林則徐於巡撫任内查明江蘇省民欠地漕等項確數，會摺具奏，並聲明應免雜款及攤徵河銀，查明上届成案，另行分别具奏在案。伏查江、淮、揚、徐、海五府州及蘇、松、常州等府所屬境内，道光十年以前疏浚水利河道，修築堤堰，應歸民辦工程，因工鉅費繁，先後奏准借帑給辦，分年攤徵，本

應清完還款。惟江、淮等屬濱臨湖河，多係積歉之區，仰蒙我皇上軫念民依，遇烖蠲緩，正款既經緩帶，借款亦即展攤，往往前限未及徵完，後借分攤踵至，是以限內雖有輸納，而節年積欠仍多。至蘇、松、常州等府，亦自道光三年水烖之後，民力拮据，遞年展緩，尚有未完帶款。溯查嘉慶二十四年豁免積欠案內，江省河堰各工借款攤徵未完民欠，先經前督臣孫□[二]等奏奉恩旨豁免，嗣于道光二年閒，因江、安兩省徐、鳳、泗三府州屬烖傷屢告，又經體察情形，請照乾隆六十年豁免定案，除借款在嘉慶二十四年以後者仍按限分徵外，其在二十三年以前借款攤徵未完銀兩，續經奏准部議，奉旨概行豁免在案。此次仰蒙恩旨，查豁各款民欠錢糧，係以道光十年爲止。先據各藩司具詳，道光十年以前積欠攤徵，並借項在道光十年以前而攤徵在十年以後者，各屬均係濱臨江海湖河，烖傷屢告，查與上届嘉慶二十四年及道光二年兩次豁免成案相符，詳請援案一體查辦。隨經臣等飭據該司等將各屬挑築河堤等工借款攤徵銀兩，造具已未完清册，送由該管道府州調齊徵簿串根，按年按款，徹底盤查結轉，再由藩司悉心綜核，據實開報，不任稍有隱混。茲據江甯布政使楊簧、前署蘇州布政使裕謙，將實欠在民未完確數，開單詳請具奏前來。臣等覆加查核，江甯、淮安、揚州、徐州、海州五府州屬，截至道光十年止，應征還銀一百二十三萬七千六百六十兩五分八釐四毫，除已完解司，並報入三次清查參案，虧缺及完存屬庫未解，共銀四十三萬七千六百五十一兩八錢八分九釐，統計實在民欠及因緩帶未完並未屆徵限，共銀八十萬八兩一錢六分九釐四毫。蘇州、松江、常州三府屬，除孟瀆河續借挑河、建閘等銀八萬六千七百二十四兩六錢五分二釐，借領在十年以後，仍應照案攤徵外，截至道光十年止，實在民欠並裁緩未完及未屆徵限，共銀二十萬六千九百三兩九錢二分二釐。以上江、蘇兩屬共民欠未完銀一百萬六千九百一十二兩九錢一釐四毫，均係道光十年以前借項領辦之工，實欠在民，並無隱混。恭逢皇上鴻恩浩蕩，惠普寰區，合無仰懇聖慈，俯准一體寬免。此內雖有未屆徵限而借款領辦係在十年以前者，請援歷辦成案，一律蠲除，俾濱臨河湖億兆窮黎咸霑實惠，感沐鴻施，益無既極。

除將送到清册咨部查核外，臣等謹合詞恭摺具奏，並繕清單，敬呈御覽，伏乞皇上聖鑒。謹奏。

校記：

〔一〕此摺與南河總督麟慶、護撫臣怡良聯銜，道光十六年十月二十八日具奏。

〔二〕據軍機處錄副檔案，為「孫玉庭」。

漕費禁給洋錢摺〔一〕

奏爲江省洋錢價值浮於紋銀，現屆辦理新漕，請禁折給洋錢，以速漕務而平市價，恭摺奏祈聖鑒事。

竊維財用之道，利通於下而權操自上。國家理財制用，以紋銀與制錢並行，本不許畸輕畸重。從前洋錢流入内地，其成色比紋銀爲低，其價值原比紋銀爲賤，因小民計圖便利，日漸通行，未幾而洋銀等於紋銀，又未幾而洋價浮於銀價。道光十三年間給事中孫蘭枝奏，奉旨飭令體察情形，悉心籌議。惟時江省每洋銀一圓作曹平紋銀七錢三分，雖成色遠遜足紋，而分兩尚無軒輊，民間行使已久，若驟爲禁止，轉恐窒礙難行。當經臣林則徐與督臣陶澍酌議予以限制，奏奉上諭：「洋錢行用内地既非始自近年，勢難驟禁，要當於聽從民便之中示以限制，其價值一以紋銀爲準，不得浮於紋銀，庶不致愈行愈廣。」等因。欽此。欽遵通行各屬，出示曉諭在案。當奏行之始，洋錢時價合紋銀七錢一、二、三分不等，官民商旅均屬相安，迨日久玩生，闤闠閒輾轉高擡，幾有不可遏抑之勢。近日蘇、松一帶，洋錢每圓概換至曹紋八錢一二分以上，較比三四年前每圓價值實已擡高一錢，即兑换制錢，亦比紋銀多至一百文以外。查蘇州工商輻輳，洋錢行使最多，每圓加價一錢，十圓即加一兩，以一百萬圓而計，即已潛耗紋銀十萬兩。平民一切用度，即明爲照舊者，暗中皆已加增。若論拔本塞源，理應將洋錢全行禁用，方爲正辦，然習俗狃於便安，勢不能驟然阻止，即使嚴申令甲，亦恐陽奉陰違，若紛紛派委稽查，尤慮藉端滋擾。惟當於行用最多之處，先截其流，使奸儈無可居奇，庶洋價因而平減。查蘇省冬春之際，漕船自歸次修艌，以至兑足開行，用度不少。旗丁與州縣交涉之處，雖事屬瑣屑，未敢上陳，而實於漕行之遲速大有關係。通省辦漕之州縣，或用紋銀，或用錢文，各有相沿舊制，惟蘇、松等屬，每有以洋錢折給之事。在從前原圖便易，迨取數多而需用急，則市中洋價愈昂。且南方所用之洋錢，一經渡黄，又不適於北方之用，是以幫船開行，仍須换銀帶往。彼鋪户利權子母，計析錙銖，往往於糧船受兑之前，先將洋價擡高以困州縣，及至幫船開行之日，又將銀價擡高以困旗丁，輾轉低昂，陰爲盤剥，以致縣幫交累，漕務愈難。况洋錢作價既多，則縣幫每多争執，既有争執，勢必躭延，重運開行之遲，未始不由于此。臣等公同籌議，欲杜洋錢之擡價，絶市儈之居奇，必先於辦漕禁用洋錢，方可以回積習。現在空船歸次，期於早兑早開，相應請旨將漕務内一切費用，概禁折給洋錢，其向需洋錢一圓者，今悉以紋銀七錢三分核實給發，庶市儈免高擡之價，縣幫無争較之煩，不獨圜法得以均平，即漕行亦因以迅速，似屬於公有裨。如丁胥夫役人等膽敢抗違，或市儈奸商把持壟斷，即由臣等一體嚴拿，從重究辦，不稍寬貸。務期令行禁止，弊絕風清，以仰副聖主利民速漕之至意。

臣等謹合詞恭摺具奏，是否有當，伏乞皇上聖鑒訓示。謹奏。

校記：

〔一〕此摺與漕運總督恩特亨額、護撫臣怡良聯銜，道光十六年十一月初九日具奏。

乙集

湖廣奏稿卷一

設法疏銷淮引片〔一〕

再，臣行抵楚境，承准軍機大臣字寄：「道光十七年二月十九日奉上諭：本日據訥爾經額奏稱，上年楚省行銷淮鹽，共計銷引七十三萬有奇，較之銷數最暢之十四年份，尚多六千餘引，且自辛卯綱每引加斤，計算已逾額銷之數，實屬大有起色。林則徐到任以後，自必稽核〔二〕舊章，因勢利導，仍當嚴飭各屬設法疏銷，不可因甫有起色，稍形疎懈。至楚省行銷淮南鹽引，本屬一氣相通，各該省大吏，經朕委任，必應熟籌情勢，於劃清界限之中仍有並行不悖之意，方稱辦理妥善。林則徐曾經署兩江總督印務，於鹽務素所熟悉，其楚省應銷淮南鹽引，早應成竹在胸。現當接任之初，尤宜盡心籌畫，不分畛域，督飭文武員弁巡商，實力整頓，堵緝鄰私，搜查夾帶，庶官引日形疎〔三〕暢，而國課益見充盈矣。將此諭令知之。欽此。」仰見聖主整頓鹺綱，諄諄訓誨之至意。伏查淮南引鹽，雖由揚商納課，而實資於楚省行銷，誠如聖諭：「本屬一氣相通，必應熟籌情勢。」前督臣訥爾經額，於督銷一事，本已極力籌維，況臣兩次署理兩江督篆，曾經督辦淮鹺，尤應痛癢相關，曷敢稍分畛域？伏讀上諭：「堵緝鄰私，搜查交帶。」是督銷之緊要關鍵，已蒙指示無遺。蓋楚省鄰私，來路最廣。如川鹽由川江直下，連檣急溜，行駛如飛，宜昌、荆州固已充斥爲患。而粵東、粵西兩省私鹽灌入湘江，亦皆滿載重船，乘流四達，寶慶、衡州受害爲甚。襄陽、鄖陽、安陸等府，則與豫、陝接壤，蘆鹽、潞鹽處處可通。至應山、隨州、孝感、黄陂、麻城、黄安等縣，又與淮北票鹽地界犬牙相錯。此鄰私侵灌之大概也。其夾帶之弊，緣淮南場鹽運至儀徵，向例改捆子包，上船裝載，由長江泝流至楚，路遠日長，或託名於滷耗，而包内暗加斤兩，或藉口於抛散，而包外私帶腳鹽。大抵船户商厮，串通弊混，捆工人役，受囑放砠，鹽斤即有浮多，既正引被其佔礙。此江船夾帶之大概也。臣此次由豫省信陽州一帶，取道赴楚，留心察看，該處數州縣，皆食淮北票鹽，色白味美，顆粒亦大，每斤市價僅錢三十文。而緊連之應山等縣，即係湖北口岸，應食淮南綱鹽，其鹽由漢口陸運而往，價值不止加倍，而色味遠遜票鹽。民間趨避情形，遂如水之就下，是即鄰私侵灌之一端。以此類推，則川、粵、蘆、潞各私，皆可想見。現查楚岸存鹽有四十餘萬引，其開江未經到岸者，尚不在此數之内，設法疏銷，實爲急務。臣惟有恪遵聖諭，將堵緝鄰私、搜查夾帶二事實力嚴辦，務使令行禁止，弊絶風清，斷不敢稍任疎懈。除再悉心籌畫，隨時具奏外，合將奉到諭旨，欽遵辦理緣由，先行附片覆奏，伏祈聖鑒。謹奏。

校記：

〔一〕林則徐於道光十七年三月初六日具報抵楚接篆，此片附奏。

〔二〕〔三〕清宫上諭檔作「覈」「疏」。

銅船夾私越卡摺〔一〕

奏爲銅鉛兩幫船隻均越過鹽卡，不聽查驗，並於後幫追獲私鹽，請旨將失察之運員及不即據實禀明之護總兵，交部分别議處，以肅鹺政事。

竊照淮鹽銷路，惟楚省引額最重，而鄰私侵灌，亦惟楚省路徑最多。其尤甚者，四川江船順流直下，船艙夾帶，視陸路不啻十倍，而滇、黔銅鉛皆由川船裝載，藉差夾帶，視他船又不啻十倍。是以嘉慶二十三年奏准，於湖北巴東縣之官渡口一帶設立總卡，川船經過，皆須查驗放行。嗣因銅鉛船隻不聽稽查，道光十五年六月間，前督臣訥爾經額奏奉上諭：「銅鉛船隻自四川裝運北上，一路收買川鹽入楚售賣，經由卡隘並不聽候查驗，自非督飭嚴查，不足以資鎮壓。嗣後銅鉛船經由宜昌府所屬地方，著即飭令該鎮總兵親督卡運各員，查驗催儹，倘有水手抗拒及逃散、挾制等事，即拏交地方官究辦，一面代爲雇覓水手，迅速開行，以副例限。並著雲貴、四川各督撫嚴飭運員，務將船價水腳照數給發，不准稍有尅扣。運船過境，飭令沿途各州縣加意稽查，如有私行售給該船户鹽斤，即行嚴拏懲治。倘不認真查辦，一經楚省查出夾私情事，即著行知川省覈實查參。」等因。欽此。仰見聖主整飭鹺綱、杜私衛引之至意。歷經欽遵查驗，無夾帶者立即放行。乃本年三月間，據稟貴州龍泉縣知縣童翚，領運鉛船二十六隻過官渡口，並不泊岸，順流直下，經巴東縣知縣饒拱辰派役隨同卡員，追赴下游之新灘，交護宜昌鎮倭仁布就彼驗放。又四月間，據稟有署雲南大關同知彭衍墀，領運銅船二十四隻過官渡口，亦不攏卡，兵役追至斗山沱，經倭仁布等起獲水手所帶私鹽七百九十三斤，當即換雇水手，仍護送開行前進等情。臣查彭衍墀所管銅船，既有起獲私鹽，雖係水手夾帶，而該運員失於覺察，且任聽越卡不泊，咎實難辭。至童玺所管鉛船，雖無起獲私鹽，而該船越過官渡口卡而至新灘，已歷一百七十五里，該處路路可以通私，安知非於越卡之後將鹽賣完，始聽驗放，其於船户冒越避查，亦有失察之咎。當此疏引杜私之際，誠恐相率效尤，大妨鹺務，相應請旨，將雲南運銅委員署大關同知事晋甯州知州彭衍墀、貴州運鉛委員龍泉縣知縣童玺，交部分别議處，以示懲儆。至護宜昌鎮總兵倭仁布，理應欽遵諭旨，親督卡運各員查驗，若該船不聽搜查，即應稟揭。乃該護鎮僅以趕往新灘截驗一語含糊具稟，並不將該船越卡情形明白聲敘，迨閱巴東縣知縣饒拱辰稟内，始有該船並不泊岸，順流直下，派役尾追之語，飭查屬實。是倭仁布前稟顯係意存遷就，亦應請旨將護宜昌鎮總兵之該鎮中軍遊擊倭仁布一併交部議處。臣仍嚴飭該卡文武，嗣後有船即驗，既驗即放，不得聽其飛越，亦不許稍有躭延，庶於鹽務銅運兩無妨礙。抑臣更有請者，向來銅鉛船隻在川買私諸弊，久荷聖明洞鑒，是以特蒙飭諭雲、貴、四川各省，禁運員之短發水脚，懲沿途之賣給船鹽。聖諭煌煌，咸宜恪遵查辦。以臣訪聞，近來銅鉛船隻多於川省瀘州馬頭，及酆都縣之離沱子，忠州之洋渡溪，雲陽縣之城河口，巫山縣之江東嘴、青石峽、跳石一帶，裝買廠店川鹽，其經過夔州關口，亦因書役得規，聽其偷漏，實爲淮綱之害。合無仰懇勅下四川總督，轉飭夔州府，於各船過關查税之便，將所帶私鹽一併認真查起。並飭瀘州、酆都、忠州、雲陽、巫山各州縣欽遵前奉諭旨，加意稽查。如廠店私將川鹽賣給船户，即行嚴拏懲治，倘意存膜視，再經楚省獲私，除失察透私之州縣咨會川省查參外，其縱漏之夔關，一併查取職名，照例議處，俾各顧考成，不分畛域，以清川私來源。臣爲籌疏淮引起見，謹繕摺具奏，伏乞聖鑒訓示。謹奏。

校記：

〔一〕此摺道光十七年五月初十日具奏。

附奏獲私變價按引提課片〔一〕

再，疏引莫先於緝私，臣莅楚後，督飭各屬印委員弁分投堵緝，覈計月餘之内，已報獲私販三十八起，私鹽一萬八千一百七十餘斤，人犯八十六名，分飭審辦，仍稽查各路卡隘，務令認真緝拏，不許稍涉松勁。惟是未獲之私鹽固有礙於官引，即已獲之私鹽，仍暗佔於銷數。何以言之？緣獲私例應變價，分别給賞充公，而各地方向來民食祇有此數，多銷一分變價之鹽，即少銷一分額行之引，故有州縣緝私甚力，獲鹽甚多，而該地方額引轉見缺銷者。初聞之，似不可解，及徐察之，而後知變價之鹽，所佔礙於官引爲不少也。然既獲到私鹽，若不准其變賣，又斷無别項出路，而因變賣轉佔正額，是緝私與疏引勢且兩妨，殊非盡善之道。臣思鹽之分别官私，惟以有課無課爲斷，變價給賞之例，祇以鼓勵獲鹽之人，即一半充公，亦僅資各處開銷經費，於國課仍無裨益。莫若變通其法，將所獲私鹽變賣之價，先按引鹽課則，提繳正欵錢糧覈計，此外贏餘，已足敷給賞充公之用，即獲鹽之兵役亦皆不致向隅，而變價可補官課之虧，即獲私足抵官銷之缺，似亦疏引裕課之一道。所有應納課銀，由各州縣會同管卡員弁彙繳道庫，轉解兩淮，歸入該年額引覈數造報。如蒙勅部議准，即將本年報獲各案私鹽一律遵辦。

臣管見所及，不揣冒昧，謹附片具奏，伏乞聖鑒訓示。謹奏。

校記：

〔一〕此片道光十七年五月初十日附奏。

審擬監利縣糧書抗土鬧局各情摺〔一〕

奏爲遵旨訊明監利縣糧書抗土鬧局各確情，分别定擬，恭摺覆奏，仰祈聖鑒事。

竊照承准軍機大臣字寄：「欽奉上諭：有人奏，湖北監利縣隄工向係官徵民修，每年歲修土方六十餘萬，派徵制錢六萬餘串，由該縣籤點董事，發給印單，收取土費，糧書、工書等輒用墨劵私收，致董事賠累，不足完工。又有庫總六人，狼狽爲奸，被控未結。前經訥爾經額派員前往會議章程，設立總局收土，並公舉誠正首士八人及領修數十人，分段遊修，一切事宜，不假吏胥，士民踴躍，而蠹書等遂把持花户，不許赴局完土，屢經禀究，藐玩如故。一年所收土費不及三萬串，餘皆盡飽蠹橐。本年四月，庫總龔紹緒勾通糧書蕭之桐，糾衆抗土鬧局，毆辱首士秦祖恩等，縣令不爲究辦。從前吏胥包攬徵收，縣令與汛員每年得陋規數千串。今改總局收土，不能遂其需索，蠹書尤不利於總局，百計尋釁。本年七月十五日，乘該縣公出，連夜聚衆千百餘人，拆毁總局，劫奪册券，局中衣物銀錢搶掠一空，並毆首士周超伯等多人。該縣鄧蘭薰僅拏糧書張良佐一名，略加懲戒，其餘首從各犯置之不問。又，本年荆江水未大漲，該蠹書等潛往刨毁潰決二十餘丈，致淹毛、老等一百四十餘垸，下及沔陽、漢陽等處，皆受其害等語。收土修隄改設總局，行之一年，士民稱便，該地方官自應實力奉行，用收實效。何以該蠹書等輒因無從漁利，膽敢糾眾毀局，搶劫肆毆？如果屬實，大干法紀。該縣知縣亟應將首從各犯，按名嚴拏，從重懲辦，倘竟徇庇蠹書，一味姑容，必致益無忌憚。首士畏其凌虐，不敢承管局事，於民命要工大有關係，不可不嚴行查究。著訥爾經額、周之琦親提現獲糧書張良佐，並飭嚴拏首從各犯務獲，秉公審訊，認真研究。務即查明潰隄毀局各確情，依律究辦，並追出抗繳土費，以杜包攬而清積弊。至該縣鄧蘭薰，倘查有徇縱情事，著即據實嚴參，毋稍姑息。將此諭令知之。等因。欽此。」當經臣周之琦會同前督臣訥爾經額遵查道光十六年七月間監利縣朱三工江隄潰決，係因滲漏所致，已將防護不力之監利縣知縣鄧蘭薰、署窰圻巡檢戴鴻藻一併參奏，革職賠修，奉旨允行在案。承准前因，行司委提人卷至省發審，即經究出糧書龔紹緒、鄧培元、吳德潤均有收用土費錢文，私給墨券情弊。正在查辦間，訥爾經額旋即卸事，臣林則徐到任，恭譯諭旨飭查各款，尤重在蠹書之刨毀隄防，縣令之得規徇縱。如果屬實，倍當從重懲辦。然非特委大員到地確查，未易得實，即私收土費，亦恐不止龔紹緒等三人。當與臣周之琦會商，復委到楚未久之知府但明倫馳往監利，會同先經委往之通判劉萬慶，分別嚴查，出示招告去後。嗣據但明倫等稟覆，勘明朱三工江隄離監利縣城七十里，上年七月十五日午刻江水漲發，該隄滲漏過水，致被沖潰，事在白晝，斷無私乞之人。且該處朱家郝，民居稠密，潰隄時衆皆目擊，如係被人盜決，豈肯甘心受害？並據該村紳耆等公具連名切結，悉與查勘情形相符，其爲無人刨毁，實屬可信。又，縣令與汛員得受陋規一節。據首士等僉供，該縣鄧蘭薰在任，每届上隄防汛，夫馬飯食皆係自發，並無派累，且改歸總局收費，即係該令任内所辦，更可見其無得規情事。至各汛佐雜，惟上隄督工之日，由總局支給薪水及夫役飯錢共二千文，即於土費内開銷，列入榜示，人所共見。原因佐雜力難賠墊，非州縣可比，是以議明請給，並非私取陋規。其道光十四年土費，查首士原派之數，應收錢七萬三千餘串，局中先後實收四萬餘串，中間因有鬧局之事，首士散回。適值工次搶險截流，無人經理，該縣鄧蘭薰將局存收土印券調回，陸續催徵費錢二千九百餘串，發工濟用。此外欠繳土費，除查出龔紹緒等私收外，復將欠繳户名臚列告示，如有交與糧書僅收墨券者，許其呈首，換給印券。乃招告多日，杳無呈首之人，亦無控告庫總、糧書別案。就近摘傳欠土各大户，訊明未完土費，實係原欠未交，並無糧書墨券可繳等情。旋據委員漢陽府知府楊炳堃録供，由藩司張岳崧、臬司程銓詳解前來。臣等隨提人證，逐一會鞫。

緣龔紹緒即龔振先，籍隸監利，充當糧書。該縣江隄長三百七十餘里，從前歲修章程，由隄長自行收費修築，乾隆五十四年改爲官徵官修，六十年又改爲簽董承修，各給土單，收費興辦。迨後頻遭水患，花户逃亡，責成糧書查户催追。其中頑户、蠹書串通隱寄，抗欠不繳，董事遂多賠累。道光十四年，該處士民呈經前督臣訥爾經額，飭委前監利縣知縣唐樹義會同現任知縣鄧蘭薰改議城内設立總局，遴選首士八名，發給册券，由局徵收土費。首士每名日給飯食錢四百文，各汛佐雜上隄督工，日給薪水夫役飯食錢共二千文。是年周超伯等充當總局首士，請照闔縣糧額，派土六十一萬一千八百三十三方，每方折錢九十六文，加硪工二十四文，共收錢一百二十文。如該年用有盈餘，留作次年修費。又因改局之初，不知花户的名住址，仍令糧書幫收。該犯龔紹緒由糧書簽點庫總，不能兼充，遂令族弟龔紹琨即龔仲瑶，冒頂糧書，私收土錢六十串未繳，糧書鄧培元亦收土錢四千八百文，吴德潤收土錢三千六百文，曾給花户筆據，名爲墨券。十五年，各首士以地方遼闊，難以催收，稟縣另於鄉間分設散局五處，每處首士三名，每日亦各給飯食錢四百文，計總散各局首士共二十三名。十五、十六兩年，派土均由各花户自行赴局完交，不經糧書之手。此十四年改設總局後，由首士等添設散局，及糧書龔紹緒等私收土費之原委也。十六年四月，毛家口散局，首士秦祖恩，因糧書蕭之桐承催十四年舊欠費錢不繳，令雇工朱正榜同派往幫催隄工之縣役曾祥，將蕭之桐鎖拏赴局，伊兄蕭之棣及鄰人黄海兒等不服，即赴局爭鬧，將朱正榜毆傷。秦祖恩控縣，飭提蕭之桐比催土費，旋即繳清，拏獲黄海兒等，審不認毆，致未詳辦。是年七月十五日，朱三工隄身滲漏，該縣鄧蘭薰聞信前往，搶護不及，致有潰決。城内總局首士周超伯等正欲赴隄，適有居近總局之糧書張良佐，民人李先懷、朱德順、周伯讓、胡世瀛、何利明及未獲之胡世照，聲稱田墓被淹，赴局吵鬧，將周超伯及局内火夫屈斯文、黄道瀧等毆傷，並有民人龔經伸、龔經輝、李先正、楊祖欽、鄧德華、潘學珍、姚大幅隨同喧嚷。屈斯文等被人乘間竊去錢文衣物。周超伯隨以毀局搶奪控縣。拏獲張良佐、朱德順、李先正等，均不認搶，飭傳人證未到，將張良佐羈押待質。此又首士秦祖恩鎖拏欠繳土費之糧書蕭之桐，及糧書張良佐等因隄潰赴局滋鬧之實情也。臣等查糧書龔紹緒等，擅用墨券私收土費，雖已供認侵錢六十串及三四串、數百文不等，恐尚不止此數，復向嚴詰。據龔紹緒等堅供，花户完交土費，向必索取印券，以憑收執。伊等因與各花户素來熟悉，始肯通融只給墨券。現已追繳到官，如此外尚有多收，業經委員出示招告，各花户何肯代爲隱匿，自取追呼？至十四年，首士派土，係不分豐歉，按闔縣錢糧統派，現在未完各户多係被水災區，力難繳費，伊等實無朋比爲奸，把持抗欠。質之首士周超伯、王修蘭等，亦不能指出憑據。詢以此外各書尚有何弊？僉稱並無聞見。至該縣庫總，查係隨時檢點。除現充庫總之龔紹緒訊有侵蝕土費，即於本案懲辦外，其餘均未指有姓名，亦無被控案據，復向首士反復開導，令其供指，均稱不敢妄供。矢口不移，似無遁飾。此案龔紹緒即龔振先，充當書吏，輒敢詭列卯名，侵蝕土錢至六十串之多，實屬玩法。若照「侵盜錢糧，僅擬准徒」，尚不足以蔽辜。龔紹緒應比照「蠹役詐贓十兩以上，發近邊充軍」例，擬發近邊充軍。糧書鄧培元、吳德潤私收土費錢四千六百文及三千六百文不等，未便因其先侵後吐，寬免置議，應照「蠹役詐贓一兩至五兩」例，各杖一百，加枷號一個月，均照例刺字。張良佐等赴局滋鬧，若僅依鬬毆律科以笞罪，不足示儆。張良佐、李先懷、朱德順、周伯讓、胡世瀛、何利明、蕭之棣、黄海兒，均請照不應重律，杖八十。張良佐係糧書，應加一等，杖九十。龔經伸、龔經輝、李先正、楊祖欽、鄧德華、潘學珍、姚大幅，在局隨同喧嚷，亦有不合，各照不應輕律，笞四十，均分別折責發落革役。職員秦祖恩充當散局首士，因糧書蕭之桐催費不力，輒令雇工朱正榜擅用鐵鍊將蕭之桐鎖挐進局，殊屬妄爲，應請照違制律，杖一百，革去從九品職銜。朱正榜與縣役曾祥，聽從鎖挐，應於秦祖恩杖一百罪上減一等，各杖九十。曾祥仍革役。蕭之桐雖訊無糾衆抗土實據，但身充糧書，承催土費，久不繳局，致被首士鎖押滋鬧。龔紹琨聽從龔紹緒詭列册名，均屬不合，並照不應重律，杖八十，各折責發落革役。周超伯充當總局首士，因潰隄赴搶無及，不協輿情，已據稟退，應與首士王修蘭等，均毋庸議。龔紹緒侵蝕土錢，照數追完。印券飭給花户收執，墨券案經銷燬。

鐵鍊據供丟棄，無從查起。胡世照及屈斯文等被竊錢物，飭縣緝獲賍賊另結。監利縣知縣鄧蘭薰，查無私得陋規，其審辦蕭之桐、張良佐二案亦非徇縱，惟於縣書龔紹緒等侵收土費失於覺察，已干例議。又，朱三工潰口，係奏明責令該縣賠修之工，鄧蘭薰補還新隄雖已捐賠完竣，經該管道府驗無草率，而搶險截流用項仍於續徵土費內開銷，殊屬非是，相應請旨將革職留任之監利縣知縣鄧蘭薰，即行革任，以示懲儆。該縣十四、十五兩年工程久經告竣，所有民欠土費多係被水之户，應免著追。至各屬佐雜，雖廉俸無多，然汛地距隄皆近，督工薪水飯食應令自行開發，不准由局再給。嗣後總局徵收土費，不許假手糧書，但恐糧里不清，户名未確，應責成該縣押令各書將推收過割之真名的户底册，逐一編造清楚，交局徵收。遇有賣田過户，亦即查明更正，務使户名均歸的實，毫無詭混。如糧書造册故意舛錯，致悞催收，查出加倍嚴懲，以儆奸蠹。至設局期於杜弊，本不宜多，嗣後仍只於縣城設一總局，遴派公正首士四人經理，每日每名准給薪水錢三百文，按年更换，不准久充滋弊。各鄉散局概行裁撤，以節糜費而慎隄防。

除備供招送部外，所有臣等遵旨查辦緣由，理合恭摺具奏。伏乞皇上聖鑒訓示。謹奏。

校記：

〔一〕此摺道光十七年六月初十日具奏，與湖北巡撫周之琦聯銜。

湖廣奏稿卷二

稽察隄工總局申禁冒稱書吏片〔一〕

再，楚北江、漢隄防，延袤二十餘州縣，歲需修費甚鉅，而生息款項有限，不得不集費於民。查歷來收費辦工或官徵官修，或官徵民修，或民徵民修。三者皆不能無弊，蓋費徵於官，則必假手於吏胥。費徵於民，則必諉權於董事。吏胥之多舞弊，固不待言，而董事若不得人，亦難駕馭。〔二〕即以監利設局收土一事言之，當十四年改設之初，即將土方加派。訊據首士等供，因是年各垸被水，恐難全數收齊，是以酌請多派，以防不足；如有盈餘，留爲後用等語。獨不思被水之區，國賦尚准緩徵，豈隄費轉宜多派？其不協一也。十四、十五兩年，收過土費約錢六萬餘串，而局中薪飯等項，已開銷至一萬四百餘串之多。雖據僉供，逐欵榜示，實用實銷，並無揑冒。然於總局之外分設鄉局，加添首士多名，此皆足以靡經費，其不協二也。首士秦祖恩擅用鐵鍊將欠費之糧書蕭之桐鎖挐進局，致相爭毆。在蕭之桐本非安分，自不肯受其欺凌。若施諸謹愿之鄉愚，不但不敢與爭，並恐不敢赴愬。是民閒之畏首士未必愈於糧書，其不協三也。又查縣卷，道光十四年紳衿公議，改設總局，條欵有着落糧書催費一條，呈縣請行。此實自亂其例，尤不可解。詰據該首士等同供，因不知花户的名住址，是以仍請飭書幫催。夫設局正以杜糧書徵收之弊，而章程條欵轉著落其催收，是各書侵蝕之由，亦皆首士有以啓之，其不協四也。溯查該縣數十年前舊章，本係隄長自行收費，繼而改爲官徵官修，又繼而改爲簽董給單，至道光十四年復改爲設局收費。法已屢變，不宜再涉紛更。唯有就總局之章程而加之以稽察，局不許多設，人不許多充，用不許多開，費不許多派，首士必由公舉，不許賫緣濫入，不許留戀把持。至糧書不許收費，而糧户的名册檔仍須責令攢造，惟擇其狡獪之尤，痛辦一二，庶知儆懼。所有局務一切，飭縣隨時秉公查覈，並責成道府留心稽察。有弊即除，有犯即懲。如或遷就因循，察出一併參處。再，楚省糧書、工書等，名目混稱者多。凡在各鄉分催錢漕，經手推收過户者，皆假借書吏名色，哄惑鄉農。其實祇與白役相同，並非在衙署科房辦事。而人數甚衆，大縣竟以千計，實屬駭人聽聞。從前里書、册書之名，疊經奏明禁革，而若輩互爲鬼蜮，總以里糧底册私相授受，故有官革私不革之謠。茲臣等復申嚴例禁，並出示遍諭軍民，如再有此等冒稱糧、工等書哄騙侵收者，許其指名告發，即予儘法懲辦。務使永除澆習，以肅吏治而杜弊源。

謹合詞附片縷陳，伏祈聖鑒。謹奏。

校記：

〔一〕此片與周之琦聯銜，道光十七年六月初十日具奏。

〔二〕軍機處録副檔案下有：「一州一縣中，才德兼備、身家殷實者能有幾人？即有之，而不願充董事，孰能相强？所謂来者不善，善者不来，此募董辦公之通病也。」

籌防襄河隄工摺〔一〕

奏爲閲視襄河新舊隄工，分别督飭籌防搶險，並現在水勢情形，恭摺奏祈聖鑒事。

竊臣前因大汛期内，各屬隄防險工林立，即於六月間附片奏明出省督防在案。臣由漢陽泝流而上，經歷漢川、沔陽、天門、潛江、京山、荆門、鍾祥、襄陽各州縣，將南北兩岸隄工量明丈尺，分爲最險、次險、平穩三項，以便稽查防護。其河灘寬遠、隄塍高厚者，列爲平穩一項。若灘窄溜近而河形尚順，隄雖單薄而土性尚堅者，列爲次險。至迎溜頂沖，或對面沙嘴挺出，隄前嫩灘塌盡，以及土性沙松，屢築屢潰之處，皆爲最險要工，逐年必須加培，大汛尤資守護。且查襄河河底，從前深皆數丈，自陝省南山一帶及楚北之鄖陽上游深山老林盡行開墾，栽種包穀，山土日掘日鬆，遇有發水，沙泥隨下，以致節年淤墊，自漢陽至襄陽，愈上而河愈淺。又漢水性最善曲，一里之近，竟有紆迴數折者。此岸坐灣，則彼岸受敵。正溜既猛，即迴溜亦狂。是以道光元年至今，襄河竟無一年不報漫潰。唯所潰之處，受患輕重各有不同。潰在下游者輕，上游則重。潰在支隄者輕，正隄則重。如漢川以下，爲漢瀆尾閭，本不設隄，謂之廠畈。自此而上，沔陽高於漢川，潛江、天門高於沔陽，京山、鍾祥又高於天門、潛江。設使上游失事，如頂灌足，即成異災，故防守之道尤須於上游加意。本年五月中旬，漲水甚驟，幾於漫隄，幸上游均經保全。其報潰之白魚垸、長湖垸二處，一係下游，一係支隄，情形較輕。現在長湖垸業已補築完竣，白魚垸亦已釘樁，當飭該縣嚴催業民集費搶築。六月下旬，水又加長七八尺不等，現在甫經消落，仍恐秋汛復漲，禾稼在地，守護不可稍疏；而尤莫要於鍾祥、京山二縣。查從前鐘、京交界之王家營隄工，潰決頻聞，仰蒙特命尚書陳若霖等臨工勘估，前任湖廣總督嵩孚駐工督修，經黃州府通判周存義建辦石壩三道，挑溜護隄，至今十年，捍禦極爲得力。上年訥爾經額在總督任内，恐此工一逾固限，衆心或有懈弛，仍甚可虞，復將該石壩三道加培高寬，現在益臻鞏固。惟京山第五段之張壁口與鍾祥第三工之萬佛寺兩處隄塍，目下俱被大溜衝刷，隄身壁立，極爲險要。臣親勘之後，即飭該府縣估辦護壩，並相勢築作盤頭，又於迎溜各段抛填堅大塊石斜長入水，追壓到底，以資禦護，業已設法籌辦，不敢請動帑項。至上年訥爾經額奏請修復鍾祥縣第十工之劉公菴、何家潭兩處潰隄，共七百二十八丈，並砌辦石壩各工，此次經臣親往驗收，不獨如式飽錐，且較原估更加寬厚，似此險要地段，須得有此結實工程。所有賠修之署鍾祥縣知縣謝慶遠，先因該工漫潰，奏奉諭旨革職留任，今賠修工竣，可否仰懇天恩，准予開復，恭候命下祗遵。再，襄陽府城之老龍石隄，臣亦親至查視，甚屬堅固，足資保障。

除仍督屬加意守護外，所有閱視襄河隄工籌防搶險緣由，理合恭摺具奏，伏乞皇上聖鑒。謹奏。

校記：

〔一〕此摺道光十七年七月十三日具奏。

襄陽一帶緝私事宜摺〔一〕

奏爲敬陳襄陽一帶緝私事宜，仰祈聖鑒事。

竊照湖廣界連數省，水陸交衝，故行銷引鹽必以堵緝鄰私爲第一要務。如襄陽府屬，處處與河南連界。河南例銷之潞鹽，産自山西，向係商運商銷，官爲稽察，商人顧惜身家，尚知畏法，即有越販，亦易查緝。自嘉慶二十五年，由晋省奏准改爲商運民銷，該處商人將潞鹽運至豫省陝州所屬之會興鎮，分廠存貯，聽民人隨時購買，不拘引數，均許轉運行銷。而潞鹽課款甚輕，價值本賤，若僅在豫省售賣，獲利無多，一經灌入楚境，與重課之淮鹽相形，則人莫不舍貴而食賤，故襄陽一屬名爲淮鹽引地，而民間率食潞私。溯查道光元年以來，該府闔屬每有片引不銷之年，即設法銷售，亦總不及定額十分之一。雖曾奏明官運鹽二十萬包減價敵私，然徒使商本受虧，於鄰私仍不能敵。總緣兩省地勢犬牙相錯，水陸無不可通，疊經設立卡隘，酌派游巡，而侵越如故。自臣到任，截至六月底，覈計襄陽各卡拏獲人鹽，雖亦報有二十餘起，然隻零星小販，未據獲到積窩囤户及大夥巨梟。此次臣親駐襄陽，復嚴飭營縣分赴各要隘晝夜偵拏，兩日之内，據襄陽縣知縣紀昌期拏獲張添禄囤鹽三千餘斤，又襄陽城守營千總馬鵬程等拏獲張車等犯並鹽三千三百餘斤，現俱委審嚴辦。雖一時私販聞風稍可斂戢，然病源未除，臣一離襄陽，即難保不又充斥。查河南新野縣之白河與唐縣之唐河，皆爲潞私順流而下之路，是以向於襄陽之兩河口地方設立卡座，以堵唐、白兩河來船。乃梟販日久計生，早於未抵兩河口之先，即捨舟改陸，凡附近楚境之郙鎮皆有鋪户囤積，晝則兼賣别項貨物，夜則專運私鹽，來襄路徑紛歧，不能扼其吭領。欲緝之於囤聚之地，則又礙係隔省地界，員弁兵役不免藉口畏難。考兩淮鹽法志載：「毗連淮界之鹽店，例應撤退三十里外。」誠以淮課最重，幾至什倍於鄰省，一被鄰私越界售賣，在鄰省課輕之地並無所加，而淮南課重之鹽盡爲所擠，是以連界撤店之例不得不嚴。疊經前任各督臣移咨豫省，轉飭撤退，臣復節次咨催，經河南撫臣桂良委員查勘。惟是襄陽連界之店，距河南省城皆屬窵遠，囤户每有所恃，不肯依限遷移。若必再俟咨明河南撫臣檄催撤退，即各販之侵越已不可以數計。應請嗣後將連界三十里内照例應撤之鹽店，即由襄陽營縣咨會南陽府屬文武，一體差催撤退，如再抗不遵撤，即將鹽包起到襄陽充公，並將囤户差拏究辦，庶有所儆畏，不致任意挨延。至唐河係由南陽縣賒旗鎮下船，白河係新野縣城外下船，該處民間附近食鹽，原只計包零買，並不必裝載成船，其裝船而下者，全爲浸灌楚境，此固顯而易見之弊。相應請旨勅下河南撫臣，責令南陽府屬縣汛卡員，不得縱令裝鹽下船，如有鹽船中途被獲，查明由何處下水，即於審辦時隨案聲明，將該處營縣交部議處。此外，與德安、黄州等屬連界之信陽、羅山、光山、商城等縣越界票私，亦請一體撤店，以免浸灌。

是否有當，謹繕摺具奏，並另繕楚、豫交界三十里内地名清單，恭呈御覽，伏乞皇上聖鑒訓示。謹奏。

校記：

〔一〕此摺道光十七年七月十三日具奏。

校閲兩湖營伍並苗寨情形摺〔一〕

奏爲校閲兩湖營伍，並查視鎮筸一帶苗寨情形，恭摺奏祈聖鑒事。

竊臣本年莅任以後，於四月間先將湖北省附近各標營官兵次第校閲，迨六、七月内，出赴襄河一帶督防大汛，復將襄陽、鄖陽、施南等處提鎮協標各營分别考校，節經具奏在案。嗣即順途閲視安陸、荆門兩營。因荆州江水盛漲，趕往防險，幸萬城堤等工均保無虞，當經順閲荆州水陸各營官兵，並調宜昌鎮標員弁到荆考驗事畢，由長江下至岳州，閲視該處城守、水師兩營。復由岳州渡洞庭湖，上至長沙省城，會同湖南撫臣訥爾經額閲看撫標左右兩營暨長沙協官兵，並將毆斃首逆藍正樽一案會覈審辦之後，即赴長沙以上之衡、永、寶三府屬，將永州鎮標三營，衡州、寶慶兩協官兵，以次校閲。其附近之武岡、臨武、宜章、桂陽、嶺東等營，亦經調考。維時訪知寶慶一帶有山路可通鎮筸，較之折回長沙，從常德、辰州正站前往者，程途差近。惟因山高路險，處處毗連猺峝，向來絶少經行。臣思此等險要地方，正須於無事之時親爲周歷，察其形勢，記其阨塞，並可於民猺交錯之處，以稽查爲彈壓，示震懾以聲威。遂於邵陽、新化、溆浦、辰溪等縣所轄懸厓深澗之間繞行累日。該處山峝多種包穀，今歲收成上稔，閭閻甚屬安恬。嗣於九月初一日行抵鳳凰廳城，爲鎮筸鎮及辰沅道一同駐劄之所。臣以該處兵勇向有精健之稱，一切技藝固須詳加校閲，而其中尚有桀驁積習，尤宜亟爲轉移。竊思訓練二字，訓字居練之先，更爲切要，必其討軍實而申儆，乃可進有勇以知方。臣當於該處多駐數日，先將各員弁考畢，再將鎮標兵丁與道標練勇排日考校。每日自朝至暮，皆閲至數百名。於奬賞發落之時，逐一剴切曉諭，怵之以國法，激之以天良，使知恩出自上，不得挾而求；令出惟行，不得狎而玩。伊等聽聞之下，叩頭流涕，其感懼似出真誠。臣復周歷三廳苗寨地方，其苗官自守備以及外委，咸帶苗兵多名，俯伏道旁迎接，甚形懔畏。又苗舉人、生員以及義學師生，亦皆在途迎謁，均於給賞時諭以循分守法，俱各傾聽祗遵。所有綏靖鎮標及永綏、保靖二協營，暨鎮筸鎮轄之沅州、靖州、綏甯、長安四協營，亦皆逐一校閱。旋由苗疆轉至辰州、常德，將湖南提標五營，乾州、永順、常德三協，澧州、九谿、鎮溪、河溪、永定、古丈坪、辰州城守、洞庭水師八營，次第閱畢。計自七月至九月，閱過湖北十五標營，湖南三十二標營，及道標各屯員弁兵勇。牽計槍箭擡礮中靶分數，均在六七成以上，長矛刀棍多有可觀，軍裝馬匹亦稱整壯。凡應入軍政之員弁，皆經逐名調考，其把總以下不入軍政者，如在經過百里之內，亦皆調考。若汛地窵遠，恐曠巡防，目前暫緩考驗，仍於日後乘便補考。世職、武舉尚未得缺者，亦令隨同校閱。又各營兵丁人數衆多，除已閱外，有因隔於程途未便概調者，有因限於時日未能全閱者，復經頒發全册，責令該管將領校閱登註，以憑遇便抽考，或委隔營覆校，庶衆兵各項技藝大概均可周知。至員弁中有年力衰邁及弓馬生疎者，臣前已奏明隨時參劾，不必俟至軍政案内始行彙辦。計數月以來，降革休致之員弁，除把總以下不計外，副將則穆騰額、伊齡阿二員，遊擊則謝玉陛、盛奎、陳增祉三員，守備則許勝貴、包廷揚、鄧高昇、羅玉斌、王允年、洪明臺六員，千總則魏光榮、李定愷、宋履泰、朱允秀、張勝得、柴開泰、余化瓏、宋代富、趙淩霄、楊丙一、朱長明十一員，或革或休或降，已先後題奏咨部在案，俱不歸軍政參劾之内。其軍政六法人員，仍應彙齊覈辦。臣現即趕回武昌，飭催造册，悉心甄别，照例依限具題。

再，臣所過各屬，除瀕湖間有被水外，餘皆一律豐登，米糧市價極平，堪以仰紓宸廑。

所有閱視營伍地方情形，謹繕摺具奏，伏乞皇上聖鑒。謹奏。

校記：

〔一〕據林則徐日記，林則徐道光十七年九月十五日閲畢湖南營伍，十月初四日發九月二十八日三摺二片，十月二十四日「親填兩省營員軍政考語」，今查清宫檔案，九月二十八日僅見二摺，故推斷此摺為道光十七年九月底十月具奏。

控制鎮筸兵勇並察看各提鎮優劣片〔一〕

再，臣此次親駐鎮筸體察情形，酌籌控制，有正摺内所未敢盡敘者，謹再繕片爲我聖主陳之。

緣鎮筸地方在萬山之中，其人膂力剛强而性情剽悍，用之於制敵，實能奮勇争先；聚之於平時，難免恃强生事。駕馭之法，本較别處營伍爲難。又自苗疆設立屯防以後，民間田産丈出歸公，專靠錢糧以資養贍，所以鳳凰廳一隅之地，而兵丁、練勇合計有五千餘名之多，視他營不啻數倍。在當時原爲懾服羣苗起見。今苗民久經安貼，而營屯轉成積重之形，明知兵勇太多，而礙難裁減。若輩聚集一處，角勝争雄，偶有藉端，則此倡彼和，若不遂意，即逞忿忘生，皆已習爲固然，恬不知怪。此次經臣抉其病根，大加訓飭，曉以利害禍福，尚知感激涕零。但易感者其心，而難移者其性，是以控馭之法，不厭求詳。臣檢查上年挾借案内，欽奉上諭：「有人奏苗疆善後事宜一摺，著訥爾經額、裕泰、楊芳會同詳悉妥議具奏。」等因。欽此。查原奏内有將練勇分撥三廳安置以散其勢之語。此論本極扼要，惟因紛紛移駐，轉恐啓其疑懼之心，而攜帶家口，盤費尤多，更無所出，是以訥爾經額等仍請暫循其舊。臣竊思分散之法，與其勒令移駐，强以所不甘，何如隨時差遣，予以所甚願。蓋該處人情粗鄙，以有利爲喜，以有事爲榮，其受病在此，其得用亦在此。即如徵調出師，在别營視爲畏途，而該處趨之恐後。若尋常差使，於應得錢糧之外加給薪水盤費，其踴躍更不待言。又其一家父子弟兄同在行伍者甚多，經臣逐一查明，密記底册，凡一家有數人食糧者，俱暗抽一人出外差遣，使之各有瞻顧，仍不明示章程。如各卡堵緝私鹽，各屬訪拏匪犯之類，皆其所優爲者。此往彼還，絡繹調派，似即無形之移駐而自然之分散也。現已試行派遣，皆甚樂從。臣仍隨地隨時嚴密查察，如有未能安靜、借端生事者，立予重辦，不稍姑息，似亦控制之一道。其在本處，則專恃該管鎮道約束有方。臣在彼詳細稽查，鎮筸鎮總兵楊芳、辰沅道王簡，現辦營屯事務，皆能秉公克己，甚洽輿情，就目下觀之，實屬十分安靜。臣仍諄囑該鎮道，總須恩威兼濟，嚴而不失之刻，寬而不失之濫，始可常服其心。至該處山田，磽瘠者多，收成本薄，而又路途險隘，與别處米穀不通。今年雨水調匀，堪稱樂歲。倘值年成荒歉，各兵勇事畜無資，即難保其盡能安謐。查從前該處儲備銀穀，歷因屯田歲租缺額，各項經費不敷，遂致逐漸借支，無多存貯。經調任撫臣裕泰奏請清查，緣款目紛繁，尚未結報。現在飭催該道趕緊查明，不許稍有含混。其應如何籌補之處，容再會同撫臣訥爾經額設法籌畫，另行奏辦。又查該處民人，近日傳播謡言，謂嘉慶初年民田塹令歸公，原許於三十年之後仍還民産，此時年數已過，應請歸還，並有欲候臣到之時聯名呈懇者。臣一得訪聞，即先飭查何人倡議，嚴行拏究，於是其風寖息。臣復於放告之時，將此事廣爲宣諭，以從前苗匪四出焚殺，伊等田産多爲苗佔，即未佔者亦不能耕種，無非四散流亡，任其荒廢，若不團練丁勇，何以戡定頑苗？若不均出屯田，又何以養贍丁勇？豈可於安常處順之後，頓忘同仇敵愾之心，轉欲自撤藩籬，甘尋覆轍。該民人等皆無可置喙。惟是此等謡言易動鄉愚之聽，臣仍諄飭該鎮道嚴密查禁，倘再有以此議煽惑平民者，即須嚴拏究辦。總之，鎮筸爲苗疆最要之區，而距臣所駐之武昌省城，將及二千里。邊防關重，實有鞭長莫及之虞。惟當時刻留心，並責成該鎮道，務將一切情形隨時據實禀報，以憑察奪。

至該鎮楊芳，原籍貴州松桃廳，距鎮筸僅百餘里，於該處民情土俗洞悉無遺。上年鎮筸兵勇戕害委員蘇清阿，經楊芳在籍聞知，即赴交界防範，所全頗爲不少。此次臣至鎮筸，接見該鎮，據稱年老耳沉，恐不足以副聖慈委任。臣見其精神步履均屬健旺，並未衰頹，惟聽言稍多之際，間有一二聽得不真，不過再與述説一番，似無妨礙。其於湖南全省營伍，皆曾統轄，而苗疆尤資得力，自在聖明洞鑒之中。此外兩省提鎮，臣巡閲所至，皆已屢經接見。查湖南提督薛陞，久歷戎行，雖年越七旬，而精力極健。在出師自屬老手，若論平時營務，固不至廢弛，亦未見振作，似不及湖北提督羅思舉之認真。羅思舉出身雖非正路，而在湖北提督治内歷十二年，操守甚清，能自刻苦，地方文武異口同聲。其所教演雜技，皆有裨軍營實用，而製造傷藥，療治瘡疽尤爲著效，士卒民人之疾皆手治之，故感激者多。該提督自去冬病後，差瘦於前，然見其上馬登山，仍極輕便，詢知常時在署，兩腳尚繫鐵條，其習勞不倦如此，似營務不至廢弛。至總兵中，如湖南永州鎮崇福，年力正强，辦事頗有才幹，可資整飭。綏靖鎮明海，外貌似屬鈍拙，而營務卻甚認真，現雖六十六歲，精神尚能貫注。此次臣考校湖南營伍，該鎮所轄之兵技藝最見出色，是該鎮洵堪勝任，惟此後精力何如，仍須隨時察看。又湖北鄖陽鎮滿德坤，本年進京陛見，回任未久，其人才本屬出衆，雖年逾六十，而勇鋭之概未衰，辦理營務大段不差，尚須細爲考察。又宜昌鎮珠爾杭阿，在楚省三十餘年，情形極熟，惟宜昌爲川江入楚門户，該鎮於督緝川省私鹽，前此似未能盡力，近日經臣嚴飭，務令於銅鉛船入境之際親往督查，究竟能否改觀，尚須於冬令覈計功過，再行據實具奏。

臣有考察之責，總當整頓營伍，不避怨嫌，斷不敢稍有遷就。謹將一切情形縷晰附陳，伏祈聖鑒。謹奏。

校記：

〔一〕此片當是上一摺附片，道光十七年九月底至十月具奏。

湖廣奏稿卷三

整頓鹺務摺〔一〕

奏爲敬陳楚省鹺務設法整頓情形，恭摺奏祈聖鑒事。

竊臣質本庸愚，鹽務尤非所習，仰蒙聖慈委任，先經署理兩江總督，旋復擢授湖廣總督，於鹺政皆責無旁貸，不敢不加意講求。因講求而愈知籌辦之難，因難辦而益矢轉移之力，其中曲折繁重情形，有非循常蹈故所能收其實效者，故必倍加整頓，不敢稍避怨嫌。現雖積弊漸除，猶恐久而生玩，謹將一切辦法爲我聖主縷陳之。伏查兩淮引額，除淮北二十九萬六千九百八十二引不在湖廣行銷外，其淮南年額應銷鹽一百三十九萬五千五百十引，内江蘇、安徽、江西三省額銷之數僅居四分有零，而湖廣銷額幾及十分之六，以每引四百斤計之，每一萬引即合鹽四百萬斤，積而至於七十七萬九千九百餘引之多，其爲鹽殆不可以數計，此湖廣所以爲淮南最重之口岸也。然楚民並不盡食淮鹽，如湖北施南一府六縣及宜昌府屬之鶴峯、長樂二州縣，均屬例食川鹽。湖南郴、桂二州屬並衡州府屬之酃縣共十一州縣，例食粤鹽。是楚省境内本有川、粤引地，則凡犬牙相錯之處，皆不能無影射透漏，正不獨湖南永興一縣熬煎粤鹽以灌淮界，久爲粤省之所必争也。至應食淮鹽之地，亦有離淮較遠，例准借食鄰鹽者，如宜昌府屬巴東等四州縣之借食川鹽，永州府屬道州等五州縣之借食粤鹽，鎮筸等處苗疆之借食川鹽，皆經宣諸令甲，雖定例不許過十斤以上，但一人可買十斤，合衆人計之，即不知凡幾矣。論者謂行鹽之額定自國初，近來生齒日繁，何至歲銷鹽斤轉不能如原定之數？此言殆未深考耳。查兩淮鹽法志載，國初淮南歲行綱鹽只九十六萬六百八十四引，迨後綱食遞有加增，至嘉慶七年始符現在引數，是淮南現行額引比之國初原額，實多四十三萬四千八百引有零。又國初每引運鹽二百斤，至雍正年間定爲每引三百四十四斤，嗣後累次加增，至道光十一年始以每引四百斤爲定額，較之三百四十四斤爲一引者，每七引溢出一引。以此科算，是湖廣所銷之鹽，比前又暗加十餘萬引而不覺也。竊思原定鹽額，每以民數爲衡。近數年來湖北、湖南兩省報部民數細册，約共五千萬人有零，除例食鄰鹽之處，至少亦去十分之一，其應食淮鹽者約有四千五百萬人，以每人日食三錢，照例科算，是每引四百斤之鹽，足供六十人終年之食，即以所報民數與應銷引數互相比較，已恐有絀無赢。且生齒既繁，則食鹽之人固多，而賣鹽之人尤多。民間生計維艱，故凡有鹽利可圖之處，貧民無不百計挑運，四出售私。其近川近粵近潞地方，與兩淮場竈相距皆遠，淮鹽挽運到岸，自千餘里至二三千里不等，而鄰鹽一蹴即至，成本既輕，賣價自賤，欲令民間舍近食遠，舍賤食貴，本係極難之事。且以鹽課較之，則鄰省皆輕而淮綱獨重。即如川鹽每包一百三十五斤，在大甯、雲陽等廠僅納六分八釐一毫，即最重之犍爲廠，每包亦只一錢三分四釐，若淮鹽一百三十五斤即該納銀一兩三四錢，比川課加重十數倍。又查潞鹽每一百二十引爲一名，完正、雜課銀一百兩，若淮鹽一百二十引即該納銀四百八十兩，亦不啻倍蓰。雖粵鹽課則臣未深知，而考其總數不逮淮課十分之二，其輕可知。夫以重課之鹽而與鄰界之輕課爭售，即彼此同一官鹽，亦必彼贏此縮。況又加以無課之私販紛紛浸灌，其勢之不能相敵，更不待言。且不特此也，潞鹽之行於陜西，有應從湖北鄖陽府經過者，川鹽之行於貴州，有應從湖南辰、沅等府經過者，以淮綱地界而爲鄰鹽必由之路，雖欲禁其私賣，勢必不能。唯因引地既定於前，若不保衛藩籬，則浸灌更無底止，是以嘉慶年間，中外臣工屢有奏請以鄖陽改食潞鹽，衡、永改食粵鹽，辰、沅改食黔鹽者，均經駁飭不准。是楚省邊境名爲淮界，而實不銷淮鹽之處又去十之一二。所恃以行銷者，惟在腹地數郡耳。然自黄州以至武昌、漢陽，凡鹽船經由停泊之處，其爲夾帶腳私所佔者，久已習爲故常；又商民各船由江、浙來楚，每有船户水手帶鹽私售，且近來淮北票鹽盛行，更由安徽之英山、霍山與河南之光山、商城、羅山等縣灌入黄州、德安、漢陽各處，故雖腹地數郡，亦愈見其難銷。更有一種棘手情形，則以商人完課買鹽發給運脚，皆須用銀，而市上鹽斤無非賣錢。從前銀價賤時，以千作兩，照奏案粱鹽每包價銀三錢科算，不過賣錢三百文，近因銀貴錢賤，三錢庫銀即合錢四百二三十文。縱使市上鹽價較前有增，而以錢合銀，實已暗減，岸商、水販皆惟利是圖，豈甘虧本，則招徠愈難。今試將高低之鹽一律牽計，每引只算銀十四兩，湖廣每年食鹽按額即須銀一千餘萬兩，以錢計之則須一千五六百萬千文，其爲繁重，甲於各省。是運鹽納課雖在兩淮，而輸納營運之貲大都出諸兩楚，此臣所以夙夜籌思，而兢兢然惟恐貽誤也。臣自上年三月到任，因正二兩月售鹽稀少，亟籌設法疏銷，凡所陳奏督屬緝獲各路私鹽，及嚴禁銅鉛船買帶川私，與夫襄陽等處撤退鄰境三十里内鹽店，並衡、永一帶責成道員督緝各事宜，幸俱仰蒙訓示，並諭令四川、河南各督撫一體稽查，俾臣得以嚴飭各屬加倍懔遵，認真堵拏。如宜昌一帶爲川私叢集之藪，則委候補道劉肇紳前往，督同宜昌府知府程家頲查拏，究出弁兵縱私分肥情弊，從嚴懲創。又襄陽府屬，久被潞私侵佔，絶無水販運鹽，臣親至其地，相度機宜，責成安襄鄖道楊以增改立章程，並將施南府知府金石聲奏蒙恩准調任襄陽，該道府一同出力籌辦，潞臯漸見斂退，水販即源源運行。又衡州一帶，亦久不銷引，自臣親到該處，飭拏私鹽多起，並將卡座奏改游巡，責令衡永道張晉熙會同湖南鹽道李裕堂督辦，近日粵私差少；惟距武昌甚遠，尚須隨時察看。又黄州武穴一帶，爲鹽船入楚停泊要口，船户水手與岸上奸販串通賣私，日甚一日，臣派委試用知府但明倫駐劄該處，凡有鹽船入境，親行催儹，並將水痕風色察驗報明，如有水跡不符及無故逗遛，立即究辦，聞船户奸販皆憚其嚴。凡此遠近印委各員，分飭籌辦，仍責令湖北鹽道于克襄督同漢岸總卡委員武昌府同知陳天澤，綜司其成。此外各府州縣皆有緝私疏引之責，雖楚省向例准其融計銷數，而臣惟恐各屬互相觀望，會同撫臣周之琦飭令鹽道于克襄，按月按季覈計各州縣銷數，分别功過，先將短銷之黄安縣知縣劉坤琳撤任查辦，於是州縣始知儆懼，競思設法督銷。又經該道于克襄捐貲密遣親丁分路緝私，尤多起獲。是以統計上年兩省所獲私鹽，竟至一百餘萬斤之多。且獲一斤之鹽即提一斤之課，不特有裨庫項，並向來捏報邀功、朦混搪塞諸弊，舉無所施。此皆仰賴聖主洞燭無遺，允臣獲私提課之奏，始得欽遵督辦，感懔尤深。臣又思鹺務事宜仍須恩威並用，若一味嚴緝，恐窒礙亦多，故又剴切示諭紳民，曉以利害大意。以爲每人每日食鹽僅止三錢，所費不過一文，即官鹽不如私鹽之賤，而按日分計，所争亦僅毫釐，民間日用飲食何在不可節省，而獨於必不能已之食鹽計較毫釐貴賤，公然犯法食私，在紳衿應革功名，在平民應受滿杖，明於利害者當不至若是之愚。且湖廣錢漕最輕，比之江蘇僅及數分之一，聖恩高厚，賦額永不加增，若於鹽課正供尚相率而背官食私，天良安在？除既往姑寬免究外，嗣後責令紳衿大户以及鄉團牌保，互禁食私，犯者公同送究。小民見此示諭，俱尚聽從。又挑賣私鹽之窮民，許其改悔，投充肩販，由各處官鹽子店給票挑赴四鄉，賣完繳價。如此則肩販各有生路，庶可化莠爲良，而偏僻村莊皆有官鹽挑到，不得藉口食私，於銷引似有裨益。查向來民間匪類，大半出於鹽梟，即如襄陽之捻匪、紅鬍，爲害最甚，總因逼近豫省，以越販潞私爲事，遂至無惡不作。今自整飭鹽務之後，襄陽絶無搶劫之案，並將隔省盜犯拏獲多名，是所辦者鹽務，而其效即不止於鹽務也。又各處水販在漢岸買鹽，向給水程一紙，運到後須由地方官彙繳。臣恐胥役藉端勒索，致水販裹足不前，是以變通辦理，俾省浮費，以示招徠。因事屬細微，不敢瑣屑入告，乃准兩江總督臣陶澍移咨：「欽奉上諭：林則徐曾署兩江總督，其於鹺務轉運交關之處，熟悉情形，現經酌定道里遠近，限期由水販交付鹽行送局齎道，不准由州縣催繳，可免需索留難，辦理甚爲合宜。等因。」臣跪誦之餘，益當欽遵妥辦，水販因此稍沾微利，頗見踴躍買鹽。惟此縣之水程轉運別縣售賣者，恐致漫無稽考，仍應令其送縣呈查，此又隨後續立之章程，與前議兩不相悖者也。又宜昌府屬例食川鹽之鶴峯、長樂二州縣，歷由兩淮委員駐劄萬户沱地方，代川辦運，原爲保護淮界起見，而兩淮鹽政相距甚遥，倘有借官行私，無憑稽察。經臣咨商兩江督臣陶澍，改爲由楚省委員駐辦，以便約束。並只許就近購運四川巫山縣之大甯廠鹽，已足以敷民食，不准遠赴數千里之犍爲縣裝運花鹽，以致下侵荆州等處。接准陶澍咨覆，意見亦極相同。又從前楚省歷因襄陽、宜昌、衡州三處額引不銷，陸續奏明官運商鹽前往減價售賣，以敵鄰私。此意未嘗不善，而於利弊未能洞澈，不免似是而非，是以歷辦並無成效。蓋淮鹽成本重大，即減之又減，總不能賤於無課之私鹽。若不認真緝私而欲以官鹽衡其鋒，是商本徒虧而鄰私仍不能敵。且商人本爲牟利，必抑價以虧其本，則商運愈不前而私鹽愈充斥矣。況又訪有一種奸販，轉買減價之賤鹽以灌旺售之引地，是爲藉寇資盜，無異剜肉補瘡。臣將此三處之鹽一槩不令抑價，以杜流弊。現在襄陽水販運鹽已多，宜昌亦已通販，衡州則官鹽業經運往，水販尚未前來。祇須隨時察看情形，如水販銷路大暢，則官運固可無需。即有必須官爲倡導之處，亦照時價發售，務令鹽色純淨，秤足味佳，不宜抑勒減價，以致虧本滋弊。其揚商向因減價賠墊，立有三鹽名目，按引捐貼，兹由臣咨明兩淮嚴行裁汰，不任藉口賠累，致礙鹺政。現聞揚商輸課倍形踴躍，而楚岸售得價銀，臣復不時催解赴揚，不任花銷糜費。本届所報銷數，有一引即解一引之銀，務使針孔相符，胥歸實在，不准如前之漫無憑證。要之，銷鹽之暢滯，上之視乎天時，下之視乎地利，而人力總不可不盡。臣竊恐無可操之券，而斷不敢有未盡之心，唯賴聖慈福庇，長使年歲豐登，隄防鞏固，則民力寬裕，而肥腯之奉，旨蓄之供，售鹽自當更旺。此時所屬各員，雖有籌辦出力之處，臣均不敢遽行保奏，致啓易視之心，務令一力奉行，始終無怠，庶幾暢益加暢。至私鹽現獲固多，然有私總不如無私之爲妙，果使將來銷引愈多而獲私轉少，更足以見化莠爲良之實效。臣惟禱祠以求，不敢稍有懈忽，以期仰副聖主委任責成於萬一。

謹將辦理情形，縷晰繕摺具奏，伏乞皇上聖鑒訓示。謹奏。

校記：

〔一〕據摺中内容及道光十八年二月林則徐關於鹽務的幾份奏摺推斷，此摺應在道光十八年二月具奏。

湖南提督移駐辰州摺〔一〕

奏爲申明舊章，請將湖南提督常駐辰州府城，以資彈壓，恭摺奏祈聖鑒事。

竊照湖北、湖南兩省營務，從前原歸湖廣提督統轄，是以提督駐劄湖南之常德府城，爲兩省適中之地。嗣於嘉慶二年會籌苗疆善後事宜案内，准兵部咨：「以前督臣畢沅奏稱：辰州、常德均爲雲、貴往來孔道，而辰州逼近苗疆，爲鳳凰、永綏、乾州三廳門户，距常德較遠，未免鞭長莫及，苗疆甫經戡定，必得提督常駐辰州稽查彈壓。等語。應照所請辦理，仍俟一二年後，察看苗地情形安靜，再令提督每歲分作上下半年，在辰州、常德往來駐劄等情。奏奉硃批：依議速行。欽此。」遵於辰州府城建設提督衙門，以資駐劄辦公。迨嘉慶六年，又經奏准添設湖北提督，欽奉諭旨：「所有原駐辰州之湖廣提督，著改爲湖南提督，專管湖南通省營伍事宜。」等因。欽此。欽遵在案。是湖南專設提督，既不兼轄湖北，自應常駐辰州。惟因辰州逼處巖疆，常德近在都會，歷任提督每多駐劄常德，非巡閱之年不到辰州，與原定章程殊未符合。兹新任湖南提臣楊芳，係由鎮筸鎮總兵蒙恩簡擢，於苗疆營伍最爲熟悉，民苗俱極愛戴。雖現在苗地甚爲安靜，惟距武昌約二千里，即距長沙亦千里而遥，控制巡防不得不倍加慎重。臣等察覈辰、常二府形勢，辰州自較常德更爲扼要，且兩處俱建有提督衙署，兵制亦久經勻派，一切無須更張，應請申明原定章程，將湖南提督常駐辰州，以資彈壓。仍於季底酌赴常德駐劄一半月，亦不致顧此失彼。

臣等與提臣楊芳往返札商，意見相同。謹合詞恭摺具奏，伏乞皇上聖鑒訓示。

謹奏。

校記：

〔一〕此摺道光十八年三月二十五日具奏，與湖南撫臣錢寶琛聯銜。

籌款生息防守襄隄摺〔一〕

奏爲酌籌襄河防汛經費，請將前發典商局錢捐湊成數，改發漢岸鹽商生息，俾搶險得資撥用，以固隄防，恭摺奏祈聖鑒事。

竊照湖北地方，半係濱江臨漢，民生保障全賴隄防，而隄工不獨貴在加修，更須嚴於防守。夏秋大汛，日久工長，苟有寸節之疎，即受沮洳之患。臣林則徐於上年汛漲之際，周歷武、漢、荆、襄各屬，督視籌防，竊見大江情形固甚險要，然江面較爲寬濶，氣勢畢竟舒張，以防汛而論，尚不至如襄河之急促。襄河上承漢源之遠，兼有豫省唐、白兩河匯流灌入，其泥沙之濁，數倍於江，而水性之曲，亦迥異於江。惟濁也，故河底淤墊而愈高；惟曲也，故河勢坐灣而愈險。溯自十餘年來，襄隄之漫潰沖決，殆無虛歲，推原其故，實因經費支絀，致有疎防。蓋濱漢各州縣隄工，除襄河老龍隄係屬石工，尚稱堅鞏外，其鍾祥、荆門、京山、潛江、天門、沔陽、漢川等州縣，南北兩岸正隄，土性多沙，易於沖刷，且工長計有十六萬六千一百餘丈，其旁出之支河各隄，尚不在此數之内。若與河工比較，則一縣地段皆應分作數廳，而向無額設堡房，既乏棲息之所，况人夫動須雇倩，無可支銷，即民間簽舉隄長一二人，責管之地太長，仍屬有名無實，此外自挑積土牛以及一切守水器具，費用甚繁，而皆無項可辦。將欲責之民力，則頻年淹浸之處，上而國賦之錢漕，下而歲修之夫土，尚且催比不前，更安能籌及防險之用。將欲出諸官捐，則州縣既須責以清廉，又須杜其虧空，自銀價昂貴以來，州縣辦公，累者什九，其力實有不逮，以致籌防棘手，呼應不靈，一片長堤，每有人夫寥寥，器具不周之處，是其疎虞失事，原在意中。國家經費有常，何敢冒昧請項，然若因循遷就，則有一處之潰決，即致數處之漫淹，輕而展緩錢糧，重即議蠲議卹，揆諸國計民生，均不能不亟爲籌畫。臣等與各司道察覈情形，再三商酌，與其補救於事後，莫若籌備於未然。惟有將生息閒款量爲挹注，庶可爲防汛搶險之資。查道光十年，襄陽地方因緝捕經費無出，經前督撫臣奏請動支寶武局存錢八萬串，發典生息濟用，業蒙允准。迨十六年寶武局暫停鼓鑄案內奏明，將存錢七萬六千餘串發典，按年八釐生息，照市價易銀解司，收入正鑄款內。截至十七年底，已獲息錢一萬一千五百六十四串有奇。此項息錢，並未議定作何支用。目下襄河防汛，最爲急切要需，合無仰懇天恩，俯准援照襄陽緝捕經費成案，移撥濟用。惟查十六年發典局錢同所得息錢，共八萬七千七百六十餘串，爲數尚覺畸零，臣等擬與司道再行設法籌措，量爲捐補，凑足十萬串之數。如仍發交各屬典商，未免散無統紀，擬令鹽道于克襄，發交漢岸鹽商彙總生息，按月八釐，每年可獲息錢九千六百串，以四千串歸還錢本，易銀解存藩庫，共餘五千六百串，作爲襄河正隄防險經費。於大汛前，分別工程之險易，隄段之短長，令於數里設一窩舖，或逐段製置擡篷，總使段段皆有人夫，晝夜巡防，給以工食，並責令挑積土牛，捆紮柴纜，多多益善。凡一切守水器具及蓑笠梆鑼，夜間燈燭，皆於息項酌給飭辦。令州縣造册呈報該管道府隨時點驗，不許缺額虛糜。所有印委汛員，於大汛時均須督同各夫役及隄長人等，無分雨夕，常川防守，務保無虞，倘敢疎忽失事，即將該印委汛員嚴行參辦，隄長、夫役一併治罪。既給經費，不能再有藉口，倘或奇險疊出，用項尚有不敷，亦由臣等與司道設法籌捐幫貼。如此一轉移閒，既不動用正款，而經費藉得從容，以冀永慶安瀾，仰副聖主慎重隄防之至意。

謹合詞恭摺具奏，伏乞皇上聖鑒訓示。

再，防汛所用一切錢文，本極細碎，且此項本息係經籌捐湊足，請由臣等覈銷，免其造册送部，合併陳明。謹奏。

校記：

〔一〕此摺與護湖北撫臣張岳崧聯銜，道光十八年閏四月十八日具奏。

湖廣奏稿卷四

籌議嚴禁鴉片章程摺〔一〕戒煙方附

奏爲遵旨籌議章程，恭摺覆奏，仰祈聖鑒事。

本年五月初二日，准兵部火票遞到刑部咨開：「道光十八年閏四月初十日上諭：黄爵滋奏請嚴塞漏卮以培國本一摺，著盛京、吉林、黑龍江將軍，直省各督撫，各抒所見，妥議章程，迅速具奏。摺併發。欽此。」臣查原奏内稱：「近來銀價遞增，每銀一兩易制錢一千六百有零，非耗銀於内地，實漏銀於外夷。自鴉片煙流入中國，其初不過紈絝子弟習爲浮靡，嗣後上自官府縉紳，下至工商優隸，以及婦女、僧尼道士，隨在吸食。廣東每年漏銀漸至三千餘萬兩，合之各省，又數千萬兩。耗銀之多，由於販煙之盛。販煙之盛，由於食煙之衆。今欲加重罪名，必先重治吸食。請皇上嚴降諭旨，自今年某月日起至明年某月日止，准給一年限期。若一年以後仍然吸食，是不奉法之亂民，罪以死論。」等語。臣伏思鴉片流毒於中國，紋銀潛耗於外洋，凡在臣工，誰不切齒？是以歷年條奏，不啻發言盈廷，而獨於吸食之人，未有請用大辟者。一則大清律例早有明條，近復將不供興販姓名者由杖加徒，已屬從重，若遝坐死罪，是與十惡無所區別，即於五刑，恐未協中。一則以犯者太多，有不可勝誅之勢，若議刑過重，則弄法滋奸，恐訐告誣攀、賄縱索詐之風因而愈熾。所以論死之説，私相擬議者未嘗乏人，而毅然上陳者獨有此奏。然流毒至於已甚，斷非常法之所能防，力挽頽波，非嚴蔑濟。茲蒙諭旨飭議，雖以臣之愚昧，敢不竭慮籌維。竊謂治獄者固宜準情罪以持其平，而體國者尤宜審時勢而權所重。今鴉片之貽害於内地，如病人經絡之間久爲外邪纏擾，常藥既不足以勝病，則攻破之峻劑，亦有時不能不用也。夫鴉片非難於革癮而難於革心，欲革玩法之心，安得不立怵心之法。况行法在一年以後，而議法在一年以前，轉移之機正繫諸此。書所謂「舊染污俗，咸與惟新」、傳所謂「火烈民畏，故鮮死焉」者，似皆有合於大聖人辟以止辟之義，斷不至與苛法同日而語也。惟是吸煙之輩陷溺已深，志氣無不惰昏，今日安知來日。當夫嚴刑初設，雖亦魄悚魂驚，而轉思期限尚寬，姑俟臨時再斷，至期迫而又不能驟斷，則罹法者仍多，故臣謂轉移之機即在此一年中。必直省大小官員共矢一心，極力挽回，間不容髮，期於必收成效，永絶澆風，而此法乃不爲贅設。茲謹就臣管見所及，擬具章程六條，爲我皇上敬陳之。

一、煙具先宜收繳淨盡，以絶饞根也。查吸煙之竹杆謂之槍，其槍頭裝煙點火之具，又須細泥燒成，名曰煙斗。凡新槍新斗皆不適口，且癮難過。必其素所習用之具，有煙油漬乎其中者，愈久而愈寶之，雖骨肉不輕以相讓。此外零星器具，不一而足，然尚可以他具代之，惟槍斗均難替代，而斗比槍尤不可離。遇無槍時，以習用之斗配别樣煙桿，猶或遷就一吸。若無斗即煙無裝處，而自不得不斷矣。今須責成州縣，盡力收繳槍斗，視其距海疆之遠近，與夫地方之衝僻，户口之繁約，民俗之華樸，由各大吏酌期定數，責以起獲，示以勸懲。除新槍新斗聽該州縣自行毁碎不必覈計外，凡漬油之槍斗，皆須包封，粘貼印花，彙册送省，該省大吏當堂公同啓封毁碎。無論此具或由搜獲，或由首繳，或由收覓，皆許覈作州縣功過之數。若地方繁庶而收繳寥寥者，立予撤參。如能格外多收，亦當分别獎勵。一、此議定後，各省應即出示，勸令自新，仍將一年之期劃分四限，遞加罪名，以免因循觀望也。查重典之設，原爲斷吸起見，果能人人斷吸，亦又何求？所謂以人治人，改而止也。各省奉文之後，應由大吏發給告示，遍行剴切曉諭，自奉文之日起，扣至三個月爲初限，如吸煙之人，於限内改悔斷絶赴官投首者，請照「習教人首明出教」之例，准予免罪。然投首非空言也，必將家藏煙具幾副，餘煙若干，全行呈繳到官，出具改悔自新、毫無藏匿甘結，加具族鄰保結，立案報查。如日後再犯，或被告發，或經訪聞，拘訊得實，加倍重辦。其二、三、四限之内投首者，雖不能概予免罪，似亦可酌量減輕。惟不投首者，一經發覺，即須加重。蓋四時成歲，三月成時，氣候不爲不久，果知畏法，盡可改圖。若仍悠忽遷延，再三自悮，揆以誅心之律，已非徒杖所可蔽辜。除初限以内拏獲者，仍照原例辦理外，其初限以外四限以内未首之犯，拏獲審實，似應按月遞加一等，至軍爲止。其中詳細條款，並先後投首如何減等，首後再犯如何懲辦之處，均請勅部覈議施行。似此由寬而嚴，由輕而重，不肖之徒如再不知悔懼，置諸死地，誠不足惜矣。

一、開館興販以及製造煙具各罪名，均應一體加重，並分別勒限繳具自首，以截其流也。查開館本係死罪，興販亦應遠戍，近因吸食者多，互相包庇，以致被獲者轉少。今吸煙既擬重刑，若輩豈宜末減。應請一體加重，方昭平允。但澆俗已深，亦宜予以自新之路。請自奉文之日起，開館者，勒限一月，將煙具煙土全繳到官，准將原罪量減。如係拏獲，照原例辦理。地方官於一月内辦出者，無論或繳或拏，均免從前失察處分。倘逾限拏獲，犯照新例加重，自獲之員減等議處。其興販之徒，路有遠近，或於新例尚未聞知，不能概限一月投首。應請酌限三個月内，不拘行至何處，准赴所在有司衙門繳煙免罪。若逾限發覺，亦應論死。其繳到之煙土煙膏，眼同在城文武，加用桐油立時燒化，投灰江河。匿者與犯同罪。至製造煙具之人，近日愈夥，如煙槍固多用竹，亦間有削木爲之，大抵皆煙袋鋪所制。其槍頭則裹以金銀銅錫，槍口亦飾以金玉角牙。閩、粵間又有一種甘蔗槍，漆而飾之，尤爲若輩所重。其煙斗自廣東來者，以洋磁爲上；在内地製者，以宜興爲高。恐其屢燒易裂也，則亦包以銀錫，而發藍點翠，各極其工。恐其屢吸易塞也，則又通以鐵條，而矛戟錐刀，不一其狀。手藝之人喜其易售，奇技淫巧，競相傳習，雖照例懲辦，而製造如故。應請概限奉文一月内，將所製大小煙具全行繳官毀化免罪。並諭煙袋作坊、瓦器窰户以及金銀銅錫竹木牙漆各匠，互相稽查。如逾限不首及首後再製，俱照新例重辦。其裝成槍斗可用吸食者，即須論死。保甲知情不首，與犯同罪。

一、失察處分，宜先嚴於所近也。文武屬員有犯，該管上司於奉文三個月内查明舉發者，均予免議。逾限失察者，分别議處。其本署戚友家丁，近在耳目之前，斷無不知，應勒限一箇月查明。若不能早令革除，又不肯據實舉發，即是有心庇匿，除犯者加重治罪外，應將庇匿之員即行革職。本署書差有犯，限三箇月内查明懲辦，逾限失察者，分别降調。

一、地保、牌頭、甲長本有稽查奸宄之責，凡有煙土煙膏煙具，均應著令查起也。挾仇訐告之風固難保其必無，但能起獲贓證，即已有據。且起一件即少一害。雖初行之時亦恐難免滋擾，然凡事不能全無一弊，若果吸煙者懼其滋擾而皆決意斷絶，正不爲無裨也。至開館之房主及該地方保甲，斷無不知之理，若不舉發，顯係包庇，應與正犯同罪，並將房屋入官。

一、審斷之法宜預講也。此議定後，除簡僻州縣犯者本少，即有一二，無難隨時審辦外。若海疆商賈馬頭及通衢繁會之區，吸食者不可勝數。告發既多，地方有司日不暇給，即終日承審，而片刻放松則癮已過矣，委人代看則弊已作矣，是非問罪之難而定讞之難也。要知吸煙之虚實，原不在審而在熬。熬一人與熬數人數十人，其工夫一耳。且專熬一人，容或有弊，多人同熬，轉無可欺。譬如省會地方，擇一公所，彙提被控被拏之人，委正印以上候補者一員往審足矣，不必多員也。臨審時恐其帶藥過癮，則必先將身上按名嚴搜，即糕點亦須敲碎，然後點入封門，如考棚之坐號，各離尺許，不准往來。問官亦只准帶一丁兩役，隨身伺候，不許擅離。自辰巳以至子丑，衹須靜對，不必問供，而有癮之人情態已皆百出矣。其審係虚誣者，何員所審，即令何員出具切結。倘日後別經發覺，惟原審官是問。以上六條，就臣愚昧之見，斟酌籌議。未知當否，理合繕摺具奏，伏乞皇上聖鑒訓示。

再，臣十餘年來目擊鴉片煙流毒無窮，心焉如擣，久經採訪各種醫方，配製藥料，於禁戒吸煙之時，即施藥以療之。就中歷試歷驗者，計有丸方兩種、飲方兩種。謹繕另單，恭呈御鑒。可否頒行各省，以資療治之處，伏候聖裁。謹奏。〔二〕

謹將戒鴉片煙經驗數種良方，繕呈御覽。

戒煙斷癮前後兩方總論

人之喉管有二：食管以主飲食，下達二腸。氣管以主呼吸，周通五臟。氣管本屬清虛，不受一粒半滴之物，若物誤入其中，即時咳逆，必出之而後快。而煙乃有氣無形之物，故可吸入呼出，往來於五臟，雖其氣已去，而其味仍留。但人之所以得生者，胥藉胃間所納穀氣，循環於經絡，以培養其精神。今食煙之人，其臟腑慣得煙氣以尅穀氣，故常人一日不食五穀則饑而憊，食鴉片煙者視五穀猶可緩，但對時不吸煙則癮而憊，無他，正氣爲邪氣所制也。本草所載生煙，即今之旱煙，其氣辛，故止於入肺。若鴉片，則其性毒而淫，其味澀而滯，其色黑，而入肝腎，故一吸而能透於肉筋骨髓之中，一呼又能達於肢體皮毛之杪，徧身內外上下，無處不到，是以食纔下咽，自頂至踵均覺舒暢，遂溺其中。始則由漸而常，繼則由常而熟。至於熟矣，內而臟腑經絡，外而耳目手足，皆必得此煙氣而後即安。一旦無之，腎先告乏，故呵欠頻作。肝因而困，故涕淚交流。肺病則痰涎並生，心病則痿輭自汗，必至是時而起者，脾主信故也。彼溺乎其中者，至是而適受其困矣。然溺而知戒，不過困於一時，溺而不戒，則直徇以身命。以煙氣剋穀氣，引邪奪正，其能久乎？果其戒之，並非難事。癮之輕者與體之壯者，即無藥方，亦可斷絶。兹專爲受癮深而氣體弱者，立前後兩方：一曰忌酸丸，一曰補正丸。忌酸丸，卽以煙灰和藥爲之。緣初戒時不能遽絶，故以灰代煙也。重用附子者，取其走而不守，能通行一十二經也，佐之以柴胡之左旋，升麻之右旋，沈香之直達下焦，四者相合，則徹乎上下表裏，頃刻而能偏於一身矣。顧吸煙之人，中氣無不傷者，中氣傷則氣不能化精而血衰，故用參、芪以補肺氣，白术以補脾氣，陳皮、木香以利諸氣，皆所以安其中也。中氣既固，再有當歸、連、柏以涼血而生血，且連、柏能殺附子之毒，以生一源之水，且制二相之火也。氣血兩虛之人，保無昏暈，非天麻不能止，故加以天麻。其用甘草者，不但可以補中，兼可益血，並和諸藥也。此方氣血兩補而藥味不雜，寒熱並用而於理不悖，煉以爲丸，吞入於胃，行氣於五臟，輸精於經絡，不俄頃亦卽徹頂踵，偏内外，無處不到，是以煙癮不起，諸病不作。且有沈、木二香，氣息芬芳，藉附子以行之，薰蒸於五臟之中，吞至數日後，若再取過火之煙吸之，不獨臟氣與之扞格，即鼻孔聞之，已嫌其臭矣。補正丸，卽以忌酸丸之方減去黃芪、木香二味，不用附子，且不用煙灰，其餘藥味分兩，均與忌酸丸方同。凡戒煙者，先吞忌酸丸，至三五日後，每日減忌酸一丸，則以補正兩丸替之，減兩丸則以四丸替之，照此遞推，互相加減，至忌酸丸減盡，再專服補正丸，十日或半月後，即連補正丸亦不用服，而癮自斷矣。此方歷試歷驗，具有神效，緣有補中益氣之藥，日減有煙之一丸以去邪癮，日增補正之二丸以助正氣。正氣日足，邪無所容。即使至重之癮，果能痛自改悔，照法行之，不過略多數日，未有不能斷絕者。全身命以保餘生，懍國法而免刑戮，凡有血氣心知之人，有不覺悟自新、迷途早返者哉。所有方藥製法，詳開於左：

忌酸丸方

不曰戒煙丸而曰忌酸丸者，蓋以既用煙灰，吞服之後，若與味酸之物同食，則令人腸斷而死，故以忌酸名方，欲服之者顧名知忌耳。

生洋參五錢　白朮三錢　當歸二錢　黃柏四錢　川連四錢　炙黃芪三錢半　炙甘草三錢半　陳皮二錢半　柴胡二錢半　沈香二錢，忌火　木香二錢，忌火　天麻三錢　升麻一錢半

共爲細末，入生附子七錢，米泔浸透，石臼中擣如泥，再入煙灰一兩，攪勻，入麪糊同藥

爲丸，如小桐子大。丸成後共稱重若干，約計平時有癮一分者，每日所服之丸須有煙灰一釐二毫爲度。必於飯前吞下，否則不驗。起初一二日或多吞些，令其微有醉意，則有煙亦不思食矣。吞定三五日後，每日減忌酸丸一丸，用補正丸二丸頂換吞下。

補正丸方各藥分兩俱照前方

生洋參　白术　當歸　黄柏　川連　炙甘草　陳皮　柴胡　沈香　天麻　升麻

共爲細末，用蜜和丸，如桐子大，以之頂换忌酸丸。如初一減忌酸丸一丸，則用補正丸二丸吞下。至初二則減忌酸丸二丸，又用補正丸四丸吞下。餘可類推。至忌酸丸減盡，再服補正丸，十日或半月後，連補正丸亦不用服矣。如癮重者，一劑不能盡除，即多服兩劑，癮亦必斷。

忌酸丸加減法

紅白痢，加黄芩、白芍。　夢遺，加龍骨、牡蠣。　諸痛，加重木香、元胡索。　咳嗽，加紫苑、炙冬花、炙枇杷葉去毛。　咳甚者，加杏仁、阿膠。　熱痰，加川貝母、瓜蔞霜。　寒痰，加半夏、南星。　若覺下焦有火，加黄柏、知母。　眼暈，加丹皮、白菊。

小便短，加豬苓、澤瀉。水瀉，加白茯苓、車前。身體不虚者，去洋參，换沙參，炙芪不必用。如無頭暈者，不用天麻。氣短不足者，加蛤蚧尾。氣喘者，加故紙，並加蛤蚧尾。

以上或入藥，或煎湯送下。

附録簡便二方

忌酸、補正前後丸方，極靈驗矣，而配合兩劑需錢數千文，彼憚於斷煙者尚有所藉口。或謂一時乏此整項，或謂配合費事，有需時日。即勸人斷煙者，亦未必均肯捐資多製藥丸，隨人施給。雖刀圭可以救病，如畏難苟安何。故又附録兩種良方，皆費錢極少，而爲效甚捷者。庶窮鄉僻壤之地，輿臺奴隸之微，但使一念知悔，皆可立刻自醫，更何畏難之有？嗟夫，人孰不欲生，若不於此求生，則死於煙與死於法，均之孽由自作耳。可不懼哉！所有簡便二方，附録於後。此二方各自爲用，不相連屬。

四物飲

赤沙糖一斤　生甘草一斤　川貝母八錢，去心研細　鴉片灰三錢，癮重者四錢

右四物，以清水十餘大碗，入銅鍋煎兩三時，約存三四碗，愈濃愈妙。將渣濾出，取汁貯瓷甕内，置靜室無人行處。每日早起及夜臥之前各取汁一盃，以開水温服，癮卽可斷。如癮極重者，取已煎之汁而重煎之，十盃煎成一盃，照前再服，必效。

瓜汁飲

南瓜正在開花時，連其葉與根藤一併取下，用水滌淨，於石臼中合而擣之，取汁常服，不數日夙癮盡去。甫經結瓜者，連瓜擣之，亦可用。

謹按：本草載：「南瓜甘温無毒，補中益氣，截其藤，有汁極清，如誤吞生鴉片者，以此治之卽不死。」是其解毒如神，故除癮亦極著效。此物最易蔓生，雖荒僻郵野，無處無之。惟至冬則藤葉皆枯，無汁可取。其在夏秋則取之不窮，並可不費錢而得。凡勸人戒煙者，皆宜多取此汁，廣貯罈瓮，留以濟人，可謂不費之惠。

臣向所採輯戒煙斷癮藥方共十餘種，而歷試有效者，以此數種爲最。忌酸、補正兩

丸，其法最正；四物、瓜汁兩飲，其用尤便。不揣冒昧，一併恭録，隨摺進呈。是否可以頒行，伏候欽定。

校記：

〔一〕據軍機處録副檔，此摺奉硃批時間為道光十八年五月十九日，摺中云五月二日兵部遞到火票，可知此摺具奏時間為道光十八年五月上旬。

〔二〕軍機處録副檔案至此，未見以下文字。

鶴峯長樂食鹽專配大甯場以免侵越摺〔一〕

奏為湖北鶴峯、長樂兩州縣例食川鹽，只應就近認配一場，以免牽混侵越，恭摺奏祈聖鑒事。

竊照楚省額銷淮鹽多至七十七萬九千九百餘引，而與川、粵、潞、黔引地，處處毗連。各處鹽課皆輕，而淮鹽獨重。各處鹽本皆賤，而淮鹽獨貴。各處運鹽皆順流而下，而淮鹽獨逆流而上。故鄰鹽無不越疆佔賣，而百姓只圖賤價食私，堵緝之難，久荷聖明洞鑒。臣既不敢請融重課於他省，又不敢請移食岸於鄰封，惟有察其透漏最甚之區，設法嚴行禁阻。如荆州一府，本楚北旺售之地，若被川鹽連檣下灌，則淮鹽斷難行銷，故必於荆州上游之宜昌府屬節節防堵。而宜昌所屬，即有鶴峯一州、長樂一縣，照例應與施南全府同食川鹽。若論淮界藩籬，固難免開門揖盜，但該處荒山瘠土，窮民粒食維艱，川鹽近在咫尺，每斤市價不過二十文，淮鹽到彼，則賣價約需兩倍，定例許其買食川鹽，原係體卹之意，第恐川販乘機侵灌，便無底止。是以鶴峯、長樂二州縣所行川引，特由兩淮委員赴彼駐劄萬户沱地方，代川運售，意謂兩淮所委之員自必保護淮界。無如其地距淮南遠至四千餘里，委員之有無弊竇，在淮難以周知。臣上年察看情形，咨商兩江督臣陶澍，改爲由楚委員駐辦，以便就近約束。並以鶴、長二州縣每年額銷川鹽，共止水引五百六十四張，陸引八百十一張，本屬不多，雖歷辦章程，許於四川之大甯、雲安、犍爲三場鹽斤通融配運，然果只濟該二處民食，不圖越界侵銷，則專配大甯一場，已屬有贏無絀。蓋大甯場距委員駐劄之萬户沱僅四百十五里，運售最便。雲安場則相距七百餘里，其中尚有數十里旱路，委員本不願運。若犍爲場則相距三千二百餘里，更屬遥遥，然委員不得其人，則轉欲遠運犍爲之鹽以圖影射。緣犍鹽色高味美，於荆州一帶最利行銷，彼請運犍鹽者，乃專圖侵灌荆州，並非爲鶴、長兩州縣民食起見也。臣上年檄委候補道劉肇紳前赴宜昌一帶，與該府程家頴再三訪察，知此弊端，稟請嗣後鶴、長二處禁配犍爲鹽斤，以免侵灌。飭據藩司、鹽道，會議僉同，咨商兩江督臣陶澍，意見極合，當即移咨四川督臣，轉行該省鹽道知照。又恐犍爲、雲安兩場少配鹽斤，或於課額不無稍絀，復經商請以大甯溢配之課劃抵犍、雲二場，設使尚有不敷，亦由楚省補解足數，總使川課絲毫無短。臣於本年二月間具奏整頓鹺務情形摺内，曾將此事原委彙列上陳，欽奉硃批：「所論周到妥細，勉力而行，必有功效。」欽此。欽遵在案。旋據湖北藩司、鹽道會詳，揀委長樂縣知縣蔡聘珍經理其事，該委員遵照奏案，就近專運大甯場鹽，以濟民食，閭閻極爲相安，犍鹽始免下灌於荆郡，疏銷淮引甫有轉機。適淮川省督臣來咨，以鶴、長二州縣專配大甯場鹽，與該省原案不符，即補解課項，亦恐路遠鞭長，有誤銷期造册等語。臣復飭司道議覆，兹據詳稱：「鶴峯、長樂二州縣，均係改土歸流，乾隆初年議食川鹽，原派引張，本無犍爲在内。迨乾隆二十二年至五十年，始將長樂一縣續增犍爲水引至三百一十張，而淮界遂爲犍鹽所灌。兹欲嚴杜侵越之害，斷不可再行犍爲之鹽。至大甯場鹽如果溢銷，其課銀同歸川省，自可以贏補絀，即或不然，亦由楚省籌欵解川補足，以免課税虚懸，仍請查照前奏遵辦。」等情，詳覆前來。臣查川、楚毗連之處，彼此銷鹽界限，間不容髮，若川鹽侵越一分，即淮鹽絀銷一分，此乃必然之理。果使川課與淮課相等，則均之有裨於帑項，臣亦何敢畛域過分。今以課額覈之，則淮鹽銷得一分，幾足以抵川鹽二十分之課，其輕重懸殊，至於如此，似未便聽川鹽之影射，而不嚴淮界之藩籬。況鶴、長原運川鹽，本無犍爲在內，今議仍還其舊，又將額課補足解川，是於款項毫無窒礙。而專運大甯近鹽，足濟鶴、長民食，禁運犍爲遠鹽，可免直灌荆州。截私疏引之方，舍此更無他術。臣因淮鹺積重，時時設法督銷，棘手焦心，實難言狀，不敢因川省現在咨覆，稍任游移，致令犍爲鹽斤下充淮界，又成痼疾。

謹將整頓鶴峯、長樂二州縣運務緣由，再行縷晰具奏，伏乞皇上聖鑒訓示。謹奏。

校記：

〔一〕此摺道光十八年六月十六日具奏。

湖廣奏稿卷五

查勘江漢隄工摺〔一〕

奏爲查視江、漢隄工，適值襄河秋漲，督飭搶護，化險爲平，並現在水勢已落緣由，恭摺奏祈聖鑒事。

竊臣前因秋汛届期，水勢正在長發，當即親赴各屬查工督防，業經附片奏聞在案。臣乘舟溯流而上，先抵漢川、沔陽二州縣境内，即見汛水驟至，業已盈隄拍岸，汹湧異常。查覈各處報單，並量驗沔陽之仙桃鎮誌樁，七月初九、初十、十一，此三日内共長水二丈零一寸。漢川北岸之姚兒垸隄長一千九百餘丈，香花垸隄長四千二百餘丈，均因被水激蕩，間段坍矬，經該縣趙德轍督率垸民在於隄外排竪木樁，捆柴攔護，隄上加高子堰，隄内趕築裹幫，極力堵衛三晝夜，水漸退落，隄乃保全。其沔陽州之隄，北岸計七十五里，南岸計八十五里，險處不勝枚舉，而周家横隄尤爲衝要，幸柴土料物皆已豫備充盈，足資搶護。又有西毛台垸一隄，形勢坐灣，風衝浪激，隄内忽有滲水，情形甚危，居民挈其家具紛紛遷避。該州李兆元與前代理州折錦元，均駐該處，督率汛委各員，集夫搶築。臣適至隄上，察看形勢尚可，不至決裂。當諭居民不必驚悸，亦不可相率逃避，致惑人心，正當隨同地方官捧土束薪，盡力守護，卽可保無失事。時有署沔陽州州判姚正道，亦足立於水中，連夜收土，督夫塞漏，有隙卽填。防汛之委員彭鳳池，亦於土下隄段來往飛催，畚挶紛集。該隄發漏之處，遂得逐漸堵閉，並未過水掣通。隄内垸田一望無際，皆免淪於巨浸之中，實爲至幸。臣復由沔陽上至天門、潛江、荆門，又上而至京山、鍾祥，則皆在汛漲已過之後，隄身出水較高，民情極爲安貼。所有各縣本届歲修暨捐修各工，除大汛以前完竣奏明先委道府驗收者，此次復經臣自行覆驗外，又據署潛江縣知縣甫經卸事之何渭珍禀呈近日續修工摺，查係於歲修之外，復經勸捐興辦，如方家灣、戴家嶺、卸甲埠、白伏垸等處月隄，新豐垸、皮家拐之上下壩座及石盤頭，暨各垸老隄加高撐幫之工，臣皆親往錐驗，均係硪砌堅實，足資抵禦。此襄河一帶之情形也。至大江水勢，向以荆州府城外之楊林磯誌樁爲準。自入七月以來，據報初三日長水四尺七寸，初五日長水二尺二寸，初九日長水四尺二寸。其在一日間長至數尺之水，固不可謂不驟，所幸旋長旋落，宣洩較靈，較之連日泛漲不消者，卽爲有閒。臣由荆門州水路至荆州府之萬城隄，周歷履勘，本年秋汛水勢，自交白露後連日大落，已比去年此刻小至一丈有零，各段官役兵夫，碁布星羅，防護亦皆周密。隨即由荆江順流而下，查看江陵、公安、石首、監利所修土石各工，難易雖各不同，辦理均尚如式。現届秋分節令，水勢似已就平，但距霜降尚有一月之期，防護斷不容稍懈。臣勘過之處，即責成印委各員實力嚴防，不得始勤終怠，致滋貽悮。擬再親歷嘉魚、蒲圻、咸甯一帶，將沿江隄段逐一履勘，即可回至武昌省城。除俟霜降届期，另行照例奏報安瀾外，所有閲視江、漢隄工悉臻平穩緣由，理合恭摺具奏，伏乞皇上聖鑒。

再，臣經過各屬，正有陸續收成，稻穀雜糧均屬豐稔，市價亦皆平減，堪以仰慰聖懷，合併附陳。謹奏。

校記：

〔一〕此摺道光十八年八月初二日具奏。

查拏煙販收繳煙具情形摺〔一〕

奏爲敬陳楚省近日查拏煙販，收繳煙具各情形，恭摺奏祈聖鑒事。

竊臣前奉諭旨，飭議吸食鴉片煙罪名，當經擬具條款，恭摺覆奏在案。臣思此事須待各省奏齊，上衷宸斷，奉到諭旨，頒發祗遵，而各省遠近不同，定議尚需時日，恐民間以爲久無消息，或且不必查辦。此心稍放，即不可以復收。是以臣與湖南撫臣錢寶琛、護湖北巡撫布政使臣張岳崧熟商，目下吸食罪名雖未定議，而查拏總不可稍懈，收繳亦不可稍遲。當即飭屬先訪開館興販之人，嚴緝務獲，一面會同出示，剴切禁戒，並捐廉配製斷癮藥丸二千料。在於省城及漢口鎮等處設局，派委妥員，收繳煙槍煙斗，及一切器具、餘煙。果係真心改悔，查無不實不盡者，稟請暫免治罪，並酌給藥料，俾其服食除癮，以觀後效。旋據漢陽縣知縣郭觀辰稟報：拏獲興販鴉片之朱運升一犯，在其船上貨箱內起獲夾帶煙土一千二百餘兩、煙膏八百餘兩。嗣又於漢鎮邱第祥棧房內，拏獲興販之何日昇、傅桂芳兩犯，起獲何日昇煙土三百五十兩，傅桂芳煙土五百兩。又鄒阿三、馮奉金兩犯，先期已回廣東，在鄒阿三皮箱内搜獲煙土二千零七十兩，馮奉金木箱内搜獲煙土九百八十兩。又在余萬順棧房内，拏獲興販之范永瀧、鍾亞長兩犯，起獲范永瀧煙土七百二十兩，鍾亞長煙土一千二百五十兩。又於在逃之樊益瀧夾層床内，搜獲煙土八百五十兩。隨有興販之邵錦璋、謝長林、范中和等赴府縣自行投首，邵錦璋呈出煙土二千餘兩，謝長林呈出煙土九百五十兩，范中和呈出煙土三百六十兩。以上拏獲及首繳煙土煙膏，共計一萬二千餘兩。又自設局至六月底止，已繳煙槍計一千二百六十四桿，皆係久用漬油之物，煙斗、雜具俱全。臣於未出省以前，即率同兩司、道府逐一驗明，先用刀劈，繼用火燒。就中精緻華麗之槍斗，極巧盡飾之式樣，不勝枚舉。其有餘膏殘瀝者，拌以桐油，再行燒透，將灰投入江心。自此次燒燬以後，兩局續繳煙槍，又據報有七百餘桿，省外各屬所收亦已陸續禀報，尚未彙計，統俟臣回省時驗明燒燬。並接湖南撫臣錢寶琛來信，南省收繳煙槍亦有二千三百餘桿。臣查近來鴉片煙流毒之深，幾於口有同嗜。地方官以爲滔滔皆是，不免畏難苟安，幸蒙諭旨特頒，飭議重罪，奸徒聞有論死之法，莫不魄悸魂驚，不特開館興販之徒聞風遠竄，並吸食者亦恐性命莫保，相率改圖。臣等查看輿情，並非不可挽救，是以乘機諭戒，寬猛兼施，呈繳者姑許自新，隱匿者力加搜捕。不追既往，嚴儆將來，無非仰藉聖主德威，務令力迴汙俗。以目下楚北情形而論，除官製斷癮藥丸外，凡省城、漢鎮藥店，所配戒煙之藥，無家不有，無日不售，高麗參、洋參等藥皆已長價數倍。並有耆民婦女在路旁叩頭稱謝，據云其夫男久患煙癮，今幸服藥斷絕，身體漸强等語。是其父子家人平日所不能斷者，皆恃國法有以斷之。此時新例尚未頒行，而情形業已如是，總因死罪二字足以怵其心志，可見民情非不畏法，習俗大可轉移，全賴功令之森嚴，始免衆心之涣弛。臣惟當督屬隨時加緊，極力湔除，俾皆革薄還淳，以期仰副聖主裕國保民之至意。

其迭經拏獲興販鴉片人犯之漢陽縣知縣郭覲辰，起出煙膏煙土爲數頗多，可否賞予鼓勵之處，出自天恩。

謹將現辦情形，會同護湖北巡撫布政使臣張岳崧，恭摺具奏，伏乞皇上聖鑒。謹奏。

校記：

〔一〕此摺道光十八年八月初二日具奏。

錢票無甚關礙宜重禁喫煙以杜弊源片〔一〕

再，臣接准部咨：「欽奉上諭：據寶興奏，近年銀價日昂，紋銀一兩易制錢一串六七百文之多，由於奸商所出錢票，註寫外兑字樣，輾轉磨兑，並無現錢，請嚴禁各錢鋪不准支吾磨兑，總以現錢交易，以防流弊等語。著步軍統領衙門、順天府、五城會議具奏，並著直省各督撫妥議章程，奏明辦理。欽此。」臣查錢票之流弊，在於行空票而無現錢，蓋兑銀之人本恐錢重難攜，每以用票爲便，而奸商即因以爲利。遇有不取錢而開票者，彼即啗以高價，希圖以紙易銀，愚民小利是貪，遂甘受其欺而不悟。迨其所開之票，積至盈千累百，並無實錢可支，則於暮夜關歇潛逃，兑銀者持票控追，終成無著。此奸商以票騙銀之積弊也。臣愚，以爲弊固有之，治亦不難，但須飭具五家錢鋪連環保結，如有一家逋負，責令五家分賠。其小鋪五家互結，復由年久之大鋪及殷實之銀號加結送官，無結者不准開鋪，如違嚴究，並拘拏脱逃之鋪户，照誆騙財物例計贓從重科罪，自可以遏其流。但此弊祇係欺詐病民，而於國家度支大計殊無關礙。蓋錢票之通行，業已多年，並非始於今日，即從前紋銀每兩兑錢一串之時，各鋪亦未嘗無票，何以銀不如是之貴？即謂近日奸商更爲詭猾，專以高價騙人，亦祇能每兩多許制錢數文及十數文爲止，豈能因用票之故，而將銀之僅可兑錢一串者忽擡至一串六七百文之多？恐必無是理也。且市儈之牟利，無論銀貴錢貴，出入皆可取贏，並非必待銀價甚昂然後獲利。設使此時定以限制，每兩只許易錢一串，彼市儈何嘗不更樂從，不過兑銀之人喫虧更甚耳。若抑銀價而使之賤，遂謂已無漏卮，其可信乎？查近來紋銀之絀，凡錢糧、鹽課、關税一切支解，皆已極費經營，猶藉民間錢票通行，稍可濟民用之不足。若不許其用票，恐捉襟見肘之狀更有立至者矣。夫銀之流通於天下，猶水之流行於地中，操舟者必較水之淺深，而陸行者未必過問。貿易者必探銀之消息，而當官者未必盡知。譬如閘河之水，一遇天旱，重重套板，以防滲漏，猶恐不足濟舟。若閉閘不嚴，任其外洩，而但責各船水手以乞淺，即使此段磨淺而過，尚能保前段之無阻乎？銀之短絀，何以異是？臣歷任所經，如蘇州之南濠，湖北之漢口，皆闤闠聚集之地，疊向行商鋪户暗訪密查，僉謂近來各種貨物銷路皆疲，凡二三十年以前某貨約有萬金交易者，今只賸得半之數。問其一半售於何貨？則一言以蔽之，曰鴉片煙而已矣。此亦如行舟者驗閘河之水誌，而知閘外洩水之多，不得以現在行船尚未擱淺，而姑苟安於旦夕也。臣竊思人生日用飲食所需，在富侈者，固不能定其準數，若以食貧之人，當中熟之歲，大約一人有銀四五分，即可過一日，若一日有銀一錢，則諸凡寬裕矣。吸鴉片者，每日除衣食外，至少亦需另費銀一錢，是每人每年即另費銀三十六兩。以户部歷年所奏，各直省民數計之，總不止於四萬萬人，若一百分之中僅有一分之人吸食鴉片，則一年之漏卮即不止於萬萬兩，此可覈數而見者。況目下吸食之人，又何止百分中之一分乎？鴻臚寺卿黄爵滋原奏所云歲漏銀數千萬兩，尚係舉其極少之數而言耳。内地膏脂年年如此剥喪，豈堪設想？而吸食者方且呼朋引類，以誘人上癮爲能，陷溺愈深，愈無忌憚。儆玩心而迴頹俗，是不得不嚴其法於吸食之人也。或謂重辦開館興販之徒，鴉片自絶，不妨於吸食者稍從末減，似亦持平之論。而臣前議條欵，請將開館興販一體加重，仍不敢寬吸食之條者，蓋以衙門中吸食最多，如幕友、官親、長隨、書辦、差役，嗜鴉片者十之八九，皆力能包庇販賣之人，若不從此嚴起，彼正欲賣煙者爲之源源接濟，安肯破獲以斷來路？是以開館應擬絞罪，律例早有明條，而歷年未聞絞過一人，辦過一案，幾使例同虚設，其爲包庇可知。即此時衆議之難齊，亦恐未必不由乎此也。吸食者果論死，則開館與興販即加至斬決梟示，亦不爲過。若徒重於彼而輕於此，仍無益耳。譬之人家子弟在外游蕩，靡惡不爲，徒治引誘之人而不錮其子弟，彼有恃無恐，何在不敢復犯？故欲令行禁止，必以重治吸食爲先。且吸食罪名，如未奉旨飭議，雖現在止科徒杖，尚恐將來忽罹重刑。若既議而終不行，或略有加增，無關生死，彼吸食者皆知從此永無重法，孰有戒心？恐嗣後吃食愈多，則賣販之利愈厚，卽冒死犯法，亦必有人爲之。是專嚴開館興販之議，意在持平而藥不中病，依然未效之舊方已耳。諺云：「刖足之市無業屨，僧寮之旁不鬻櫛。」果無吸食，更何開館興販之有哉？或謂罪名重則訛詐多，此論亦似。殊不思輕罪亦可訛詐，惟無罪乃無可訛詐。與其用常法而有名無實，訛詐正無了期，何如執重法而雷厲風行，吸食可以立斷，吸食既斷，訛詐者又安所施乎？若恐斷不易斷，則目前之繳具已是明徵；若恐誅不勝誅，豈一年之限期猶難盡改，特視奉行者之果肯認眞否耳。誠使中外一心，誓除此害，不惑於姑息，不視爲具文，將見人人滌慮洗心，懷刑畏罪，先時雖有論死之法，屆期並無處死之人。卽使屆期竟不能無處死之人，而此後所保全之人且不可勝計，以視養癰貽患，又孰得而孰失焉？夫舜典有怙終賊刑之令，周書有羣飮拘殺之條，古聖王正惟不樂於用法，乃不能不嚴於立法。法之輕重，以弊之輕重爲衡，故曰刑罰世輕世重，蓋因時制宜，非得已也。當鴉片未盛行之時，吸食者不過害及其身，故杖徒已足蔽辜。迨流毒於天下，則爲害甚鉅，法當從嚴。若猶泄泄視之，是使數十年後，中原幾無可以禦敵之兵，且無可以充餉之銀。興思及此，能無股慄！夫財者，億兆養命之原，自當爲億兆惜之。果皆散在內地，何妨損上益下，藏富於民。無如漏向外洋，豈宜藉寇資盜，不亟爲計？

臣才識淺陋，惟自念受恩深重，備職封圻，覩此利害切要關頭，竊恐築室道謀，一縱即不可復挽。不揣冒昧，謹再瀝忱附片密陳。伏乞聖鑒。謹奏。

校記：

〔一〕據上一件軍機處録副檔案摺面「查拏烟犯收繳烟具由与錢片仝隨旨交」推斷，此片道光十八年八月初二日附奏。

嗣後辦災應將蠲緩田畝細册隨謄黄榜示片〔一〕

再，查湖北省每遇水旱偏災，奉到恩旨蠲緩錢糧，俱係立時飭令藩司刊刻謄黄，刷印多張，飛行各屬，於被災處所，及各邨莊集鎮，僻壤窮鄉，遍貼曉諭，並將貼過地方，開明清册，申報督撫司道府州衙門察覈，再令委員覆查，倘有隱匿朦徵情弊，不但一查立見，即各處貧民亦斷不肯甘心緘默，必有出而首告之人，胥吏實無所施其伎倆，防範本極周密。惟被歉地方，不僅一州一縣，該州縣中又不僅一村一莊，地名極爲繁瑣，謄黄内係恭録上諭，只能開載某州某縣某某等若干邨莊應蠲、應緩、應遞緩字様。蓋綸綍頒宣，詞有體要，勢不能將所有地名一一全敘。而各邨莊零星細碎，不一而足，雖經各州縣造具頃畝細册，詳送院司查覈，而民間未必周知，奸猾胥吏難保不藉某某等字樣，高下其手，而狡黠衿民覬覦蠲免，即明知在應徵之列者，亦必狡稱已蒙恩旨列入緩免之内，紛紛訐訟，藉控抗糧，必應嚴切防維，免滋流弊。臣再四思維，應請嗣後凡遇辦災，奉到恩旨刊發謄黄之時，即由藩司飭令該州縣，將所造應蠲、應緩、應遞緩之村莊頃畝細册，另行繕榜，隨同謄黄，遍貼曉諭。並責成該管道府稽查貼過地方，毋許隱匿，俾災歉貧民一目了然，胥吏更無從滋弊弄法，而成熟邨莊亦無可覬覦，混行争執矣。

是否有當，理合附片陳明，伏乞聖鑒訓示。謹奏。

校記：

〔一〕此片道光十八年八月二十日附奏。

江漢安瀾隄防鞏固摺〔一〕

奏爲江、漢普慶安瀾，隄防一律鞏固，恭摺奏報，仰祈聖鑒事。

竊照江水自川入楚，由巴東至黄梅，計歷十八州縣，始交江西之九江。漢水自陜入楚，由鄖縣至漢陽，計歷十三州縣，始出漢口而與江匯。除上游依山爲岸，不必隄防外，江自荆州而下，兩岸設隄幾及三十萬丈，不獨以導四川之水，並湖南、廣西、貴州諸水凡注於洞庭湖者，涓滴無不入江，卽無不賴隄爲障。漢自襄陽而下，兩岸設隄幾及十七萬丈，亦不獨以導陜西之水，凡豫省西南一帶匯入唐河、白河諸水，無不奔赴襄陽，與漢合流，故統謂之襄河。且其水性善曲，泥沙尤多，灘嘴易生，河形屢變。考之志乘，自前代時，此塞彼潰，已無虚歲。我朝以來，遠年案卷雖難盡稽，而第觀前督臣汪志伊於嘉慶十三年奏辦隄工摺内聲敘，乾隆五十三年萬城隄決口以後，連年漫潰各工，共五十餘處，自數十丈至數百丈不等。而自嘉慶十三年至今又三十載，除萬城大隄歷年奏報安瀾外，其他漫潰之處，稽諸案卷，則亦無歲無之。總由來源多而水勢太驟，泥沙積而河底日高，隄下田廬有較水面低至數丈者。是以蟻穴之漏，卽勢若建瓴，而波及之區，皆形同仰釜。一處潰則處處之横流四溢，一年潰則年年之潰水長淹。國賦所關，民命所繫，均非淺鮮。此臣所以責令各屬喫緊修防，不敢稍予鬆勁，而伏秋大汛之際，尤必親赴荆江、襄河等處周歷稽查，相形勢以飭加防，聚料物以資搶辦，此岸有險，彼岸相幫，上段有險，下段同護，雖汛水之來，忽以尺計，忽以丈計，不能全有把握，而人事之應盡者，均不敢不竭其心力。在臣一人心力曾有幾何？而惟以身先之，即人人之心力皆不能不爲臣用也。伏查今年水勢盛漲之時，省城皇華館誌樁長水至三丈四尺一寸，上游萬城隄楊林磯誌樁亦長至二丈六尺二寸，是江流已極浩瀚。而襄河於七月初九至十一日，復陡長二丈有零，幾於措手不及。幸本屆歲修工段，尺寸俱屬認真，硪工無不套打，而臣節次所奏改築新隄、退挽月隄之處，或籌動息款，或鳩集捐資，以及設法預備防險經費，均經仰奉恩諭，訓誨周詳，俾得恪遵辦理。今蒙聖慈福庇，處處修防穩固，化險爲平。現已節過霜降，水落歸槽，江、漢數千里長隄，安瀾普慶，並支河、裏隄亦無一處漫口，實爲數十年來未有之幸。臣欽感之下，兢懍彌深。仍當乘此水落之後，飭令該管道府巡歷各隄，查照盛漲水痕，將應辦歲修各工及早估辦，務令工料愈加堅實，丈尺愈見高寬，俾來年汛漲，捍衛有資，庶幾歲歲安瀾，以仰副聖主保乂民生至意。

再，管理隄工之員，除巡道職分較大，不敢請獎外，其府縣暨汛委各員，自估修以至防險，固皆分內之事，但工長日久，亦各著有微勞，而費絀事繁，再係出於捐辦，且歷遇漫工潰口，無不即予劾參，今於數十年中，幸值全境隄防一律保固，官民慶忭，無不倍感皇仁，可否仰懇天恩，酌加獎勵，俾修防各員益知奮勉，出自聖主鴻慈。如蒙俞允，容臣會同撫臣，擇其尤爲出力者，酌保數員，恭候恩施，不敢稍有冒濫。

所有江、漢普慶安瀾緣由，謹會同湖北撫臣伍長華，恭摺具奏，伏乞皇上聖鑒。謹奏。

校記：

〔一〕此摺道光十八年九月十五日具奏。

使粵奏稿卷一

恭報抵粵日期摺〔一〕

奏爲恭報微臣行抵廣東日期，並遵旨體察洋面堵截情形，恭摺奏祈聖鑒事。

竊臣上年冬閒進京陛見，於十一月十五日欽奉諭旨：「著頒給欽差大臣關防，馳驛前往廣東查辦海口事件，所有該省水師兼歸節制。」等因。欽此。臣當即在京請訓，疊聆恩諭，備極周詳。蒙委任之逾恒，彌深感奮；念責成之重大，倍切悚惶。陛辭後，於二十三日出京，經由直隸、山東、安徽，皆無停滯。惟江西途次連遇大雪，閒有未能儧行之處，旋即加緊前進，以速補遲。茲於正月二十五日行抵廣東省城，與督臣鄧廷楨、撫臣怡良等會晤。當據告知節次拏獲鴉片煙犯，水陸交嚴，羣情頗爲警動。迨聞特派查辦之旨，聲威所被，震慴民夷。是以駐省年久之夷商喳嘶，於十二月十二日請牌下澳，附搭港腳映船回國。其伶仃洋躉船内有港腳嗹船及嗱吐船二隻，亦於十二月二十八日回去。

今年正月二十日，又有港腳喊咟及吔噸等船，咪唎堅國㗎喱喑及吐咖等船，嗹國嘟吐船，小呂宋船，共十四隻，起椗開行。二十一日，又有港脚嚽咟等船，咪唎堅國嘛叻等船，共四隻，與前船一同駛去。旋據探報，拋泊了[三]洲洋面。該處爲夷船回國必經之路，現仍嚴行探逐，業經先後具奏等語。臣復細加查訪，均屬相符。惟思夷情詭譎異常，現有鴉片在船，未必遽甘回國，果否計窮思遁，抑係擇地圖遷，均未可定。第既經開動，其爲畏憚可知，亟應宣示天威，乘勢盡行驅逐，以爲清源之計。除飭外海水師確查飛禀，相機會辦外。至臣先於途次承准軍機大臣字寄：「上年十二月十六日奉上諭：本日據鄧廷楨奏，籌調師船將備，聯幫駐泊洋面，堵截民夷售私，並水陸交嚴以除錮弊一摺。著林則徐馳抵廣東後，即將各該處情形悉心體察，所有摺内所議駐洋守堵各事宜，會同鄧廷楨通計熟籌，務臻妥善，覈實辦理。原摺著鈔給閲看。將此諭令知之。欽此。」臣查閲摺内所議，分派兵哨各船在伶仃洋一帶按月輪流堵截，無論内地何項船隻駛近夷船，概行追擊，倘敢逞兇拒捕，格殺勿論。其東路惠、潮等屬洋面口岸，一體巡防，似此碁布星羅，已足以昭嚴密。惟現在夷躉既經移動，自須到處跟蹤，即使該躉船駛出老萬山，猶恐内海匪船潛赴外洋勾結，是杜絶售私之勁，實屬刻不容鬆。臣甫經到省，於各處島澳口門尚未親歷，現在檢閲圖志，先與督撫臣在省互相講求。擬於旬日之間，出赴中路之虎門、澳門等處，與水師提臣關天培乘船周覽，以便相機度勢，通計熟籌。俟躉船驅除應手之後，再往東路察看機宜，隨時會同鄧廷楨等覈實辦理。總期拔本塞源，力迴錮習，以仰副聖主澄清海澨、綏戢民生之至意。

所有微臣到粵日期，並體察大概情形，謹先繕摺具奏，伏乞皇上聖鑒。

再，廣東暘雨應時，米糧平減，民情均極安帖，足以上慰聖懷，合併陳明。謹奏。

校記：

〔一〕此摺道光十九年正月二十七日具奏。

〔二〕軍機處録副檔案作「丫」。

附奏粵省鴉片情形片〔一〕

再，查奸夷喳嚹，係暎咭唎國所屬之港脚人，盤踞粵省夷館歷二十年之久，混號鐵頭老鼠，與漢奸積慣串通，鴉片之到處流行，實以該夷人爲禍首。伊僅係夷中之一奸販，並非該國有職之人，衹以狡黠性成，轉恃天朝柔遠之經，爲伊護符之計。其因售私，以致巨富，人所共知。道光十六年冬間，卽經督臣鄧廷楨等遵奉諭旨，查明驅逐，而該夷藉稱清理帳目，又作兩載逗遛。去冬臣蒙皇上發交太僕寺少卿楊殿邦等條奏各摺，帶來廣東查辦，其摺内所指，亦以該夷人爲奸猾之尤。臣於未出京時，卽先密遣捷足，飛信赴粤，查訪其人，以觀動静。聞十二月間，廣東省城互相傳播，以爲欽差大臣一到，首拏喳噸究辦，該夷人遂卽請牌下澳，搭船回國。是其飽則颺去，固爲鬼蜮常情，要在使之不敢再來，乃爲善策。又伶仃洋面躉船，亦於臣將到之時，先後開動二十隻，雖夷情叵測，難保不游奕往來，而其聞知諭旨森嚴，心懷畏懼，亦已明甚矣。此時查辦機宜，惟有外樹聲威，内加慎重；陽示鎮静，陰肅防維。使之生嚴憚之心，而發悔懼之念，然後曉諭禁止，皆非空言。至廣東興販、吸食之人固倍蓰於他省，然聞皇上特遣大臣查辦，皆有懼心，屢經嚴拏之餘，興販者不能不斂戢，吸食者亦不能不戒斷。惟民情因見從前旋查旋止，以爲官禁未必久長，不免有觀望希冀之想。臣入境後，聞民間無不私探罪名輕重，與新例之曾否頒行。大抵惟生死關頭，足以生其震恐。如果定論死之例，而寬一年之期，即吸食莫多於廣東，而以臣察看情形，亦可保限外無人罹法。若寬而生玩，則不惟未戒者不戒，即已戒者亦必復食，稍縱即逝，恐不可挽。伏乞聖明乾斷，嚴例早頒，庶辦理得有把握。

臣愚昧之見，是否有當，謹附片瀝陳，伏祈聖鑒。謹奏。

校記：

〔一〕道光十九年正月二十七日上諭著林則徐訪查驅逐喳頓覆奏，宫中保存此摺原件，似為先期调查，後来一片乃是對上諭的回覆。林則徐使粤兩廣奏稿有「道光十九年正月二十七日附奏」字樣，可備參考。

會奏夷人躉船鴉片盡數呈繳摺〔一〕

奏爲暎咭唎等國夷人震懾天威，將躉船鴉片盡數呈繳，現於虎門海口會同驗收，恭摺奏聞，仰祈聖鑒事。

竊照鴉片來自外洋，毒流中國，蔓延既久，幾於莫可挽迴。幸蒙我皇上涣號大宣，乾綱獨斷，力除錮弊，法在必行。且荷特頒欽差大臣關防，派臣林則徐來粤查辦。顧茲重大之任，慮非闒陋所勝，仰賴諭旨嚴明，德威振疊，不獨禁令行於内地，且使風聲播及重洋。復蒙諭令臣鄧廷楨等益矢奮勤，盡泯畛域，下懷欽感，倍思併力驅除。在臣林則徐未到之先，已將窯口、煙館、興販、吸食各犯挐獲數百起，分別懲辦。又派令各師船輪流守堵，水陸交嚴，並將東路夷船及住省奸夷先後驅逐，節經奏蒙聖鑒。臣林則徐於正月二十五日到省，亦將會商籌辦大概情形先行具奏在案。維時在洋躉船二十二隻已陸續起椗開行，作爲欲歸之勢，若但以逐回夷界即爲了事，原屬不難。惟臣等密計熟商，竊以此次特遣查辦，務在永杜來源，不敢僅顧目前，因循塞責。查夷情本皆詭譎，而販賣鴉片者更爲奸猾之尤。此次聞有欽差到省，料知必將該夷躉船發令驅逐，故特先行開動，離卻向來所泊之伶仃等洋，以明其不敢違抗。其實每船内貯存鴉片，聞俱不下千箱，因上年以來各海口處處嚴防，難於發賣，而其奸謀詭計，仍思乘閒覓售，非特不肯拋棄大洋，亦必不肯帶回本國。即使逐出老萬山以外，不過暫避一時，而不久復來，終非了局。且内海匪船，亦難保不潛赴外洋，勾結售買，必須將其躉船鴉片銷除淨盡，乃爲杜絕病源。但洪濤巨浪之中，未能確有把握。因思躉船之存貯雖在大洋，而販賣之奸夷多在省館，雖不必遽繩以法，要不可不喻以理而怵以威。臣林則徐當撰諭帖，責令衆夷人將躉船所有煙土盡行繳官，許以奏懇大皇帝天恩，免治既往之罪，並酌請賞犒，以奬其悔懼之心。嗣後不許再將鴉片帶來内地，犯者照天朝新例治罪，貨物没官等語。與臣鄧廷楨、怡良酌商定稿，即於二月初四日公同坐堂，傳訊洋商，將諭帖發給，令其齎赴夷館，帶同通事，以夷語解釋曉諭，立限稟覆，一面密派兵役，暗設防維。查各國買賣，以咦咭唎爲較大。該國自公司散局以後，於道光十六年派有四等職夷人義律，到澳門經管商梢，謂之領事。臣等發諭之後，各國則皆觀望於咦夷，而咦夷又皆推諉於義律。其中有通曉漢語之夷人嚕等四名，經司道暨廣州府等傳至公所，面加曉諭，因該夷嚕等回稟之言尚爲恭順，當即賞給紅綢二疋、黃酒二罎，著令開導衆夷，速繳鴉片。未據即行稟覆。至二月初十日，義律由澳門進省，其時奸夷嘶吔等希圖乘夜脱逃，經臣等查知截回，諭責義律以不能約束之非，並照歷屆咦夷違抗即行封艙之案，移咨粤海關監督臣豫堃，將各夷住泊黃埔之貨船暫行封艙，停其貿易。又夷館之買辦工人每爲夷人潛通信息，亦令暫行撤退。並將前派暗防之兵役酌量加添，凡遠近要隘之區，俱令明爲防守，不許夷人出入往來，仍密諭弁兵不得輕舉肇釁。在臣等以靜制動，意在不惡而嚴，而諸夷懷德畏威，均已不寒而慄。自嚴密防守之後，省城夷館與黃埔、澳門及洋面躉船，信息絶不相通，該夷等疑慮驚惶，自言愧悔。臣林則徐又複疊加示諭，勸戒兼施，即於二月十三日據該領事義律稟覆，情願呈繳鴉片。維時距撤退買辦之期業已五日，夷館食物漸形窘乏，臣等當即賞給牲畜等物二百數十件，復向查取鴉片確數。經義律向各夷人名下反覆追究，旋據呈明共有二萬二百八十三箱。查向來拏獲鴉片，如係外夷原來之箱，每一箱計裝整土四十箇，每箇約重三斤，每箱應重一百二十斤。即至日久收乾，每箱亦約在百斤以外。以現在報繳箱數覈之，總不下二百數十萬斤。若經奸販轉售，則流毒何所不至！今設法令其全繳，不動兵刑，無非仰仗天威，自然畏服。臣等欽感之餘，仍當倍加慎重。誠恐所報尚有不實不盡，訪之在洋水師及商賈人等，僉稱外夷高大躉船，每隻所貯亦不越千箱之數。是躉船二十二隻，覈與所報箱數不甚相懸，當即諭令駛赴虎門，以憑收繳。除商明留臣怡良在省彈壓防範外，臣林則徐、臣鄧廷楨均於二月二十七日自省乘舟，二十八日同抵虎門。水師提督臣關天培本在虎門駐劄，凡防範夷船，查拏售私之事，皆先與臣等隨時商榷，務合機宜。自收繳之諭既頒，尤資嚴密防堵。茲躉船二十二隻陸續駛至虎門口外，關天培當即督率將領，分帶提標各營兵船，排列彈壓。並先期調到碣石鎮總兵黄貴、署陽江鎮總兵楊登俊，各帶該標兵船分排口門内外，聲威極壯。粤海關監督臣豫堃亦駐虎門稅口，照料稽查。臣等親率候補知府、南雄直隸州知州余保純，署廣州府同知、佛岡同知劉開域，候補通判李敦業，樂昌縣知縣吴思樹暨副將李賢，守備盧大鉞，分派文武大小各委員，隨收隨驗，隨運隨貯。惟爲數甚多，一躉船所載之箱，即須數十隻剥船始敷盤運，而自口外運至口内堆貯之處，又隔數十里，若日期過促，草率收繳，恐又別滋弊端。臣鄧廷楨擬收至兩三日後，先回省署辦公，臣林則徐自當常駐海口，會同提臣關天培詳細驗收，經理一切。容俟收繳完竣，查明實在箱數，與該夷領事所禀有無參差，再行恭摺奏報，並取具各夷人永不夾帶切結存案，以斷根株。伏思夷人販賣鴉片多年，本干天朝法紀，若照名例所載化外有犯並依律科斷之語，卽予以正法，亦屬罪所應得。惟念從前該夷遠隔重洋，未及遽知嚴禁，今既遵諭全繳躉船鴉片，卽與自首無異，合無仰求皇上覆載寬宏，恩施法外，免追既往，嚴儆將來。並求俯念各夷人鴉片起空，無貲置貨，酌量加恩賞給茶葉，凡夷人名下繳出鴉片一箱者，酌賞茶葉五斤，以奬其恭順畏法之心，而堅其改悔自新之念。如蒙恩准，所需茶葉十餘萬斤，應由臣等捐辦，不敢開銷。至夷人呈繳鴉片如此之多，事屬創見，自應派委文武大員，將原箱解京驗明，再行燒燬，以徵實在。並是否有當，臣等謹會同水師提督臣關天培、粵海關監督臣豫堃，合詞恭摺具奏。並録諭夷原稿並夷禀二件，恭呈御覽，伏乞皇上聖鑒。

再，此次距臣林則徐到省拜摺之後，已閱一月，先因籌辦未卽就緒，不敢遽行奏聞。惟事經多日，恐廑聖懷，兹謹由四百里馳奏。合併聲明。謹奏。

校記：

〔一〕此摺道光十九年二月二十九日具奏。與兩廣總督鄧廷楨、廣東巡撫怡良聯銜。

附呈諭夷原稿並夷稟二件

謹將臣林則徐示諭各國夷商呈繳鴉片，取具永不販賣甘結諭稿並嘆咭唎國領事義律兩次覆稟敬謹繕録，恭呈御覽。

諭各國夷人知悉：

照得夷船到廣通商，獲利甚厚，不論所帶何貨，無不全銷。欲置何貨，無不立辦。是以從前來船，每歲不及數十隻，近年來至一百數十隻之多。我大皇帝一視同仁，准爾貿易，爾纔沾得此利，倘一封港，爾各國何利可圖？況茶葉、大黄，外夷若不得此，卽無以爲命，乃聽爾年年販運出洋，絶不靳惜，恩莫大焉。爾等感恩，卽須畏法。利己不可害人，何得將爾國不食之鴉片煙帶來内地，騙人財而害人命乎！查爾等以此物蠱惑華民，已歷數十年，所得不義之財，不可勝計，此人心所共憤，亦天理所難容。從前天朝例禁尚寬，各口猶可偷漏。今大皇帝聞而震怒，必盡除之而後已，所有内地民人販鴉片、開煙館者立即正法，吸食者亦議死罪。爾等來至天朝地方，即應與内地民人同遵法度。本大臣家居閩海，於外夷一切伎倆，早皆深悉其詳，是以特蒙大皇帝頒給平定外域、屢次立功之欽差大臣關防，前來查辦。若追究該夷人積年販賣之罪，卽已不可姑容。惟念究係遠人，從前尚未知有此嚴禁，今與明申約法，不忍不教而誅。查爾等現泊伶仃等洋之躉船，存有鴉片甚多，意欲私行售賣。獨不思海口如此嚴拏，豈復有人敢爲護送？而各省亦皆嚴拏，更有何處敢與銷售？此時鴉片禁止不行，人人知爲鴆毒，何苦貯在夷躉，久椗大洋，不獨徒費工貲，恐風火更可不測也。合行諭飭。諭到，該夷商等速卽遵照，將夷躉船鴉片盡數繳官。由洋商查明共繳出若干箱，造具清册，呈官點驗，收明燬化，以絶其害，不得絲毫藏匿。一面出具夷字漢字合同甘結，聲明「嗣後來船，永不敢夾帶鴉片。如有帶來，一經查出，貨盡没官，人即正法」字樣。聞該夷平日重一信字，果如本大臣所諭，已來者盡數呈繳，未來者斷絶不來，是能悔罪畏刑，尚可不追既往，本大臣卽當會同督撫兩院奏懇大皇帝格外施恩，不特寬免前愆，並請酌予賞犒，以奬其悔懼之心。此後照常貿易，既不失爲良夷，且正經買賣正可獲利致富，豈不體面？倘執迷不悟，猶思揑稟售私，或託名水手帶來，與爾無涉，或詭稱帶回該國，投入海中，或乘閒而赴他省覓售，或搪塞而繳十之一二，是皆有心違抗，怙惡不悛，雖以天朝柔遠綏懷，亦不能任其藐玩，應卽遵照新例，一體從重懲創。此次本大臣自京面承聖諭，法在必行，且既帶此關防，得以便宜行事，非尋常查辦他務可比。若鴉片一日未絶，本大臣一日不回，誓與此事相始終，斷無中止之理。況察看内地民情，皆動公憤，倘該夷不知改悔，惟利是圖，非但水陸官兵軍威壯盛，即號召民間丁壯，已足制其命而有餘。而且暫則封艙，久則封港，更何難絶其交通。我中原數萬里版輿，百産豐盈，並不藉資夷貨，恐爾各國生計從此休矣。爾等遠出經商，豈尚不知勞逸之殊形與衆寡之異勢哉。至夷館中慣販鴉片之奸夷，本大臣早已備記其名，而不賣鴉片之良夷，亦不可不爲剖白。有能指出奸夷，責令呈繳鴉片並首先具結者，卽是良夷，本大臣必先優加奬賞。禍福榮辱，唯其自取。今令洋商伍紹榮等到館開導，限三日内回稟，一面取具切實甘結，聽候會同督撫示期收繳，毋得觀望諉延，後悔無及。

特諭。

附義律兩次覆禀

嘆咭唎國領事義律具禀欽差大人，爲恭敬遵諭禀覆事。轉奉鈞諭大皇帝特命示令，遠職卽將本嘆國人等經手之鴉片悉數清繳，一俟大人派委官憲，立即呈送，如數查收也。義律一奉此諭，不得不遵，自必刻即認真，一體順照。緣此恭惟禀請明示。現今裝載鴉片之嘆國各船應赴何處繳出？至所載鴉片若干，繕寫清單，求俟遠職一經查明，當即呈閱也。

謹此禀赴大人臺前查察施行。

嘆咭唎國領事義律敬禀欽差大人，爲遵諭呈單事。昨因謹奉大人鈞諭，即經遠職持掌國主所賜權柄，示令本國人等，即將嘆咭唎人所有之鴉片，如數繳送遠職也。現經遠職查明，所呈共有二萬零二百八十三箱，恭候明示查收。

緣此，謹禀赴大人臺前查察施行。

附奏夷人現繳鴉片請暫緩斷絶茶葉大黄片〔一〕

再，臣等先後承准軍機大臣字寄：「道光十九年正月初九日奉上諭：本日據鄧廷楨、怡良片奏查辦粤省鴉片煙情形，朕詳加披閲，具見肫誠爲國之心。惟當此可乘之機，仍應督飭文武員弁，趁勢嚴拏，毋稍松懈，務使根株淨盡，錮弊全除。林則徐計應早晚到粤，該督等仍遵前旨，協力同心，盡泯畛域，勉之又勉，以副委任。至林則徐前此面奏，請頒發檄諭，曉示外夷。著與鄧廷楨酌商是否可行。儻必須頒發，著卽妥擬底稿具奏。經朕披覽，再行檄發。等因。欽此。又正月二十七日奉上諭：據鄧廷楨等奏，通諭各國夷商湔除舊汙，並繕録諭稿進呈。朕詳加披閲，措詞正大，所見亦屬周到。現在外洋拋泊各躉船是否盡數回國？其並非躉船，又非進口貨船，往來各洋寄椗者，能否絶迹？著林則徐會同該督等，嚴飭水師各鎮協營，調集師船，在各洋面聯幫追捕，毋任再有偷漏。其窯口煙館各犯，並著通飭各屬搜拏淨盡，以絶根株。其茶葉、大黄，果否爲該夷所必需？倘欲斷絶，是否堪以禁止，不至偷越之處？並著悉心訪察，據實具奏。林則徐面奏請頒發各國檄諭，著仍遵前旨，與鄧廷楨商酌，妥擬底稿具奏，經朕披覽，再行頒發。將此諭令知之。欽此。」查外洋拋泊各躉船，已據遵諭呈繳煙土，現經臣等恭摺具奏。其並非躉船，又非進口貨船，往來各洋寄椗者，以東路南澳鎮屬洋而爲較多，先經臣鄧廷楨檄飭該鎮，會同潮州道府，設法防堵，業將停泊舺板夷船八隻驅逐開行。於上年十二月二十七日奏明在案。今春以來，復據該鎮先後稟報，偶有夷船駛至長山尾、大金門等洋遊奕，亦經舟師實力驅逐，全數駛出夷洋，此等夷船，聞知煙土盡數繳官，無所希冀，似可不致再來。臣等仍檄飭該鎮，聯幫堵截，以絶覬覦，並飭潮州道府嚴查海口，以杜偷漏，期於粵洋一律肅清。其内地窯口煙館各犯，除照舊嚴密查拏外，現在民間畏懼改悔，多有願將舊存煙土煙槍等物赴官呈繳者，當於省城分設官局，派員驗收。並經本省紳士隨處設局，分投勸諭，旬餘以來，陸續呈繳，甚爲踴躍，容俟收有成數，另行奏報。至茶葉、大黄兩項，臣等悉心訪察，實爲外夷所必需，且夷商購買出洋，分售各路島夷，獲利尤厚，果能悉行斷絶，固可制死命而收利權。惟現在各國夷商，業經遵諭呈繳煙土，自應仰乞天恩，准其照常互市，以示懷柔，所有斷絶茶葉、大黄，似可暫緩置議。如果該夷經此次查辦之後，仍敢故智復萌，希圖夾帶鴉片入口，彼時自當嚴行禁斷，並設法嚴查偷越弊端，應請於善後章程内另行籌議具奏。至臣林則徐面奏請頒外夷檄諭一節，原擬抵粵後與臣鄧廷楨悉心商酌，如須頒發，自應先擬底稿進呈，恭候訓示。嗣思嘆咭唎國既有在粵之領事義律及住省夷人，不如就近諭知，飭將鴉片悉數繳官，蔓船迅速回國。現已辦理應手，則檄諭該國之處，似可暫緩頒行，俟將來奉到部頒罪名新例，暨議定善後章程，一併彙同備文照會，仍遵節次諭旨，妥擬底稿，恭呈御覽，再行頒發。

所有臣等欽奉上諭，據實覆陳緣由，謹附片奏祈聖鑒。謹奏。

校記：

〔一〕此片道光十九年二月二十九日附奏，與鄧廷楨聯銜。

使粤奏稿卷二

會奏收繳鴉片已逾十分之八即乘勢清理東路摺〔一〕

奏爲虎門收繳夷船鴉片，已逾十分之八，即可乘勢清理東路，恭摺奏祈聖鑒事。

竊臣林則徐抵粤以後，與臣鄧廷楨暨撫臣怡良，公同商酌，責令夷人將躉船煙土悉數呈繳。由臣林則徐疊加示諭，勸戒兼施。旋據暎咭唎國領事義律禀明，情願將各船存貯鴉片二萬二百八十三箱陸續駛至虎門呈繳。臣林則徐、臣鄧廷楨即於二月二十七日自省起程，於二十八日駛抵虎門，會同臣關天培，督率文武委員，分船收繳，業於二月二十九日由四百里恭摺馳奏在案。惟收繳煙土，須將剥船攏近躉船，方能盤運，而剥船與躉船高下懸殊，或以梯升，或用繩縋，登降已形費力。迨起至一半之後，躉船水迹浮高，須防風浪，又必下石壓艙。且潮汐時有往來，風信兼多順逆，一遇風潮相薄，剥船不能駛傍夷船，即勉强攏近，而兩相撞擊，損壞堪虞，不得不暫爲停止。時當三月，風暴正多，竟不免有終日坐守之事。臣等同駐海口，時刻督催，得起卽起，不任延緩。查各躉船所貯煙土，在正艙者，皆係番木板箱，並用生牛皮封裹，極爲堅固。其在邊艙者，間用口袋裝盛，包紮亦甚嚴緊。查因板箱多占地位，勻擺不開，故有改裝口袋者，衡以斤兩，亦無二致，臣等始悟直隸拏獲金廣興商船鴉片案内所起口袋，卽係外夷原物也。兹自二月二十九日收起，截至三月二十日，計已收繳鴉片一萬五千八百八十九箱又一千五百四十七口袋，覈之義律原報數目，已逾十分之八。惟近數日來，察看後船煙土，較諸在先收繳之船，所載漸少，雖一時未即收完，而覈計大數，恐其或有短欠。當又派員持諭前赴省城夷樓，向領事義律嚴加詰責。卽據禀覆：伊所報數目，依在省樓覈算帳據，而各船裝載鴉片，間有駛往沿海地方，如潮州、南澳等處者，遠職再行催回，不論現泊何方，半月内想可催到，定必如數盡繳，斷不敢短少等語。察其情詞，似非虛誑，當即准限半月，責令迅速發諭往催。臣等伏思東路南澳地方，屢有夷船駛至，自上年驅逐淨盡之後，今春仍閒有數船至長山尾等洋游奕。雖經該鎮隨時驅逐，而夷船旋去旋來，是否中路分銷，抑係外洋另股，悉心訪察，冀得端倪。惟夷人既不肯輸情，衆口亦茫無確據，正思俟中路呈繳事竣，再行查辦南澳一隅，以冀斷絶根株，不使稍留餘孽。今據義律於無心中自行吐露，是中、東兩路，實屬一氣相生，其躉船雖在伶仃等洋，而三板等船分載煙土，由外洋駛往南澳覔售，誠爲事所必有。既經逐層澈究，斧鑿相尋，正當乘此機關，責成該領事，將分往南澳各船一概招回，悉數呈繳。不但原報二萬餘箱之内不准短少一箱，如此外尚有多餘，亦必儘數收繳，總期一律淨盡，不任稍有留遺，轉不責其原報失實之咎。

除俟收繳全完另行奏結外，所有現繳鴉片已逾十分之八，並乘勢清理東路緣由，謹會同廣東巡撫臣怡良、粵海關監督臣豫堃，恭摺由驛馳奏，伏祈皇上聖鑒訓示。

再，臣鄧廷楨原擬收至兩三日後，先回省署辦公，嗣因督率委員起剥堆貯，稽查偷漏弊端，未克分身回省。兹收繳已有成數，即於拜摺後馳回省垣，清釐應辦事宜，並督飭嚴拏陸路囤販、吸食煙犯，合併聲明。謹奏。

校記：

〔一〕此摺與鄧廷楨、關天培聯銜，道光十九年三月二十一日具奏。

覆奏夷商喳噸實已回國現查夥黨一併驅逐片〔一〕

再，臣承准軍機大臣字寄：「道光十九年正月二十七日奉上諭：本日據鄧廷楨、怡良奏稱，諭逐港脚夷商喳噸現在下澳附船回國等語。該夷喳噸，來粤貿易多年，所有躉船鴉片多半係其經營，實爲奸夷渠魁，現因稽查嚴密，恐懼圖歸。雖據該督等奏稱該夷請牌下澳，於臘月底定可開行，但該夷盤踞既久，黨羽必多，現在各躉船尚未回帆，其所存煙泥豈肯即行抛棄？難保不别肆詭謀。著林則徐嚴密訪查，該夷喳噸是否實已下澳開行？確於何日起椗？如尚在逗遛，即著嚴行驅逐，據實覆奏，務使奸夷盡去，錮弊悉除，方爲不負委任。將此諭令知之。欽此。」臣查該夷喳噸於上年十二月十二日請牌下澳，附搭港脚映船回國，業經臣於奏報到粤摺内查明聲敘在案。兹復欽奉諭旨，著臣嚴密訪查，當即欽遵密咨粤海關監督臣豫堃，諭飭洋商伍紹榮等確切查稟，並札澳門同知，轉諭在澳之西洋夷目嘜嚟哆，查明喳噸實係何日自省到澳，附搭何船，於何日由澳開行回國，據實稟覆。一面暗遣妥人，改裝前赴澳門，密加訪問去後。嗣准豫堃咨：據署澳門同知蔣立昂轉據嘜嚟哆稟覆：喳噸於上年十二月十三日由省到澳，即於十六日由澳附搭港脚啖船開行回國。又據洋商伍紹榮等禀同前情，與臣遣人赴澳密查，均屬相符。是喳噸實已於上年十二月間搭船回國，並未在省在澳逗遛，毫無疑義。

惟該夷販賣鴉片，來粤多年，誠如聖諭，盤踞既久，黨羽必多，所存煙泥豈肯即行拋棄？臣先經訪得現住省城義和行之啖噸，即係喳噸之弟，又啖呀咄哐、㖡呀咄哐，皆喳噸之外甥，並有代伊管帳之呀咄啹，亦在該行居住。是該夷雖去，而買賣帳目，仍有人代爲經理。此次義律禀繳鴉片，雖係籠統開報，並未分析某夷名下若干，而躉船船户僉稱喳噸居其大股，是該夷存積之煙，不至另有囤貯。臣與督臣鄧廷楨面商，喳噸既已逃回，務當使之永不敢來，方爲善策。此時煙土雖已收繳，其夥黨亦必驅除，如啖噸、啖呀咄哐、㖡呀咄哐、呀咄啹之類，現皆給諭洋商，令與向賣鴉片著名之夷人噸咄等，一併驅逐回國，庶可杜絶奸夷蹤迹，免致勾結盤踞，誘惑內地良民，復貽地方之害。

所有遵查喳噸實已回國，現在查明夥黨一併驅逐緣由，謹附片覆奏，伏乞聖鑒。謹奏。

校記：

〔一〕此片道光十九年三月二十一日具奏。

會奏夷船呈繳鴉片一律收清摺〔二〕

奏爲夷船呈繳鴉片，現已一律收清，覈較原禀之數，有贏無絀，恭摺奏報，仰祈聖鑒事。

竊照嘆咭唎等國夷人，遵諭呈繳躉船鴉片，經臣等由四百里會摺馳奏。迨收逾十分之八，卽乘勢清理東路，亦經續行奏明在案。臣等查粵省東路南澳一帶，係與福建漳州府屬洋面毗連，該處夷船自上年驅逐開行之後，今春又據禀報，有數隻駛至長山尾等游奕，而福建之布袋等洋，近在其北，聞亦有夷船，旋去旋來。緣兩省交界之閒，逐於粵則竄於閩，逐於閩又竄於粵，無非因船內載有鴉片，隨處覓售。玆粵省中路躉船收繳煙土，辦理既能應手，且究明中東兩路，實屬一氣相生，亟應由中路而及東路，並由粵洋而及閩洋，務使兩省海面一體肅清，不敢稍分畛域。當經臣等諳諭嘆咭唎國領事義律繕寫夷信，多撥三板小船，分赴東路各洋，無論粵界閩界，但有夷船寄泊，卽催令駛回中路虎門，與各躉船同繳煙土。仍嚴檄南澳鎮率領師船，在洋堵逐，並帶有通事，傳諭夷人繳煙。其內港各口，責令潮州鎮道府縣，嚴禁蛋艇出洋，以斷夷船接濟。一面飛信知會閩省督撫臣，飭屬照辦，使兩省聲勢互相聯絡。適據潮州府知府易中孚禀知：已奉閩浙督臣鍾祥、福建撫臣魏元烺，派委漳州府知府胡興仁至閩、粤交界之分水關，與易中孚面商會辦。該府等均即遵照檄飭，實力防堵，水陸交嚴。夷船既不能將鴉片發售，又不能有水米接濟，勢難久泊。復經該領事義律催令一體呈繳，即據禀報，陸續來至虎門。查有咈囒吐船、嗶叻哈船、𠹌船，皆稱從南澳駛來，共繳鴉片一千六十七箱又五百十一袋。復有唎船、哈嚹哧船、囉嘛吖吐船，皆稱從福建駛來，共繳鴉片二千二百四箱又五十七袋。此數船原不在中路伶仃等洋躉船之内，每由外洋潛行竄越，蹤迹靡常，今亦招至虎門，與躉船一體呈繳。截至四月初六日收清，合計前後所收夷人鴉片共一萬九千一百八十七箱又二千一百一十九袋，覈之義律原禀應繳二萬二百八十三箱之數，更溢收一千袋有零。據該領事等僉稱：委係盡數繳官，不敢絲毫餘剩。臣等於親督收繳之際，節經飭令委員，每起盡一船，即將各層艙底逐一查驗，不任稍有留遺。此次收繳全清，夷人成本千餘萬金已成虛擲，諒不敢更尋覆轍。惟現值南風司令，各國本年貿易夷船正應陸續到粤，計自彼國開船尚在數月以前，未必遽信天朝如此嚴禁，其歷年夾帶鴉片，本已習爲故常，此次來船，恐亦難免。惟一時未便即寘於法，仍須責令一併繳官。臣等現又嚴諭該領事義律，將新來載貨夷船，隨到隨查，如無鴉片，即具保結請驗，倘有夾帶，自行首繳免罪，如敢朦混隱瞞，查出不許開艙，驅逐回國。俟奉到部行新例之後，即當擬具檄諭底稿，恭呈御覽，照會該國，明示限期。如屆期再有帶來，應遵照大清律例所載「化外人有犯並依律科斷」之語，與華民同照新例一體治罪，貨物没官，始可杜其嘗試之念。臣等又思華、夷雖有分界，而海道處處可通，即如閩省各洋，南與粤界相連，北卽距粤甚遠，是否尚有夷船在彼游奕，粤省無從知悉。除再飛移閩省督撫臣一併乘機查辦外，尚恐夾帶鴉片之奸夷慮及到粤勒繳，或從外洋徑竄迤北各省，寄椗售私。前數年本已有此情形，此後尤不能不慮，應請敕下沿海各省一體嚴查，時加防範。若收繳之令隨在得行，即竄越之蹤亦永遠可杜矣。至内地興販已久，流毒甚深，囤積之家定必不少，一聞夷船鴉片盡繳，正喜奇貨可居，雖已力塞其源，而其流尚未有艾。總須趁此機會，嚴緝痛懲，首繳者許以自新，怙惡者寘之重典。務在同心協力，自可禁止令行，以仰副聖主造福寰區，爲民除害之至意。

所有夷船鴉片收繳全清緣由，謹會同廣東巡撫臣怡良、粤海關監督臣豫堃，恭摺由驛馳奏，伏乞皇上聖鑒訓示。謹奏。

校記：

〔一〕此摺與鄧廷楨、關天培聯銜，道光十九年四月初六日具奏。

附奏夷人帶鴉片罪名應議專條夾片〔一〕

再，臣林則徐前諭夷人出具甘結，聲明「嗣後來船永不敢夾帶鴉片，如有帶來，一經查出，人卽正法，貨盡没官」。旋據嘆咭唎國領事義律稟稱：「本國在天朝貿易，恭蒙大皇帝懷柔，歷有二百餘年，仰望先教，示以禁令森嚴。惟本國地方較遠，或可姑寬期限。自開艙後，凡有印度之港腳屬地者，給予五月爲限，嘆國本地者，給予十月爲限，然後即以新例遵行，則各人無不悉知其有此例，倘有來粤者，自必遵行也。」又云：「凡有諭令之處，遠職自應恭遞回國，以俾本國大臣呈上國主閱覽，自可明知也。」等語。覈其稟詞，尚屬恭順，惟甘結仍遷延未具。近日復經諭催，又據稟稱：「倘不能不取結，則嘆國人船無奈只得回國。」等情。揆其用意，蓋因該國公司散局，悉聽夷商自行經理，其中良莠不齊，且海道迢遥，設或因風阻滯逾期，即難保在路夷船竟不稍有夾帶。一經出結，則此後奸夷帶有鴉片，不但本犯罹於重法，卽該領事亦不能置身事外。是以心切遲疑，尚非敢違法度。且查該夷來粤貿易，實係利市三倍，不惟以該國之貨牟内地之利，並以内地之貨牟各國之利。蓋海外島夷之國，不知名者不啻盈千累百，因無力置船辦貨，故不能自達於天朝，而如茶葉、大黄、絲斤之類，則無一國不需此物。暎咭唎等國夷商所帶内地貨物，非獨本國自用，尤利於分售各國，得價倍蓰，即使該夷不賣鴉片，專作正經貿易，而其所謂三倍之利者自在。以此度之，其斷不肯捨卻廣東馬頭，係屬實情。所云「只得回國」者，不過憚於具結，强顔而出此言，未必真心如是。即使果因内地法嚴，不能帶賣鴉片，暫時躲避回國，亦於通商大局並無加損。查從前每年來船不過數十隻，而關税並不短絀，近年多至一百數十隻，而鴉片愈以盛行。且每船自夷商以至水手，總不止於百人，合而計之，殊嫌太衆，與其多聚奸宄，孰若去莠存良。即如慣賣鴉片之喳噸、顛哋等，本係早經奉旨查逐之人，除喳噸已先回國外，顛哋現亦驅逐，其他類此者正須一併嚴驅，並令出具甘結，永遠不敢再來，方爲正辦。論者或恐各夷商因此裹足。殊不思利之所在，誰不爭趨。即使此國不來，彼國豈肯不至？縱或一年偶少，次年總必加多。且聞華民慣見夷商獲利之厚，莫不歆羨垂涎，以爲内地民人格於定例，不准赴各國貿易，以致利藪轉歸外夷。此固市井之談，不足與言大義，然就此察看，則其不患無人經商，亦已明甚矣。所以鴉片之禁，不但宜嚴於百姓，實可倍嚴於夷商。彼終年之間，住内地之日甚多，在該國之日轉少，非獨食毛踐土，且皆積聚貲財，比之内地民人受恩更重，豈有予之以樂利，而不可齊之以政刑者乎？況所來貿易之人，不過該國之一販户，並非貴戚達官，即鴉片亦皆私帶而來，更非受命於其國主。且自道光十四年公司散後，一切買賣，均與其國主無干。此輩奸夷性貪而狡，外則桀鶩夸飾，内實恇怯多疑，稍縱即驕，惟嚴乃肅。查乾隆年間粤省辦理㖷夷洪任輝等控案，動卽監禁一二三年，無敢違抗，歷有成案可稽。卽近年奏辦夷案，如道光二年之命犯啡叮、六年之命犯嗎噃哌囒，皆引名例「化外有犯，依律擬斷」之條，處絞立決，夷人無不帖服。况鴉片之夾帶，彼本自知理短，是以臣等此次痛加呵責，不但不敢狡辯，並聞退無怨言，是外夷亦有天良，尚非不可教誨。可否仰求敕部，將夷人帶鴉片來内地者，應照化外有犯之例，人卽正法，貨物入官，議一專條，並暫時首繳免罪，如何酌予限期之處，奏請諭旨，通行遵辦，俾得諭令各國夷人咸使懔遵，嗣後自必不敢犯法，似亦刑期無刑之意。

是否有當，謹合詞附片瀝陳〔二〕，伏祈聖鑒。謹奏。

校記：

〔一〕此片與鄧廷楨聯名，道光十九年四月二十九日奉硃批。

〔二〕軍機處録副檔案作「密陳」。

覆奏查察虎門排鍊礮臺摺〔一〕

奏爲遵旨查察虎門海口排鍊礮臺情形，恭摺覆奏，仰祈聖鑒事。

竊臣於三月初七日在虎門舟次，承准軍機大臣字寄：「二月十六日奉上諭：據鄧廷楨等奏，籌議虎門海口創造木排鐵鍊，添置礮臺礮位一摺，已降旨允准。虎門海口爲粤海中路咽喉，現當籌議海口章程，自宜妥爲布置，以密巡防。該督等所請於海面安設木排鐵鍊，以羈絆夷船，並添設礮臺、添制礮位之處，是否有益，著林則徐詳細查察情形，據實具奏。原摺著鈔給閲看。將此諭令知之。欽此。」伏查粤東中路海口，以虎門爲咽喉。臣此次親至該處督收夷人鴉片，即住在水師米艇，寄椗海中，四面形勢皆可瞭望。當經留心相度，竊見重重門户，實屬險要天成。自伶仃大洋過龍穴而北，兩山斜峙，東曰沙角，西曰大角，由此以入内洋。是第一重門户也。進口七里，有一山屹立中央，名曰横檔，其前有一巨石，俗名飯籮排。又其前小山一座，曰下横檔。海道至此，分爲二支。其右一支多有暗沙，左一支以武山爲岸。武山亦謂之南山，山前水深，洋船出入，皆由於此。此第二重門户也。由横檔再進五里，則爲大虎山，其西爲小虎山，再西則獅子洋，即由黄埔進省之路。是大、小虎山乃第三重門户也。此外如蕉門、蘆灣山、三門口、新湧口等處，港汊旁出，島嶼周迴，尚非夷船出入要津，姑不具論。以礮臺言之，先有横檔、南山兩處，均係康熙五十六年所建，形勢稍狹。嘉慶五年於沙角添建礮臺一座。二十年復就横檔礮臺加築月臺一座，又南山礮臺之西北添建鎮遠礮臺一座，各安礮四十位。二十三年又於大虎山建礮臺一座，安礮三十二位。道光十年大角山又添礮臺一座，安礮十六位。迨十四年冬間，提臣關天培到粤，適在驅逐夷人嗶嘮啤出口之後，與前督臣盧坤商議，以大角、沙角兩礮臺中隔海面一千數百丈之遠，兩邊礮火均恐不能得力，只宜作爲望臺，遇有應行防堵之時，放礮報信。其南山、鎮遠與横檔三處礮臺，形如品字，中隔水面三百餘丈，礮火可期得力。惟南山礮臺地勢過高，礮子易於冒過船頂，其餘原建牆垛亦俱單薄。於道光十五年會摺奏准，將南山礮臺前面環築月臺，名爲威遠。又將鎮遠、横檔、大虎各礮臺加築堅厚，添鑄七八千斤大礮，分别安配。並於横檔背面山麓及對岸蘆灣山腳，續添永安、鞏固礮臺二座，安礮四十位、二十位不等。此十五年以前陸續添建礮臺之原委也。維時提臣關天培即欲於横檔山前海面較狹之處，創造粗大鐵鍊，安根兩岸，鐵鍊之下承以木排，兩端繫以錨纜，有事則横絕中流，無事即分披海岸，如門開闔，防堵益嚴。以經費未充，前督臣盧坤任内未及辦理。鄧廷楨到後，正與關天培商議籌辦，旋於十八年夏間，有嘆咭唎國夷目嗎吔喻巡船三隻窺探虎門，見海口布置森嚴，畏懼竄去。復經鄧廷楨與關天培欽遵諭旨，倍謹脩防。以鐵鍊木排實爲阻攔夷船要具。察看威遠、鎮遠、横檔各礮臺之間，海面較狹，安設排鍊兩道，足資堵截。惟威遠、鎮遠兩礮臺，雖同在武山脚下，而相距尚有里餘，排鍊既截中流，礮臺尤宜聯絡，故又於威遠、鎮遠中間，添建大礮臺一座，安放大礮六十位，以護排鍊而壯聲威。此鄧廷楨等現在奏辦之情形也。茲欽奉諭旨，令臣詳細查察。當又移舟至武山、横檔一帶，流覽登眺，此處本係第二重門户，最見緊嚴。其海面自西北量至東南，横寬二百七十餘丈至三百三十餘丈不等，所有排鍊兩道，西北皆安根於武山脚下，其東南則第一道安根於飯籮排之巨石，第二道安根於横檔山脚，俱各鑿深石槽，以八千斤廢礮横安槽底，礮身外加鐵箍四道，上扣鐵鍊四條，由四而併爲二，由二而併爲一，中間紐合，兩頭貫以大鐵鍊八條，用大鐵鎖接扣兩邊，以便開闔。其木排則以大木截齊，各長四丈五尺，合四根爲一小排，穿以横木二道，又以四小排聯成一大排，量寬一丈六尺餘寸，面底又各夾以横木六道，箝用大小鐵箍三十口。第一道安大排三十六排，大鍊三百九丈零。第二道安大排四十四排，大鍊三百七十二丈。兩道排鍊，相去約九十丈，共配鐵錨棕纜二百四十副。並設划船四隻，水兵一百二十名，管以把總二員。無事則中間常開，以通出入，如須防堵，則關閉甚速。察看木排箍紮堅固，鐵鍊煅淬精融，開闔亦俱得法。其新建礮臺，俯臨兩道排鍊，正成扼吭之勢，平寬六十三丈，高一丈四尺五寸，臺牆釘樁，砌石垛牆，礮洞則用三合土築成，安礮六十位。後圍石牆九十丈，高出山巔。除兵房、望樓、官廳、軍裝火藥兩庫尚未竣工外，其餘均屬完整。演試銅鐵大礮，礮子均能遠及對岸山根。設有不應進口之夷船妄圖闖入，雖遇順風潮湧，駕駛如飛，一到排鍊之前，勢難繞越。即謂夷船堅厚，竟能將鐵鍊衝開，而越過一層，尚有一層阻擋，就令都能闖斷，亦已羈絆多時，各臺礮火連轟，豈有不成灰燼之理。似此重重布置，均極森嚴，聞黄埔及十三行出入夷人，行舟過此，皆懔然生嚴憚心，於海防實屬有益。惟排鍊日被鹹水泡浸，加以潮汐蕩搖，即木大鐵堅，亦自不能無損。若有寸鐵脱扣，一木離箍，立刻卽須脩復。總使聯成整片，百密不任一疎，設或遷就怠延，則寸節偶乖，即全局爲之鬆勁。查提臣關天培於排鍊一事，久已殫精竭慮，寢食以之，而礮臺工程，亦時時躬親督造。現在文武員弁皆極認真，此後歲脩事宜，均須由關天培立定章程，使將備弁兵皆諳成法。加以時常操演精熟，則海防長臻鞏固，邊釁永可潛消，堪以仰慰聖主廑念瀛壖之至意。

所有詳細查察情形，謹繕摺據實覆奏，伏乞皇上聖鑒。謹奏。

校記：

〔一〕此摺道光十九年四月初六日具奏，四月二十九日奉硃批。

使粵奏稿卷三

會奏銷化煙土已將及半情形摺〔一〕

奏爲遵旨在粵銷燬煙土，會督文武大員，公同目擊，覈實稽查，以杜弊混而昭震讋，現在銷化已將及半，先行恭摺奏祈聖鑒事。

竊臣等前奏收繳夷船煙土，請將原箱解京，先於四月十二日奉到硃批，已蒙諭旨允准，謹卽欽遵辦理，業經收拾裝載。正在奏報起運間，復於十八日承准軍機處咨開：「內閣奉上諭：前據林則徐等馳奏，躉船鴉片盡數呈繳，請解京驗明燒燬，當降旨允行。本日據御史鄧瀛奏稱，廣東距京程途遼遠，所繳煙土爲數較多，恐委員稽察難周，易啓偷漏抽換之弊等語。林則徐等經朕委任，此次查辦粵洋煙土，甚屬認真，朕斷不疑其稍有欺飾，且長途轉運，不無借資民力，著無庸解送來京，卽交林則徐、鄧廷楨、怡良，於收繳完竣後，卽在該處督率文武員弁，公同查覈，目擊燒燬，俾沿海居民及在粵夷人，共見共聞，咸知震讋。該大臣等唯當仰體朕意，覈實稽查，斷不准在事員弁人等稍滋弊混。欽此。」仰見我皇上於覈實除害之中寓體恤民力之意，臣等公同跪誦，欽感難名。伏思銷燬煙土，弊竇最多，必須在在嚴防，庶可免於偷漏。緣此物流行已久，利之所在，衆庶爭趨。查道光十七年間，臣鄧廷楨等曾經奏明，奸民向夷船購買鴉片，從前每箇價值洋銀三十餘圓，近來止須十六、十八圓不等，今即以錢價覈算，每箱亦須六百餘圓，合計二萬餘箱，不下一千數百萬圓之值。在守正嫉邪之人，不惟糞土棄之，且以鴆毒視之，而吸食者則竟望而垂涎，興販者更欲居爲奇貨。若防範稍不嚴密，即百弊爲之叢生。臣等自收繳以來，因虎門越在海濱，須防奸民覬覦，卽先相度堆貯之地，計每箱長約三尺，高寬半之，大房一間，纔能堆至四五百箱之數。該處民房廟宇，均無寬敞可容，不得已合併數所，圍築外牆，添蓋高棚，勻排封貯。內派文職正、佐十二員，分棚看守，外派武職十員，帶領弁兵一百名，晝夜巡邏，幸尚不至疎虞。至銷燬之方，亦復熟籌屢試。向來用火銷化，拌以桐油，其法未嘗不善。第訪聞焚過之後，必有殘膏餘瀝，滲入地中，積慣熬煎之人，竟能掘地取土，十得二三，是流毒仍難盡絶。臣等廣咨博採，知鴉片最忌者二物，一曰鹽滷，一曰石灰。凡以煙土煎膏者，投以灰、鹽，即成渣沫，必不能收合成膏。是其相剋之性，正可資之以除其害也。然使逐箱煙土皆用灰、鹽煮化，則鍋竈之設，必須累百盈千，誠恐照管不周，轉滋偷漏，如其少設，又非數月不能銷完。玆再四酌商，莫若於海灘高處，挑穵兩池，輪流浸化。其池平鋪石底，縱横各十五丈餘尺，四旁攔樁釘板，不令少有滲漏，前面設一涵洞，後面通一水溝，池岸周圍，廣樹柵欄，中設棚廠數座，爲文武員弁查視之所。其浸化之法，先由溝道車水入池，撒鹽成滷。所有箱内煙土，逐箇切成四瓣，投入滷中，泡浸半日，再將整塊燒透石灰紛紛拋下，頃刻便如湯沸，不爨自燃。復雇人夫多名，各執鐵鋤木爬，立於跳板之上，往來翻截〔二〕，務使顆粒悉化。〔三〕俟至退潮時候，啓放涵洞，隨浪送出大洋，並用清水刷滌池底，不任涓滴留餘。若甲日第一池尚未刷清，乙日便用第二池，其泡浸翻截〔四〕悉如前法。如此輪流替換，每化一池，必清一池之底，始免套搭牽混，滋生弊端。至嚮晦停工，卽將池岸四圍柵欄全行封鎖，派令文武員弁周歷巡綽。粵東天氣炎熱，所用人夫僅穿短袴，上身下腳，向俱赤露，又於停工放出時，與執事工役一同搜檢，不許稍有夾帶。試行之初，每日纔化三四百箱，迨數日後，手法漸熟，現在日可八九百箱至千箱不等。當其銷鎔之際，膿油上湧，渣滓下沈，臭穢熏騰，不可嚮邇。乃悟此物之能蠱人心志、促人年壽、槁人形骸者，蓋製造時用物取精，別有奇衺方術，非僅如内地栽種罌粟刮漿熬製已也。臣林則徐駐劄虎門，與提臣關天培率同委員候補知府、南雄直隸州知州余保純等，逐加佈置，隨卽函商臣鄧廷楨、臣怡良，以欽奉諭旨，公同目擊銷燬，是在省各員，理宜輪流到虎查覈看視。臣怡良因前次銷燬〔五〕時，商明留省，此次輪應先到虎門。臣鄧廷楨於臣怡良回省後，亦即乘舟來虎。並令藩司熊常錞、臬司喬用遷、運司陳嘉樹、糧道王篤四員，分班輪往，接替查視。又咨會廣州將軍臣德克金布、左翼副都統臣奕湘、右翼副都統臣英隆，亦各輪流到虎稽查彈壓。粵海關監督臣豫堃則以虎門本有稅口，更應常川到彼照料稽查。在事員弁人等，均各派定執司，互相查覈。該處沿海居民，觀者如堵，只准在栅欄之外，不許混入廠中，以杜偷漏。其上省下澳夷人，經過口門，率皆遠觀而不敢褻翫，察其情狀，似有羞惡之良。胥賴聖主德威，俾中外咸知震讋，從此洗心革面，庶幾咸與維新矣。至煙土名色，亦有不同，其黑者曰公斑土，聞係上等之煙，白土次之，金花土又次之。此次劈箱銷化，當將各色煙土，分別編號登記，大抵公土、白土居多，金花土不及百分之一。業已逐箱過秤，並口袋所裝者，亦皆扣除箱袋，覈實淨煙斤兩。計自四月二十二日起，截至五月初三日，已銷過八千三百二十箱又二千一百一十九袋，其斤兩共合一百十二萬八千七百二十九斤。以全數覈之，所化已將及半。現仍趕緊銷化，不敢草率，亦不敢遷延。

恐廑聖懷，謹將現辦情形，合詞恭摺具奏，伏乞皇上聖鑒。謹奏。

校記：

〔一〕此摺與鄧廷楨、怡良聯銜，道光十九年五月二十八日奉硃批，推斷五月初四日具奏。

〔二〕〔四〕軍機處録副檔案作「翻戳」。

〔三〕軍機處録副檔案作「盡化」。

〔五〕軍機處録副檔案作「收繳」。

奏參因循不振之鎮將分別勒休降補摺〔一〕

奏爲粤省南澳洋面甫經清理，復有外洋駛到夷船，任其停泊累日，應將因循不振之鎮將，請旨分別勒休降補，以示懲儆，恭摺奏祈聖鑒事。

竊照粤省海洋，向分中、東、西三路，中路自老萬山以内，如九洲、伶仃等洋，皆各國夷商來粤貿易准其行船之路，寄椗聚泊，歲以爲常，若西路之高、廉、雷、瓊，東路之潮州、南澳，皆夷船例不應到之區。前因南澳鎮所轄長山尾等洋屢有夷船游奕，經臣鄧廷楨節次奏明，檄飭該鎮統帶舟師，聯艅堵截。迨臣林則徐到粤後，會同收繳中路躉船鴉片，辦理已能應手，因即乘勢清理東路，責令噗咭唎國領事義律，將分往南澳各船招回中路虎門，一體呈繳煙土。旋有咈囒吐船、啤叻�船、嚪船等自南澳駛來繳煙，亦經會摺奏蒙聖鑒在潛案。臣等正冀閩、粵洋面一律肅清，第慮南風司令，有自外國新來夷船探知中路查辦甚嚴，恐被勒繳煙土，徑從外洋潛竄東路一帶寄椗售私，亟須加意嚴防，杜其竄越。又念閩省迤北各洋，或尚有夷船游奕，一經該省驅逐，自必仍回粵境。南澳一鎮最爲閩、粵兩省關鍵，若此時稍一鬆勁，則後來又恐蔓延。是以會札疊飭南澳鎮總兵沈鎮邦親帶舟師，配足弁兵礮械，堵截外洋來船，並備火攻船隻，隨幫聽用。又撥通事隨往，如遇閩洋夷船竄回，即諭令呈繳煙土。若諭之不從，且驅之不去，竟須示以兵威。倘此後再有夷船累日停留，定行特參去後。詎該鎮於四月初十日來禀：轉據署參將謝國泰禀稱，三月二十六日有雙桅夷船一隻，由西南外洋駛至長山尾寄椗，謝國泰即同通事、引水赴夷船諭繳煙土，據稱船内無煙，因風雨阻隔，至四月初一日向東南而去等語。維時該鎮往巡閩洋布袋澳等處，於初七日旋抵粵洋，初九日復見長山尾有夷船一隻向東南遠颺等情。臣等接閱之下，殊深詫異。查夷船自西南外洋駛至，明係外國新來之船，並非由閩省北洋竄回粵境，如果並無煙土希圖銷售情弊，該處非夷船應到之地，赴彼何爲？乃謝國泰既不能令其繳土，又不能立即驅行，任其以風雨爲詞，自三月二十六日起，泊至四月初一日，始據報開，實屬縱容疲玩。該鎮沈鎮邦雖經暫往別洋，而長山尾爲該轄要地，一任夷船累日寄泊，是事前防範已疎。至初九日長山尾再見之船，係在該鎮折回以後，究竟該船從何駛至，未據報明，顯係初一日報開之船未經遠去，仍在長山尾一帶逗留。沈鎮邦一味因循，含糊飾禀，若不嚴參示儆，是南澳一帶，前船雖已押回繳土，而後船又復踵至售私，藏垢納汙，伊於胡底。查署海門營參將、水師提標左營遊擊謝國泰，年力就衰，巡防漸懈，相應請旨勒令休致。其南澳鎮總兵沈鎮邦，於兩省交界洋面莫展一籌，難勝水師專閫之任，惟年力正强，操舟亦熟，尚不至於廢棄，可否請旨降爲遊擊都司，以示懲儆，仍留粤省水師，酌量補用，並令隨船出洋，以觀後效。其所遺南澳鎮總兵員缺緊要，並請旨迅賜簡放，以重職守。

是否有當，臣等謹會同廣東水師提督臣關天培合詞恭摺具奏，伏乞皇上聖鑒訓示。謹奏。

校記：

〔一〕此摺與鄧廷楨聯銜，道光十九年五月初四日具奏。

附奏東西各洋越竄夷船嚴行懲辦片〔一〕

再，臣等察訪夷情，因知外國商船來粤貿易者，必先在該國請領牌照，經過夷埠但須驗明，並於開船之時頒給禁約條款，諄諭不許在於中華滋生事端，酌限往返程期。如未領牌照，擅自行船，查出即治其罪，船亦充公。是外夷禁令森然，並非縱其所如，漫不加察。而商船載來貨物，動值數十萬金，彼既愛惜重貲，自必懔遵法度，故貨船到粤，必皆報關候驗，納税投行。雖近年以來，每有夷商夾帶鴉片情弊，要亦先向躉船寄頓，始敢駛進黄埔，斷無駕駛重船東奔西竄之理。惟因獲利太厚，販運愈多，各國雖閒有之，而以港脚一處爲尤甚。港脚地名曰嗌啡喇，曰嗌嘪，曰嘜㗧喇𠺢，皆爲暎咭唎所屬之港口，即華言所謂馬頭也，距暎咭唎本國尚有兩月路程，而其來至内地，則比暎夷爲近。奸夷利慾熏心，罔顧厲禁，往往由外洋乘風竄駛，越過廣東中路，直趨東路之南澳，以達閩、浙各洋，來去頻仍，便成熟游之地。在天朝彌綸廣大，無不徧示懷柔，即其所不應至之處，違禁頻來，亦惟自謹修防，其究至於驅逐而止。奸夷習知其故，相率效尤，沿海文武員弁不諳夷情，震於暎咭唎之名，而實不知其來歷。遇有夷船駛至，不過循例催行，如其任催罔應，亦即莫敢誰何。甚有桀驁夷船，膽敢以槍礮相恐嚇，而官船因未奉有明文，轉不便擅用火器。如道光十四年，閩浙總督臣程祖洛所奏情節，曾奉諭旨：「飭令督撫等務當隨時體察情形，以靖洋面。」等因。欽此。欽遵在案。以臣等近日訪聞，乃知此等奸夷並未領照經商，而敢偷渡越竄，若被該國查出，在夷法亦必處以重刑，況天朝禁令森嚴，豈有轉以内地各洋爲其逋逃藪之理？且如内地奸民出海，潛赴夷洋滋事，揆諸國法，正宜按例治罪，倘在外已被夷人戕害，適足蔽辜，豈尚聽其鳴冤，許爲報復乎？以此對觀互證，度勢揆情，愈知越竄之夷船不必空言驅逐，惟有嚴行懲辦，乃可震懾其心。總之，有牌照而行中路者，則爲經商之船，無牌照而竄東西各路者，即爲偷渡之船。經商之船尚須區分良莠，偷渡之船明係有莠無良，槍擊礮轟，皆其自取，似不爲過。且此等越竄船隻，小者爲三板夷划，大者亦不過雙桅夾板，迥非貨船躉船高大堅厚之比。即船内礮械亦極有限，甚至安假礮於船旁，畫礮眼於艙板，祇以虛張聲勢，粉飾觀瞻，師船果能奮勇剿除，何患不能相敵？即云夷人乃亡命之徒，官兵不值與之對仗，亦尚有便利之法可操勝算。祇須雇募沿海之善泅者，多駕拖船，滿載車薪，備帶火器，分爲數隊，占住上風，漏夜乘流縱放，即或前隊未能得手，後隊絡繹復來，夷船中觸處皆引火之物，未有不可以焦爛者。此令一行，不待實有其事，而奸夷先已膽落，似亦懾服之一法也。

臣等爲杜絶鴉片，肅清海洋起見，是否有當，謹附片瀝陳，伏乞聖鑒訓示。謹奏。

校記：

〔一〕此片與鄧廷楨聯銜，道光十九年五月初四日附奏。

會奏銷化煙土一律完竣摺〔一〕

奏爲虎門銷化煙土，公同覈實稽查，現已一律完竣，恭摺奏祈聖鑒事。

竊臣等欽遵諭旨，將夷船繳到煙土二萬餘箱在粤銷燬，所有覈實杜弊，並會督文武大員公同目擊情形，已於五月初三日銷化及半之時，先行恭摺會奏在案。嗣是仍照前法，劈箱過秤，將煙土切碎，拋入石池，泡以鹽滷，爛以石灰，統俟戳化成渣，於退潮時送出大海。臣等會督文武員弁，逐日到廠看視稽查。其閒非無人夫乘機圖竊，而執事員弁多人留神偵察，是以當場拏獲之犯，前後共有十餘名，均卽立予嚴行懲治。並有賊匪於貯煙處所，乘夜爬牆，鑿箱偷土，亦經内外看守各員弁巡獲破案，現在發司嚴審，尤當按律重辨。其遠近民人來廠觀看者，端節前後，愈見其多，無不肅然懍畏。並有咪唎㗈國之夷商⿰口經與⿰口別咍呅、⿰口并⿰口遜等，攜帶眷口，由澳門乘坐三板，向沙角守口之水師提標遊擊羊英科遞稟，求許入柵瞻視。臣等先因欽奉諭旨，准令在粵夷人共見共聞，咸知震讋，曾經出示曉諭，是以該夷等遵諭前來。且查夷商⿰口經等平素係作正經買賣，不販鴉片，人所共知，因准派員帶赴池旁，使其看明切土搗爛及撒鹽燃灰諸法。該夷人等咸知一一點頭，且皆時時掩鼻。旋至臣等廠前，摘帽斂手，似以表其畏服之誠。當令通事傳諭該夷等，以現在天朝禁絶鴉片，新例極嚴，不但爾等素不販賣之人永遠不可夾帶，更須傳諭各國夷人，從此專作正經貿易，獲利無窮，萬不可冒禁營私，自投法網。該夷人等傾耳敬聽，俯首輸誠，察其情形，頗知傾心向化，隨卽公同賞給食物，歡欣祇領而去。至臣等前奏煙土名色，本有三種，曰公斑，曰白土，曰金花。迨後復經劈出原箱，另有一種小公斑，每箱貯八十箇，其式樣比行常之公斑較小，而箇數倍之，故每箱斤兩不相上下，每箇用洋布包裹，製造亦較精緻，訪聞此種在外國係最上之煙，價值極貴。是現在所化煙土，竟有四種。臣等近日於邸鈔中伏讀上諭：「煙膏煙具多有假造，其弊不可勝言。」等因。欽此。仰見聖明務求真實，力戒欺朦之至意。臣等愚昧之見，欲辨其僞，必須先識其真，未知近時各處所拏獲者皆係何種煙土。若以外夷原箱之物互相比較，則真僞似可立辨，不至混淆。謹將現在四種煙土，每種各留兩箱，可否即將此八箱作爲樣土。如蒙准令解京，即委便員搭解，並不費事。倘亦無須解送，則此時粤東每月俱有各屬拏獲解省驗燬之煙，亦可隨同銷化。現除暫存此八箱外，計已化煙土，湊合前奏之數，共有一萬九千一百七十九箱，二千一百一十九袋，其斤兩除去箱袋，實共二百三十七萬六千二百五十四斤，截至五月十五日，業已銷化全完。斯時蕩穢滌瑕，幸免毒流於四海，此後除奸拯溺，尤期約立於三章，庶幾仰副我聖主除害保民之至意。

所有銷化煙土完竣緣由，臣等謹會同水師提督臣關天培、粤海關監督臣豫堃，合詞恭摺具奏，伏乞皇上聖鑒訓示。

再，虎門現在無事，臣林則徐亦暫回省城，商辦一切，合併聲明，謹奏。

校記：

〔一〕此摺與鄧廷楨、怡良聯銜，道光十九年五月二十五日具奏。六月十八日奉硃批：「可稱大快人心一事。知道了。」

會奏夷船互市情形並空躉開行隻數摺〔一〕

奏爲彙報外夷貨船往來互市情形，並回空躉船開行隻數，恭摺奏祈聖鑒事。

竊臣等前奏收繳夷船鴉片，欽奉諭旨：「各國夷商業經遵繳煙土，自應加恩，准予照常互市，以示懷柔。」等因。欽此。臣等當即恭録咨會粵海關監督臣豫堃，一體欽遵辦理。惟因外國新來貨船開行在數月之前，恐尚未知嚴禁，仍帶煙土。且查向來積弊，夷商所帶之土，皆於到後卸在伶仃等洋之躉船，然後進口，是未進口以前，應先設法稽查，以杜私卸。臣等會飭署澳門同知蔣立昂暨香山協副將惠昌耀等，查照糧船勾水之法，將新到各貨船吸水尺寸，先用丈杆自水面量至艙面，註明印單，粘於夷船船艙，以爲記認，仍造册報明，以俟進口時覆驗水跡有無浮高，即可辨其有無私卸。復咨會海關監督，親至黄埔，將貨船逐一盤驗，如有夾帶，自必不能藏掩。隨有咪唎㗆國之吻喋喇船、嗛吱船、𠽾船、嘆喇船、嘰吱船、嚽吱船、吽𠺝船、吡嘶船、吖啫船共九隻，販運洋米、棉花、洋布、黑鉛等貨，均於量明水誌之後，進口查驗，俱無夾帶鴉片，並有帶來買貨洋錢十五萬數千圓。據通事等稱：夷船攜帶洋錢，近年頗爲罕見，尤可爲不賣鴉片之明證。此外有咪唎㗆國之㖒咧一船、嘆咭唎所屬港腳之啵唎〔二〕一船，於勾水之後，不敢進口，旋即駛向老萬山外，徑行回國。其爲帶有鴉片，無從覓售，又恐覆驗水痕，不能卸載，是以潛逃回去，情事顯然。但既未流毒中華，即不便窮追肇釁。此新來貨船之情形也。其原泊黄埔夷船滿載内地貨物出口者，計港脚則有哝吔呻等十五船，咪唎嚁國則有㗎嗹呍等八船，共船二十三隻，亦皆先後乘風駛出老萬山。此又内地貨物照常通往外國之情形也。兹查至已經繳清煙土之躉船，自應驅逐回國，臣等於收土後，傳諭領事義律，早爲遣回。兹查港脚之㗚唎船、嚽㕭船、吧吔喇船、嗑啡㗅船、㗊船、咪唎嚁之啊吧船，小吕宋之㘓船，共七隻，已先後駛出老萬山回國。其餘有候修船者，有候帶貨壓載者，並有其船業已破爛，不能衝風破浪，難以回國，擬折賣〔三〕與人者，臣等分別覆查，尚皆實情。除仍分飭師船嚴加防範，並不時查催驅逐外，現在洋面、澳門均屬安静。

所有貨船往來互市情形及躉船回國隻數，臣等謹會同粤海關監督臣豫堃，合詞恭摺具奏，伏祈皇上聖鑒。謹奏。

校記：

〔一〕此摺與鄧廷楨、怡良聯銜，道光十九年五月二十五日具奏。

〔二〕軍機處録副檔案作「啵呋」。

〔三〕軍機處録副檔案作「拆賣」。

使粤奏稿卷四

會奏續獲人煙槍具摺〔一〕

奏爲粤東查辦鴉片，續獲人煙槍具，覈實確數，恭摺具奏，仰祈聖鑒事。

竊照鴉片之毒比於砒鴆，然世之死於砒鴆者千萬人而一耳。若鴉片則吸食者病於癮而死，興販者罹於法而亦死，是死於鴉片者幾於十人而一。於此而不併力掃除，貽害伊於胡底。言之切齒，思之寒心。臣鄧廷楨、臣怡良既疊奉諭旨，嚴飭查拏，刻圖滌蕩，迨臣林則徐仰承巽命，來粤查辦海口事宜，以大患務當力祛，不敢稍存畛域。除起獲夷船煙土以清來源外，又經會同切劄各屬文武，隨時隨地悉力搜拏，以冀濁流漸息。滸〔二〕自臣鄧廷楨、臣怡良節次奏報，至本年三月底止，計共獲人犯一千六百名，煙土、煙膏四十六萬一千五百二十六兩九錢八分，煙槍四萬二千七百四十一枝，煙鍋二百一十二口及煙具等件，均經仰蒙聖鑒在案。臣等伏思吸食者雖善於諱匿，囤販者雖巧於收藏，而鬼蜮情形，斷難掩其鄉鄰耳目。因復通飭各屬，逐鄉選舉公正紳士，議立族黨正副，挨次編查保甲，使之保良攻匪，有犯即擒。茲自四月初一日起，至五月十八日止，據各屬文武先後報獲煙案一百四十起，販賣、煎熬、吸食人犯共一百九十二名，煙土一萬二千七百七十三兩七錢九分，煙膏二百一十二兩五錢八分五釐，煙槍一千二百四十五枝，煙鍋三十六口。又陸續撈獲煙泥二百六十四兩二錢，煙膏一十六兩六錢六分，煙槍二百四十三枝，煙鍋一口。又民間首繳槍煙一項，臣鄧廷楨、臣怡良於未經接奉硃批飭令酌覈之先，據各屬禀報，收繳煙土一十六萬九千三百零七兩五錢五分，煙膏四千六百零五兩零二分，煙槍二萬六千零五十枝，煙鍋三百一十六口。綜計煙土、煙膏共重一十八萬七千一百七十九兩八錢零五釐，煙槍二萬七千五百三十八枝，煙鍋三百五十三口。犯經隨時發司嚴審，如係遠道情輕人犯，即飭該管府縣究詳，分別懲辦。報獲槍煙等件，因雷、瓊二府離省寫遠，或僻在海南，計其獲數無多，飭即就近解道，確驗燒燬具報。其潮州一府，道里雖亦迢遙，惟所獲大起實多，數居通省十之八九，多則真僞易淆，而抽換偷漏之弊，恐亦在所不免，是以飭令與附近各府廳州〔三〕，均將煙槍一體解省，由臣等親率司道營員，眼同驗明彙燒，以歸覈實而絶濛混。伏查粵東地處海濱，番舶絡繹，匪徒趨利若鶩，骫法營私較他省爲多，亦較他省爲易。當茲查辦喫緊，未嘗無怵心悔禍之人，而嗜痂者以腐臭爲神奇，牟利者視土囊爲金穴，若不持以定力，盡絶萌芽，不但疇昔之藏乘間復出，吹吸之輩饞吻重張，且恐外夷窺伺鉗網之疎，仍肆浸淫之計，前功可惜，痼疾安瘳。臣等惟有協力同心，督屬勉益加勉，根株一日未淨，即購捕不容一日或疎，必使舊染胥蠲，以仰副我聖主崇德好生、除惡務盡之至意。

除再通飭各屬文武員弁奮力查拏，務將開窰設館販賣吸食各匪犯多方弋獲，煙土實力窮搜，不許支飾畏難，稍涉縱漏外，所有續獲人煙槍具緣由，臣等謹合詞恭摺具奏，伏乞皇上聖鑒訓示。謹奏。

校記：

〔一〕此摺與鄧廷楨、怡良聯銜，道光十九年五月二十五日具奏。

〔二〕軍機處録副檔案作「溯」。

〔三〕軍機處録副檔案作「各府廳州縣」。

瀝陳民間煙土槍具仍宜收繳片〔一〕

再，廣東距京遥遠，臣近日始閲三月邸鈔：「欽奉上諭：嗣後拏獲吸煙人犯，不准以呈繳煙膏、煙具入奏，其從前投首不實之犯，仍著各督撫等嚴飭該地方官隨時查察，如有再犯，即加重治罪，以杜朦混而歸覈實。將此諭令知之。欽此。」現在部文尚未行到，而臣就邸報中跪誦再三，仰見我皇上於爲民除害之中，示覈實戒欺之要，嚴明訓飭，感懍交深。臣恭繹聖諭所指收繳之弊，約有三端：一則恐以拏獲之犯作爲自首，希圖減罪也。一則既繳之後，官不復查，聽其吸食也。一則地方官塞責邀功，假造煙膏、煙具以滋朦混也。凡此三弊，皆臣所切齒痛恨，矢以極力掃除者。兹蒙訓諭提撕，彌欽覈實從嚴之至意，敢不倍加釐剔，務絶根株。惟是濱海愚民，無知誤會，近日紛紛傳播，轉謂煙禁已弛，有槍有土仍聽存留。前此赴鄉查訪之紳耆，輒被鄉民恃頑抗阻，謂已奉旨免繳，何得多事。此等藉詞搖惑，以嚴爲寬，實屬詐妄之尤，亟宜痛加懲創。除嚴拏重辦外，惟念臣等所辦收繳之法，並非令罪人自行投首，官不復查，亦不敢聽州縣塞責邀功，假造朦混。伏求皇上恕臣愚昧，容其據實瀝陳。查鴉片久已盛行，廣東尤甚，所謂遍地皆是，早在聖明洞鑒之中。即使此後外夷斷絶來源，正恐内地囤積之多，數年用之不能盡。在臣與督撫臣等盡力督挐，無日不有獲犯起贓。然察看向來陷溺之深，與到處窩藏之密，地方遼闊，民俗兇頑，島澳既不可勝窮，胥役又大都難恃，是即設法挐獲，亦祇千百中之什一，如必掃數挐盡，竊恐遙遙無期。因思保甲之行，本係詰奸良法，每鄉總有公正紳士、良善耆民，五家十家之閒耳目最爲切近，興販吸食斷難瞞其鄰人。故保甲有五家連坐之條，在官者因即藉以儆衆。如一家有犯，責四家以告發，否則與之同罪。而爲鄰右者既知其人有犯，恐必連累及身，又念比屋相親，不忍遽寘於法，則必多方勸戒，悚惕而禁止之。並取其煙槍膏土，彙繳於官。官則驗明即收，並不詰其姓名來歷，蓋明以留其廉恥，而實則杜其避趨。故第收之於例應舉發之族鄰，而不收之於律減輕之罪犯。猶恐不實不盡，一面購線查挐，有犯即懲。其於何人曾繳，何人未繳，挐者本不過問，犯者無可藉詞。此所以不相妨而適相濟也。夫有鴉片，即有吸食，勢所必然。在官多一分之收，即在民少一分之食，誠能減之又減，以至於無，似亦有益無損之事。且吸食之人，其畏收繳轉甚於畏查挐。蓋查挐不能無漏網，況父兄溺愛，親族礙情，雖恨子弟之吸煙，而恐其到官問罪，轉必多方爲之隱瞞。有收繳之一途，則凡家人骨肉、戚友鄉鄰，平日勸之不從者，至此皆得悚以功令之嚴，奪其物以祛所嗜，是一人之癮，衆人斷之。既立死罪以懾其心，復飭收繳以去其疾，迫之以不得不斷之勢，正所謂以生道殺民，而比閭族黨閒變化愧厲之方備焉，保受和親之俗成焉。故報繳者雖見其多，並無公然免罪之犯，而報獲者並行不悖，實無繳後不查之人。蓋以保甲禁鴉片，而寓收繳於編查，猶之以保甲查教匪，即應收其經卷，以保甲治械鬭，即應收其器械，其理一也。至假造之弊，惟不驗乃至被朦，果其驗之，則真僞判然，難逃衆目。故煙土必用刀剖開，煙膏必以火燃試，不惟全假者即時發覺，即攙和者亦立見區分。若煙槍則外面一觀，已有生熟之別，又劈破以視其內，必其煙油久漬，乃爲舊槍，即新槍尚不能相混，而他物所假，更無論矣。現在粤省所收膏土槍具，惟僻遠隔海之雷、瓊二屬爲數本少，免令解省外，其餘各屬悉經通飭解驗。且不獨收繳者當驗，而拏獲者更當驗。蓋收繳無功可見，惟拏獲始足見功。地方官如存邀功之心，則與其假造而報收繳，不如假造而報拏獲之爲得也。夫以粤省作僞之風，命案尚有頂兇，盜案亦有買犯，要在上司認真，乃不受其朦蔽耳。況鴉片獲利最厚，弊竇最多，有賣放正犯真贓而以從犯假贓報獲者，有獲時明係真贓而侵吞偷換，解時變作假贓者，詐僞叢生，何所不至。然既不能因查拏之有僞，遂並查拏而停止之。則收繳中之真假，或亦責成臣與鄧廷楨等逐一調驗，如有假造，惟臣等是問。且查粤省自上年以來，未曾於鴉片案内保舉一員，是既不使邀功，安敢聽其朦混。臣到粤以後，疊淮鄧廷楨等將解省之煙土等物移同查驗，間有一二攙和之膏土，搪塞之新槍，皆必剔出，發司澈底究辦。此後更當責成地方官，先自劈驗，再行封解，如有不實，即將該州縣嚴參示儆。又如煙槍一物，臣始亦以爲不過如尋常之煙桿耳，斷癮與否，於槍何與？迨屢獲煙犯，細加研訊，始知溺於鴉片之人，直以其槍爲性命。緣新槍不能過癮，總須平素用熟有煙油久漬其中者，方能適口。故一槍有值數十金百餘金者，甚至父子兄弟間不肯相假。其陷溺之深如是，所以欲去其癮，先去其槍，有如理髮而奪其櫛，作字而奪其筆，雖酷嗜者亦無可如何，非第使之明志也。謹查大清律例内，禁止賭博，必並賭具而嚴禁之，蓋有具則有賭，無具即無以爲賭也。煙之需槍，恐或類是。臣前於邸鈔中，見有被罪圈禁而仍羣聚吸煙者，是因破案而不收槍之故。若不收槍，則未犯案者固難望其自燬，即已犯案者仍不甘於棄槍，將使在家獨吸之人合之而同吸於囹圄，並將各處散吸之人徙之而聚吸於配所，竊恐輾轉流傳，其勢更難於禁止矣。凡人不見可欲則心不動，煙入於目，槍入於手，欲其口之不饞，不可得也。吸旱煙者若無煙桿，亦有不能不歇之勢，然旱煙之新桿尚可將就，而鴉片之新槍與無槍同。由此觀之，收槍之法或亦禁煙者所不廢耳。至自首一節，現在粵省固無其事，而大清律例明有此條，除殺人不准首外，小而尋常罪犯，大而習教爲盜，尚皆准首。設有人煙癮已斷，本身出首，察看得實，似亦隻得遵例辦理，未便竟不准首，致與定例兩歧，而與怙惡不悛之人亦無區別。惟流弊必須嚴杜，倘州縣將拏獲之犯捏爲投首，定當以故出人罪，嚴行參辦。而罪人首後復犯，似宜即照新例定罪，不得仍與初犯者同科，始足以昭警戒。伏念我皇上明罰勑法，因恐臣工不知振作，是以訓飭加嚴，而無知蚩氓相率傳訛，轉幸明諭之頒，冀遂深藏之術。若因此頓更大局，非獨前功可惜，更虞挽救無方。且風聞外夷於呈繳之後，知内地民人煙可不繳，不無反脣相稽者，於國體尤有關係。臣仰蒙委任，專辦此事，下懷實深焦急，不揣冒昧，披瀝密陳。如臣言謬妄難行，應請皇上破其顓愚，示以懲儆。倘蒙俯念臣心無他，惟冀於公有濟，可否特頒申諭，將前旨係爲覈實查辦，正以從嚴之處，明白宣示，嗣後寓收繳於保甲，責大吏以督查，如有州縣以拏作首，以假混真，不行嚴參者，事發以徇庇論。而總不得藉口希圖免繳，俾天下臣民憬然領悟，庶久藏之毒物漸收護以無遺。頂感鴻慈，倍無既極。

再，督臣鄧廷楨與臣籌議，意見相同，因接奉硃批，令其酌覈，亦已自行另片覆奏。惟係專差齎遞，恐到京在臣此摺之後，合併聲明，伏祈聖鑒訓示。謹奏。

校記：

〔一〕此片道光十九年五月二十五日附奏。

會奏擬具檄諭嘆咭唎國王底稿恭候欽定摺〔一〕

奏爲遵旨擬具檄諭嘆咭唎國王底稿，恭呈御覽，仰祈欽定事。

竊臣林則徐上年在京陛見，面奏禁止鴉片一事，擬頒發檄諭，曉示外夷，容俟到粤，與督臣鄧廷楨等酌商，奏請訓示。迨到粤之後，節次欽奉上諭：「著與鄧廷楨商酌，妥擬底稿具奏，經朕披覽，再行頒發。」等因。欽此。維時臣等諭令在粤之嘆咭唎國領事義律及住省各夷人呈繳躉船鴉片，辦理正屬應手。因思外國重洋遥隔，尚可暫緩檄行，當將就近諭夷緣由，合詞附片覆奏。嗣奉上諭：「嘆咭唎既有在粤領事及住省夷人，經該大臣等就近諭知，辦理應手，所有檄諭該國之處，亦著暫緩頒行，統俟議定興販吸食各罪名頒行新例時，於善後章程内另行詳細籌議，仍遵前旨，擬稿進呈，再行頒發。」。欽此。仰見聖主因時制宜，周詳指示之至意，臣等曷勝欽感。兹新例業已頒到，所有内地興販吸食，並夷人夾帶鴉片各罪名，均經議定。因查粤省成案，凡欽奉諭旨事涉外夷者，大都由督撫臣聯銜照會該國王欽遵辦理。此次既頒新例，自應宣示重洋，咸使懷德畏威，遷善遠罪。除一切善後章程容俟詳細籌議另奏外，所有檄諭外國之稿，應先酌擬進呈。唯查各國夷船來至粵東者，如西洋夷人久住澳門，幾成土著，自可就近給諭，毋庸遠寄出洋。其咈囒哂、啢𠹌、大小吕宋、雙鷹、單鷹、嗹國、𡁻國，近年買賣較稀。惟暎咭唎之船最多，咪唎㗖次之。但咪唎㗖並無國主，只分置二十四處頭人，礙難遍行傳檄。暎咭唎國現係女主，年紀亦輕，然聞號令係其所出，則該國似宜先頒檄諭。臣等不揣闇陋，謹會同商擬底稿，另摺恭録進呈，伏祈聖鑒折衷，俾有體要。敬候欽定發回之後，再議頒發。其餘各國，俱先諭知在粵夷目夷商，倘該夷目等禀請移知其國主，然後奏明酌發。是否有當，臣等謹合詞恭摺具奏，伏乞皇上聖鑒訓示。謹奏。

校記：

〔一〕此摺與鄧廷楨、怡良聯銜，道光十九年六月二十四日具奏。

擬諭暎咭唎國王檄〔一〕

謹擬頒發檄諭暎咭唎國王底稿恭候欽定。

爲照會事。

洪惟我大皇帝撫綏中外，一視同仁，利則與天下公之，害則爲天下去之，蓋以天地之心爲心也。貴國王累世相傳，皆稱恭順，觀歷次進貢表文云：「凡本國人到中國貿易，均蒙大皇帝一體公平恩待。」等語。竊喜貴國王深明大義，感激天恩，是以天朝柔遠綏懷，倍加優禮，貿易之利垂二百年，該國所由以富庶稱者，賴有此也。唯是通商已久，衆夷良莠不齊，遂有夾帶鴉片，誘惑華民，以致毒流各省者。似此但知利己，不顧害人，乃天理所不容，人情所共憤。大皇帝聞而震怒，特遣本大臣來至廣東，與本總督部堂、本巡撫部院會同查辦。凡内地民人販鴉片、食鴉片者，皆應處死。若追究夷人歷年販賣之罪，則其貽害深而攫利重，本爲法所當誅。惟念衆夷尚知悔罪乞誠，將躉船鴉片二萬二百八十三箱，由領事官義律禀請繳收，全行燬化。疊經本大臣等據實具奏，幸蒙大皇帝格外施恩，以自首者情尚可原，姑寬免罪，再犯者法難屢貸，立定新章。諒貴國王嚮化傾心，定能諭令衆夷兢兢奉法，但必曉以利害，乃知天朝法度斷不可以不懔遵也。查該國距内地六七萬里，而夷船争來貿易者，爲獲利之厚故耳。以中國之利利外夷，是夷人所獲之厚利，皆從華民分去，豈有反以毒物害華民之理。卽夷人未必有心爲害，而貪利之極，不顧害人，試問天良安在？聞該國禁食鴉片甚嚴，是固明知鴉片之爲害也。既不使爲害於該國，則他國尚不可移害，況中國乎？中國所行於外國者，無一非利人之物。利於食，利於用，並利於轉賣，皆利也。中國曾有一物爲害外國否？況如茶葉、大黄，外國所不可一日無也。中國若靳其利而不恤其害，則夷人何以爲生？又外國之呢羽嗶嘰，非得中國絲斤不能成織，若中國亦靳其利，夷人何利可圖？其餘食物，自糖料薑桂而外，用物自綢緞磁器而外，外國所必需者，曷可勝數。而外來之物，皆不過以供玩好，可有可無，既非中國要需，何難閉關絶市！乃天朝於茶絲諸貨，悉任其販運流通，絶不靳惜，無他，利與天下公之也。該國帶去内地貨物，不特自資食用，且得以分售各國，獲利三倍，即不賣鴉片，而其三倍之利自在，何忍更以害人之物恣無厭之求乎。設使别國有人販鴉片至暎國，誘人買食，當亦貴國王所深惡而痛絶之也。向聞貴國王存心仁厚，自不肯以己所不欲者施之於人，並聞來粤之船，皆經頒給條約，有不許攜帶禁物之語，是貴國王之政令本屬嚴明，祇因商船衆多，前此或未加察。今行文照會，明知天朝禁令之嚴，定必使之不敢再犯。且聞貴國王所都之㘓噸及嘶噶㘓、㗅喻等處，本皆不産鴉片，惟所轄印度地方，如㗂啊啦、嘪嗟啦嚹、㗂嘪、叭嗟嘐、噈嘐嘛吥哇數處，連山栽種，開池製造，累月經年，以厚其毒，臭穢上達，天怒神恫。貴國王誠能於此等處拔盡根株，盡鋤其地，改種五穀，有敢再圖種造鴉片者，重治其罪，此真興利除害之大仁政，天所佑而神所福，延年壽，長子孫必在此舉矣。至夷商來至内地，飲食居處，無非天朝之恩膏；積聚豐盈，無非天朝之樂利。

其在該國之日猶少，而在粵東之日轉多，弼教明刑，古今通義，譬如別國人到嘆國貿易，尚須遵嘆國法度，況天朝乎。今定華民之例，賣鴉片者死，食者亦死。試思夷人若無鴉片帶來，則華民何由轉賣？何由吸食？是奸夷實陷華民於死，豈能獨予以生？彼害人一命者，尚須以命抵之，況鴉片之害人豈止一命已乎？故新例於帶鴉片來内地之夷人，定以斬、絞之罪，所謂爲天下去害者此也。復查本年二月間，據該國領事義律以鴉片禁令森嚴，稟求寬限，凡印度港腳屬地請限五月，嘆國本地請限十月，然後即以新例遵行等語。今本大臣等奏蒙大皇帝格外天恩，倍加體恤，凡在一年六箇月之内，悮帶鴉片但能自首全繳者，免其治罪。若過此限期，仍有帶來，則是明知故犯，即行正法，斷不寬宥，可謂仁之至、義之盡矣。我天朝君臨萬國，儘有不測神威，然不忍不教而誅，故特明宣定例。該國夷商欲圖長久貿易，必當懔遵憲典，將鴉片永斷來源，切勿以身試法。王其詰奸除慝，以保乂爾有邦，益昭恭順之忱，共享太平之福。幸甚，幸甚。接到此文之後，即將杜絕鴉片緣由速行移覆，切勿諉延。須至照會者。

校記：

〔一〕與鄧廷楨、怡良聯銜，道光十九年六月二十四日附奏呈覽。軍機處録副檔案後有「道光十九年七月十九日奉硃批：得體周到。欽此。」

使粵奏稿卷五

附奏新頒夷人治罪專條内請酌易字樣片〔一〕

再，臣等准刑部咨：「通行夷人治罪專條内開：一、夷人帶有鴉片煙入口圖賣者，爲首照開設窯口例斬立決，爲從同謀者絞立決。」等語。在衡情定議之意，以「入口」二字爲關鍵。原因海洋遼闊，口以外直連夷洋，口以内始爲内地，劃清界址，本極分明。惟覈諸粵省貿易章程，尚有不得不防其影射之處。緣廣東中路通商，向以船進虎門乃爲入口，番舶初到之時，先於虎門口外寄椗，如擔杆山、銅鼓洋、大嶼山、伶仃洋、尖沙嘴、仰船洲、琵琶洲、上下磨刀、沙灣、石笋、九洲、沙瀝、潭仔、鷄頸等洋，皆向准夷船寄泊之所。此等洋面雖皆在老萬山以内，而老萬山並無口門，無從稽察。是以定例，夷船必雇引水小船，報明引入虎門口内，停泊黄埔，始得開艙驗貨，按則納税，投行互市。其在虎門以外寄泊中路各洋者，皆未入口之船也。而私售鴉片之弊，正在於此。蓋由中路而東而北，則歷潮州、南澳以達閩、浙北洋，凡甯波、上海、山東、天津、奉天之商船皆所通行。由中路而西，則本省之高、廉、雷、瓊，船隻往來亦絡繹不絶。所有各路興販鴉片，多在洋面舟次，與夷人交易，盤運過船。即或在口内議買，亦須赴口外運貨。此内地快蟹、拖風等艇所以乘間出没，而夷人囤貯鴉片之躉船常泊伶仃等洋，職是故也。口内夾帶鴉片者，無非民船，向來拏獲之案歷歷可據。若夷船夾帶入口，雖亦難保必無，然經總、散各洋商逐層保結，又於入口之後即行開艙起貨，立見底蘊，故夷人所帶鴉片，每先卸於口外躉船，然後入口。今若以是爲界，彼正得以藉口趨避，難保不於虎門口外再設躉船，恐辦理又形棘手。且暎國領事義律於繳煙完竣之後，曾據具禀懇求在澳門裝貨，臣等以其顯違定例，批駁不准，該領事尚懷觀望，是以近日他國之船進黄埔者已有十四隻，而暎咭唎所屬港腳之船尚停虎門口外之尖沙嘴一帶，支飾遷延。臣等惟飭師船嚴密防範，一面示諭各夷船，如無鴉片，即應入口報驗，有鴉片而首繳淨盡者亦准入口，若自揣不敢報驗，即日揚帆回國，亦尚可免窮追。倘透漏售私，萬難曲宥。此時該夷正在憚於入口，故口外之弊比之口内尤當嚴防。可否仰懇聖裁，將新例「入口」字樣酌易爲「來内地」等字，稍示渾涵，俾無可以藉口之處，恭候命下祇遵。

臣等爲夷情狡獪，加意周防起見，不揣冒昧，合詞附片瀆陳，伏祈聖鑒訓示。謹奏。

校記：

〔一〕此片道光十九年六月二十四日附奏。

會奏巡緝營員訪有劣蹟請革審摺〔一〕

奏爲原派巡緝營員於撤巡後訪有劣蹟，請旨革職審辦，恭摺奏祈聖鑒事。竊照廣東各海口囤販鴉片，偷漏紋銀，久已積爲弊藪，而港汊叢雜，防範難周，是以向設巡船，分投查緝，既不能不派委備弁，亦不能不雇用眼線。但其中奉公守法者，緝捕多非所長，而破案得力者，又難保別無私弊。惟有信賞必罰，懲勸兼施，獲犯既多，固未便没其勞績，一有弊竇，即不敢稍予姑容。蓋此輩駕馭之難，各省皆然，而尤莫甚於粤東。諸案皆然，而尤莫甚於鴉片也。即如前任兩廣督臣盧坤任内，捐設巡船，維時副將秦裕昌，以捐職都司王振高帶領壯丁徐廣，素諳捕務，稟准隨船巡緝，先後獲犯多名，經盧坤將王振高飭發香山協水師效力，並賞給徐廣記委頂戴。嗣升任撫臣祁𡎴兼署督篆，復於拏獲盜犯潘亞有等案內奏奉諭旨：「王振高著該督留心察看，如果一二年後再著勞績，即奏請以都司補用。」欽此。臣鄧廷楨抵任後，因王振高尚須察看，當發陸路南韶連鎮差委，旋經部駁，仍發水師效力，並未派令巡查。嗣因捕務緊要，修復巡船，以資緝匪。據署臣標中軍副將韓肇慶派委守備戴文彪、千總蔣大彪、倫朝光，仍帶記委徐廣，壯丁梁恩陞等，往來外海內河，巡查緝捕，先後拏獲載運紋銀出洋、販賣鴉片以及鹽梟土盜各犯，共二百六十五名，起獲紋銀、番銀共六萬二千六百餘兩，煙土一萬六百餘箱〔二〕，均經奏報題咨在案。除戴文彪奉部簽陞江西都司，今已病故外，倫朝光、蔣大彪以疊獲紋銀，先後題陞守備，梁恩陞亦以獲犯勞績，拔補外委。嗣於十七年秋間，臣鄧廷楨與前撫臣祁𡎴承准廷寄：「因有人陳奏，王振高、徐廣卽赤沙廣、梁忠卽梁恩陞等，暗開窯口等因，諭旨查究。」當經欽遵密查，實無開設窯口憑據，合詞恭摺覆奏，並附片瀝陳：「此等用以緝捕，本屬棄短取長，仍不時留心察看，如查有弊端，即從嚴懲辦，不敢稍存迴護。」荷蒙聖鑒各在案。此後臣鄧廷楨更加留心察看，雖據報拏獲鴉片贓犯絡繹不絕，而獲銀之案較前頓少。因思巡船出赴外海，究恐稽察難周，安知不恃特委之名，藉端嚇詐，且慮各處營縣因有另設巡船，轉相觀望，遂於十八年撤去前項巡弁，以專營縣責成，一面追查從前委巡之王振高及近年之蔣大彪等有無假公濟私，尚未得有實據。臣林則徐奉命來粵，密訪海洋利獘，知先後管駕巡船之弁丁以及眼線人等，多不理於人口，而亦未得確憑。迨五月内，銷化夷船煙土事竣，由虎門回至省垣，訪得前在巡船充當頭舵之馮亞潤、周亞保等，併拏到案，提同常作眼線之已革外委保安泰隔别研訊。據供巡船拏獲販煙運銀各案匪犯，俱在水次截拏，人贓並獲，並无妄拏邀功挾嫌栽害情獘，惟所解煙土如有零星餘剩，各船間或匀分。若在偏僻口門遇著販煙之船，亦有送給洋銀，聽其開去等語。是侵匿賄縱之獘已屬顯然。臣等立提王振高、倫朝光、梁恩陞、徐廣反覆詰訊，雖不敢盡行狡賴，而供詞尚多閃鑠，且因守備蔣大彪引見未回，倫朝光等率皆諉諸蔣大彪一人，其爲前此通同舞獘，現在推卸避就，尤可概見。當此力除鴉片之際，正須肅清捕務，杜絶欺朦。臣鄧廷楨先因各該弁獲犯多名，雖經隨案聲請恩施，予以升擢，今既查有劣蹟，愧恨交深，必當倍加嚴辦，斷不敢意存迴護，稍予姑容，致負聖明委任。除外委梁恩陞、記委頂帶徐廣均已由臣鄧廷楨斥革，並將王振高捐納都司職銜咨部革退，一面行文前途截拏蔣大彪回粤聽審外，相應請旨將准陞水師提標後營守備蔣大彪、順德協右營守備倫朝光一併革職，以便提同各犯證嚴審確情，按擬懲辦，以爲備弁營私者戒。

臣等謹會同水師提督臣關天培合詞恭摺具奏，伏乞皇上聖鑒訓示。謹奏。

校記：

〔一〕此摺與鄧廷楨聯銜，道光十九年六月二十四日具奏。

〔二〕軍機處錄副檔案作「兩」。

會奏暎夷抗不交兇嚴斷接濟查辦情形摺〔一〕

奏為暎咭唎國領事義律因求在澳門裝貨不准，輒將該國貨船阻留口外，圖賣新來鴉片，適有夷人毆斃華民命案，抗不交兇，照例斷其接濟，並勒兵分堵海口，該夷與奉逐各奸夷均已畏懼出澳，寄住貨船，臣等往來香山、虎門，相機督辦，先將大概情形恭摺奏聞仰祈聖鑒事。

竊臣林則徐奉命來粵，與臣鄧廷楨等宣示天威，夷人咸知震懾。前經收繳躉船鴉片二萬餘箱，維時暎咭唎國領事義律，在省城夷館自行查數報繳，前後連具十餘稟，情詞均甚恭順，臣等於批諭之中時加稱奬，該領事亦自以為榮，頗形踴躍。計繳清煙土，較原稟溢出尚多，論者以為暎夷平日桀驁性成，今乃倒篋傾筐，帖然馴伏，是千里〔二〕之重貲盡擲，即百年之痼疾可除。而臣等熟計深籌，尤以本年來船夾帶為慮。蓋該國遠在數萬里外，當其開船之日，尚未知天朝新例如此森嚴，既而潛帶而來，必思顧其成本。而中國力除巨患，正當於得手之際，拔盡根株，豈得將新船轉予放鬆，致使前功盡棄。是以臣等請定治罪專條，並立限期首繳，仰荷聖明俞允，飭定新例頒行。其新例未到之先，各國貨船即已陸續到粵，當令洋商通事諭知現辦章程，船內無鴉片者進口報驗，有鴉片而自首全行呈繳者，准予奏請免罪，並許驗明進口。若自揣不敢報驗，卽日揚帆回國，亦免窮追，使各國夷商得以早定主見。迨頒到新例，又復傳諭周知，截至七月初八日，進口報驗夷船共一十七隻，經粵海關監督臣豫堃驗明，均無鴉片，准其開艙貿易。不進口而回國者，亦有三隻，其中即有鴉片，當不至毒流內地。惟暎咭唎所屬港脚貨船到時，本亦即擬進口，旋被義律阻止，停泊虎門口外之尖沙嘴一帶。緣義律為該國領事，該國主給與權柄，得以約束衆夷。先前繳土之時，力能號召南澳、福建等處之船悉行駛回虎門，一體呈繳。迨繳完後，義律稟辭下澳，尚據遞具一稟云：「違禁犯賣一弊，悞及正經貿易，貽累人之家業，其害甚重，亟須設法早除此弊於常久。如准委員來澳，會同妥議章程，其違禁犯賣之弊，可冀常遠除絕。」等語。臣等以為真心除弊，大加批奬，並會委佛山同知劉開域赴澳，與之覈議，且將奏准頒賞之茶葉一千六百四十箱發往給賞，以便空躉迅速回帆。詎劉開域未到之先，義律於四月二十四日續遞一稟云：「本國船隻進埔，須候奉到國主批諭，方可明白轉飭，或蒙格外施恩，令在澳門裝貨，感戴靡既。」等語。臣等接閱之下，均相詫異，始知前稟章程一語，乃係别蓄詭謀。蓋澳門孤峙海隅，實可周通内地，向惟西洋夷人准設貿易額船二十五隻，起卸貨物，不納關税，自明代而已然。嘆夷惟利是圖，久深艷羡，故於繳土之後，希圖破例效尤。此端一開，則粤海關幾同虚設。且溯查嘉慶年間，鴉片之浸淫流毒，皆由澳門囤聚發販，年盛一年。道光二年葉恒澍犯案，始將澳門囤所撤散，其後變為躉船。今躉船之積土甫除，若澳門之囤所又起，何异驅虎進狼，故不得不決絶批駁。且貨船皆從該國給予牌照，令赴内地經商，豈有已經到粤，始候該國王批諭之理，亦於稟内指破其謊。義律詭計不行，闇然消阻。委員劉開域到澳，伊遂不理。問其定何章程，據稱：「不准在澳裝貨，便無章程可議，即傳領茶葉，亦不敢領。」臣等以此項奏准給賞，原係出於格外，既無福承受，即不值給發。此後凡有批諭，伊皆不肯接收。在犬羊之性無常，原不必與之計較，然有不可聽其觀望者。如繳清煙土之空躉，尚有一半未行，奉旨驅逐之奸夷，亦有數名未去。不能因其不接諭帖，轉任逗留。故仍委員赴澳嚴催，並飭令西洋夷目協同撵逐。至該國貨船陸續來粤，計至此時已有三十二隻之多，該夷商滿載而來，將本求利，無不早圖進口，開艙貿易。乃被義律一人把持阻撓，俱在尖沙嘴一帶聚泊。廣東天氣炎熱，各船中如洋米、洋布、棉花等貨難免潮濕霉爛，業已怨懟同聲。臣等令洋商通事賫諭分赴各船，剴切開導，催令進口。咸稱義律係伊國領事，不得不惟令是從。而其中潛帶鴉片之奸夷，既不甘呈繳，又不願空回，則正樂於遷延，冀以私售禁物。現因各口查緝嚴緊，整箱煙土不能運入內洋，而蛋艇漁舟，與番舶每相貼近，乘間買其零土，以圖轉售獲利者，節經文武拏獲，已據確切供明。且查夷人私放三板，裝載鴉片，潛赴偏僻口門，以木片為招帖，寫明鴉片一個洋銀幾圓字樣，隨潮流入海口〔三〕，以賤價誘人售買。是義律之勒令夷船聚泊口外，仍為圖賣新來鴉片，恐被進口搜查起見，夷情詭譎，如見肺肝。即無別滋事端，亦不得容其於附近口門佔為巢穴。況夷人酗酒打降，習以為常。五月二十七日，尖沙村中有民人林維喜被夷人酒醉行兇，棍毆斃命。經新安縣梁星源驗明，頂心及左乳下各受木棍重傷。訊據見證鄉鄰，僉稱係㖶咭唎國船上夷人所毆，眾供甚為確鑿。諭令義律交出兇夷，照例辦理。將及兩月，延不肯交。臣等給與諭函，亦竟始終不接。竊思人命至重，若因㖶夷而廢法律，則不但無以馭他國，更何以治華民。義律肆意抗違，斷非該國王令其如此，安可聽其狂悖而置命案於不辦。任奸宄以營私，壞法養癰，臣等實所不敢。恭查嘉慶十三年，㖶國兵頭嘟嚕㗔等在澳門違犯禁令，欽奉諭旨：「即實力禁絕柴米，不准買辦食物。」等因。欽此。此時義律與各奸夷均住澳門，前以裝貨為詞，顯有佔踞之意，今更種種頑抗，自應遵照嘉慶十三年之例，禁絕𠹌夷柴米食物，撤其買辦工人。臣等於七月初八日駐劄香山縣城，勒兵分布各處要口，俾知儆畏。仍曉諭在澳華民及西洋各國夷人，以此舉專為𠹌夷違犯，不得不制以威，與别國均無干涉，毋庸驚擾。且查例載「夷商銷貨後，不得在澳逗留」等語。今該夷既不進口貿易，是不銷貨，即不當住澳，應與奉逐各奸夷均照例不准羈留。臣等諭飭之後，澳内西洋夷目，亦即遵諭一同驅逐。自七月初九日至十九，一旬之内，義律率其家眷暨奉逐未去之奸夷㖫噸等，並散住澳内𠹌夷共五十七家，悉行遷避出澳，寄住尖沙嘴貨船及潭仔空躉船上。據署澳門同知蔣立昂、香山協副將惠昌耀等禀稱：「該夷窮蹙倉皇，已覺十分兢懼。」等語。臣等察其平日飲食居處，華靡相夸，今寄住客船，顯有抑鬱難堪之狀。又經禁賣食物，雖其船内糗糧不乏，而所嗜之肥濃燔炙日久必缺於供。且洋面不得淡水，須於山澗汲泉，若汲道俱斷，此一端即足以制其命。彼貿易斷不肯歇手，衆夷正不得齊心，要令就我範圍，似已確有把握。惟倔强之性未嘗稍受折磨，此番控馭周防，尚不免稍需時日。而欲永杜鴉片之害，實以此為喫緊機關，未便稍涉游移，復貽後患。查潭仔與澳門相近，而尖沙嘴則與虎門相近。臣等酌商調度，擬往來於香山、虎門之間，或合或分，自當隨時妥辦。既不敢冒昧以僨事，亦不敢示弱以長驕，必俟交出兇夷，埽淨煙土，貨船進埔報驗，空躉悉數開行，一切恪遵法度，然後給還買辦工人，仍准住行住澳。凡在粤東士庶，既知夷人習為虚憍，並知臣等慎密修防，沿海閭閻現俱十分安謐，堪以仰慰聖懷。

謹將辦理大概情形，會同廣東巡撫臣怡良、水師提督臣關天培、粤海關監督臣豫堃，合詞恭摺具奏，伏祈〔四〕皇上聖鑒。謹奏。

校記：

〔一〕此摺與鄧廷楨聯銜，道光十九年七月二十四日具奏。

〔二〕軍機處録副檔案作「千萬」。

〔三〕軍機處録副檔案作「口内」。

〔四〕軍機處録副檔案作「乞」。

會奏九龍洋面轟擊夷船情形摺〔一〕

奏爲暎夷義律於出澳後率領該國夷船，以索食爲名，突向師船開礮，經參將賴恩爵等奮勇抵禦，大挫其鋒，該夷旋向澳門同知投遞懇求説帖，並託西洋夷目代爲轉圜，臣等仍當相度機宜，酌籌剿撫，先將現辦情形，恭摺奏祈聖鑒事。

竊照暎咭唎國領事義律，前因求在澳門裝貨不准，輒將該國新來貨船阻留尖沙嘴洋面，圖賣鴉片，並主令奸夷空躉任意逗遛，又命案抗不交兇，給諭亦不接受。是以臣等斷其接濟，並勒兵分路嚴防。義律與住澳各暎夷悉行遷避出澳。經臣等於七月二十四日會摺具奏在案。嗣知被逐奸夷多住尖沙嘴船上，臣林則徐、臣鄧廷楨當即移駐虎門，就近調度。臣關天培自七月以來，常在沙角洋次，督領本標師船，與調到之陽江、碣石兩鎮舟師，排日分合操練，以振軍威，並加派弁兵，協防排鍊，添雇水勇，裝配火船，以備隨時調遣。旋據探報：義律將該國貨船中挑出船身較大之嘚噫喇吐等船兩隻，及屢逐未去之空躉數隻，一併湊集礮械，假扮兵船，又有自夷埠新來之兵船一隻，番梢礮械較多，拋泊各夷船之前，恃爲保護。臣等於各路水陸要口，雖已嚴密佈置，不使一處空虛，仍諄諭領兵各員，不得輕舉肇衅。原冀義律早知悔悟，果能交兇繳土，將貨船陸續進關，即可撤去兵防，照常貿易。詎七月二十九日接據大鵬營參將賴恩爵稟稱：該將帶領師船三隻，在九龍山口岸查禁接濟，防護礮臺。該處據尖沙嘴約二十餘里。七月二十七日午刻，義律忽帶大小夷船五隻赴彼，先遣一隻攏上師船遞稟，求爲買食。該將正遣弁兵傳諭開導間，夷人出其不意，將五船礮火一齊點放。有記名外委之兵丁歐仕乾，彎身料理軍械，猝不及防，被礮子打穿脇下殞命。該將賴恩爵見其來勢兇猛，亟揮令各船及礮臺弁兵施放大礮對敵，擊翻雙桅夷船一隻，在旋渦中滚轉，夷人紛紛落水，各船始退。少頃，該夷來船更倍於前，復有大船攔截鯉魚門，礮彈紛集。我兵用網沙等物設法閃避，一面奮力對擊，瞭見該夷兵船駛來幫助，該將弁等忿激之下，奮不顧身，連放大礮，轟擊〔二〕夷人多名，一時看不清楚，但見夷人急放三板，下海撈救。時有兵丁陳瑞龍一名，手舉鳥槍，斃一夷人，被回礮打傷陣亡。殆〔三〕至戌刻，夷船始遁回尖沙嘴。計是日接仗五時之久，我兵傷斃者二名。其受傷重者二名，輕者四名，皆可醫治。師船間有滲漏，桅篷亦有損傷，均即趕修完整。嗣據新安縣知縣梁星源等禀報：查夷人撈起屍首，就近掩埋者，已有十七具，又漁舟疊見夷屍隨潮漂淌，撈獲夷帽數頂，並查知假扮兵船之船主嘚嗯喇吐手腕被礮打斷，此外夷人受傷者，尤不勝計。自此次對仗以後，巡洋舟師均恨奸夷先來尋衅，巡緝愈嚴。八月初五日寅刻，守備黄琮等率領兵勇，在潭仔洋面偵見蝦笱小艇靠攏夷船一隻，帶同引水，認明係屢逐未去之呥𠹭哪躉船，知又潛賣鴉片，當即上前查拏。該躉船水手數人即先跳入小艇，飛槳逃竄。其在船之人正欲開礮，經黄琮等先擲火斗火罐，船中火發，衆夷始行走出，除鳧水登岸外，獲解伙長工人二名，現飭審究。該呥𠹭哪躉船亦即被火燒燬，並無傷人。各據禀報前來。臣等查㖆夷欺弱畏强，是其本性。向來師船未與接仗，祇係不欲釁自我開，而彼轉輕視舟師，以爲力不能敵。此次乘人不覺，膽敢先行開礮，傷害官兵。一經奮力交攻，我兵以少勝多，足使奸夷膽落。即空蔓屢驅不去，故智復萌，一炬成灰，亦可懲一儆百。正在察看該夷動靜，以籌操縱機宜。兹八月初九日接據署澳門同知蔣立昂等禀稱：初七日義律潛至澳門。該同知等聞信，正欲驅逐，旋據西洋夷目代遞義律説帖一紙。内寫：「㖆咭唎國領事義律敬字上澳門軍民府大老爺清鑒：義律在粤有年，每奉大憲札行辦事，無不認真辦理，而此次豈有別心乎？蓋義律所求者，惟欲承平，各相温和而已，謹此奉知。」等語。並據西洋夷目，以義律懇求伊等代爲轉圜，欲請該同知訂期與該夷目面商會議，明定章程，義律仍已回船，不敢留澳等情。臣等覈其帖内，雖無狂悖語句，第自謂認真辦事，而竟潛賣鴉片，庇匿兇夷，自謂豈有別心，而以索食爲名，先行開礮，是其言又安可遽信。然既經此番摧挫，其懍畏之狀亦已情見乎詞。在臣等所責其遵令而行者，亦不過繳土交兇、貨船進口等事，並非苛以所難。究竟西洋夷目所請代爲禀商之處，是否即能將此數事遵照辦理，抑或另有干求，臣等已批飭署澳門同知蔣立昂，於會議後縷晰禀陳，以憑覈辦。此後義律果能恪循法度，不越範圍，自當宣布皇仁，寬其既往，若萬不得已，仍須制以兵威。臣等亦已密定機宜，蓄養精鋭，於山海形勝逐一詳細講求，且察看水陸官兵，似亦皆能用命。總期上足以崇國體，下足以懾夷情，不敢稍畏一日之難，致貽百年之患，以仰副聖主恩威並濟中外兼綏之至意。除俟籌議覆到，覈明准駁，再行具奏外，所有現辦情形，謹合詞恭摺具奏，伏祈皇上聖鑒。

再，廣東沿海閭閻仍俱十分靜謐，各國貨船照常進口，計自本年五月至今，已進二十五隻，合併聲明。謹奏。

校記：

〔一〕此摺與鄧廷楨、關天培聯銜，道光十九年八月十一日具奏，軍機處録副有大量硃批、硃圈、硃綫。

〔二〕軍機處録副檔案作「轟斃」。

〔三〕軍機處録副檔案作「逭」。

使粤奏稿卷六

會奏巡閱澳門情形摺〔一〕

奏爲會同巡閱澳門，抽查華夷户口，傳見西洋夷目，宣示德威，恭摺具奏仰祈聖鑒事。

竊照廣東澳門一區，在廣州府香山縣之東南，距縣治一百三十餘里，東西南三面環海，惟北面陸路可達縣城。自縣城南行一百二十里曰前山寨，設有海防同知暨前山營都司駐劄。再迤南十五里，建有關牐一座，駐兵防守，爲扼吭拊背要區，出關即入澳境。溯自前明許西洋夷人寄住，歲輸地租銀五百兩，由香山縣徵收。澳内營造夷樓，棟宇相望，並建礮臺六座，以防他夷。其房屋除西夷自住外，餘皆賃給别國夷人居住，而以𠹭咭唎國爲較多。西夷挈眷而居，歷今三百餘年，踐土食毛，幾與華民無異。雖素稱恭順，不敢妄爲，而既與各島夷朝夕往來，即難保無牟利營私、售賣鴉片情事。本年臣林則徐奉命來粤，與臣鄧廷楨悉意酌商，以躉船雖在外洋，而澳門實爲夷商聚集之所，且其間華夷雜處，漢奸勾串尤多，若不從澳門清源，則内外綫索潛通，仍恐漸成弊藪。是以於四月間，檄委署佛山同知劉開域、署澳門同知蔣立昂、香山縣知縣三福、署香山縣縣丞彭邦晦，仿照編查保甲之法，將通澳華民一體按户編查，毋許遺漏，並督同該夷目搜查夷樓，有無屯貯鴉片。旋據該員等查明户口，造册呈送。計華民一千七百七十二户，男女七千零三十三丁口，西洋夷人七百二十户，男女五千六百一十二丁口，嘆咭唎國僦居夷人五十七户。並查明虎門收煙之時，有嘆夷咽曦吐將躉船煙土偷運八箱入澳，被西洋夷目查拏，將原土押交嘆國副領事參遜，一體呈繳。又據禀：該夷目自行拏獲夷人啞嗯嘀零煙，在馬頭焚燒，將啞嗯嘀收監，按照夷法問罪，出具此外並無存貯煙土甘結，禀請親監查辦前來。臣等因驅逐嘆國住澳奸夷，由省城移駐香山，遂於七月二十五日自香山起程，二十六日清晨統領將備管帶弁兵整隊出關。該夷目嗽嚧嗎吔吵率領夷兵一百名迎於關下，兵總四人，戎服佩刀，夷兵肩鳥槍，排列道左，隊内蕃樂齊作。俟臣等輿衛行過，兵總導領夷兵蕃樂隨行至新廟。夷目嗽嚧嗎吔吵具手版禀謁，命之進見。該夷免冠曲身，意甚恭謹。臣等宣佈恩威，申明禁令，諭以安分守法，不許屯貯禁物，不許狥庇奸夷，上負大皇帝撫綏懷柔至意。該夷點頭領會。據向通事聲稱：「夷人仰沐天朝豢養二百餘年，長保子孫，共安樂利，中心感激，出於至誠，何敢自外生成，有干法紀。現在隨同官憲驅逐賣煙奸夷，亦屬分内當爲之事。」等語。以手拄額者三，敬謹退出。臣等當卽賞以絹扇茶糖，並頒賞夷兵牛豕麪腊數十事，番銀四百圓，再辭乃受。臣等卽入三巴門，經三巴寺、關前街、娘媽閣，至南灣，督率隨員抽查夷樓民屋，均與册造相符。其賃給暎夷房間，自各夷離澳後現俱關閉。覆加防察，自春間查辦以後，該西洋夷樓實無存貯煙土情事。隨由南灣仍回前山。所有經過三巴、媽閣、南灣各礮臺，俱發一十九礮。詢之澳人，稱係該國大禮，以示尊敬，不輕舉行。兵總率領夷兵，送至關牐，始行撤退。臣等沿途察看，不但華民扶老攜幼，夾道觀呼，即夷人亦皆疊背摩肩，奔趨恐後，恬熙景象，幬載同深。此臣等巡視澳門之實在情形也。臣等伏思，夷人心性，反覆靡常，挾詐懷私，事所時有。如果始終馴伏，固當撫之以恩；若使微露矜張，即當繩之以法。此次因查辦鴉片，執法綦嚴，澳夷震懾天威，是以倍形遜順。惟該處華夷叢雜，最易因緣爲奸，應請於每年秋間，查照現在編查之法，檄飭澳門同知督同香山駐澳縣丞，編查一次，造册通詳，再由督撫兩司分年輪替前往抽查。如有澳夷屯販禁煙及庇匿别國賣煙奸夷等弊，即行隨時懲辦，以清弊藪而靖夷情，似於邊徼防維不無裨益。

是否有當，謹合詞恭摺具奏，伏乞皇上聖鑒訓示。謹奏。

校記：

〔一〕此摺與鄧廷楨聯銜，道光十九年八月十一日具奏。

會奏諭辨咦夷情形摺〔一〕

奏爲咦夷領事義律請將現泊粤洋夷船聽官搜查，出具實無鴉片切結，其命案兇夷亦願懸賞察究，並奸夷空躉均請勒限逐回，謹將臣等諭辨情形，恭摺奏祈聖鑒事。

竊臣等前因咦夷種種違玩，照例斷其接濟，不許住澳。該夷旋向九龍師船覓食，先行開礮，我軍奮力回擊，大挫夷鋒，復將逗留賣煙之躉船燒燬一隻，該夷領事義律急向澳門同知遞字懇求，並託西洋夷目代爲轉圜。臣等當將相機剿撫緣由，於八月十一日恭摺奏聞在案。臣等復思義律所遞之字，似知悔罪輸誠，然僅託諸空言，尚未見於實事，保非暫作緩兵之計，别生譎詐之謀，益當整肅軍威，嚴防静鎮。一面仍給諭帖，責令呈繳新煙，勒交兇手，並將繳清煙土之空躉，奉旨驅逐之奸夷，速飭全行回國，即令署澳門同知蔣立昂傳諭去後。茲疊據蔣立昂稟覆：「八月十五日義律送給回信，内稱接到軍民府來文，轉發大人傳諭條款，領事極欲欽遵聖旨，將違禁之鴉片全行絶除，自應即赴澳門叙論，以憑貴憲稟覆。」等語。十七日義律至澳門，與西洋夷目同見蔣立昂。復經該署同知將臣等諭内各條，嚴切面諭。據通事傳譯，義律口稱：「前因冒犯嚴威，疊奉諭飭，業已悔悟，欲求轉乞憲恩。」情詞極爲恭謹。詰以奉諭條款，如何遵辦？義律答稱：「未敢自行稟覆，仍具説帖，求爲轉稟。」隨將説帖呈出，已據逐條登覆。蔣立昂因見所覆尚有未協，面爲駁飭。復據義律添寫一紙，統求蔣立昂先行請示。蔣立昂即將原件稟送，並請覈示前來。臣等查閲所覆各條，文義不甚通暢，而覈其大義，尚屬遵諭奉法，不敢抗違。如諭繳鴉片一節，據其登覆，意以該國有帶鴉片之船，先已令其回去，現泊尖沙嘴各船，俱請官憲搜查，若有鴉片，即將貨船盡行没官。嗣後在粤貿易夷人，與隨時來到之船，不論船主、商人、傭工、夥計，俱令逐名出結，由義律加具印結，方准貿易，未出結者，不准開艙。永遠照此辦理。如不認真，必致自取咎戾等情。臣等查咲夷貨船，住泊尖沙嘴，不即進口，原爲圖賣新煙起見，且節次拏獲賣煙奸民，已據供認在夷船零買，確有明證。是其所稱並無煙土之説，實不可信，若不切實查辦，何能盡絶根株。臣等忿激之餘，已先與水師提臣密爲布置，將柴草火藥，裝配多船，擬將帶煙不繳之船，盡予燒燬，以除其害。然究以未分皂白，不忍玉石俱焚，繼又再四熟商，計惟臨以重兵，逐船搜檢，庶可分良莠而示勸懲。今該夷自願請搜，察其情詞，似極切實。臣等復又多方訪察，蓋該夷因見臣等堅持數月，料已無可希圖，遂將新到之煙，陸續帶回夷埠，是以前有夷船三隻先後駛回，近日復有三板夷划紛紛開去。且拏獲出海買煙奸民彭亞開等，訊據供稱：伊於八月初旬帶銀前往向買，即據夷船回覆，現無鴉片，伊即放空回來等語。是現在夷船已無煙土，似非虛誑。惟已去之土，固可不必窮追，而現泊之船，必須逐號搜查，以昭覈實。臣等現又諭令義律，將尖沙嘴所泊暎國貨船，按其到粵先後，挨次親驗。其貨物盡行盤至剝船，逐件搜查，果無夾帶鴉片，即先押送入口，本船搬空之後，再行備細查明。如此則耳目昭彰，自無影射掩藏之弊。並恐載煙回去，夷船利心不死，或竟潛赴東西兩路，冀圖分銷。臣等現又飛飭沿海各營，准備師船，嚴密防範，並由中路抽撥兵勇跟蹤踹緝，如有此等夷船駛至，即行開礮夾擊，務使遺孽肅清。至出結一節，若論尋常吏事，原恐習爲具文，而臣等體察夷情，最重信字，是以臣林則徐初次諭令該夷呈繳煙土，即先揭出此一層。迨義律稟繳二萬二百八十三箱，或疑其言未必能踐，而深悉夷情者咸決其必無失信，嗣果繳清煙土，有贏無絀，是其不肯食言，已有明驗。今其所擬逐名出結，分寫漢文夷字，由該領事加具印結，即係遵照臣等原諭辦理，自應准其所請。惟查覈所擬出結語句，與現行新例尚不盡符。臣等現又寫具結式，諭令遵照繕寫，若不如式具結，永不准其貿易，以此杜外來之鴉片，實足以昭信守於夷情，明有範圍，暗有把握，非具文所可同日而語也。至林維喜命案，據義律稱：「審得五人酗酒，皆無兇殺之罪。」又稱：「當日上岸滋事，亦有咪唎嚁人，請再細訪。」等語。當經蔣立昂以此案供證確鑿，兇手實係嘆夷之言，向其駁詰。義律無可置辯，遂添寫説帖一紙，聲明懸賞洋銀二千圓，報知何人毆斃憑據，倘能發覺，即會官憲代稟等情。臣等復查義律船内，現在實有拘押夷犯五名，其非有意匿兇，尚屬可信，而實情不能審出，原亦無怪其然。至咪唎嚁人，於羣毆林維喜時並不在場，不獨該國夷人稟辯甚明，即岸上各見證，供亦如一，且嘆夷獨託漢奸羅亞三等與屍親説和，其爲並無咪唎嚁人在場，更無疑義。臣等諭知義律，以所拘五人中，如不能審定正兇，何妨送請天朝官員代爲審明，祇當辦一應抵之人，其餘仍皆發回，斷不連累。如仍自審，則再限十日，亦必可以審明，毋得再圖延緩。此外，如空躉回國，請候北風開行，被逐奸夷，請留兩名在粤，皆經蔣立昂面加駁飭。隨又代求回澳理清事件，六日内如數揚帆而去。臣等以所請尚在情理，爲日亦屬無多，當將此一層傳諭允准。仍派委文武在澳稽查催逐，不任踰限，並諭西洋夷目一體查催。

以上各事宜，除俟逐一清釐，再行分别覈奏外，所有現在諭辦情形，謹會同水師提督臣關天培，合詞恭摺具奏，並繕録義律原遞説帖，恭呈御覽，伏乞皇上聖鑒訓示。謹奏。

校記：

〔一〕此摺與鄧廷楨聯銜，道光十九年八月二十九日具奏。

覆奏責令夷人出結甫經遵依片〔一〕

再，臣等先於春間收繳煙土之時，即經諭令夷人，務即出具嗣後永不夾帶鴉片切結呈送，而該夷均不敢具結。繼又多方開導，堅執如前。且據義律稟稱：「倘不能不取結，則嘆國人船無奈祇可回國。」等語。臣等當以該夷回國之言，並非出自真心，不過憚於出結，强顔而作此言。蓋一經出結，則此後稍有夾帶，不但本犯罹於重法，即該領事亦不能置身事外，是以心切遲疑。當經據實奏蒙聖鑒在案。嗣經御史步際桐條奏，以查辦夷船鴉片，雖責以萬分切實之結，亦將甘心出具，徒開含混之路等語。欽奉諭旨：「著林則徐、鄧廷楨悉心籌畫，務使弊源盡絶，永杜含混之端。」等因。欽此。臣等竊思夷人正不敢出結，如可免取，最爲省事。繼又反覆籌商，若竟任其抗結，則夷人夾帶之念，斷不能一日忘。蓋夷人最重然諾，卽議一事，訂一期，從不爽約，其視出結之事，絕無僅有，非比内地公牘，結多而濫，以致視爲泛常。彼愈不肯輕易具結，卽愈知其結之可靠，亦愈不能不向其飭取，是以設法辦理，直使該夷計窮心懾，至今始克遵依。臣等不敢因有人條奏，正可藉以自便，遂存趨易避難之見，致負委任。

謹合詞附片覆奏，伏祈聖鑒。謹奏。

校記：

〔一〕此片與鄧廷楨聯銜，道光十九年八月二十九日附奏。

會奏嘆國躉船奸夷現已驅逐並飭取切結情形摺〔一〕

奏爲嘆國躉船奸夷現已盡行驅逐，其具結進口貨船，查明實無鴉片，未進口者，飭取切結，聽候查驗，方准貿易，命案兇手，仍須勒兵催交，恭摺奏祈聖鑒事。

竊臣等前因咦夷義律阻攔該國貨船，庇匿致命兇手，並逗留空躉奸夷，當經示以兵威，斷其接濟，該夷計窮力絀，隨即悔罪求誠，所有節次傳諭情形，歷經奏聞在案。嗣於九月初九日承准軍機大臣字寄：「欽奉上諭：著林則徐等趁此警動之際，力除弊竇，所有該國大小船隻游奕洋面跡有可疑者，均著驅逐出境。等因。欽此。」臣等遵查，咦國夷船應行驅逐出境者，莫先於躉船，自四月間煙土繳清，即經嚴催回國，雖當時已開七隻，而其餘尚在遷延。總因該船前泊伶仃，囤貯鴉片，比之攬載他貨，獲利倍蓰，是以觀望徘徊，冀俟煙禁或有稍弛之時，覆還故業。迨八月間巡洋舟師將吗哘哪躉船燒燬之後，該夷始覺驚慌，不敢再圖久泊。除喊咂、唎㖷二船已賣與咪唎㗎夷人，改裝貨物，又吐啐、咈嚸吐二船，查已破爛零星折賣〔二〕外，計駛出老萬山回國空船，共二十三隻。復查本年春間臣鄧廷楨奏明伶仃洋面躉船，本係二十二隻，今逐回並燒毀折賣〔三〕之船，合而計之，轉多於前奏之數。蓋因收繳煙土時曾經義律將竄往南澳、福建各洋船隻陸續招回，此等載煙夷船亦應與躉船一同驅逐故也。至應逐奸夷，先經臣鄧廷楨奏明者，有嚸吔、吪啉咍、吋吋啵三名。嗣臣林則徐於嚴驅喳噸案內奏明尚有伊弟咉噸，及其外甥咉呀哋咂、㕵呀哋咂、管帳呀哋喑四名，均應驅逐。又臣等會同密訪，復有應逐之咽曦吐、噫吃啵等。連前統共一十六名，飭令一併驅逐。節據引水人等，按日按名查報，某夷附搭某船，於某月某日開行，某日出老萬山外回國，上下衙門均有報案，現在實已全去。此蔓船與奸夷均經驅逐淨盡之情形也。至噗夷貨船來粤，先被義律阻留，不令進口，妄思以此挾制，再賣新煙。迨見各口查拏緊嚴，難以圖賣，每於夜間張帆起椗，潛出萬山〔四〕。經臣等查知，大船已去六隻，小船約十餘隻，其爲將煙載回夷埠，確鑿無疑。是以近日情愿搜查，明因煙已離船，得以放心無恐。惟思夷洋之新嘉坡、新埠等處，距粤不過半月海程，安知狡獪奸夷不將鴉片暫行寄頓，俟此次搜查畢後，再圖偷運而回。所恃以怵其貪利之心者，惟賴有欽頒新例，定以斬絞罪名。自奉到部文，遍行宣示，衆夷咸有戒心。臣等先於收繳煙土之時，即經飭取生死甘結，該夷堅不肯具，蓋以繳煙係一時之事，尚可藉以求生，而具結乃長遠之事，適恐自陷於死也。然彼所畏憚者在此，則我所以制馭之者亦在此。故臣等不敢藉詞中止，亦不敢畏難苟安。相持數月以來，直至逐出澳門，斷其接濟，且值礮擊火燒之後，該夷始愿具結。惟結内但云：「如有鴉片，將貨物盡行没官。」而於「人即正法」字樣，仍不肯寫。所以臣等前摺奏明，另頒結式，飭令遵照繕繳。當飭印委各員，率同洋商通事傳諭去後，不但義律多方退縮，而且各船船主、貨主併爲一詞，以爲性命攸關，倘有水手私帶些微，恐遭連累，抑或兵役栽贓誣指，難以辯冤。臣等復諭以水手等係夷商應管之人，本宜先自查搜，豈能容其私帶？至查船有官作主，兵役焉敢栽贓？萬一意外遭誣，定予訊明反坐，何庸過慮？總之，不帶鴉片，則雖具結不至加刑，若帶鴉片，即不具結，亦必處死。多方開導，近日始有該國之嚩喇、噹啷等船陸續遵式具結，經文武官員於虎門、黃埔兩處分別查驗，實無夾帶鴉片情弊，當卽妥爲帶引，許其開艙，照常貿易。現在統計，各國已進黃埔之船，共有四十一隻。且經粤海關監督臣豫堃驗明各夷船，於貨物之外，另帶洋錢來粤買貨，現有一百一十二萬六千餘圓，日後更不止此，似可爲不賣鴉片之明證。此後遵式具結者，悉許進口驗貨貿易，如抗不具結，或結不如式之船，即可毋庸查驗，驅令速回。似此一律飭遵，先使該夷常懷畏死之心，乃足奪其貪利之念，而又嚴之以查驗，密之以偵拏，正經貿易者，加以優待，倘有帶煙發覺，立正刑誅，總惟一意堅持，不因其恫喝刁難，稍爲搖動，庶可永除巨患。至毆斃林維喜之兇夷，雖據義律稟稱囚禁五人在船，而既不能審出正兇，又不肯送出聽審，日來並欲解回該國，照依夷例辦理，已飭委員等諭令斷不准行。大抵該夷於一切事宜，緊一分則就緒一分，鬆一步則越畔一步。且其居心叵測，反覆靡常，即如近日雖已具稟求誠，而尚有嘩喻兵船一隻來自夷埠，名爲護貨，實亦不可不防。臣等仍與提臣關天培鼓勵水師官兵，靜則嚴防，動則進剿，總不稍示柔弱，務俾悉就範圍，以冀弊絶害除，仰紓宸廑。

臣等謹會同廣東巡撫臣怡良、水師提督臣關天培、粤海關監督臣豫堃，合詞恭摺具奏，伏祈皇上聖鑒。謹奏。

校記：

〔一〕此摺與鄧廷楨聯銜，道光十九年九月二十八日具奏。

〔二〕〔三〕軍機處録副檔案作「拆賣」。

〔四〕軍機處録副檔案作「老萬山」。

使粤奏稿卷七

會奏穿鼻尖沙嘴疊次轟擊夷船情形摺〔一〕

奏爲嘆國貨船正在具結進口，被該國兵船二隻攔阻滋擾，即經舟師擊逐，逃回尖沙嘴，窺伺陸路營盤，復經我兵據險俯攻，疊次轟擊，將尖沙嘴夷船盡行逐出，不使佔爲巢穴，現只散泊外洋，不敢近岸，臣等仍飭嚴行堵禦，一面綏撫良夷，以示恩威而安貿易，恭摺奏祈聖鑒事。

竊照嘆夷領事義律，前因抗違法度，當經示以兵威，旋據悔罪求誠，已將躉船奸夷盡驅回國，其甘結亦經議具，惟命案尚未交兇。臣等以夷情反覆靡常，雖已具稟乞恩，仍將夷埠兵船暗招來粤，名爲護貨，恐有奸謀，業於前摺奏明，靜則嚴防，動則進勦，不敢稍示柔弱。旋於九月二十八日由驛遞到回摺，伏讀硃批：「朕不慮卿等孟浪，但誡卿等不可畏葸，先威後德，控制之良法也，相機悉心籌度。勉之，慎之。」等因。欽此。又欽奉上諭：「當此得勢之後，斷不可稍形畏葸，示以柔弱。雖據該夷領事義律浼西洋夷目懇求轉圜，但該夷等詭詐性成，外示恐懼，內存叵測，不可不防。著林則徐等相度機宜，悉力〔二〕籌畫，如果該夷等畏罪輸誠，不妨先威後德，倘仍形桀驁，或佯爲畏懼，而暗布戈矛，是該夷自外生成，有心尋衅，既已大張撻伐，何難再示兵威？林則徐等經朕諄諭，諒必計出萬全，一勞永逸，斷不敢輕率僨事，亦不致畏葸無能也。」等因。欽此。臣等跪誦之下，仰見我皇上先幾洞燭，訓示嚴明，數萬里外夷情，毫發難逃聖鑒，臣等服膺銘佩，遵守彌虔。其特蒙恩賞呼爾察、圖巴圖魯名號並照例賞戴花翎，以副將即陞先換頂帶之參將賴恩爵等，感激天恩，益圖報効，凡在將弁士卒，亦皆感奮倍常。提臣關天培督率舟師，數月以來，常駐虎門二十里外之沙角礮臺，巡防彈壓，間赴三十里外之穿鼻洋面，來往稽查。近日各國貨船，絡繹具結，俱經驗明，帶進黃埔。暎國貨船中首先遵結者曰灣喇，亦已進埔貿易。其次遵結者曰噹啷，於九月二十八日正報入口。詎有該國兵船二隻，於午刻駛至穿鼻，其一即七月內向九龍滋擾之吐嘧，其一則近來新到之嘩喻，硬將已具結之噹啷貨船，追令折回，不得進口。提臣關天培聞而詫異，正在查究間，吐嘧一船輒先開放大礮，前來攻擊。關天培亟令本船弁兵開礮回擊，並揮令後船協力進攻。該提督親身挺立桅前，自拔腰刀，執持督陣，厲聲喝稱：「敢退後者立斬！」適有夷船礮子飛過桅邊，剥落桅木一片，由該提督手面擦過，皮破見紅。關天培奮不顧身，仍復持刀屹立，又取銀錠先置案上，有擊中夷船一礮者，立刻賞銀兩錠。其本船所載三千斤銅礮，最稱得力，首先打中吐嚜船頭。查夷船制度與内地不同，其爲全船主宰者，轉不在船尾而在船頭，粤人呼爲頭鼻，船身轉動，得此乃靈，其風帆節節加高，帆索紛如蛛網，皆繫結於頭鼻之上。是日吐嚜船頭撥鼻拉索者，約有數十夷人。關天培督令弁兵，對準連轟數礮，將其頭鼻打斷，船頭之人紛紛滾跌入海。又奏陞水師提標左營遊擊麥廷章，督率弁兵，連擊兩礮，擊破該船後樓，夷人亦隨礮落海，左右艙口間有打穿。嗶喻船不甚向前，未致受創。接仗約有一時之久，吐嚜船上帆斜旗落，且禦且逃，嗶喻亦隨同遁去。我軍本欲追躡，無如師船下旁灰路多被夷礮擊開，内有三船漸見進水，勢難遠駛。而夷船受傷只在艙面，其船旁船底皆整株番木所爲，且全用銅包，雖礮擊亦不能遽透，是以不值追勦。收軍之後，經附近漁艇撈獲夷帽二十一頂，内兩頂據通事認係夷官所戴，並獲夷履等件，其隨潮漂淌者，尚不可以數計。我師員弁雖有受傷，並無陣亡。惟各船兵丁，除中礮致斃九名外，有提標左營二號米艇，適被礮火落在火藥艙中，登時燃起，燒斃兵丁六名，繼已撲滅。又有受傷之額外黄鳳騰，與受傷各弁兵，俱飭妥爲醫治。此次吐嚜等前來尋衅，固因前在九龍被擊，意圖報復，而實則由於義律與圖賣鴉片之奸夷暗中指使。臣等訪知義律於該國煙土賣出一箱，有抽分洋銀數十圓，私邀夷埠兵船前來，以張聲勢。每次送給勞金，數至巨萬，到粵後，全船伙食皆從各貨船湊銀供給，無非恃其船堅礮利，以悍濟貪。臣等併力堅持，總不受其恫喝，所定具結之令，雖據義律勉强遵依，但不肯繕寫「人卽正法」字樣。而九月間復有該國富商數人至澳門集議，又謂義律但慮人之正法，而各商尤慮貨之没官，反覆刁難，迄無定議。所喜該國猶有良夷，如嚹喇、噹啷二船，屢諭之餘，頗知感悟，甫與他國夷商一體遵式具結，臣等加意優獎，冀爲衆夷之倡。而義律與該國奸夷，恐此結具後鴉片絶不能來，遂痛恨該二船之首先遵具，慫恿吐嘧等兵船與之尋衅生事。因嚹喇已進口内，無可如何，探知噹啷入口之時，趕來追捉，適我師在口外彈壓，輒敢開礮來攻。是滋擾雖係夷兵，而播弄實由義律。誠如聖諭，佯爲畏懼，暗布戈矛，自外生成，不得不大張撻伐。經提臣關天培統師攻擊，雖已逃竄不遑，究以師船木料不堅，未便窮追遠躡，則仍須扼其要害，務使可守可攻。查該夷船所泊之尖沙嘴洋面，羣山環抱，浪静風恬，奸夷久聚其間，不惟藏垢納汙，且等負嵎縱壑，若任其踞爲巢穴，貽患曷可勝言。臣等自嚴斷接濟以來，已於尖沙嘴一帶擇要紮營，時加防範，本意祇欲其畏威奉法，仍聽貿易如常，原不忍遽行轟擊。而乃抗不具結，匿不交兇，迨兵船由穿鼻被創逃回，仍在該處停橈修理，實難容其負固，又奚恤其覆巢。節據派防各文武稟稱，尖沙嘴迤北，有山梁一座，名曰官涌，恰當夷船脊背之上，俯攻最爲得力。當即飭令固壘深溝，相機剿辦。夷船見山上動作，不能安居，乃糾衆屢放三板，持械上坡窺探。即經駐劄該處之增城營參將陳連陞、護理水師提標後營遊擊之守備伍通標等，派兵截拏，打傷夷人二名，奪槍一桿，餘衆滚崖逃走，遺落夷帽數頂。九月二十九日，夷船排列海面，齊向官涌營盤開礮，仰攻數次。我軍紮營得勢，礮子不能横穿，僅從高處墜下，計拾獲大礮子十餘箇，重七八斤至十二斤不等。官兵放礮回擊，即聞夷船齊聲喊叫，究竟轟斃幾人，因黑夜未能查數。十月初三日，該夷大船在正面開礮，而小船抄赴旁面，乘潮撲岸，有百餘人搶上山岡，齊放鳥槍，僅傷兩兵手足。被增城右營把總劉明輝等率兵迎截，砍傷打傷數十名，刀棍上均沾血跡，夷人披靡而散，帽履刀鞘遺落無數，次日望見沙灘地上掩埋夷屍多具。初四日，夷船又至官涌稍東之胡椒角，開礮探試。經駐守之陸路提標後營遊擊德連將大礮擡礮一齊回擊，受傷而走。臣等節據禀報，知該處疊被滋擾，勢難歇手，當又添調官兵二百名，派原任遊擊馬辰暨署守備周國英、把總黄者華，帶往會勦。復思該處既占地利，必須添安大礮數位，方可致遠攻堅，復與提臣挑撥得力大礮六門，委弁解往，以資轟擊。並派熟悉情形之候補知府、南雄直隸州知州余保純，帶同候補縣丞張起鵾馳往，會同新安縣知縣梁星源，相度山梁形勢，妥爲佈置。復札駐守九龍之參將賴恩爵、都司洪名香、駐守宋王臺之參將張斌，亦皆就近督帶兵械，移至官涌，併力夾擊。茲據會稟，十月初六日，該文武等均在官涌營盤會同商定，諸將領各認山梁，安設礮位，分爲五路進攻。陳連陞、伍通標、張斌各爲一路，賴恩爵及馬辰、周國英、黄者華爲一路，德連、洪名香爲一路，該縣梁星源管帶鄉勇前後策應。晡時，夷人在該船桅上窺見營盤安礮，即各趕裝礮彈，至起更時連放數口打來。我軍五路大礮重疊發擊，遥聞撞破船艙之聲，不絶於耳。該夷初猶開礮抵拒，迨一兩時後，只聽呷啞吽喊，竟無回擊之暇，各船燈火一時滅息，棄椗潛逃。初七日天明瞭望，約已逃去其半，有雙桅三板一隻在洋面半沈半浮，餘船十餘隻退遠停泊，所有篷扇、桅檣、繩索、犆具，大都狼狽不堪。該文武等因夷船尚未全去，正在查探間，即據引水等報稱：查有原扮兵船，在九龍被礮打斷手腕之嘚唲喇吐，及訪明林維喜命案係伊水手逞兇之哆唎兩船，尚欲潛圖報復。該將領等因相密約，故作虛寂之狀，待其前來窺伺，正可痛勦。果於初八日晡時，哆唎並嘚唲喇吐兩船，潛移向内，漸近官涌，後船十餘隻，相隨行駛。我軍一經瞭見，仍分起趕赴五路山梁。約計礮力可到，即齊放大礮，注定頭船攻擊。恰有兩礮連打哆唎船艙，擊倒數人，且多落海漂去者。其在旁探水之夷刬一隻，亦被擊翻。後船驚見，即先折退，而哆唎一船，尤極倉皇遁去，無暇回礮。計官涌一處，旬日之内，大小接仗六次，俱係全勝。惟初八日晚間，有大鵬營一千斤大礮，放至第四出，鐵熱火猛，偶一炸裂，致斃順德協兵丁二名。除與穿鼻洋面陣亡兵丁及受傷兵内如有續故者，一體咨部請卹外。現據新安縣營禀，據引水探報，吐嚂、嗶唫兵船，義律三板，暨嘆夷未進口大小各船，自尖沙嘴逃出後，各於龍鼓、筲洲、赤瀝角、長沙灣等處外洋四散寄泊。查粤省中路各洋，爲漢夷通商總道，雖皆可許泊舟，亦須察看形勢，隨時制馭。即如道光十四五年間，夷船藉稱避風，輒泊金星門，該處地屬内洋，不得任其逼處，經臣鄧廷楨嚴行驅逐，至今不敢進窺。年來改泊尖沙嘴，衹於入口之先，出口之後，暫作停留，尚無妨礙。今歲佔泊日久，儼有負固之形，始則抗違，繼且猖獗，是驅逐由其自取，並非衅自我開。此次勦辦之餘，於澳門既不能陸居，於尖沙又不能水處，苟知悔悟，儘許回頭。若義律與吐嚂等尚以報復爲心，則堅壘固軍，靜以待之，亦自確有把握，不敢輕率畏葸，致失機宜。至貿易一事，該國之國計民生皆繫於此，斷不肯決然捨去。若果嘆夷憚於具結，竟皆歇業不來，正咪唎㗎等國之人所禱祀而求，冀得多收此利者。與其開門揖盜，何如去莠安良，而良莠之所以分，即以生死甘結爲斷。臣等現又傳諭諸夷，以天朝法紀森嚴，奉法者來之，抗法者去之，實至公無私之義。凡外夷來粤者，無不以此爲衡，並非獨爲嘆咭唎而設。此時他國貨船遵式具結者，固許進埔，即嘆國貨船，亦不因其違抗於前，而並阻其自新於後。又如嘆國嚪喇之船，已在口内，聞有穿鼻、官涌之役，難免自疑。臣等諭令地方印委各員，諄切開導，以伊獨知遵式具結，查明並無鴉片，洵屬良夷，不惟保護安全，且必倍加優待。復經海關監督臣豫堃親至黄埔驗貨，特傳嚩喇，面加慰諭，該夷感激涕零。惟嗱啷一船，被吐嘧嚇唬之後，尚未知避往何處？臣等飭屬查明下落，護帶進埔。倘吐嘧兵船復敢阻攔，仍須示以兵威，總期悉就範圍，仰副聖主綏靖華夷之至意。現在沿海閭閻，照常安貼，堪以上慰宸懷。所有現辦情形，謹會同廣東巡撫臣怡良、水師提督臣關天培、粤海關監督臣豫堃恭摺具奏，伏乞皇上聖鑒。謹奏。

校記：

〔一〕此摺與鄧廷楨聯銜，道光十九年十月十六日具奏，軍機處録副檔案有許多硃批文字。

〔二〕軍機處録副檔案作「悉心」。

會奏察看暎夷反覆情形遵旨不准交易摺〔一〕

奏爲察看暎夷反覆情形，仍爲圖賣鴉片起見，遵旨不准交易，俾知儆懼，並以折服各國夷情，恭摺奏祈聖鑒事。

竊照暎咭唎國貨船於九月底正在具結進口，旋被該國兵船二隻攔阻滋擾，我兵水陸疊擊，將該兵船及尖沙嘴各夷船盡行逐出外洋，經臣等於十月十六日恭摺具奏在案。嗣承准軍機大臣字寄：「九月二十三日奉上諭：前後駛回各船，難保不潛赴東、西兩路，冀圖私銷。著即派員跟蹤偵察，嚴飭沿海各營認真防範。至所出切結，如果可靠，自必漸就肅清。儻該夷迫於勢蹙，暫作緩兵之計，日後再有反覆，即當示以兵威，斷絕大黄、茶葉，永遠不准交易，俾冥頑之徒知所儆懼。等因。欽此。」臣等跪讀之下，仰見我皇上料夷情之反覆，示儆懼於冥頑，訓諭周詳，彌深欽服。查臣等先於收繳煙土事竣，當以此後不許夷人再賣鴉片，理應取具遵依，是以飭繕甘結，聲明「如有夾帶鴉片，人即正法，貨物没官」字樣。義律先本抗違，迨數月相持，屢經折挫，八月内始據禀稱情愿具結，惟所寫字樣，尚與新例不符。臣等念其畏罪輸誠，冀可再加開導，是以將其原遞澳門同知説帖繕録奏聞。詎該夷陽奉陰違，早不出聖明所料，至九月間，義律復招夷商數人在澳門集議，彼此推卸刁難，此即反覆之始也。該國有嚩喇、噹啷二船，均遵式具結。嚩喇先進黄埔，而噹啷船正在入口，被義律潛約吐嘧兵船將其攔回，以致與師船互相礮擊，其爲反覆，莫甚於此。且前遞説帖内云：「毆斃林維喜命案兇手，已懸賞二千圓令人報知。」至九月底乃將囚禁在船之夷人五名，均欲解回該國，照夷例辦理，是其反覆之形，不一而足。而究其所以反覆之故，實因慣賣鴉片，奸夷利心不死，前雖已將新煙帶回夷埠，而往來夥黨尚多，仍思乘機偷運，伊恐甘結一具，性命難逃，而義律利其抽分，與之朋比，忽恭忽倨，皆有譎謀。臣等前已傳諭諸夷：「奉法者來之，抗法者去之。」嘆夷既不遵約束，與其開門而揖盜，何如去莠而安良。兹蒙訓諭嚴明，尤當恪遵辦理。當即函商粤海關監督臣豫堃，會同出示曉諭，自十一月初一日起停止嘆咭唎國貿易。除未經停止以前，嘆夷有將貨物轉賣與别國夷商者，既據遵式具結，查無鴉片，即係正經貿易，業已移步换形，尚可不追既往，當與嚩喇等一體准令進口外，其餘責成洋商，認明嘆國來船，一概停其交易。所有大黄、茶葉二物，查大黄每年出口本屬有限，不過附搭藥材項下，嘆夷所銷尤少。惟茶葉在所必需，然有緑茶、黑茶之分，嘆夷所銷多係黑茶，現在嚴密稽查，不使影射偷漏。查向來夷船到粤，以嘆咭唎爲最多，自嚴辦鴉片以來，各夷埠均有傳聞，以鴉片出自咉國，此後該國買賣可減，別國買賣可增，如嗹國、喘國及單鷹、㖒啵啦等國，歷年不過偶來一二船，本年來者特多，是他夷皆有欣欣向榮之象。而咪唎㗖國之船現來四十五隻，則比往届全年之數已有浮多。尤見天朝聲教覃敷，並不少此咉咭唎一國。而義律之勾結吐嘧等，虛張憍飾，玩法營私，該國以七萬里之遥，其主若臣，未必周知情狀，今他國通商如舊，而咉國獨停，若該國查察情由，係因圖賣鴉片，抗違天朝新例，則内而自知理曲，外而顔面何存，彼亦不肯容義律等之詭計奸謀，以自壞其二百年來之生計也。伏思斷絶鴉片首貴杜其來源，而杜源總在夷船，無他謬巧，譬之防守河工，鴉片之來，如黄水然，惟有嚴隄防以禦之。紋銀之出，如清水然，惟有閉牐壩以束之。本年以來，收繳已化之煙土值銀千餘萬兩，人所共知，而新來之鴉片，半途聞信折回及到粤畏拏運回者，訪聞亦復稱是。故本年咉夷來船本較往年爲少，今既發令斷絶該國貿易，所有洋商行鋪均不敢與之私售。惟當視其有無悔懼真情，再行覈辦。至他國遵照具結進口，查無鴉片者，已有船六十二隻，並據查報帶來洋錢將及二百萬圓。臣等仍當時刻稽查，防其潛代咉夷走私偷賣，不敢因他夷之遵式出結，即遽信爲無他。其先已具結之噹啷一船，雖係咉國夷人，而早知遵循法度，現被義律等扣留口外，日後若求入口，仍當帶進黄埔，不宜與觀望、營私之他船一例辦理，以示區别。至前後駛回各船，誠難保不潛赴東、西兩路希冀私銷，臣等仍遵諭旨，密派文武，跟蹤偵察，並嚴飭沿海各營，認真防範。總期該夷鴉片無處可售，庶使海面肅靜，以仰副聖主除患保民之至意。

所有現斷𠻳夷貿易緣由，謹會同廣東巡撫臣怡良、水師提督臣關天培、粤海關監督臣豫堃，合詞恭摺具奏，伏乞皇上聖鑒訓示。謹奏。

校記：

〔一〕此摺與鄧廷楨聯銜，道光十九年十一月初九日具奏。

會奏請將高廉道暫駐澳門查辦夷務片〔一〕

再，臣等伏讀上諭：「林則徐已放兩江總督，現雖專辦此事，豈能常川在粤？即鄧廷楨統轄兩省，公務繁多，亦不免顧此失彼。仍當通盤籌畫，辦理結實，俾日後淨絶根株，方稱一勞永逸。」等因。欽此。仰見聖主明示機宜，曲體臣工之至意。現已遵旨斷絶𠻳夷交易，由虎門起程回省籌辦善後事宜。竊念徒法不能自行，而量材或堪器使，自當擇其扼要，俾有治人。查各國夷商來粵貿易，貨船俱進黃埔，而坐莊商夥多僦居澳門，探行市、清帳目固在此，而操奇赢、通詭秘亦在此，是澳門實爲總滙之區。狡窟既多，漢奸因之麕集，教猱升木，靡所不爲。至西洋夷人雖稱恭順，而不耕不織，專恃懋遷，罔利之謀，變幻百出。現經停止嘆夷交易，更難保其不私相串囑，代運代銷。弊竇一開，漏卮依舊，不可不大爲之防。溯查雍正八年設香山縣丞一員，駐劄澳内之望廈村，乾隆八年又設澳門同知一員，駐劄距澳十五里之前山寨，專司夷務，布置本極周詳。惟近日夷人變詐多端，澳務愈形喫重，當此認真釐剔之際，控馭尤貴得人，必須官職較大之員，方足以窮竇源〔二〕而制驕縱。查有新授高廉道易中孚，儉約自持，能耐勞苦，辦事勇敢，頗著威名，現已交卸潮州府篆，即赴高廉新任。臣等公同商酌，擬即委令該道暫行駐劄澳門，督同澳門同知等查辦夷務。舉凡稽察澳夷額船，斷絶嘆夷冒混，緝拏漢奸接濟，一切責成該員董率辦理。其高廉道本任政事較簡，儘可包封在澳覈辦。惟高、廉兩郡秋審，向由該道提勘，届期前往，不過月餘，即可竣事。至澳門棲止之處，舊有粵海關監督行署一所，係屬空間，可借與該道駐劄，以資辦公。惟澳門華夷雜處，布惠尤貴宣威，小事修刑，大事修戎，實爲事所時有。既經畀以事權，即當予以兵衛。查前山寨設有内河水師都司一員，帶兵三百六十三名，向歸香山協管轄，應請由該道節制，遇有緩急，聽其調遣。高廉道本兼兵備，體制亦屬相符。整頓一二年後，如果諸夷就範，鴉片肅清，再將該道撤回高廉，以重職守。

臣等愚昧之見，是否有當，謹會同撫臣怡良附片奏祈聖鑒。謹奏。

校記：

〔一〕此片當與鄧廷楨聯銜，使粵兩廣奏稿後有「道光十九年十一月初九日附奏」。

〔二〕軍機處録副檔案作「弊源」。

使粤奏稿卷八

覆奏遵旨體察漕務情形通盤籌畫摺〔一〕

奏爲遵旨體察漕務情形，通盤籌畫，恭摺覆奏，仰祈聖鑒事。

竊臣承准軍機大臣字寄：「七月初四日奉上諭：前據金應麟奏請將漕運事宜量爲變通，已有旨交兩江總督、江蘇巡撫等妥議具奏矣。著陳鑾、裕謙即將原奏内所指各情節，體察情形，通盤籌畫，仍俟林則徐到任後，再行會商，務臻妥善，據實具奏。將此諭令知之。欽此。」臣因奉差在粤，未見金應麟原奏，請俟江蘇省將原奏咨到，即當體察籌議，先於八月内附片奏聞在案。嗣准署江蘇巡撫、布政使臣裕謙，鈔録金應麟原奏移咨到粤。臣細閲奏内所陳查辦六條，處分一條，皆辦漕切要之事，自應大加整頓，力挽積疲。而其附片採訪見聞，亦不得已而求變通之法。惟是漕務勢成積重，如醫家之治久病，見證易而用藥難。蓋他端政事，祇求官與民兩相安而已，獨漕務則糧户輸之州縣，州縣兑之旗丁，而旗丁領運於南，斛交於北，則又有沿途閘壩與通倉經紀操其短長，故弊常相因而事難獨善。即論病根所起，南北亦各執一詞。以北言南，則謂州縣浮收，以致旗丁勒索，旗丁勒索，以致到處誅求。而以南言北，又謂旗丁既被誅求，安得不勒索，而州縣既被勒索，安得不浮收。每以反唇相稽，鮮能設身處地。於是官與民競，丁與官競，即官與官亦各隨其職掌以顧考成，而無不相競。而凡刁生、劣監、訟棍、包户、奸胥、蠹役、頭伍、尖丁、走差、謀委之徒，亦皆乘機挾制，以衣食寢處於漕。本圖私也而害公矣，本争利也而交病矣。原奏謂近年州縣臨漕規避，挾制上司，莫可誰何，此亦難免之事。蓋寬之，固不啻教猱升木。即嚴之，亦不過掩耳盜鈴。各處類然，而蘇、松爲尤甚。蘇、松之漕果治，則他處當無不治。臣前在蘇省，雖歷五次冬漕，祇求無誤正供，實不敢言無弊。兹奉諭旨飭議，謹憶往時所歷情形，與原奏互相參酌，分擬四條，或正本清源，或補偏救弊，或爲補救外之補救，或爲本源中之本源，近則先計一時，遠則勉圖經久。不揆固陋，謹逐條另繕清摺，恭呈御覽，伏候聖裁。惟差次未帶案卷，竊恐記憶舛訛，如蒙聖明採擇，可否發下署兩江總督臣陳鑾、署江蘇巡撫臣裕謙，覈對案據，並將本届冬漕有無堪以照辦之處，斟酌具奏，請旨定奪。是否有當，謹繕覆奏，伏乞皇上聖鑒訓示。謹奏。

謹將籌議漕務四條，繕具清摺，恭呈御覽。

一、議正本清源。必使自南至北皆無例外苛求，然後可以杜州縣之浮收，絶旗丁之勒索。要不能專禁一處，故其事極難。然果法在必行，則亦不敢因難而阻也。臣竊擬一簡便之法，曰縣督幫收。緣州縣一經開倉，則逐日用度不勝枚舉，不獨幫費繁重已也。與其進倉出倉，時日躭延，秏費無算，何如合收兑爲一事，就糧船爲倉廒。查每年重運過後，本次總有減歇及屆造之船，先令依限修造，一經開漕，先以此船收米，回空到後，速催修艌，接續貯收。收完一船，即取一船關結，先開離次。州縣於岸上搭蓋篷廠，令花户斛米交船，丁與民相授受而官監之，務使平斛響擋，顆粒不得浮加，其米色之高低，胥由州縣持平，不任旗丁欺壓。蓋在官既無霑染，則理直氣壯，即禁止令行，不但旗丁無敢刁難，即索規包抗之徒皆可執法從事，而小民胥免浮折徵收，可決公平矣。惟就中窒礙者有三：一則舂篩白糧，採買糯米，一切夫工折秏，口袋麻繩，向由州縣津貼。一則逃亡絶户，廢地老荒，向由州縣墊補。一則票册紙張，夫役飯食，篷廠薪燭，向由州縣措辦。一收新漕，皆無從挹注。但能責州縣以潔己，不能責州縣以解囊，即幫費不花一錢，而虧漕悮運之患自若，況重船不能不脛而走，又人所共知者乎。不得已仍仿成法而變通之。溯查丁代民勞之始，每石原有秏米六斗六升，辦運極爲充裕，嗣將秏米劃出四斗，起運歸公，其餘二斗六升折徵銀一錢三分，由糧道批解倉場衙門，以充支放公用，故有二六輕齎之名，而丁不與焉。又有篩颺秏米一款，每石給二升七合有零，專以貼丁，嗣則奏准米歸通倉，其貼丁之款由縣折銀支給。復有漕贈一款，正秏二米，每石贈銀一錢，改兑之米每石贈銀五分，原由糧户津貼旗丁，故謂之贈。迨後此款内每石劃出二十七文分給北壩，名曰箇兒錢。又於雍正七年，前大學士尹繼善奏准革除江蘇漕弊，每米一石津貼銀六分，半歸旗丁，半歸州縣，近聞此款專歸丁收。凡此皆貼漕之大略，或載全書，或見部案，班班可考。今果力辦清漕，似須統核倉場經紀以及旗丁州縣每處應得漕務款項，實有若干，其用度萬不可少者若干，徹底查明，通盤籌畫。凡有可以取資之款，各支各用，彼此不許侵剋。其實在無從設措者，即不得不參酌成法，仍著糧户貼銀。蓋完米既顆粒無浮，則糧户受益不少，而縣幫辦公掣肘之處，糧户亦無不周知。從前中外條陳，每有八折收漕之議，事多流弊，自不可行。若仿尹繼善奏准章程，參考歷來成案，比較現在情形，則每石酌貼銀三四錢，似亦不詭於正。可否責令各府州細加察看，由司道議詳，督撫分别奏明，予以限制，將大小户一律徵收，比之目下完漕，定可減輕過半。如縣幫再有婪索，糧户再有抗延，以及後手之尖丁，白規之生監，惟有儘法痛辦而已。雖然，疲幫軍船不得不裁汰也。查江淮、興武二幫，因無屯田，疲名久著，然尚有造費貼息。其最不堪者，如太倉後幫、滁蘇幫、太河二、三幫，債積巨萬，船壞八九，不調劑不能出運，即調劑亦無完膚。且孤寡廢疾之流皆其債主，沿河攔索以累百計，故津貼到手即罄，而開行數里即停。索債者認船不認人，謂之黑帳，惟船去然後債去。雖定例各幫額船不許缺少，然負重灑帶，雇募買補，與夫加一免雇，亦例内所許通融者。與其强留之而各幫效尤，何如酌減之而米歸灑帶，抑或減疲幫之額以添殷幫之船，似宜責成糧道體察辦理，勿以原額拘之，庶可悉歸完善矣。雖然，閘壩關纜不得不酌減也。查重運挽過清江浦，向稱三閘五壩，每船關纜夫錢不過十餘千至二十餘千爲止。嗣因清江一閘亦難挽放，而臨黄各壩復有加添，道光二年前漕臣李鴻賓所定木榜，則稱四閘九壩。近年復加至十四壩。每處關纜皆以頭二三進爲差，年增一年，每船渡黄，需錢百餘千至百數十千不等。固由水勢湍急，而夫頭之乘危勒詐，委員之暗地分肥。薄人於險，實爲可惡。欲除其弊，先須大減委員，留一二實心者，專其責成，以每日所放船數分勤惰，以所放之有無失事核功過，其壩座設法減少，關纜夫錢悉定其數，刊榜曉諭。此外沿途各閘，亦皆照行，如有訛詐，立置於法，似可以杜其弊。雖然，候補衛弁不得不甄别也。捐納衛官，分發到淮圖差使者，無非圖規費耳。從前自南而北，漕委不過二十餘人，迨道光七年奏定重運不得過四十員，回空不得過二十八員，至十六年又有不得過八十員之奏，總由候補人衆，難令空閒。然與其調劑而累丁，何如酌留而汰冗，或量其膂力改補營職，或按其捐數量改佐雜，似亦可以疏通矣。雖然，通倉使費不得不核實也。查通倉經紀，以米爲生，凡米之好醜，斛之贏縮，俱不難隨手改移，故費足則秕稗亦珠璣，費不足則釜鍾當升合。不獨旗丁惟命是聽，即各省糧道恐亦莫可如何，惟賴本管官爲之裁制而已。查糧船有帶北存公一款，本係從幫費内劃出，以爲壩費。聞近年存公款銀每不敷用，以致壩債愈多，則累丁之故可想。似宜准令各幫旗丁於抵通交米後，將經紀有無勒索，禀知該管糧道，即由道彙取丁結，逕揭部科一次。如有指出贓款，准予查辦，按實者寘之重典，或可互相鈐制。至賦出於田，理宜清丈頃畝，以除寄莊飛灑之弊。丁起於屯，理宜稽核衛地，以裕貼造贍運之資。此亦本源之所應治，而不能期諸旦夕，似當從容以理之者也。

一、議補偏救弊。漕務已成積重，若一時不能驟改，亦須補救有方。金應麟原奏所陳，本已詳悉。兹臣所議，有於原奏中融會者，有於原奏外推詳者，在縣在幫，各有六事：一則核舊章以去太甚也。查蘇松糧户向分大小，而收數因有短長，大户愈占便宜則小户愈受苛刻，彼此相較，有數十等之差。於是小户效尤，亦詭寄於大户，而辦漕愈難矣。今雖未能遽令畫一，斷不可過於偏枯。該管府州耳目切近，應令確查所屬州縣歷年收兑舊章，援以爲準，不及者曲在民，太過者曲在官，隨地隨時，持平核辦。至近年祠堂公産，假託者多，即義産息田，亦竊善舉之名，以遂短漕之計。應令散歸各户，照衆徵完，以杜影射，有挾制者罪之，總以去其已甚爲主。一則治經造以除弊匿也。查近歲完漕，不但徵新，且多帶舊，其中分年分限，各届完數不同，民間要見由單，始可照數完納，而闔縣糧户，多者數十萬，少亦十數萬，一切完帶之數，瑣碎畸零，官吏難以周知，不得不假手於里甲莊差，統名謂之經造。而若輩居爲奇貨，不以實徵户册與官，不以易知由單與民，私折暗包，以完作欠。迨至兑漕緊急，硬將短數交官，而加貼之多早經肥己，遲悞把持，莫此爲甚。應令州縣於開漕之先，速將由單散給，並將給單日期出示通諭。各糧户如五日内單未到手，許控經造，若單到手而不完納，另差查催。倘已由經造折收匿不稟官者，一經發覺，立辦重罪。一則清訟米以杜抗延也。查收漕之事固少持平，而告訐之人總非善類，無糧而上控則索規可知，有糧而上控則躲避可知。控案固須審明，正供豈容藉抗，應將上控之糧户，由赴訴衙門押令到倉交完本名下米石，始行准理。一則稽丁胥以憑懲蠹也。查漕書、記書、倉差、斗級以及管倉管廒家人，皆不能不用，若輩莠多良少，非魚肉百姓，即侵盗本官，飛串灑米，搬户掛籌等弊，難以枚舉，甚且結尖丁而分肥於後手，引訟棍而調處以居閒，破案即逃，浮蹤莫捉。應先責令州縣將此等的實姓名、年貫、住址並其家屬、親丁，詳列册内，送該管府州覆查，一有弊端，立即提究。如查造不實，提拏不到，惟該州縣是問。至總運廳差，亦須裁減，並永禁坐倉，以免勾結滋弊。一則嚴截串以杜豫虧也。州縣闒茸之員，間有漕前先截板串，或挪解下忙錢糧，或墊辦修倉鋪底，其串或給書差，或付錢鋪，無非明虧暗損，挖肉補瘡，至臨漕而無所措手矣。更有不肖之員，暫時署事，將值交卸，趕將善區美户截串先徵，此爲營私悮公之尤，必須重辦。一則消漕尾以實庫貯也。江蘇漕額之大，有一縣而可抵湖南、北一省者，漕船催開緊急，斷不能守待闔縣疲户一律全完，故州縣墊漕，萬不能已，所謂漕尾是也。惟其恃有現存未徵之串，得交後任接徵，而後任又以新屆錢漕爲亟，未遑兼顧，一輾轉間，舊串流交，久之幾成廢紙。應責令州縣，按年分月帶徵二成，徵不足者著賠，則雖往復乘除，總無五年以外之漕尾，而庫款庶免虚懸。至有一種取巧州縣，將短縮太甚之大户故意不徵，留作漕尾移交者，察出特參，與大户一同懲辦，庶可示儆。此在縣之六事也。其在幫者，亦有六事。一則復冬兑以符儹限也。查漕船例應冬兑冬開，嗣因節節爲難，不能悉符舊制，近年疊奉諭旨，統限四月初十以前，全數儹至清江，渡黄北上，定須懔遵欽限，不得刻逾。但冬間若不多兑，春間必不能早開，而旗丁慣以米色爲詞，停兑議費，且其意欲令米石在縣倉發熱過後，始行上船，故兑愈疲而費愈重，漕亦愈遲。嗣後冬間，須儘縣中所收之米全行兑幫，不得任丁刁措，庶來春衹須找兑，差可速漕矣。一則按兑米以給津貼也。幫費即不能遽裁，而頻歲疊加，何以爲繼？惟當欽遵嘉慶二十二年九月所奉諭旨，統以米石多寡，按水次舊章，酌給津貼，作爲一定限制，如再格外需索，即當治罪。而給付之法，總惟兑一石之米，給一石之費。如兑多給少，不依州縣。給多兑少，不依旗丁。有逐日兑單爲憑，自足以昭公允。至於未兑以前，責在州縣。既兑以後，責在旗丁。歷奉諭旨嚴明，定須敬謹遵守。若兑竣之後，勒措通關，及空船先開，隨後趕米，皆旗丁誤漕大弊，必須重治其罪。一則別虛船以昭核實也。查加一免雇及輪減存次之船，並不受兑出運，而仍給與行月苫蓋，已屬格外從優，豈得復爭津貼。應查照從前奏案，此項虛船，不准混索幫費，致全幫延緩開行，如違即當嚴辦。一則實行月以防正虧也。查旗丁行月米糧，皆計口授食之需，升合不容短少。乃近聞縣幫串合折乾，每船有折米數十石及百餘石不等，獨不思沿途食米不足，致虧正糧，誰執其咎？嗣後水次如有此弊，縣幫一體治罪。一則懲水手以節身工也。糧船水手有額雇在船者，有游幫短纖者，總之皆兇狠之徒，或師傅盤踞老堂，或頭船勒薦夥黨。偶遇風水阻滯，即藉端勒加身工，甚至毆丁折艙，大爲幫累。近年疊經嚴辦，略見歛戢。嗣後如有勒加身工之水手，即於所在地方儘法懲創，不稍姑息，毋使旗丁被累，方免悞公。一則定輪開以齊跨兑也。蘇、松等屬，向有調幫章程，原使酌劑均平，而船數米數，不能恰合，故一縣之米有兼兑數幫者，一幫之船又有跨兑數縣者，與其按縣全開，不如按幫爲便。應飭糧道，排定日期，每縣先輪一幫開行，週而復始，其跨兑者合輪數縣，遂齊一幫，以免參差，似亦可以速漕利運。此在幫之六事也。

一、議補救外之補救。查原奏片稱：兑費斷不能減，南糧恐不能來。有謂宜於糧船大修時將船改小，以一分二，即免剥費閘費。有謂宜於淮上建廒貯米，即令小船運京。有謂宜令蘇、松、常、鎮、杭、嘉、湖等府，逐年試辦海運，仍將兑費提存藩庫。此三者皆不得已而求變通之法也。臣查中途建倉以利轉盤，與古之洛口倉相仿，本係成法。但核計一廒貯米約五六百石，大者亦止千石，以南漕四百萬石計之，每廒貯一千石，即須廒座四千，就令減半轉運，二千廒亦不可少，經費殊覺浩繁，且淮上逼近河湖，亦恐難以擇地。若糧船以一分二，過閘既覺輕靈，遇淺又免盤剥，誠利運卹丁之善策。然查南漕起運之船約有四千隻，其中本已區分大小，江、廣之船最大，浙次之，蘇又次之。緣江廣重運，直下長江，小船難禁風浪。若江、浙之船改小而江、廣不改，則閘河磨淺起剥，仍費周章。且即江、浙之船，所載正漕照例只四百石，此外則爲加載負重，而又有例准攜帶土宜，自不能强小船以受大船之載。若因改船，而船數驟加一倍，是欲去累而累轉增矣。且大修較之折造，例限尚隔三年，領項亦少三分之一，當大修而令其折造，丁必藉口抗延，尚有未屆大修者，尤不能一律勒改。是一幫之船，有大有小，既難稽核，而剥費亦所省無幾，是以臣未敢輕議更張也。竊謂三者之中，惟海運曾經辦過，尚有成案可循，若按候放洋，得乘南風北駛，春、夏二季中，一船必可兩運。如以涉險爲慮，則沙船往來關東，每歲以數千計，水線風信皆所精熟，祇令裝載六七分，已合鬆艙之數，則風暴無虞也。如慮米石出洋易滋影射，查南北洋面，沙船鳥船各有所宜，本難越駛。倘恐萑苻竊發，自應護以舟師。且每歲沙船所運關東豆石雜種，不知凡幾，奚獨於載米而疑之。海運若行，或以官運，或以商運，或運正供額漕，或運採買米石，尚當細酌情形，另行從長計議。惟原奏有將兌費提存藩庫，以實庫項之議，查道光六年辦理海運，雇募沙船，每石給價七錢，若兌費另提，則雇資安出？且既明提兌費，又奚能禁止浮收？如謂輪年提費補虧，正恐一年提存難補節年虧缺。若提者自提，虧者自虧，於事仍恐無濟。大抵海運尚屬可行，而所以行之者不同，設或規費漸增，亦與河運奚擇？惟現在河運甚形棘手，未卜日後如何，而海道直捷易通，亦不敢不豫留地步。如蒙飭令議行，容臣到兩江之任，再與江蘇撫臣及司道等詳細籌商，會同具奏，請旨定奪，理合聲明。

一、議本源中之本源。臣愚，竊維國家建都在北，轉粟自南，京倉一石之儲，常糜數石之費，奉行既久，轉輸固自不窮，而經國遠猷，務爲萬年至計，竊願更有進也。恭查雍正三年，命怡賢親王總理畿輔水利營田，不數年墾成六千餘頃，厥後功雖未竟，而當時效有明徵，至今論者，慨想遺踪，稱道勿絶。蓋近畿水田之利，自宋臣何承矩，元臣托克托、郭守敬、虞集，明臣徐貞明、邱濬、袁黄、汪應蛟、左光斗、董應舉輩，歷歷議行，皆有成績。國朝諸臣章疏文牒，指陳直隸墾田利益者，如李光地、陸隴其、朱軾、徐越、湯世昌、胡寶瑔、柴潮生、藍鼎元，皆詳乎其言之。以臣所見，南方地畝狹於北方，而一畝之田，中熟之歲收穀約有五石，則爲米二石五斗矣。蘇、松等屬正秏漕糧，年約一百五十萬石，果使原墾之六千餘頃修而不廢，其數即足以當之。又嘗統計南漕四百萬石之米，如有二萬頃田，即敷所出，倘恐歲功不齊，再得一倍之田，亦必無虞短絀。而直隸天津、河間、永平、遵化四府州，可作水田之地，聞頗有餘，或居窪下而淪爲沮洳，或納海河而延爲葦蕩，若行溝洫之法，似皆可作上腴。臣考宋臣郟亶、郟喬之議，謂治水先治田，自是確論。直隸地方，若俟衆水全治而後營田，則無成田之日。前於道光三年舉而復輟，職是之故。如仿雍正年間成法，先於官蕩試行，興工之初，自須酌給工本，若墾有功效，則花息年增一年。譬如成田千頃，即得米二十餘萬石，或先酌改南漕十萬石折徵銀兩解京，而疲幫九運之船，便可停追十隻。此後年收北米若干，概令覈其一半之數折徵南漕，以爲歸還原墾工本及續墾佃力之費，行之十年，而蘇、松、常、鎮、太、杭、嘉、湖八府州之漕，皆得取給於畿輔。如能多多益善，則南漕折徵歲可數百萬兩，而糧船既不須起運，凡漕務中例給銀米，所省當亦稱是。且河工經費，因此更可大爲撙節。上以裕國，下以便民，皆成效之可卜者。至漕船由漸而減，不慮驟散水手之難，而漕弊不禁自除，絶無調劑旗丁之苦，朝廷萬年至計，似在於此。

可否飭下廷臣及直隸總督籌議酌辦之處，伏候聖裁。

校記：

〔一〕此摺道光十九年十一月初九日具奏，曾摘抄寄直隸總督琦善。

會奏遵旨宣布暎夷罪狀並設法驅逐該國船隻出口摺〔一〕

奏爲暎夷於禁斷貿易之後，旋又具禀乞恩，經臣等嚴行批駁，堅與之絶，現復欽遵諭旨，列其罪狀，宣布各夷，並設法驅逐該國船隻出口，恭摺奏祈聖鑒事。

竊臣等於十一月二十九日承准軍機大臣字寄：「奉上諭：林則徐等奏轟擊夷船情形一摺，覽奏均悉。暎咭唎國夷人自議禁煙之後，反覆無常，前次膽敢先放火礮，旋經剴諭，僞作恭順，仍句結兵船，潛圖報復，彼時雖加懲創，未即絶其貿易，已不足以示威。此次吐嚧夷船復敢首先開放大礮，又於官涌地方占據巢穴，接仗六次，我兵連獲勝仗，並將尖沙嘴夷船全數逐出外洋，該夷心懷叵測，已可概見。即使此次出具甘結，亦難保無反覆情事，若屢次抗拒，仍准通商，殊屬不成事體。至區區税銀，何足計論。我朝撫綏外夷，恩澤極厚。該夷等不知感戴，反肆鴟張，是彼曲我直，中外咸知，自外生成，尚何足惜。著林則徐等酌量情形，即將暎咭唎國貿易停止。所有該國船隻，盡行驅逐出口，不必取具甘結。其毆斃華民兇犯，亦不值令其交出。噹啷一船，無庸查明下落。並著出示曉諭各國，列其罪狀，宣布各夷，俾知暎夷自絶天朝，與爾各國無與，爾各國照常恭順，仍准通商，倘敢包庇暎夷，潛帶入口，一經查出，從重治罪。其沿海各隘口並距夷埠不遠之各海島，均著林則徐等相度機宜，密派員弁兵丁嚴加防護，毋稍踈懈。等因。欽此。」臣等跪讀之下，仰見我皇上乾綱獨斷，震疊諸蕃，訓示嚴明，俾有遵率，下忱感慄，莫可名言。當卽恭録諭旨，咨會提臣關天培欽遵辦理。伏查暎夷自呈繳煙土以後，種種違玩，反覆無常，總因賣煙奸夷冀留後路，若使稍爲寬假，適足墮其詭謀，是以商同定議，欽遵前奉諭旨，自十一月初一日起，停止該國貿易，業於十一月初九日具奏在案。嗣於十一日，該夷義律遣人前赴沙角礮臺，向提臣呈遞夷禀一件，由提臣咨送前來。臣等公同拆閱，內稱：「實心欲求承平，無不肅敬天朝律例。」又稱：「兹時所求，惟欲仍作正經貿易，凡事欽遵大清律例。」等語。雖欲明其奉法，究係一片空言。臣等度其此次具禀懇求，仍不過如八月間僞作輸誠伎倆，當以「現今奏明封港，不與爾國交易，皆由爾之自取，並非天朝無故絶人，爾不悔悟於前，此時懇求已晚」等語，嚴切批示，仍咨會提臣，飭令提標中軍遣令引水傳諭去後。復思嘆夷貨物，久貯在船，易於壞爛，今聞停止貿易，竊恐影射圖銷，而各國夷商利其運腳抽分，難保不無私行夾帶。又經嚴諭洋商，傳知各國夷人，不准代爲轉運進口，並責成洋商，將進口貨物詳細辨認，如敢扶同含混，即行加重治罪。迄今二十餘日，該夷巡船、貨船停泊長沙灣等處外洋，雖風浪靡常，仍遷延未去。此封港一月以來之實在情形也。兹復祇奉訓言，當即欽遵出示曉諭，臚其罪狀，宣布各夷，俾知聖明用惠用威，惟其自取，既以絶奸夷之望，亦以安良賈之心。至於該國貨船停泊外洋，本未進口，兹聞天威震怒，自當警懔回帆。惟奸夷之夾私者，固仍冀售私，即良夷之載貨者，亦未肯棄貨，褏裒觀望，勢所必然，諒非空言所能諭遣。臣等再三計議，惟有嚴查影射，以絶其銷貨之心，廣緝奸徒，以斷其售私之路，先之以文告，繼之以兵威，使其計無復之，必將窮而思返。若敢始終留戀，即何惜搗穴焚巢。惟外洋遼闊異常，仍不得不審度機宜，加以慎重。此又臣等悉心籌議之梗概也。抑臣等更有請者，當粵東准通貿易之時，載煙夷船尚且游奕各洋，分投圖賣。兹粤港既經禁止，該夷無可希圖，而其售私牟利之心未必即能盡泯，竊恐改裝舺板，由黑水夷洋越赴各路，潛圖銷售。除粤省東、西兩路，業經飭行沿海鎮協營寨併力巡查，州縣文員嚴防口岸，以杜偷運外，其沿海各省，以福建爲最近，浙江、江蘇次之，應請敕下各直省督撫，一體嚴行防堵，以絶去路。所有嘆夷貿易業已封港，並遵旨籌議緣由，謹會同廣東巡撫臣怡良、廣東水師提督臣關天培，合詞恭摺具奏，伏乞皇上聖鑒訓示。謹奏。

校記：

〔一〕此摺與鄧廷楨聯銜，道光十九年十二月初四日具奏。

兩廣奏稿卷一

燒燬匪船以斷接濟摺〔一〕

奏爲𠸄夷被逐出口之後，仍在外洋寄椗逗留，現將攏近夷船各匪船痛加燒燬，拏獲接濟漢奸嚴審懲辦，使奸夷無所希冀，以免觀望售私，恭摺奏祈聖鑒事。

竊臣等前奉諭旨：「斷絶𠸄咭唎貿易，將該國船隻盡行驅逐出口。」當經欽遵辦理，並列其罪狀，宣布各夷，復嚴禁他國夷商，不許私代𠸄夷帶運貨物，卽他國貨船出入盤查搜驗，亦皆加倍從嚴，業經節次奏蒙聖鑒在案。查𠸄夷貨船自驅出外洋之後，節據引水人等查報，陸續起椗揚帆駛出老萬山外夷洋者，約有十餘隻，而觀望留連不肯捨去者，尚復不少。並有新從彼國來粵，已過老萬山始知封港，因不准進口，祗在外洋徘徊寄泊者。臣等既將該夷乞恩之禀嚴行批駁，堅與之絶，復令齎給批禀之通事引水等，嚴切傳諭。以此次封港，係欽奉大皇帝特頒諭旨。因該夷抗違法度，不許在粵通商，斷難希圖影射。

若不作速回帆，設遇風火不測，皆爾等自作之孽，雖悔何追。惟該夷貪狡性成，帶私者固思乘間覓售，即載貨者亦豈甘心棄地。而義律虛憍素著，未曾受此折磨，今斷其貿易，布其罪狀，伊既全無顔面，勢必别蓄詭謀。於是海上傳聞，謠言不一，有謂𠸄夷會集各埠兵船同來滋擾者。有謂來船一二隻滿載礮火，將逗留之貨船盡扮兵船者。有謂該夷去秋求准通商，已將新煙載回夷埠，今貿易既斷轉無顧忌，奸夷載去别貨，仍將鴉片換來，設計誘人玩法者。臣等竊思前兩説本係恫喝，固不足信。而自去年責令繳煙以後，各處海口早已戒備不虞，况此時既絶其通商，豈可不防其叵測。無論該夷有無兵船續至，即現在之吐嚧、嗶嗆兩船未去，度其頑抗之意，妄誇礮利船堅，各夷舶恃爲護符，謂可阻我師之驅逐。臣等若令師船整隊而出，遠赴外洋，併力嚴驅，非不足以操勝算，第洪濤巨浪，風信靡常，即使將夷船盡數擊沉，亦只尋常之事，而師船既經遠涉，不能頃刻收回，設有一二疎虞，轉爲不值，仍不如以守爲戰，以逸待勞之百無一失也。惟後一説，以爲貿易既斷，轉無顧忌，傳聞貨去煙來，如果蓄此奸謀，倍當防其流毒。蓋粤洋漁船蛋艇之多，幾不可以數計，其人貪利亡命，無不遠赴外洋。而奸夷加意招徠，啗以倍蓰之利，即一蔬一薪，亦皆厚給其值，並以鴉片與之兑换，使之兩獲其利。利愈重則命愈輕，故夷船寄椗雖遥，而冒險犯法以趨之者，聞已漸相環集。此又斷其貿易之後，更出一種私弊，不可不亟亟剿除者。臣等再四思維，惟有以奸治奸，以毒攻毒，卽與提臣關天培密商，取平時所裝大小火船，即雇漁蛋各户，教以如何駕駛，如何點放，每船領以一二兵弁，餘皆雇用此等民人以爲水勇，先赴各洋澳〔二〕分投埋伏。候至夜深，各船俱已熟睡，察看風潮皆順，即令一齊放出，乘勢火攻，將此等環附夷舶各匪船隨燒隨拏，許以燒得一船卽給一船之賞，如能延燒夷船，倍加重賞。此臣等籌畫之辦法也。玆接關天培函稱：「正月二十七日丑刻，原任遊擊馬辰帶水勇四十名，由東涌上下濠前進，加都司銜之守備盧大鉞帶水勇頭目盧麟等，由屯門前進，以都司用之守備黃琮由后海青山前進，把總楊雄超帶水勇四十名，與千總王應鳳，外委朱鎮邦、余興邦、黃文祥、區鎮江，各由長沙灣前進，將近夷船寄椗之處，出其不意，一齊發火，復將噴筒火罐乘風拋擲，燒去屠牛換土之大海船一隻，買運煙土之艚船一隻，大買辦艇一隻，大扒艇一隻，蝦笱辦艇三隻，雜貨料仔艇一隻，賣果子、糕餅之扁艇十五隻。又將夷船高頭三板前後延燒，該夷駕駛逃開，撲救漸熄，未經沈没。又燒燬海中沙灘所搭篷寮六處。所有通夷各奸民，除在船燒斃及鳬水脱逃淹斃不計其數外，生擒身穿夷袴、腳穿夷韈之匪犯黃添福，及接濟匪犯陳水生、喬亞先、林亞長、鍾亞受、劉亞五、袁亞二、巫亞二、梁得勝、林亞得共十名，派委備弁管解來省審辦。」等情。臣等查此次燒燬運土及濟夷匪船大小共二十三隻，篷寮六處，除燒斃淹斃各犯外，生擒十名，不惟足懾漢奸之心，亦可以寒㖶夷之膽。現將解到各犯嚴審重辦，以示儆戒。出力之弁兵水勇，由臣等分别超拔獎賞，以昭激勸。並飭時加查探，如夷船尚未遠颺，匪船旋又趨附，仍當相度潮信風勢，再予會合焚燒。緣奸民貪利忘生，懲創不得不重；而奸夷誘人玩法，拒絶亦不得不嚴。至别國出入夷船，均遵禁令，出具不敢夾帶鴉片，並添具不敢暗代㖶夷運貨切結。臣等仍多派妥幹員弁，於各口加倍嚴查，總期杜弊清源，以仰副聖主訓諭諄諄之至意。所有現辦情形，臣等會同水師提督臣關天培、粤海關監督臣豫堃，合詞恭摺具奏，伏乞皇上聖鑒訓示。謹奏。

校記：

〔一〕此摺與怡良聯銜，道光二十年二月初四日具奏。

〔二〕軍機處録副檔案作「各洋島澳」。

密陳駕馭澳夷情形片附夷信〔一〕

再，澳門寄居西洋夷人，歷三百年之久，貨物自行收税，蓋屋轉賃他夷，嘆咭唎人早已垂涎其地。自嘉慶十三年間，嘆夷突占澳門礮臺，旋經天朝官兵驅逐，從此西夷始有戒心。而澳中夷衆，良莠不齊，難保不被嘆夷句通煽誘，必使該夷官明於大義，上感天朝恩澤，下顧夷衆身家，始可固藩籬而資捍衛。上年嘆夷義律於繳清鴉片以後，即有在澳門裝貨之請，經臣林則徐嚴切批駁，不許開端，伊之詭計不行，因而多方違抗。七月間將澳内五十七家嘆衆全行驅逐出澳，散住各船，而該夷每以三板駛近澳門，潛行窺探，是其處心積慮，未嘗一日忘也。嗣經不准通商，尤恐其鋌而走險，故於澳門水陸加倍嚴防，既經前督臣鄧廷楨奏請，將新升南澳鎮總兵惠昌耀留香山協之任，復與臣等奏請，將高廉道易中孚駐澳彈壓，均蒙聖慈俞允。其水陸官兵陸續調派分布澳内、澳外要隘者各數百名，計已足資策應。惟澳地三面皆臨外海，嘆夷貨船自經逐出之後，仍恃有吐嚧、嘩喻兩兵船爲之護符，不免乘閒遊奕。本年正月初閒，義律與夷人數名，乘坐該夷兵船至九洲停泊，義律等潛放三板私行入澳。臣等接稟，卽飭嚴拏。旋據該道易中孚等以西洋夷目稟稱：「澳内華夷雜處，若兵役圍拏，恐致擾動，懇請稍緩，自必驅逐。」等語。臣等諭令驅逐淨盡〔二〕，若過期尚有𠸄夷在澳，則西洋貿易亦即暫停。蓋馭夷不外操縱二端，而操縱只在貿易一事，夷性靡常，不得不以此爲把握。自責令西夷驅逐𠸄夷之後，義律已即出澳，而尚有𠸄夷噬喱、啞咀二名逾期未去。臣等當將西夷貿易示諭暫停，一俟𠸄夷全逐出澳，仍即照常通市。緣西洋夷人在澳内者，有天朝聲威可恃，而其出洋之船一至夷界，則畏𠸄夷之强，顧後瞻前，勢所難免。臣等責其容留𠸄夷，停其澳中貿易，則西夷有詞可謝，而𠸄夷遂無地可容。迨其逐去而貿易復開，仍無損西夷生計。但係駕馭權宜之術，不敢明宣，惟有據實密陳，仰乞聖明垂鑒。至現准軍機大臣字寄：「欽奉諭旨：據曾望顔奏稱請封關禁海，又另片奏澳夷互市定以限制。著悉心妥議具奏。等因。欽此。」容臣等與水陸兩提臣暨粵海關監督備細熟商，總期計出萬全，始敢籌覈定議，另行會摺覆奏。

再，現值防夷喫緊之際，必須時常探訪夷情，知其虛實，始可以定控制之方。兹臣等訪獲𠸄夷與西洋往來書信六封，密令諳曉夷字之人譯出漢文，另録清摺，恭呈御覽。謹奏。

校記：

〔一〕此片當與怡良聯銜，道光二十年二月初四日附奏。

〔二〕軍機處録副檔案「驅逐淨盡」前有「限以日期」四字。

謹將訪獲嘆夷義律、吐嚧與澳門西洋兵頭近日往來密信六封，譯出漢文，鈔録清摺，恭呈御覽。〔一〕

嘆咭唎領事義律寄澳門西洋兵頭信

義律寄信與西洋兵頭敦阿特厘阿加西阿打西爾威拉賓多〔二〕：現在嘆咭唎在中國貿易首領事，爲欽差及省中官府强霸之事，我今以嘆咭唎國家之名，懇請求准將嘆人存下貨物運至澳門，囤貯棧房，依澳門章程納税。今我所求之事，並非立意欲破中國人所定之章程，將嘆國貨物在澳門出賣與中國人，不過立意欲將嘆國之貨物放於平安之地步，使各空船可以開身。我今不必多言，惟望爾貴人施仁厚之德與嘆咭唎之人，我甚感激不淺。至我時常思想欲將澳門變爲長久大利益之處，我等思想之事，時候已至。欲將貨物交澳門代理發賣，其權係在爾貴人手上。以我想來，此事亦並未破中國人所立之章程，今我求爾貴人熟思此事。

一千八百四十年正月初一日，在澳門洋面啇拉疑兵船上。首領事義律印此。外夷本年正月初一日，乃是内地上年十一月二十七日，理合聲明。

西洋兵頭回信

西洋兵頭回覆管理唊咭唎在中國貿易首領事貴人義律之前明鑒：

澳門兵頭等接得正月初一付來之信，欲將唊咭唎船上之貨物搬到澳門，不過欲將各貨放於平安地步，使各空船可以回國。觀此信中之事，我見得自己不能有如此大權回答此件大緊要之事，兼以須依管理澳門地方之法律，我亦無如此大權可能定奪此事，故我即將首領事之信知會此處之西滓底，大家商議。我等心中雖欲應承，惟因中國官府禁止我等不准與首領事有來往，我等雖欲將就首領事，惟因例禁，不能如我等所願，故不得已推辭首領事所請。現在我等並不爲所失不能在澳做中國與外國貿易之利益而憂愁，乃爲不能遵首領事請帶貨物到澳囤積之事而憂愁。現在我亦不必多寫書信，解明因何不依首領事所請帶貨到澳門囤貯之事，蓋首領事曾在澳門居住數年，諒已知道在澳西洋人與中國官府之交情。尚望忠厚之嘆咭唎國王保護澳門，以免我等受從來所未受過之艱難危險。今我等已定奪，不能如首領事所請，故特寫此回信與首領事，求首領事明鑒體察。

一千八百四十年正月十六日，在澳門。敦阿特厘阿加西阿爾威拉賓多印此。外夷本年正月十六日，乃是内地上年十二月十二日，理合聲明。

嘆咭唎夷官吐嘧致西洋兵頭信

寓拉疑兵船船主吐嘧寄信與西洋兵頭敦阿特厘阿加西阿打西爾威拉賓多：

我現在實不隱瞞爾貴人，因爲中國官府出如此要重之告示，黏在澳門牆上，其中言語，嘆咭唎住澳之人讀之盡皆驚惶。爾貴人亦知道保護嘆咭唎人之性命乃係我之專責，目下之事，乃關於我之重任，欲遣一隻兵船進至澳門港口，不獨爲保護在澳居住之嘆咭唎人，亦可以守著澳門，以爲有事時退步之計。而兵船進澳門，並無打仗之意，我正願爾貴人不必理我等與中國之事。如此，我亦十分恭敬爾貴人。

一千八百四十年二月初四日，在澳門洋面窩拉疑兵船上。吐嚧印此。外夷二月初四日，乃是内地正月初二日，理合聲明。

西洋兵頭回信

接爾貴人來信，云要遣兵船一隻進澳門港口之事，似是與我等國中對敵。蓋兵船進口乃歷來禁止之事，即爾貴人之國家亦未必令爾攻敵我等之道理。當水師官特魯里時，亦併未有帶兵船進澳門港口之事。今爾貴人之非，我特講明，如果欲遣兵船到澳門港口，乃是不公義之事，現在爾貴人所行之事，與爾貴人去年所見甚是不同。爾貴人若如此言行相違，我必將爾貴人之事聲明與嘆國及我等國家知道矣。伏望上天保護於爾貴人。

一千八百四十年二月初四日，在澳門。敦阿特厘阿加西阿打西爾威拉賓多印此。

吐嘧又寄西洋兵頭信

我今對爾說知：爾於本日付來之信，我已經收到。今復有信與爾貴人，現在嘆咭唎人要在西洋旗下居住，爾肯保護否？抑或爾竟任嘆咭唎各人如前六箇月被人苦磨，不肯保護耶？如果實是不能保護嘆咭唎人，須要嘆咭唎人離去澳門，爾貴人據實說明，我亦立將兵船撤去離此處澳門港口，并即將爾所說之話知會我本國之人。

一千八百四十年二月初四日，在窩拉疑兵船上。吐嘧印此。

西洋兵頭回信

本日内附來問我之信，緣我乃係我等國王命來代理此處事情之人，我今明回答與爾。此處地方與我等國王所管之別處地方不同，管別處地方可以給別國人居住，若此處給別國人居住，此處地方之居民即不得安靜，又受驚嚇之事，斷斷不能。難道現在嘆咭唎人到船居住，豈即有各樣擾害乎？豈必須到此處居住以爲保護乎？前時嘆咭唎人在澳門居住，我亦曾一體保護，此乃實在事情，人所共知，管理在中國之嘆咭唎貿易首領事曾讚揚於我，即爾自己亦曾稱揚於我。惟現在此處之事情已比從前不同，中國一封禁伙食，所有各樣貿易事務皆已敗壞矣。爾亦知道我等國家與中國相交之章程律例，除卻破壞船隻到來修理之外，從未有何等船隻進至澳門港口。我今以我等國家之名，請爾出令吩咐海阿新兵船離去此處港口，俾我可盡心保護我國家之人民在此地方得以平安。嘆咭唎人不要想我留他們在此處居住，我亦必守與中國人所定之章程，定不肯違背之。只是中國與嘆國兩邊之事，我皆不理，如在爾之第一封信内所説一樣。在爾不過係爲爾自己所受之重任，故行如此冒失之事，以違犯我等之法律，在此等行爲，豈得謂之好道理？此封信乃我在議事亭與西拏底等會議時所寫。在爾只是指出嘆咭唎人不在澳門居住之難處，並不思及西洋五千人爲嘆咭唎人朋友之情，亦受重累。自首領事回到此處之後，所有之貿易皆要停止，所有之税餉爲西洋兵丁之費，以爲保嘆咭唎人平日之平安，爾亦當思念及之。爾若不念我對爾説之事，我即將近來九箇月内所有之事宣布與通天下知道，求各國依公義判斷。我又對爾説知，爾所行之事不獨犯我國法律，乃亦有犯於嘆咭唎國家之法律。伏望上天保佑于爾。

一千八百四十年二月初四日，在議事亭内。敦阿特厘阿加西阿打西爾威拉賓多印此。

校記：

〔一〕清宮檔案此行前面皮有「鈔録夷信」。

〔二〕清宮檔案作「敦阿特厘阿加西呵打西爾威拉賓多」。

覆奏曾望顔條陳封關禁海事宜摺〔一〕

奏爲遵旨悉心籌議，恭摺覆奏，仰祈聖鑒事。

竊臣等承准軍機大臣字寄：「道光十九年十二月十一日奉上諭：本日據曾望顔奏，夷情反覆，請封關禁海，設法剿辦，以清弊源一摺。又另片奏，澳夷互市貨物，亦請定以限制等語。著林則徐、怡良、關天培、郭□□〔二〕並傳諭豫堃知之。欽此。」臣林則徐、臣怡良謹將鈔發原摺細加閱看，並傳知臣豫堃一體領閲。因關各國夷人事務，祇宜慎密商辦，未便遽事宣揚，復經函約臣關天培、臣郭□□，於查閲營伍之便過省面商。兹已詢謀僉同，謹將察看籌議情形，爲我皇上敬陳之。

查原奏以制夷要策首在封關，無論何國夷船，概不准其互市，而禁絶茶葉、大黄，有以制伏其命。封關之後，海禁宜嚴，應飭舟師將海盜剿捕盡絶，又禁大小民船概不准其出海，復募善泅之人，使駕火船，乘風縱放，而以舟師繼之，能擒夷船，即將貨物全數給賞，該夷未有不畏懼求我者。察其果能誠心悔罪，再行奏懇天恩，准其互市，仍將大黄、茶葉毋許逾額多運，以爲箝制之法。所論甚切，所籌亦甚周。臣等查粤東二百年來，准令諸夷互市，原係推恩外服，普示懷柔，並非内地賴其食用之資，更非關権利其抽分之税。況自上冬斷絶嘆夷貿易以來，疊奉諭旨，區區税銀，何足計論。大哉謨訓，中外同欽。臣等有所秉承，更可遵循辦理，絶無所用其瞻顧，即將各外國在粤貿易一律停止，亦並不難。惟是細察情形，有尚須從長計議者。竊以封關禁海之策，一以絶諸夷之生計，一以杜鴉片之來源，雖若確有把握，然專斷一國貿易，與概斷各國貿易，揆理度勢，迥不相同。蓋鴉片出産之地，皆在嘆咭唎國所轄地方，從前例禁寬時，原不止嘆夷販煙來粤，即别國夷船亦多以此爲利。而自上年繳清躉船煙土以後，業經奏奉恩旨，概免治罪，即未便追究前非。此後别國貨船莫不遵具切結，層層查驗，並無夾帶鴉片，乃准進口開艙。惟嘆咭唎貨船聚泊尖沙嘴，不遵法度，是以將其驅逐，不准通商。今若忽立新章，將現未犯法之各國夷船與嘆咭唎一同拒絶，是抗違者擯之，恭順者亦擯之，未免不分良莠，事出無名。設諸夷稟問何辜，臣等即礙難批示。且查咦咭唎在外國最稱强悍，諸夷中惟咪唎㗍及佛蘭西尚足與之抗衡，然亦忌且憚之。其他若荷蘭、大小吕宋、嗹國、喘國、單鷹、雙鷹、嗹啵啦等國到粤貿易者，多仰咦夷鼻息。自咦夷貿易斷後，他國頗皆欣欣向榮，蓋逐利者喜彼絀而此贏，懷忿者謂此榮而彼辱，此中控馭之法，似可以夷治夷，使其相間相睽，以彼此之離心，各輸忱而内向。若概與之絶，則觖望之後，轉易聯成一氣，句結圖私。左傳有云：「彼則懼而協以謀我，故難間也。」我天朝之馭諸夷，固非其比，要亦罰不及衆，仍宜示以大公。且封關云者，爲斷鴉片也。若鴉片果因封關而斷，亦何憚而不爲？惟是大海茫茫，四通八達，鴉片斷與不斷，轉不在乎關之封與不封。即如上冬以來，已不准咦夷貿易，而臣等今春查訪外洋信息，知其將貨物載回夷埠，轉將煙土换至粤洋，並聞奸夷口出狂言，謂關以内法度雖嚴，關以外汪洋無際，通商則受管束而不能違禁，不通商則不管束而正好賣煙。此種貪狡之心，實堪令人髮指。是以臣等近日更不得不於海口倍加嚴拏，有一日而船煙並獲數起者，可見咦夷貨去烟來之言，轉非虚捏。不然，以外洋風浪之惡，而咦船仍不肯盡行開去，果何所圖？若如原奏所云大小民船概不准其出海，則又不能。緣廣東民人，以海面爲生者，尤倍於陸地，故有漁七耕三之説，又有三山六海之謠，若一概不准出洋，其勢即不可以終日。至謂捕魚者只許在附近海内，此説雖亦近情，然既許出洋，則風信靡常，遠近幾難自定，又孰能於洋面而阻之。即使責令水師查禁，而晝伏夜動，東拏西逃，亦莫可如何之事。臣林則徐上年刊立章程，責令口岸澳甲編列船號，責以五船互保，又令於風帆兩面及船身兩旁，悉用大字書寫姓名以及里居牌保。惟船數至於無算，至今尚未編完。繼又通行沿海縣營，如有夷船竄至該轄，無論内洋外洋，均將附近各船暫禁出口，必俟夷船遠遁，始許口内開船，其平時出入漁舟，逐一驗查，只許帶一日之糧，不得多攜食物，若銀兩洋錢，尤不許隨帶出口，庶可少接濟購買之弊。至大黄、茶葉二物，固屬外夷要需。惟臣等歷查向來大黄出口，多者不過一千擔。緣每人所用無幾，隨身皆可收存，且尚非必不可無之物，不值爲之厲禁。惟茶葉歷年所銷，自三十餘萬擔至五十餘萬擔不等，現在議立公所，酌中定制，不許各夷逾額多運，即爲箝制之方。然第一要義，尤在沿海各口查拏偷漏。若中路封關，操之過蹙，而東、西各路得以偷販出洋，則正税徒虧，而漏卮依然莫塞。是以制馭之道，惟貴平允不偏，始不至轉生他弊。若謂他國買回之後難保不轉賣暎夷，此即内地行鋪互售，尚難家至日見，而況其在域外乎？要知暎夷平日廣收厚積，本有長袖善舞之名，其分賣他夷，以牟餘利，乃該夷之慣技。今斷絶貿易之後，即使從他夷轉售一二，亦已忍垢蒙恥，多喫暗虧。譬如大賈殷商一旦僅開子店，寄人籬下，已覺難堪。惟操縱有方，備防無懈，則原奏所謂該夷當畏懼而求我者，將於是乎在矣。至於備火船，練鄉勇，募善泅之人等事，則臣等自上年至今，皆經籌商辦理，惟待相機而動。即各山淡水，上年本已派弁守之，始則夷船以布帆兜接雨水，幾於不能救渴，繼而覓諸山麓，隨處汲取不窮，則已守不勝守，似毋庸議。總之，馭夷宜剛柔互用，不必視之太重，亦未便視之太輕。與其涇渭不分，轉至無所忌憚，曷若薰蕕有別，俾皆就我範圍。而且用諸國以併拒諸夷，則有如踣鹿，若因嘆夷而並絕諸國，則不啻驅魚，此際機宜，不敢不慎。況所杜絕者惟在鴉片，即原奏亦云：「凡有夾帶鴉片夷船，無論何國，不准通商。」則不帶鴉片者，仍皆准予通商，亦已明甚。彼各國夷人，原難保其始終不帶，若果查出夾帶，應即治以新例，不但絕其經商，如其無之，自不在峻拒之列也。

又另片請將澳門西洋貿易定以限制。查上年臣林則徐先已會同前督臣鄧廷楨暨臣豫堃，節次商議及之。嗣經核定章程，諭令澳門同知轉飭西洋夷目遵照。即如茶葉一項，每歲連箱准給五十萬斤，仍以三年通融併計，以示酌中之道，其他分條列款，該夷均已遵行。本年正月，澳內容留嘆夷，即暫停西洋貿易，迨其將嘆夷驅出，仍即准令開關，亦與原奏請議章程不謀而合。至所請責令澳夷代嘆夷保結一節，現既不准嘆夷貿易，自可毋庸置議。

臣等彼此商酌，意見相同，謹合詞恭摺覆奏，伏乞皇上聖鑒訓示。

再，此摺係臣林則徐主稿。內有密陳夷情之處，謹請毋庸發鈔，合併聲明。謹奏。

校記：

〔一〕此摺與怡良、關天培、郭繼昌、豫堃聯銜，道光二十年三月二十六日具奏。

〔二〕軍機處録副檔案作「郭繼昌」。

兩廣奏稿卷二

尖沙嘴官涌添建礮臺摺〔一〕

奏爲籌議添建礮臺兩座，以資控制而重海防，恭摺奏祈聖鑒事。

竊照廣東水師大鵬營所轄洋面，延袤四百餘里，爲夷船經由寄泊之區。其尖沙嘴一帶，東北背負岡陵，西則有急水門、鷄踏門，東則有鯉魚門、佛堂門，而大嶼巨島又即在其西南，四面環山，藏風聚氣，波恬浪靜，水勢寬深，嘆夷船隻久欲倚爲巢穴。而就粵省海道而論，則凡東赴惠、潮，北往閩、浙之船，均不能不由該處經過，萬一中途梗阻，則爲患匪輕。上年因嘆咭唎桀驁不馴，抗違禁令，經臣等與前督臣鄧廷楨調集官兵，在尖沙嘴迤北之官涌等處山梁，札營安礮，分爲五路，痛加勦擊。該夷兵船二隻、貨船數十隻，始皆連夜遁去。但恐兵撤之後，仍復聯檣聚泊，勢若負嵎，必須扼要設防，方足以資控制。隨飭候補知府余保純、署大鵬營參將賴恩爵、新安縣知縣梁星源，會同周歷履勘。旋據該員等稟稱：「尖沙嘴山麓有石腳一段，其形方長，直對夷船向來聚泊之所。又官涌偏南一山，前有石排一段，天生磐固，正對夷船南洋來路。若兩處各建礮臺一座，聲勢既相聯絡，而控制亦極得宜。」等語。當經飭令將兩臺高寬丈尺及開築地平，並建造牆垛、礮洞、弁署、兵房、神廟、望樓、藥局、馬路，一切工料價值，覈實確估。據該員等呈送圖説清摺，臣等逐一核算，並委員詳細稽查，凡有可撙節之處，復經酌量核減。計尖沙嘴礮臺估需工料銀一萬七千九百五十一兩零，官涌礮臺估需工料銀一萬四千四十六兩零，實係省之又省，必不能少。竊思此項工程係屬防夷要務，斷不可緩。第國家經費有常，仍不敢請動帑項。臣等當與藩、臬、運司公同籌畫。查有前山營生息一項，係由洋商捐銀，發交當商生息。前於嘉慶十四年奏明作爲添設前山營兵餉之用，按年覈實支銷，已歷三十餘年之久，因而存有積併盈餘，截至道光十九年五月底報部册開，實存銀五萬三千八百餘兩。除大鵬營現議更改營制所需添造快船，建立衙署及製備新兵器械，另摺請在此款動支外，核其成數，尚足以敷動撥前項礮臺工料之需。合無仰懇聖恩，俯念礮臺工費爲防夷所需，而捐款息銀與庫項有間，准於商捐前山營生息一項銀兩動支兩坐礮臺經費，並請循照舊章，將動用銀兩總數，於册内開除造報，免造工料細册報銷，感荷鴻慈，倍無既極。至此項工程，因夷務喫緊之際，先已購料興工，趕緊建築，務於夏令南風盛發以前一律全完，以資防制。計兩臺應安大礮五十餘門，亦已於腹地各營，酌其緩急情形，先行運撥濟用，一面籌資購補，期於普律森嚴，以仰副聖主綏靖海疆之至意。

所有籌議添建礮臺緣由，據藩、臬、運司會詳前來，臣等謹會同廣東水師提督臣關天培，合詞恭摺具奏，伏乞皇上聖鑒訓示。謹奏。

校記：

〔一〕此摺與怡良聯銜，道光二十年三月二十六日具奏。

改請大鵬營營制摺〔一〕

奏爲察看廣東水師情形，大鵬營現居緊要，籌議改設副將，並添撥移改官兵船隻等項，以資守禦而重海防，恭摺奏祈聖鑒事：

竊照廣東虎門海口，爲中路扼要之區，於嘉慶十五年設立水師提督，駐劄其地。西則香山，東則大鵬，形成兩翼。查香山協向駐副將，管轄兩營，額設弁兵一千七百零九員名，兵力較厚。大鵬原止一營，額設參將一員，管轄洋面四百餘里，其中有孤懸之大嶼山，廣袤一百六十餘里，是以道光十年已將大鵬分爲兩營，而所設弁兵只九百九十八員名，較之香山營制，已有軒輊。且所轄尖沙嘴洋面，近年更爲夷船聚泊之區，該處山高水深，風浪恬靜，夷船倚爲負嵎之固。上年調集官兵，痛加剿擊，始行全數退出，恐兵撤之後，仍復聯檣而來，佔爲巢穴。當又相度形勢，在於尖沙嘴及官涌兩處，添建礮臺二座，現在工程將竣，已於另摺縷析奏報在案。臣等復查尖沙嘴、官涌兩處，既經建設礮臺，必須調兵防守。但大鵬左營額設參將一員，守備一員，千總二員，把總三員，外委五員，額外外委二員，步守兵四百九十七名。右營額設守備一員，千總一員，把總三員，外委五員，額外外委二員，步守兵四百七十五名。除分班出洋外，尚不足以敷巡守，據該營縣會議請添。經臣等與水師提督臣關天培再四籌商，應將大鵬改營爲協，撥駐副將大員，統帶督率，與香山協聲勢相埒，控制方爲得力。但官兵俸餉，歲需支應，國家經費有常，未敢遽議增添。惟有就通省各營設法抽撥，并於水師各缺，酌量改抵，以歸簡易，飭據司道核議會詳，併咨准陸路提督臣郭□□〔二〕核覆前來。臣等查外海水師副將共有四缺，內除香山協應與大鵬分張兩翼，毋庸更議外。其龍門一協，地處邊陲，與越南夷地緊連。崖州一協係煙瘴之區，且外臨大海，內控黎人，均爲邊疆要地，未便改抵。惟澄海一協，雖與閩省接壤，而上接南澳，下聯潮州，有水陸兩鎮爲鄰，尚屬易資聲援。應將澄海協副將改爲大鵬協副將，移駐大鵬所轄扼要之九龍山地方，居中調度。其澄海協之都司，改爲大鵬協副將中軍都司，兼管左營事務，駐劄大鵬所城。並於大鵬左營添設把總二員，外委二員，額外二員，步戰守兵，連新添外委額外名糧，共二百九十一名。大鵬右營添設千總一員，把總一員，外委二員，額外二員，步戰守兵，連新添外委額外名糧，共二百零九名。以把總一員，兵七十五名，專防右營官涌礮臺。以把總一員，駐防九龍礮臺。將原駐九龍礮臺之千總一員，移防左營尖沙嘴砲臺，併帶新設額外外委一員，兵丁一百三十名。又以外委一員，兵丁十五名防守前經裁撤今應設回與尖沙嘴對峙之左營紅香爐汛。又大鵬額設大小米艇六隻，撈繒船三隻，分撥配巡，不敷派遣，應添大中米艇四隻，左右營各半，以千總一員，把總一員，外委二員，兵丁二百零四名配駕，又添快船二隻，以額外二員，兵丁五十六名配駕。其餘外委一員，額外一員，兵丁十二名，隨防九龍，聽候副將差遣。所添員弁船隻，先儘水師各營移撥。應請在陽江鎮右營抽撥千總一員，海門營抽撥把總一員、外委一員，龍門協左營抽撥外委一員，龍門協右營抽撥外委一員，陽江鎮右營抽撥大米艇一隻，海安營抽撥大米艇一隻，龍門協左營抽撥中米艇一隻，海門營抽撥中米艇一隻，又在龍門協右營抽撥撈繒船一隻，歸入海安營配緝。所需配船弁兵、舵工口糧，隨船移撥支給。至議抽兵丁五百名，水陸勻撥，水師應抽兵丁二百五十名。現在外海內河防堵巡緝，在在需人，若概於額設步守兵內抽撥，未免顧此失彼。應在水師提鎮協營，酌量抽撥步兵三十七名，守兵九十四名，酌裁馬兵改補步兵一十名，連撥外委本身步糧三名，共得步兵五十名，守兵九十四名。尚需添補步兵二十五名，守兵八十一名。在水師各營馬糧較多營分，將馬糧三十三名改爲守兵，步糧較多營分，將步糧一百六十四名改爲守兵，均各歸還原營兵額，同馬兵所改步兵一十名遞年節存馬步糧料等項銀兩，撥補增添步守兵丁一百零六名歲需經費之用。此外仍需把總二員、外委一員、步兵連外委本身名糧七十五名、守兵一百七十五名，應於督標五營及永靖營酌抽把總二員，陸路提標五營酌抽外委一員，其原食馬糧一分，勿庸隨撥。併於陸路各營勻撥步兵七十五名，守兵一百七十五名，共兵二百五十名，均歸大鵬入額。其外委仍食本身步糧，並在大鵬步兵數內添設額外外委四員，仍支本身名糧，以資差遣。至澄海地方，應將澄海協改爲澄海營，即將大鵬參將移駐，作爲澄海營參將。澄海原有守備二員，分爲左右二營，左營守備駐劄篷州所城，右營守備駐劄樟林所城，均未便移改。將大鵬左營守備改爲澄海左營中軍守備，駐劄縣城，經管兩營錢糧。其澄海左營守備改爲左營左軍分防守備，仍駐篷州，有營仍循其舊，以資防守。所有現改大鵬協副將、都司，及澄海營參將、左營中軍守備、左營左軍分防守備，俱照舊定爲外海水師題補之缺。其水陸各營抽撥兵丁，所需糧餉、公費、紅白等項，以及一切軍裝、器械，俱由各營撥出隨帶，毋須另添。澄海協改駐參將、守備，有原設副將、都司衙署，可以棲息辦公，大鵬所城改設都司，亦有守備原署可住，其防守礮臺弁兵，即住礮臺，均毋須另建衙署。惟大鵬添設大快船二隻，各營無可抽撥，應另行製造，計每隻需用裝造工料銀四百三十二兩，二船共銀八百六十四兩，歲需弁兵口糧、燂洗以及修費等項，約需銀一千四百餘兩。又九龍地方改駐副將，紅香爐添設汛防，應建衙署、兵房，以及大鵬新兵應製號衣器械等項所需經費，均須預籌。查有前山營生息一項，從前係由洋商捐出本銀十萬兩，發交當商生息，以作添設前山營兵餉之用。除每年支用外，截至道光十九年五月底止，實存銀五萬三千八百餘兩。除另摺奏請動支添建尖沙嘴、官涌兩礮臺工料，其銀三萬一千九百餘兩外，所有此次添造快船，及建造衙署、製給新兵號衣、器械等項用費，均請於此項息銀內動支，毋庸請動帑項。如此改調添設，因地制宜，似於海疆控制大有裨益。如蒙俞允，所有添造快船，應建衙署兵房，製給新添步守兵丁軍械等項，臣等即飭令地方文武，會同確估辦理。其改設副將等官，應行鑄換關防，並一切營制抽撥細數及未盡事宜，統容另行咨部核辦。

再，前山營生息本銀，係由洋商捐出，與正、雜錢糧不同，每年止將收支實存數目報部查核。今請動支此項息銀，以作添造快船、衙署，製給軍械經費，應俟動用後將支用總數於册内開除造報，懇免備造工料細册報銷，合併陳明。

臣等謹會同廣東水師提督臣關天培、陸路提督臣郭□□，合詞恭摺具奏，伏乞皇上聖鑒訓示。謹奏。

校記：

〔一〕此摺與怡良聯銜，道光二十年三月二十六日具奏。

〔二〕據軍機處録副檔案，爲郭繼昌。

請將煙犯財産充賞片〔一〕

再，粤東鴉片之多，本什百於他省。自上年查辦至今，除收繳夷躉二萬餘箱外，其起獲内地民人興販囤藏者，亦不下五十餘萬兩，皆經陸續煅化，期於盡滌前污。察看各屬府縣城廂，凡在耳目昭著之地，大都漸就肅清。而鄉曲邨莊，山重水複，往往恃其僻遠，藏垢納污，舊時既不少窩存，聞拏又轉相寄頓。或深房密室，守以婦女，而莫能窺。或祠廟山林，埋以坑窖，而無由識。甚至裝爲棺柩，假作墳塋，詭祕萬端，出人意表。間有訪聞破獲者，全藉眼線密爲伺察，於其藏匿處所探知真確，乃得搜起原贓。若眼線不真，搜查無獲，則奸民有所藉口，轉恐釀成事端。故從前烟禁鬆時，患在得規包庇，迨禁嚴而情僞疊出，又患在託名慎重，瞻顧畏難。蓋趨避者衆人之常情，而因循者官場之積習，以爲拏獲不多，不過責以疏懈，若辦理不善，既恐坐以愆尤。而且僱線先須給資，獲案又須重賞。賞不重，則作線之人不來，即來者亦必不確。其能爲精確之眼線，必與烟犯素相親密之人，所以不避怨嫌引官指拏者，無非圖利耳。激於義憤，固無其人。挾仇邀功，亦不多見。惟利重則衆人爭趨，雖親密者亦不相顧，此粵東風氣，一時難以轉移，而不得不乘機以導之者也。官予以利，即爲官用。否則走私護私，皆其慣技，未有不轉爲私用者矣。爲私用，則私愈不得破，而官愈不得知，故官必須不惜重貲而後能用此輩。然近日州縣，無論其未必樂於捐資，即欲捐而無可捐之資，亦安得而責之？若營汛武弁，則潔己者已難其人，更何從語以出資僱線之事。雖臣等於報獲案犯，疊經捐銀給賞，而究不足爲常，外此則籌款勸捐，事皆室礙。倘因無資購線，以致若輩轉助販私，則長惡滋奸，所關匪細。查上年軍機大臣議准浙江撫臣烏□〔二〕奏立禁烟章程內稱：「嗣後守口兵弁能將商漁船隻所帶成箱烟土拏獲者，將船及貨一半賞給首獲之人，餘貨分賞同查之人。」又：「海船偷帶烟土，無論舟人行户，能將藏匿處所指明首告，即將船貨給予舉發之人。」等語。是海船夾帶鴉片，首報之人即時得邀重賞，而内地之窩販，似亦可以例推。且新例窯口烟館興販之本犯，與知情租雇之業主、船户，其房屋船隻，皆應一律入官。是破案之後，産業已爲官物，然若必俟由官召變，始以價銀充賞，則延緩需時，竊恐有名無實，仍不足以示勸。蓋州縣承領估變，例應會同委員勘造估册，上下衙門層層駁估，總須報部核定，方能作準，往往累月經年，十不變一，而空房封鎖，已爲鄉鄰作踐，匪丐潛蹤，又安得有人承受。有司憚於賠累，甘受遲延處分，故歷來入官未變之産，案牘纍纍，皆其明驗也。竊思信賞必罰，法既不可枉，膏亦不可屯，與其候變無期，何若即時充賞。且如米穀出洋被獲，本有船貨給賞之條，而卡隘緝拏私鹽，亦有車畜並賞之例。今鴉片之害，較之私運米鹽，奚啻霄壤？則報獲之賞，似亦不可獨虚。應請嗣後拏獲販賣鴉片之案，於審明定讞後，除烟土、烟膏、烟具悉數繳官燬化外，所有該犯船貨産業，概准分别給賞，無論在洋在岸，一體照行。倘有栽烟誣賴、希圖冒賞，亦必確審實情，遵照新例，不分首從，按法嚴辦。庶查拏首報之人，有所圖而不相隱庇，亦有憚而不敢誣妄。而囤販爲奸之輩，藏烟雖密，破案不難，於杜絶根株，似有裨益。如蒙俞允，所有粤省已獲各案，臣等均即飭屬遵辦，並請免其造册咨部，以省案牘。是否有當，謹合詞附片具奏，伏乞聖鑒訓示。謹奏。

校記：

〔一〕此片道光二十年三月二十六日附奏。

〔二〕軍機處録副檔案作「烏爾恭額」。

焚剿夷船擒獲漢奸摺〔一〕

奏爲欽遵批諭，嚴密防範嘆夷，並經設法焚剿夷船辦艇，擒獲接濟漢奸，謹將辦理情形恭摺奏祈聖鑒事。

竊臣等前次附片具奏嘆夷逗留外洋，常懼火船猝往焚燒，並傳聞該國有大號兵船將至，加意嚴防各緣由。欽奉硃批：「無論虛實，總當不事張皇，嚴密防範，以逸待勞，主客之勢自判，彼何能爲也。勉之。」欽此。仰見我皇上運籌決勝，洞燭夷情。臣等跪誦服膺，莫名欽感。伏查暎夷近日來船所配兵械較多，實仍載運鴉片，探係該國嗌啊啦等處夷埠，聞知內地辦煙嚴緊，銷路日稀，而夷埠新舊煙土存積纍纍，不肯輕棄，是以減跌價值，用三桅大船滿載而來，而奸夷遂藉以揚言恫喝，冀可准其貿易之求。迨見臣等拒之益堅，不爲所動，其到粵之吐嘧、嘩噏、嘟嚕噎兵船三隻，並現在續到之啗吧吐兵船一隻，亦祇在外洋往來游奕，此東彼西，總無定處。日則暗放三板，分運烟土，引誘奸民，零星賤賣。夜則抛錨寄椗，並招集辦艇環護，攴更瞭望，以防我兵火攻，此外別無動靜。誠如聖諭，實無能爲。惟思峻拒暎夷，原爲斷絶鴉片。乃奸夷仍私在外洋售賣，即奸民必販至內地行銷，積弊何日能清？前功尤虞盡棄。且該夷詭計百出，竟不憚虧本以誘愚民，查近日公班大土一箇僅賣洋銀五六圓，較之前年秋冬，價減十分之七。並訊據先後獲到煙犯供稱，有鵝鴨十隻換得公班土一箇者，並有買過一二次，即可向夷人賒煙者，在彼總欲愚弄沿海之漢奸，以阻撓當官之禁令，實屬可惡已極。臣等於前次燒燬接濟匪船二十三隻之後，仍嚴飭水陸文武力拏通夷匪犯，並設法懲創奸夷，因其防備甚周，未易乘機下手。先於四月間接據新安縣知縣梁星源禀報，會同營弁在小濠海邊續燒辦艇四隻、篷寮五間，又獲夷船上厨工梁亞次等六名。除與所獲潛買烟土各犯並案審辦外，一面函商水師提臣關天培，以夷船最畏焚燒，仍惟以所畏者設法制之。隨經關天培委令副將李賢、都司馬辰、守備費琮、盧大鉞、林大光，選帶能事把總潘永蓁、楊雄超、廖振邦、關東及外委盧麟等，密受機宜，相度形勢，分帶兵勇四百餘名，暗伏島澳，並多雇素諳夷語線民，假裝濟夷辦艇，作爲内應，仍於各隘口分派弁兵防堵。五月初九日，乘夜半月落時候，各隊火船移近磨刀外洋夷船聚泊處所，占住上風，出其不意，火船闖進夾燒，各線民亦於假辦艇内同時縱火。有吧喱夷船上身穿白衣𠸄夷持械跳出，經外委盧麟揮令水勇方亞早等，奮力殺斃四人，其餘夷衆連船全行燒燬。各將備督率把總潘永蓁、楊雄超等，乘夷船亂奔之際，將火箭、火礶、噴筒等物紛紛拋擲，又將載有烟箱之夷船燒燬一隻，另有夷船一隻桅帆著火，棄椗駕逃，經夷衆將火撲救，先後延燒大小辦艇十一隻，又燒燬近岸篷寮九座。其衝突竄逃各夷船，彼此撞碰，叫喊不絶，夷人帶傷跳水、燒斃、溺斃及被烟毒迷斃者，不計其數。我兵並無被害，惟於殺斃吧喱船上夷人時，有水勇二名被夷劍斫傷手膀，尚不甚重。該將備等於火發後分投截拏逸艇，適有罟船一隻慌忙奔竄，當將人船並獲，其船内有烟盒、烟槍及各種烟具，一併起出。又有棄艇逃赴篷寮及由篷寮復逃之犯，亦俱拏獲，計先後獲犯姜亞連等十三名，現在行提嚴審辦理。此次該𠸄夷猝遭焚剿，傷斃已多，而嘟嚕噎船上帶兵之夷官嚸啐哈喱，亦在該船病斃，並查悉夷兵吸水受毒患病者甚衆。似此頻經受創，當亦共知天朝重地非么魔異類所可玩法偷生。如再抗不回帆，抑或别滋奸計，臣等仍惟恪遵批諭，不事張皇，明則以逸待勞，倍森嚴而鎮靜；暗則相機而動，期震讋其貪頑，一切機謀，密之又密，以仰副聖主訓誨諄諄之至意。至噗夷未銷貨物，恐其私行寄頓，影射進口，節經臣等會同粵海關監督臣豫堃，逐一嚴查。卽他國貨船中稍有形蹟可疑者，如咪唎㗎國之哋吐一船，吐噦一船，吕宋國之吻噸一船，因查閲該國船牌貨單，譯出漢文，與現船所載貨物未盡符合，立卽逐出，不准進口。嗣後尤當時加釐剔，務使各國夷人咸知法度嚴明，不敢希圖朦混，以肅海禁而絶詭謀。

所有現辦情形，謹會同水師提督臣關天培，恭摺具奏，伏乞皇上聖鑒。謹奏。

校記：

〔一〕此摺與怡良聯銜，道光二十年五月十五日具奏。軍機處録副六月十九日奉硃批："所辦可嘉之至。"

查獲汛弁黎祥光等串詐客船片〔一〕

再，粵東河道綿長，時有匪蹤出没，不得不分遣兵役，管駕巡船，往來梭緝。而查弊之人，難保非即舞弊之人，是以疊飭縣營嚴查舉發，不准稍有徇庇。兹據署清遠縣知縣黄炳然、三水縣知縣浦國仁先後稟報：有南海縣客民林裕利，在韶州府城買得鐵釘一百五十餘擔，領有關口税單，遣夥曾顯揚雇船運赴佛山發賣。本年三月初六日，船至清遠縣石基河面，被巡船搬搶鐵釘一百一十餘擔，尚存三十餘擔。初九日，船至三水縣胥江河面，復被該處弁兵搬搶，均勒寫失水字據，原領税單被初處搶鐵船上丢棄河中。經該事主林裕利之兄林裕勝呈報，該二縣會營勘訊通稟，並據各該管將領查明揭報，將汛弁黎祥光、歐國泰、盧廷彪、黄安邦，同各汛兵何得剛等，並請斥革解省審辦。臣當即提訊，據該汛弁兵僉供：因清遠營大燕汛一帶，水溜河寬，恐有販私偷漏，曾倩線民密加偵探，本年三月初六日，線民白亞彪報有客船運載私鐵經過，該汛目兵何得剛稟明界排汛額外歐國泰，轉告把總黎祥光，帶同三、四兩號巡船，駕至石基河面，趕赴客船，聲稱緝私，起出鐵釘，搬入四號巡船。其時客夥曾顯揚祇以空言分辯，初未説有税單，迨把總黎祥光趕到，詢以若非私販，有何爲憑？該客夥甫將税單呈驗，該把總始知誤向搜查，而四號巡船已搬有鐵釘七十二簍，先載回營。該把總慮被控告，當將税單丟棄河中，令寫失水字據，希圖寢事。該客船仍載餘鐵前行。其大塘汛外委黄安邦，亦因線人誤報，帶同本汛及附近各汛兵丁駕船至三水縣胥江河面守候。初九日，見該客船經過，指爲走私，搜得鐵釘三十二簍，搬載回汛。該客夥將原有税單被大燕汛弁丟棄，令寫失水緣由詳晰言明，該弁兵亦恐告發，令其照寫失水字據，船聽開行。各汛弁所起鐵釘，均已賣銀分用。此訊據大燕、大塘等汛各弁兵所供，客船經由清遠、三水兩縣石基、胥江河面，先後被搜鐵釘之大略情形也。查該客船所載鐵釘，既執有關口税單，自非私販，大燕等汛弁兵即使先係誤搜，迨見税單，何以不即還贓，轉向勒寫字據？且大燕汛既經搜過，未將人船截留，大塘汛弁兵何得更疑其爲走私，將鐵釘全行搬載回營？況鐵釘並未繳官，竟各瓜分售賣，明係假巡緝爲由，串同搶奪。迨發覺提省，復因事主客夥未到，恃無質證，隱匿真情。即各該管守備，亦難保無庇縱情事。現將清遠右營守備伍志雄，署三水營守備事千總余孔彰，均先撤任，調至省城備質，員缺另委接署。其犯事之把總黎祥光、盧廷彪，外委黄安邦，額外歐國泰，同各汛兵何得剛等，一併褫職革糧，發司飭傳事主客夥，勒集未到犯證，研審確情，據實按擬，照例分別奏咨外，臣與撫臣暨水陸提臣，仍嚴飭各文武，於員弁兵役實力稽察防閑，如有骫法營私，務即痛加懲創，以安商旅而靖地方。謹將查獲弁兵串詐，現在審辦緣由，附片奏聞，伏乞聖鑒。謹奏。

校記：

〔一〕此片軍機處録副硃批：「所辦是。」推斷為道光二十年五月十五日附奏。

兩廣奏稿卷三

追奪張石氏誥封摺〔一〕

奏爲核辦控案，查有再醮婦女冒受封典，應行追奪誥軸，以重名器，恭摺奏祈聖鑒事。

竊照本年二月間，有籍隸新會縣寄居南海縣之張石氏，赴臣衙門遞呈，以伊夫原任福建閩安協副將張保在日，曾於嘉慶十五年間將銀二萬八千兩，交付職員伍耀南生息置産，有書信收單爲據，道光二年夫故，四年該氏自閩回粵，上年二月向討被吞，控縣未結等情。當查張保即係嘉慶年間投誠之洋盜張保仔，曾任副將身故。其生前果否將銀託人置産被吞，自須查有確據，方可著追。即經批司飭縣，録案申送核辦，並因張石氏呈内自稱命婦，果否受有誥封，亦須查明，以防假冒去後。兹據南海縣知縣劉師陸稟覆：「此案據張石氏與伍耀南在縣控訴，訊無中證爲憑，所繳信單，飭令伍耀南當堂寫字，核對筆蹟，迥不相符。該氏現年六十五歲，先嫁鄭一爲妻，夫故之後，改嫁與張保爲繼室，道光元年曾經請有封典。」稟請核辦前來。臣查張石氏自閩回粤，十有六年，其夫張保在日，果有交存伍耀南銀二萬八千兩，何肯任欠多年，近始出控？且既稱嘉慶十五年交銀置産，維時張保已在廣東省城入伍，何難將伍耀南代置各産之契收回執業，而轉任其侵收花息至三十年之久？尤非情理。況所執信單，乃本案要據，經該縣比對筆蹟，絕不相符，又無中證爲憑，明係捏造圖詐，業已飭縣速行究結，勿任狡延。至張石氏前夫鄭一，乃從前廣東洋盜之渠魁，黨夥蔓延，横行海上，倖逃顯戮，自伏冥誅。張保即張保仔，本係蜑户，幼嗣鄭一爲子，並受安南國僞封，鄭一斃後，接管幫船，所聚大小匪艇數百隻，盜伙數萬人，刦掠商民，戕傷將士，其罪逆更有甚於鄭一，粤省濱海邨莊，受其荼毒之慘，至今閭巷傳聞，痛心切骨。即嘉慶十五年間，悔罪乞誠，其中反覆情形亦非一次，均有舊案可稽。當時在事諸臣，舍剿言撫，亦係爲民蘇困，事出權宜。現在遞呈之張石氏，即鄭一之妻，改適張保，以疊作萑苻之眷屬，竟濫邀翟茀之光榮，是其名節俱虧，實恐玷汙章服。查命婦夫亡再嫁，按律尚應擬罪追奪，所以勵貞操而重名器也。今張石氏係再嫁後請封，尤爲冒混，現尚恃係命婦，平空捏詐，纏訟不休，自應奪其原請誥軸，送部察收，仍將該氏飭族約束稽查，庶足以儆奸邪而維風化。

臣謹會同廣東巡撫臣怡良，恭摺奏聞，伏乞皇上聖鑒訓示。

再，查張保之子張玉麟，曾蔭千總，現年二十七歲，並未投營，亦有被控聚賭之案，併飭審明虛實，另行覈辦，合併陳明。謹奏。

校記：

〔一〕此摺道光二十年五月十五日具奏。

嘆夷續來兵船情形片〔一〕

再，嘆咭唎夷船逗留外洋，臣等疊飭各將弁帶領兵勇火船，設法焚勦，於五月初九日乘夜縱火燒燬夷船三隻，業經會摺奏聞在案。查該夷自貿易斷後，每揚言兵船多隻即日到粵。臣等不爲所動，而仍密爲之防。除上年所到之吐嚧、嗶喻兩船，與近時續到之嘟嚕噎、哈吧吐兩船在外洋游奕情形，先已查明具奏外，茲據澳門文武稟：據引水探報，五月二十二日望見九洲外洋來有兵船二隻，一係大船，有礮三層，均七八十門，其一較小，有礮一層。二十三日陸續又來兵船七隻，均不甚大，礮位亦祇一層。又先後來有車輪船三隻，以火焰激動機軸，駕駛較捷，此項夷船前曾到過粤洋，專爲巡風送信。茲與各兵船，或泊九洲，或赴磨刀，或赴三角外洋，東停西竄，皆未敢駛近口門。臣等查中路要口，以虎門爲最，次即澳門，又次即尖沙嘴一帶，其餘外海内洋相通之處，雖不可勝數，然多係淺水暗礁，祇足以行内地之船，該夷兵船不能飛越。所有虎門各礮臺，先已添建增修，與海面所設兩層排鍊相爲表裏。猶恐各臺舊安礮位未盡得力，復設法密購西洋大銅礮，及他夷精製之生鐵大礮，自五千斤至八九千斤不等，務使利於遠攻。現在該處各礮臺，計有大礮三百餘位，其在船在岸兵勇，隨時分撥，其有三千餘名。至澳門地方，自奏委高廉道易中孚，與奏留升任之香山協惠昌耀會同防範，先後派駐兵勇亦有一千三百餘名。其又尖沙嘴一帶，新建礮臺兩座，業已趕辦完工，並設法購辦大礮五十六位，分別安設。其附近山梁，駐兵其有八百餘名，此外各小口及内河水陸要隘，亦皆添兵多名，協同防堵，聲勢已皆聯絡，佈置並不張皇。現在該夷兵船亦祇飄泊外洋，别無動静，即便此後漸圖窺伺，而處處皆有準備，不致疎虞。此時商旅居民極爲安謐，即他國在澳夷人，亦皆各自貿易，安静如常。而臣等密察周防，總不容一刻稍懈，且隨處偵拏接濟，嚴斷漢奸，務令盡絶句通，俾其坐困。第恐在粤無可乘之隙，該夷船趁此南風盛發，輒由深水外洋揚帆竄越，臣等現已飛咨閩、浙、江蘇、山東、直隸各省，飭屬嚴查海口，協力籌防，以冀仰紓宸念。

謹合詞繕片附陳，伏乞聖鑒。謹奏。

校記：

〔一〕此片道光二十年七月初四日奉硃批，推斷為五月二十五日附奏。

嘆夷兵船情形片附夷帖〔一〕

再，嘆咭唎來粵兵船，除上年所到之吐嘧、嘩喻兩船，及本年續到之嘟嚕噎、唂吧吐兩船，先經隨時奏報，嗣於五月二十二、三等日，又到大小兵船九隻，車輪船三隻，遊奕外洋東停西竄。臣等示以鎮靜，不事張皇，而仍嚴密周防，於水陸各要隘加礮添兵，處處準備，並嚴拏接濟，杜絕句通。復將籌辦情形於五月二十五日附片奏聞在案。茲查近日該嘆夷又先後到有大小兵船十隻，車輪船二隻，仍止散泊外洋，別無動靜。並揚言不先尋釁，諒欲懈我軍心。旋於海灘上插一木牌，寫有漢字説帖，妄稱：「内地船隻不准出入粵省門口，俟暎國通商再行無阻。」又稱：「魚船日間出入，不爲攔截，各邑鄉里商船，可赴英國泊船之處貿易。」等語。查暎夷中有嗎哩遜能書漢字。上年一切夷禀皆出伊手，此次説帖，諒即該夷人所寫。揣其鬼蜮伎倆，一則希圖挾制通商，一則招引奸徒興販。所稱不先尋釁之言，又大相剌謬。當經函囑提臣關天培，如果該暎夷膽敢攔阻行舟，即當示以兵威，不容滋擾。又查該夷説帖内，有國主命伊前往中國海境，據實奏明之語。而先來之哈吧吐一船，及後到之咘啉嘛等船八隻、車輪船三隻，又據引水禀報，於五月底及六月初間，先後駛出老萬山，東向揚帆而去，瞭望無蹤。飭據洋行總商伍紹榮等轉呈咪唎㗎夷禀，譯出漢字，内稱聽説暎夷兵船係赴浙江、江蘇。又有人説往天津等情。臣等復查夷情詭譎，凡事矯飾虚張，固難憑準。而現值南風盛發，外洋茫無界限，亦無從遏止前行。如其駛至浙江舟山，或江蘇上海等處，該二省已疊接粵省咨文，自皆有備，不致疎虞。若其徑達天津，求通貿易，諒必以爲該國久受大皇帝怙冒之恩，不致遽遭屏斥。此次斷其互市，指爲臣等私自擅行。倘所陳尚係恭順之詞，可否仰懇天恩，仍優以懷柔之禮，敕下直隸督臣，查照嘉慶二十一年間暎國夷官啰咡啊嘆吐噫等自北遣回成案，將其遞詞人由内河逐站護送至粵，藉可散其牙爪，較易就我範圍。倘所遞之詞有涉臣等之處，惟求欽派大臣來粤查辦，俾知天朝法度，一秉大公，益生其敬畏之誠，不敢再有藉口。事關控制外夷，臣等管窺所及，謹合詞附片密陳，並將該夷説帖另録清摺，恭呈御覽，伏乞聖鑒訓示。

再，沿海閭閻，現俱照常静謐，合併聲明。謹奏。

校記：

〔一〕此片道光二十年七月初六日奉硃批，推斷為六月初五日附奏。

鈔録夷帖〔一〕

謹將𠸄夷兵船所出漢字説帖鈔録清摺，恭呈御覽。

大英國特命水師將帥爲通行曉諭事。照得粤東大憲林、鄧等因玩視聖諭「相待𠸄人必須秉公謹度」，輒將住省英國領事、商人等詭譎强逼，揑詞誆騙，表奏無忌。故此，大英國主欽命官憲，著伊前往中國海境，俾得據實奏明御覽，致使太平永承，妥務正經貿易。且大英國主恭敬皇帝，懷柔内地安分良民，嚴命本國軍士，設使民人不爲抗拒，即當凜行保全各人身家産業。是則該民無庸驚懼，乃可帶同貨物接濟，赴到英師之營汛，定要施惠保護，給爾公道價錢也。且大憲林、鄧捏詞假奏，請奉皇帝停止英國貿易之諭，以致中外千萬良人吃虧甚重。緣此大英國將帥現奉國主諭旨，欽遵爲此告示，所有内地船隻不准出入粤東省城門口，兼嗣後所指示各口岸，亦將不准出入也。迨俟英國通商，再行無阻，本將帥纔給符官印，發檄曉諭所應經商之港口，不爲攔截。又沿海各邑鄉里商船，亦准往來，可赴英國船隻停泊之處貿易無防。特示。

校記：

〔一〕清宮奏摺硃批：「甚屬可惡。」為附件。

嚴辦烟案栽贓人犯片〔二〕

再，臣等嚴拏鴉片，尤必重辦栽贓。緣差役眼線皆非正人，在密查暗訪之時斷不能不用，而假公濟私之弊實不可不防。是以諳飭各屬，凡帶差役線人查拏烟案，必先將其人搜檢一過，無夾帶者方許上前。又獲到烟犯一名，卽令獲犯之人，將如何查拏情形，當堂詳細供指，使烟犯聞知，無可置喙，然後再向該犯追究鴉片來歷，以成信讞而杜侵欺。第烟犯情節各不相同，有不必栽贓者，亦有不能栽贓者。如平日本係著名窯口及積慣興販，早爲人所共知，或聞拏先逃久而始獲，則雖棄贓滅迹，亦不能末減其辜；其或首夥先後到案，供證僉同。或查獲帳簿發單，已有賣烟確據，則亦不待起出鴉片，始能定其罪名，所謂不必栽贓者此也。又如盈箱累篋攙入別貨之中，地窨夾牆藏於密室之内，一經破獲，爲數孔多，非外人所得預埋，卽挾仇亦難誣諂，則犯供雖或狡展，而衆證卽是確憑，所謂不能栽贓者此也。所最宜防者，惟零星之小土與熬熟之煙膏，價賤物微，人心因而叵測。每獲此種烟犯，臣等無不加倍留神。如本年三月間，有清遠縣人鄧亞帶假造烟膏，裝貯一小錫盒，預藏莫亞三柴船内，商囑譚亞得、張安等，引同差役往拏圖詐，當經訪獲，訊認不諱。又據番禺縣獲到羅定人李亞有，糾同林亞土、陳超等攜帶烟膏至番禺縣桑周氏家，藉搜查鴉片爲名，搶得番銀及首飾衣服等件。又據歸善縣營會獲兵丁何連升等，將鄉民首繳之煙土二塊，向王大受、羅亞玉等栽害，藉稱搜查，搶取番銀四圓、八圓不等。又據新會縣訪獲從九品職銜周如齡即周超宇，因素知同縣之張亞信有錢怕事，商同族弟周導澄等，攜帶烟槍一枝，烟盒一箇，指爲張亞信之物，將其擄捉，圖詐銀三百兩未成，經縣訪獲，周如齡質認屬實。此外，未經栽贓、平空訛詐之何伯達等，及甫造假土即被訪緝之周亞榮等，亦經逐一拏獲，隨時發審，飭屬按例嚴辦。總期法無枉縱，罪當情真，庶足折服人心，以即湔除積習。

謹將歷辦情形合詞附片奏聞，伏祈聖鑒。謹奏。

校記：

〔一〕此片道光二十年七月二十四日硃批「覽。」使粵兩廣奏稿有「道光二十年六月二十一日附奏。」字樣。

嘆夷兵船移泊校椅沙情形片〔一〕

再，嘆夷兵船先後到粤，内有數船復出老萬山，俱經臣等將來去情形，隨時奏報。並該夷寫有漢字説帖，妄稱欲阻内地行舟，及該國王遣令前往中國海境奏明等語，又經照録夷帖，恭呈御覽在案。兹查六月初十前後，該嘆夷兵船内有七隻及車輪船一隻，又陸續開出老萬山，揚帆遠去。而日内據報，復到有兵船三隻，難保非即前開之船，去而復至。統計現在共有夷船十隻，雖仍散泊外洋，而間有一二船乘潮駛至相距虎門五十餘里之校椅沙一帶，遇見内地出入之鹽船商船，即潛遣三板攏近，探詢官兵消息，迨内地各船駛近口門，則又不敢追問。蓋夷船所恃，專在外洋空曠之處，其船尚可轉掉自如。若使竟進口内，直是魚遊釜底，立可就擒，勦辦正有把握。而彼亦揣摩已久，深悉情形，不敢冒死輕入，每日東飄西泊，莫定行蹤，夜更遊奕不停，深恐我兵復用火船，潛往燒燬。揣其狡獪伎倆，無非挾制通商，勢不得不示以兵威，難容久滯。此時水陸各要隘，悉已周防，一切制勝機宜，均與水師提臣關天培密爲商定。因現值南風盛發，師船出口係向南行，尚須加意慎重，一得可乘之隙，即當整隊放出外洋，大張撻伐。臣等相機籌辦，總求計出萬全，不許將備弁兵藉口遷延，亦不敢任其孟浪。至民間習見夷情虚矯，仍俱靜謐如常，堪以仰紓宸注。所有近日夷務情形，謹合詞繕片附陳，伏乞聖鑒。謹奏。

校記：

〔一〕此片道光二十年六月二十一日附奏。

議覆葉紹本條陳捕盜事宜摺〔一〕

奏爲遵旨查議捕盜事宜，謹就粤省情形力加整頓，恭摺覆奏，仰祈聖鑒事。竊准部咨：「欽奉上諭：鴻臚寺少卿葉紹本奏捕盜事宜一摺，著各直省督撫妥議具奏。欽此。」臣等查原奏臚列四條，如移會鄰封協捕，嚴懲牌保容留，守望宜責同郵，審案不累事主，此皆申明定例，自宜實力奉行。况粤省盜賊視他省爲尤熾，是以例上另立專條，以廣東内河刦案夥聚四十人以上，或行劫三次，或脱逃二三年後就獲，應斬決者均加梟示，恭請王命先行正法，誠以海濱蠻野，不得不加倍從嚴也。臣等竊見廣東弭盜之難，別有數端，而尋常之弊不與焉：一則良盜難分也。他省之民，良自良而盜自盜。廣東不然，平時耕種之民，遇有昏夜糾刦者，但以「發財去」三字，隨路招呼，鮮不欣然同往。故一同爲盜之人，彼此每不相識，即人數亦無可稽。甚至田舍素封、衣冠鉅族，亦皆樂於一試。若惠、潮地方，則竟有以盜起家，轉因黨與太多，不能破案，人不敢指，官不得拏者。並有通族皆盜，通鄉皆盜，一拏卽恐滋事，不得不略審機宜，設法誘獲者。此盜風以未易戢也。一則互刦難防也。他省之盜，只圖得財。廣東之盜，並因仇起，此郵往刦彼郵，此縣往刦彼縣，爲盜者並非貧苦，竟以挾釁行强。被盜者不即呈官，輒先糾人報復。迨事過則彼此互控，各匿真情，並指局外爲主謀，扳富家爲窩主，案情變幻，歧之又歧。此盜情所以未易詰也。一則原贓難起也。盜案以贓爲憑，贓真然後盜確，故別省緝盜之法，以查贓爲先。廣東則盜贓移赴墟場，無不立時賣盡，及至輾轉售賣，大都不識姓名，是以歷辦盜案，獲贓者少，無獲者多，部臣查核案情，亦皆覆准，此係歷久相沿辦法。今若必令逐案起贓，又恐差保藉端向當鋪、衣莊索詐，而犯之狡展，案之懸宕，將因是而愈紛。此辦法之未易輕改也。一則夥黨難究也。訪聞粵東巨盜，每先密結親信匪黨，發誓拜盟，如遇破案到官，彼此各自熬刑，不相供指。即獲正賊嚴訊，往往供出同夥，非富即仇。雖傳到審虛，立時省釋，其人業已受累，而真夥未經供出，聞風轉已遠颺。地方官即設法訪查，驟難得手。至各縣紳衿中，多有攻匪保良之公約，不知起自何時，其始所保所攻，未嘗不當，迨久之而漸成袒庇，難免黑白混淆。臣等惟當諭令禁止，以祛流弊。此查緝之未易得實也。一則花紅難繼也。廣東積習，官欲獲盜，必須先出花紅。從前原爲急公，迨後竟成常例。盜愈著名，則花紅愈重，若稍吝嗇，即無從購覓線人。其有關於官員處分者，家屬親鄰愈以居爲奇貨。即臣等亦有欲禁而不能驟禁之勢。况花紅而外，解犯辦罪，所費尚多，地方官年遇數起盜案，賠累多端，恐開虧挪之漸。此經費之未易措籌也。以上各情形，臣等惟有隨地隨時，力加整頓，總必求臻實效，不使徒托空言。即如保甲爲弭盜之源，而奉行非循故事；巡警爲詰奸之要，而委用務在得人。凡水路之巡船，陸路之更練，沿邨之望樓保寨，均不許有名無實。除本年春、夏二季，獲犯一千三百八十八名，已於另摺核奏外，仍惟諳飭水陸文武各員，勤益加勤，密更求密，永冀萑苻斂戢，閭井安恬，以仰副聖主綏靖海疆、除莠安良之至意。

所有遵旨查議緣由，據司道會詳前來，謹合詞恭摺覆奏，伏乞皇上聖鑒。謹奏。

校記：

〔一〕此摺與怡良聯銜，道光二十年七月初七日具奏。

兩廣奏稿卷四

嘆逆兵船續籌勦堵摺〔一〕

奏爲嘆逆在粤兵船雖未敢滋事，而漸有擄船尋釁情形，現又續添兵勇，酌籌水陸勦堵，以期早靖夷氛，恭摺奏祈聖鑒事。

竊照嘆咭唎兵船陸續到粤，去住靡常，截至本年六月下旬尚存七隻，業將往來船數並周密防堵情形，隨時奏聞在案。該嘆夷自上年斷其貿易以來，日播浮言，或稱即有多船踵至，或稱攔截内地行舟，無非挾制通商，圖銷鴉片。臣等恪遵疊奉批諭，不事張皇，而各口防兵，倍加嚴整。彼見拒之甚力，無隙可乘，故來者既隨到隨開，即在者亦旋停旋駛。是先前猶未尋釁，尚可使之自困，不值海上交鋒，今則已在浙洋，妄肆鴟張，罪大惡極，自知上干天朝震怒，難望仍準通商，在粤夷船，遂亦漸形猖獗，竟將海運鹽船先後擄去十四隻，甚至槍斃民船舵工盛全幅一名，並傷水手杜亞發一名，華民憤切同仇，指引弁兵在洋拏獲白夷吐咀噸一名、黑夷噺唎及吃吐兩名，解官究辦。該咦夷又信托在澳西夷代求釋放，並稱如不允準，即欲進澳滋擾，藉端恫喝，情實難容。雖現在咦夷兵船七隻內，又向老萬山外駛去一船，其火輪船去而復回者，亦止一隻。惟該國尚有載貨帶烟各船約二十餘隻同泊在洋，其船亦有礮械，難保不串謀生事，亟應痛予勦除。前經陸續調集各營大號米艇二十隻，並雇募紅單船二十隻，拖風船二十六隻，於選配兵丁之外，復募挑壯勇千餘名，制配礮火器械，遴委將備管帶，先於內洋逐日督操，以備戰攻之用。又前後購備大船二十餘隻，均交水師提臣關天培分派各將備隨帶應用。臣林則徐擬於本月二十日帶印登舟，赴離省八十里之獅子洋，將所練各兵勇親加校閱，如技藝均已精熟，即擇日整隊，令其全出大洋，併力勦辦。臣林則徐亦赴虎門駐劄，與提臣就近籌商，隨時調度。臣怡良現值文闈期近，仍駐省城，支應一切。署廣州將軍臣弈□、副都統臣英□〔二〕，先於五月間聞有咦夷兵船來粤，即經預選滿營水陸精兵一千名，咨會臣等隨時調遣，當因省垣重地，防守尤爲緊要，仍令按段稽察，以備策應而壯聲威。惟查師船在大洋接仗，全恃佔住上風，仍須相度機宜，於風潮順利之時，始令進發，不敢輕率僨事，亦不敢遷延失時。如能迅獲勝仗，擬即由驛奏聞，仰紓聖廑。至澳門地方，久爲咦夷所覬覦，而西洋中奸良不一，亦難保無暗與句結之人。即如此次所獲咦夷，與西夷本無干涉，而乃代爲稟求釋放，並以進澳滋擾之言，虛張挾制，雖所獲咦夷無足輕重，然此時若徇所請，則損威示弱，轉無以戢叵測之心，臣等不得不嚴行批駮。惟西夷既稱兵單力薄，各有戒心，自應振我軍威，於代爲保護之中，即寓鈐制防維之道。查澳門先調兵勇千餘名在關閘一帶巡防，兵力尚未甚厚。臣等現又添調督撫兩標官兵，連前共合二千名，派委督標參將波啟善、署肇慶協副將多隆武、署撫標守備程步韓等帶入澳内，與升任香山協副將惠昌燿等會合防堵。仍責成奏委駐澳之高廉道易中孚，悉心籌策，務協機宜，不得稍涉優柔，致貽後患。先曉諭西洋夷衆，以澳門係天朝疆土，伊等累世受廛，渥荷深恩豢養，今恐暎夷進澳滋擾，該西夷力不能敵，是以特遣重兵來澳，與爲保護，不使他族得以占居。如西洋中竟有昧良之人，潛與暎夷句結，即須獻出懲治。倘竟被其愚弄，轉而阻撓官兵，是大昧於順逆存亡之理，必至玉石俱焚，後悔何及。且澳内一無出産，日食所需悉資内地，即使暎夷占澳，一經斷其接濟，彼亦無以自存，第不忍使西夷並受其害，惟專心内向，則外侮自不敢欺陵。爲此明白開導，諒西夷亦不至爲暎夷所愚，而澳門得此重兵，當亦可期静謐。總使恩威並濟，操縱咸宜，以冀仰副聖主綏靖華夷之至意。

所有續籌勦堵情形，臣等謹會同署廣州將軍臣宗室公弈□、副都統臣宗室英□、水師提督臣關天培、陸路提督臣郭□□〔三〕，合詞恭摺具奏，伏乞皇上聖鑒。謹奏。

校記：

〔一〕此摺與怡良聯銜，道光二十年七月十九日具奏。

〔二〕軍機處録副檔案作「奕湘」「英隆」。

〔三〕軍機處録副檔案作「郭繼昌」。

密探定海夷情片〔一〕

再，臣等因粵洋現有嘆船，自必常通浙信，是以屢經設法密探定海情形。偶有覓得夷信，譯出漢文，知此次領兵攻定海城者，名曰咘嘛咻。其統兵之夷目一人，名曰咖咥曦嗶，係東印度水師提督，所坐夷船最大，名曰麥爾威厘，有礮七十四門。該船進定海港口時，碰於大礁之上，底穿一孔，入水甚深，幾於沈没。又有帶兵夷官職分頗大之呵囒吋被我師打死。現在嘆逆甚望定海居民回至該處，與之同住，而民人屢招不至，所出章程亦無人肯信，沿海漁船悉皆避去。各夷船本係隨帶鵶片，售作資糧，今已火食無多，轉瞬風色將轉，均甚愁急等情。是其伎倆之窮，已可概見。臣等竊思粵省民人，患其與夷相習，而此時浙省之民，轉欲其習於夷而後便於行事。若如夷信所言火食無多，又恐風色將轉，是正有可乘之機。與其交鏑於海洋，未必即有把握，莫若誘擒於陸地，逆夷更無能爲。或將兵勇扮作鄉民，或將鄉民練爲壯勇，陸續回至該處，詐爲赴招而返，願與久居。一經聚有多人，約期動手，殺之將如雞狗，行見異種無遺。惟機緘不可洩露。現聞該逆中有咭吐啞一名，僞作定海縣官，其人能爲華言，更須防其詭計。臣等已具密函飛致浙江撫臣烏□〔二〕，斟酌辦理。

第係遥揣情形，未知當否，謹再附片密陳，伏祈皇上聖鑒。謹奏。

校記：

〔一〕此片道光二十年七月十九日附奏，軍機處録副檔案各船旁有硃綫。

〔二〕軍機處檔案作「烏爾恭額」。

關閘地方礬石洋面疊將逆夷擊退摺〔一〕

奏爲粵省水陸官兵，堵禦嘆逆，疊將逆船擊退，傷斃夷匪多名，現仍遵旨加緊嚴防，恭摺奏祈聖鑒事。

竊照嘆咭唎在粵兵船，先俱散泊外洋，未敢生端尋釁，迨聞逆黨滋擾浙洋之信，遂亦漸見鴟張，業經臣等將續調官兵雇船募勇，酌籌勦堵情形，於本年七月十九日會摺奏聞，並陳明臣林則徐親赴離省八十里之獅子洋校閱兵勇，就近調度在案。拜摺後，臣林則徐即於二十日至獅子洋泊舟，將本年所派各備弁，豫練壯勇技藝，逐一親加校閱，如演放大小礮位，抛擲火毬火礶，撒放火箭噴筒，以及爬桅跳船各技，與水師官兵一體演試，均尚可觀。隨即順赴虎門，與水師提臣關天培熟商勦辦。旋據防守澳門文武各員禀報，七月二十二日未刻，嘆逆嘩喻等，帶領該夷各兵船，潛放三板十餘隻與火輪船一隻，乘東風長潮之際，由九洲外洋駛至近澳迤北之關閘一帶，突然開礮。該處係前山營赴澳門經由旱路，兩邊皆海，中有天然甬道一條，因在蓮花峯腳下，土人象形，名之爲蓮花莖，其適中之地，竪一關門，並設有關閘汛把總一員，稽查來往，蓋以禁止住澳之西洋夷人，不使越此而北也。惟是澳門有西夷所立礮臺六座，而關閘至前山一帶，爲華夷交涉處所，向無官建礮臺，雖有把總酌帶汛兵巡防守望，而地當空曠，除兵房數間之外，障蔽全無。臣等先已慮及逆夷伺閒擣虛，恐必乘潮滋擾，以圖洩忿，早經添派兵勇，協防該汛，並飭據高廉道易中孚酌築土墩，分置大小礮位。是日在事文武瞭見夷兵船突如其來，即時開礮迎擊，因該逆火船相距較遠，其三板易於轉動，見岸上礮口所向，彼即閃避，故甫經交鋒之頃，夷船被礮者無多。迨聞內閘外官兵一齊趕到，高廉道易中孚率同署澳門同知蔣立昂、香山縣丞湯聘三，由南而北，署肇慶協副將多隆武、督標參將波啟善等，由北而南，署提標遊擊阮世貴等在中間往來接應，升任香山協惠昌燿率領師船，駛至青洲海面，水陸夾擊，將夷船前後桅柁打傷，並擊沈三板數隻，礮斃逆夷落水者不計其數。復有續至夷船趕來助勢，經香山水師兵丁羅名贊、曾有良、麥朝彪三人連轟數礮，立斃夷兵目一人及夷兵十餘名，夷船且戰且逃，至戌刻，俱向九洲大洋竄去。該洋潮勢最急，不能撈獲夷屍，惟岸上及淺灘陸續檢獲夷礮彈子大小二百餘箇，重十餘斤至三十斤不等。計接仗至三四時辰之久，查點我兵陣亡者六人，壯勇內亦傷斃三人，俱經優加獎卹。其帶兵營員內參將波啟善與水師守備陳宏光，頭面受傷，均堪醫愈。自關閘至澳門一帶，咸保無虞。署香山縣知縣吳思樹，因訪聞逆夷尚謀進犯前山，以圖報復，即由香山縣城挑帶鄉勇，馳赴前山策應，併雇縉船八隻，在內河隘口堵禦。臣林則徐當又添調南韶連鎮總兵馬殿甲帶兵七百名，三江協副將陳連升帶兵三百名，擇要分駐，以壯聲勢。計沿海陸路先後調防兵勇，已及八千名，布置俱甚聯絡。又據水師探報，逆夷兵船俱由九洲仍竄迤東之磨刀洋面，間有駛至伶仃洋之北及磬石、赤灣等處游奕。臣林則徐當與提臣關天培，在沙角海口鼓勵各船兵勇，整隊出洋，探蹤迎擊。兹據禀報，八月初五日卯刻，在冷水角瞭見火輪船一隻，駛至龍鼓面，即令快艇及原雇拖風各船，先往追躡，各放礮火，擊其船腰，該火輪船即刻逃去。隨探得龍穴西南有夷兵船一隻，其東首又有夷兵船四隻，三板五隻，我師追至申刻，候選都司馬辰與護提標右營遊擊王鵬年，同坐一船，首先攏近㗋嚦之船，奮勇接仗，督令把總李亮、記委毛旭升，連開三千斤銅礮二門，將其前面頭鼻打壞，其船上拉繩之人紛紛喊嚷，滚跌落海。該船先猶開礮回拒，彈如星飛，有礮子嵌入師船頭桅，量深五寸。迨被我師攻敗，傷斃多人，夷衆手忙脚亂，僅放空礮，或係船上礮子用盡亦未可知。是時有他船趕護前來，又經師船開礮轟擊，斷其繩纜，不能駛進。惟於我師回擊他船之際，㗋嚦之船即乘隙隨潮南竄，時已昏黑，不及窮追，當將各船收回。於亥刻仍抵沙角，查點弁兵，受微傷者僅止數名，即被礮各船，間有損壞，亦皆易於修整。次日據漁船撈獲夷帽五頂，夷鞋二隻，及夷船上打落油纜三節，長二丈餘，帆槓一根，長九尺餘，又轉軸二箇，係夷船起椗推柁所用，均經繳到師船請賞。併據稱初五日晚見有夷屍數十具，隨潮漂去。又據引水探報，夷人撈獲屍具，在磨刀山根瘞埋，内有伙長一名，礮手三名，夷兵十一名。併據新安縣稟同前情。臣等查此次㗋逆疊受創懲，應知震懾，惟其犬羊成性，鬼蜮居心，難保不別肆奸謀，另圖報復。又聞夷埠尚有兵船續至，益當加意防閑。且臣等前奏查知夷船越竄江、浙緣由，兹承准軍機大臣字寄：「欽奉上諭：著林則徐等嚴密周防，於水陸各要處處準備，併嚴拏漢奸，毋使句通接濟。該督等仍當示以鎮靜，不事張皇，是爲至要。等因。欽此。」謹即恭録咨會提臣欽遵辦理。查現在澳門、虎門俱有重兵駐劄，附近之香山、新安等縣，亦已撥械添兵，慎固封守。其四面當海之南澳、達濠、碙州、瓊州等，以及孤懸島嶼、瀕海郵莊，均飭處處準備，併將出入之漁蜑各艇慎密稽查，嚴杜句通接濟，仍與在事文武恪遵訓諭，務示鎮靜，不許稍事張皇。各市廛安謐如常，足以仰紓宸念。

所有連次勦堵逆夷情形，謹會同水師提督臣關天培、陸路提督臣郭□□〔二〕，合詞恭摺具奏，伏乞皇上聖鑒。

再，臣怡良因鄉試届期，入闈監臨，臣林則徐即由虎門回省，合併陳明。謹奏。

校記：

〔一〕此摺使粵兩廣奏稿有「道光二十年八月十二日具奏。」字樣。

〔二〕據軍機處録副檔案陸路提督為郭繼昌。

議覆團練水勇情形摺〔一〕

奏爲遵旨查議團練水勇情形，恭摺覆奏，仰祈聖鑒事。

竊準部咨：「道光二十年七月初二日奉上諭：給事中沈鑅奏請飭沿海各省團練水

勇一摺，著沿海各將軍督撫等酌量地方情形，妥議具奏。欽此。」並鈔録原摺前來。臣等查粵東漁人蜑户以及濱海居民，多以採捕爲生，不畏風濤之險，土人所稱爲水鬼者，隨在有之。如新安縣之大澳，香山縣之淇澳，陸豐縣之高螺，饒平縣之井洲，向有善泅之人，傳聞能於海底晝行夜伏，並能於船底鑿漏沈舟。上年粵省驅逐鴉片躉船，臣林則徐與臣怡良暨調任督臣鄧廷楨密商，即擬資以爲用。迨經雇募多名，逐加演試，亦僅能於内洋淺港往來鳧泛，求其深泅數丈、潛伏多時者，實乏其人。始知向所傳聞，乃係言過其實。兹臣阿精阿到任後，留心諮訪，並據副都統臣宗室奕□告知，前署將軍時，亦曾於操練旗營水兵之便，會同副都統臣宗室英□〔二〕，試過水勇技藝，所見遠不及所聞。然當防夷喫緊之時，恐此輩被其句作漢奸，或爲盤運鴉片，利之所在，不免爭趨。仍惟收而用之，在官多一水勇，即在洋少一匪徒，與給事中沈鑅現在所陳，似已不謀而合。又因粵省沿海口岸有三千六百餘里之遥，額設水師兵丁實不足以敷分派，自上年以來，或由民間自行團練以保邨莊，或由府縣雇覓壯丁以資捍衛。即如中路一帶，所雇練勇用以協防礮臺隘口，並配入拖風、紅單等船者，已有一千五百餘名，疊次隨同焚勦㖑夷，藉可以壯軍威而助兵力。惟是雇用此輩，流弊亦多，權宜雖在暫時，而駕馭必須得法。蓋其來從烏合，非比有制之師，而又獷悍性成，易藉端生事。即令舉出頭目，亦係素與習熟之人，分既不足以相臨，權亦不足以相制，全在管帶之員弁猛寬並濟，鈐束有方。故當其招募之時，即令查明親屬，取具的保，詳開名册，各給腰牌，示以拊循，厚其雇值。平日勤加操練，漸以化其囂陵，臨事不藉衝鋒，祇令備爲策應。其犒勞賞卹，仍予從優，使有顧戀之心，不萌他念。第口糧安家，一切用費較繁，且若輩久處行閒，習知虛實，其中亦有所不宜，故又須加意防維，隨時稽察。果能遵守紀律，出力向前，則留營酌編入伍，否亦酌量資遣，妥爲管束，以杜日後非爲。是雇募水勇之策，係屬因時制宜，而欲其能發能收，則惟有妥籌經理，始可防其流弊也。

臣等謹就粤省地方情形，遵旨查議，並會同廣州副都統臣宗室公奕□、臣宗室英□，合詞恭摺覆奏。是否有當，伏乞皇上聖鑒訓示。謹奏。

校記：

〔一〕此摺與廣州將軍阿精阿、廣東巡撫怡良聯銜，道光二十年八月二十九日具奏。

〔二〕軍機處録副檔案作「奕湘」「英隆」。

密陳夷務不能歇手片〔一〕

再，臣渥受厚恩，天良難昧，每念一身之獲咎猶小，而國體之攸關甚大，不敢不以見聞所及，敬爲聖主陳之。

查此次嘆逆所憾在粤省，而滋擾乃在浙省，雖變動若生於意外，其窮蹙正在於意中。蓋逆夷所不肯灰心者，以鴉片獲利之重，每歲易換紋銀出洋，多至數千萬兩。若在粤得以復興舊業，何必遠赴浙洋。現聞其於定海一帶大張招帖，每鴉片一斤只賣洋錢一圓，是即在該國嗌啊啦等處出産之區，尚且不敷成本。其所以甘心虧折，急於覓銷者，或云以給雇資，或云以充食用。並聞其在夷洋各埠賃船雇兵而來，費用之繁，日以數萬金計，即礮子火藥亦不能日久支持，窮蹙之形已可概見。又夷人向來過冬以氈爲暖，不着皮衣，蓋其素性然也。浙省地寒，勢必不能忍受。現有夷信到粤，已言定海陰溼之氣，病死者甚多。大抵朔風戒嚴，自然捨去舟山，揚帆南竄。而各國夷商之在粤者，自六月以來，貿易爲嘆夷所阻，亦各氣憤不平，均欲由該國派來兵船，與之講理，是該逆現有進退維谷之勢，能不内卻於心？惟其虚憍性成，愈窮蹙時愈欲顯其桀驁，試其恫喝，甚且別生祕計，冀得陰售其奸。如一切皆不得行，仍必帖然俛伏。臣前此屢經體驗，故悉其情。即此時不值與之海上交鋒，而第固守藩籬，亦足使之坐困也。夫自古頑苗逆命，初無損於堯舜之朝。我皇上以堯舜之治治中外，知鴉片之爲害甚於洪水猛獸，即堯舜在今日，亦不能不爲驅除。聖人執法懲奸，實爲天下萬世計，而天下萬世之人，亦斷無以鴉片爲不必禁之理。若謂夷兵之來，係由禁烟而起，則彼之以鴉片入内地者，早已包存禍心，發之於此時，與發之於異日，其輕重當必有辨矣。臣愚，以爲鴉片之流毒於内地，猶癰疽之流毒於人心也。癰疽生則以漸而成膿，鴉片來則以漸而致寇，原屬意計中事。若在數十年前查辦，其時吸者尚少，禁令易行，猶如未經成膿之癰，内毒或可解散。今則毒流已久，譬諸癰疽作痛，不得不亟爲拔膿，而逆夷滋擾浙洋，即與潰膿無異。然惟膿潰而後疾去，果其如法醫治，托裏扶元，待至濃盡之時，自然結痂收口。若因腫痛而別籌消散，萬一毒邪内伏，誠恐患在養癰矣。溯自查辦鴉片以來，幸賴乾斷嚴明，天威震疊，躉船二萬餘箱之繳，係𠸄夷領事義律自行遞稟求收，現有漢夷字原稟可查，並有夷紙印封可驗。繼而在虎門燬化烟土，先期出示，準令夷人觀看。維時來觀之夷人有撰爲夷文數千言以紀其事者，大意謂天朝法令足服人心，今夷書中具載其文，諒外域盡能傳誦。迨後各國來船遵具切結，寫明「如有夾帶鴉片，人卽正法，船貨没官」，亦以漢夷字合爲一紙。自具結之後，查驗他國夷船，皆已絶無鴉片。惟𠸄夷不遵法度，且肆鴟張，是以特奉諭旨斷其貿易。然未有浙洋之事，或尚可以仰懇恩施，今既攻占城池，戕害文武，逆情顯著，中外咸聞，非惟難許通商，自當以威服叛。第恐議者以爲内地船礮非外夷之敵，與其曠日持久，何如設法羈縻。抑知夷性無厭，得一步，又進一步。若使威不能克，即恐患無已時。且他國效尤，更不可不慮。臣之愚昧，務思上崇國體，下懾夷情，實不敢稍存游移之見也。即以船礮而言，本爲防海必需之物，雖一時難以猝辦，而爲長久計，亦不得不先事籌維。

且廣東利在通商，自道光元年至今，粤海關已徵銀三千餘萬兩。收其利者必須預防其害，若前此以關税十分之一製礮造船，則制夷已可裕如，何至尚形棘手？臣節次伏讀諭旨，以税銀何足計較，仰見聖主内本外末，不言有無，誠足昭垂奕禩。但粤東關税既比他省豐饒，則以通夷之銀，量爲防夷之用，從此製礮必求極利，造船必求極堅，似經費可以酌籌，即裨益實非淺鮮矣。臣於夷務辦理不善，正在奏請治罪，何敢更獻芻蕘。然苟有裨國家，雖頂踵捐糜，亦不敢自惜。倘蒙格外天恩，寬其一線，或令戴罪前赴浙省，隨營効力，以贖前愆，臣必當殫竭血誠，以圖克復。自粤省各處口隘，防堵加嚴，察看現在情形，逆夷似無可乘之隙，藉堪仰慰宸懷。

謹繕片密陳，伏祈聖鑒。謹奏。

校記：

〔一〕此片多硃批硃綫，道光二十年九月二十九日奉硃批：「點出者俱當據實查明具奏。另有旨。」

丙集

陝甘奏稿一卷

番務完竣赴任日期摺[一]

奏爲甘省番案現無應行會辦事宜，欽遵批諭前赴陝西巡撫新任，謹將起程日期恭摺奏報，仰祈聖鑒事。

竊臣仰荷恩綸，補授陝西巡撫，仍留甘肅會同布彦泰、達洪阿籌辦番務。當即具摺叩謝天恩，並請將會辦事竣，於到任之前先行進京陛見。欽奉硃批：「毋庸來京。可赴任時，即赴新任。」欽此。臣跪誦之下，敬繹再三，既不敢以瞻就下忱再行瀆請，而本任之職守與番務之情形，尚須權其緩急。查本年沿邊各卡隘防守綦嚴，並無野番竄入，惟上冬循化廳卡外之黑錯寺番賊劫殺洮州土司一案，官兵赴彼緝兇，膽敢抗拒戕害，不得不懾以軍威，是以數月以來，臣未敢遽離甘省。當與督臣布彦泰等疊次奏明添兵易將，恪遵歷奉諭旨，攻其要害，殲厥渠魁，務使番族等知威知懼。兹經達洪阿帶兵勦辦，將主令抗官之僧寺及恃衆濟惡各番莊悉行焚燬，賊番巢穴爲之一空。其逃至果岔地方希圖負嵎爲固者，復經痛加勦擊，斬獲甚多，餘衆乞命投誠，隨經收撫，將田地招良承種，大兵凱撤回營。計此案先後解到番犯共有六十三名，除西甯鎮總兵站住所獲内有訊係株連之人業經隨時釋放外，其餘均已分別勘辦，另行會摺具奏。又本年以來拏獲番賊漢奸多起，亦就其情節輕重，會覈罪名，分別奏咨完結。達洪阿於撤兵後經過省城，與督臣布彦泰及臣面述一切，遂回青海本任。布彦泰以奏准親巡邊隘，亦在料理起程。臣前由西甯回至蘭州，已閲四箇月，現與布彦泰、達洪阿訪詢輿論，咸謂向來番匪出没靡定，雖不敢保其久遠無事，而此時野番之懾伏，邊隘之安恬，實與去歲情形判若霄壤。臣思近年番匪鴟張，原因弁兵怯懦所致。卡隘幾同虚設，既不能堵賊於未來之先，入山視爲畏途，又不能擊賊於失事之後。卡内則有漢奸熟番爲之引路通信，卡外則有番僧巨寺爲之匿犯窩贓。是以來去自如，肆無忌憚，不獨民間疊遭劫掠，即汛官亦若泛常；不獨草肥始出逞兇，即寒冬亦多肆擾。經此次大加懲創之後，番衆知喇嘛寺院不足恃爲護符，我兵知大礮擡槍實能遠攻克敵。軍威既振，賊膽自寒。加以督臣帶兵親往各卡周歷巡閲，〔二〕新任提臣台湧不日即可到甘，亦能力加〔三〕整頓。臣現在別無應行會辦之事。而陝省文闈伊邇，巡撫例應監臨，所有科場事宜亦須先期督辦，免致臨事周章，是以臣謹遵前奉硃批：「可赴任時，即赴新任。」定於六月二十四日由蘭州起程。

除俟行至西安接受撫篆另行專摺奏報外，所有察看甘省現無會辦事宜，謹遵批諭赴任緣由，理合繕摺具奏，伏乞皇上聖鑒。謹奏。

校記：

〔一〕此摺道光二十六年六月二十四日具奏。

〔二〕軍機處録副檔案下有「凡番賊易於出沒之處，或堵截要隘，或添設汛卡，皆可相度情形，熟籌防範。」

〔三〕軍機處録副「亦能力加」四字作「營伍尤資」。

請將渭南縣余炳燾量加鼓勵摺〔一〕

再，陝省之渭南、富平、大荔、蒲城一帶，久爲刀匪出没徑途，緣此數處回族最多，素以爭鬬爲能，搶竊爲利，與刀匪互相句結，勢燄益張。攫財物則彼此分贓，聞緝拏則糾同抗拒，有窩巢以爲藏身之固，有器械以爲抵禦之資。不獨兵役避其兇鋒，即州縣營員，亦不免望而卻步，雖訪知著名惡黨亟應搜捕驅除，而轉思惜費憚勞，不如省事。又恐負嵎恃衆，易致損威。且即破一巨巢，獲一大夥，而又慮及在逃餘犯，或設計報復，或揑控抵制，其爲累者正多。並又憚於吏議之嚴，因起獲火器刀矛而轉咎其從前之失察。是畏累之心愈甚，卽緝匪之勁愈鬆，諱飾因循，漸至養癰貽患。臣現將此等錮習剖析開導，務令極力破除。州縣中果能緝捕認真，有犯必獲，不獨寬其既往，並當奬其微勞。若仍存遷就私心，畏難粉飾，必即立加參劾，以杜各屬效尤。此次渭南縣知縣余炳燾，督率兵役親拏此案匪徒，計先後格殺擒獲共三十餘名，奪獲火器軍械多件，實能除暴安良，不避艱險，並於先事豫知布置，周密安詳，故雖兵役多受槍傷，而辦理尚能妥速，不致釀成巨患，民間輿論，咸謂除一禍根。若各州縣皆能似此認真，匪類何從託足？可否將該縣余炳燾量加鼓勵，俾州縣咸知激勸之處，出自皇上逾格恩施。

謹附片陳奏，伏乞聖鑒訓示。謹奏。

校記：

〔一〕此實爲奏片，道光二十六年九月初五日奉硃批：「所見是。另有旨。」同日上諭「余炳燾著送部引見。」推斷為道光二十六年八月二十四日附奏。

籌議銀錢出納陝省礙難改易摺〔一〕

奏爲遵旨籌議銀錢出納事宜，體察陝省情形，據實具奏，仰祈聖鑒事。

竊照前准部咨：「奉上諭：穆彰阿等奏，遵旨會議御史劉良駒條奏銀錢畫一章程一摺。銀錢並重，本係制用常經，果能隨時酌覈，不使輕重相懸，裕國便民，兩有裨益，未可輒稱窒礙，不思設法變通。著該督撫等各就地方情形，詳細體察，悉心妥議具奏。務使法立可以推行，不致滋弊，毋得任聽屬員巧爲推諉，稍存畏難苟安之見，僅以一奏塞責。欽此。」又軍機大臣會同户部議覆内閣侍讀學士朱嶟條奏貴錢濟銀一摺，奉旨：「依議。」欽此。並鈔録各原奏，咨行到陝。當經前撫臣轉飭司道暨各府州酌覈籌議。臣到任後，復經諳飭，細加體察，設法變通，不許畏難推諉去後。兹據司道彙覈屬禀，會議具詳前來。臣思銀錢相輔而行，利散於民而權操自上，果能廣用錢之路，自足持銀價之平。惟變通本以濟時，而制宜首須因地。查部議章程四條，本以陝西列入陸路六省之内，固已知其非比東南各省一葦可杭，而仍議令查明有無内河水路，原冀一處能通舟楫，即於一處先令試行。無如陝省七府五直隸州，所屬九十一廳州縣之内，錯處於南北兩山者計已五十九處，重巒疊嶂，車轍尚不能通，此外三十二處，雖屬平原之地，亦無内河水路可達省垣。是以行旅往來，非車即馱，並有馱載亦不能通之處，則須雇夫背負，脚費愈繁。此費若出諸官，則恐滋虧空之端；若取諸民，又恐增派累之弊。是陸路之難以運錢，實係限於地勢，似不能勉强而行也。且陝省銀錢市價長落無常，有時竟與别省迥異。如本年七月内臣甫到西安省城，每紋銀一兩可换制錢一千八百餘文，迨至九十月間，每兩僅换錢一千二三百文不等，較前兩月頓減錢五百餘文之多，衆人皆以爲詫異。訪詢其故，則僉稱歲歉糧貴之時，銀價必然跌落，其理亦不可解。如果此後銀皆落價，似亦相宜，然又忽低忽昂，不能豫料。且當陝省銀賤之際，鄰省銀價仍昂，而未聞有市儈販錢來陝買銀以圖獲利者。可見陸路運費太大，不能取赢。若以市儈所不能爲者，責令有司爲之，其勢自更不易。查内閣侍讀學士朱嶟原奏，請將各屬銀錢視省垣時價爲準。今以陝省觀之，即有難以作準者。如省城現在銀賤而各屬之銀偏貴，則領錢而回者不能與該處銀價相敵，州縣不甘賠累，即難强以遵行。且缺分衡僻不同，錢糧多寡亦異，有此屬之所解而爲彼屬之所領者，領錢之人非即解錢之人，稍有參差，遂滋争執，似亦非上司所能强制。若論常年税課，原可銀錢並收，但查陝省額徵商筏税，以及地、畜、牙、當、鹽、茶、磨、鐵各課，每年共銀六萬八千五百餘兩，内除鹽課項下支給西安將軍養廉銀一千六百兩外，其餘皆應報部候撥。此正部議所云，撥解之款應照舊徵銀，不能改議者也。以工程言之，近年應修各工，概因經費短絀，奉文停止。即間有刻不可緩，奏准辦理之工，亦係爲數不多，通年無幾，或因本有息款，始准支銷。與其改用錢文，仍不如加意撙節之爲有益也。惟陝省留支項下，有可以變通用錢之處。如文武各官養廉公費，並各屬額支夫馬工料，及各關局額支收税、書役口食等款，俱可搭放錢文。查道光二十三年覆奏陝局減卯開鑄案内，即已議准，凡養廉等項，每領銀一兩，内搭錢一百文，抵作銀一錢，每年共搭錢三萬六百四十三串三百六文，共扣回庫銀三萬六百四十三兩三錢六釐，按季報部，現仍遵行無異。是變通用錢之議，陝省所辦已在他省之先。其未經搭錢者，現扣六分平頭，計每年扣銀亦在兩萬兩以上，若再加搭錢文，則減平一項轉覺扣不如數。且即使此等款内，再令減銀添錢，亦不過杯水車薪，於大局似仍無濟。至兵餉項下未便再搭錢文，則前撫臣李星沅先已奏荷恩俞，自毋庸議。當此權衡制用，上廑宵旰疇咨，臣但有一得之愚，斷不敢存苟安之見。惟就陝局情形細加體察，實有難以改易者，亦有業已變通者，應請仍循舊章，庶免轉生窒礙。所有遵旨籌議緣由，謹據實恭摺覆奏。是否有當，伏乞皇上聖鑒訓示。謹奏。

校記：

〔一〕此摺道光二十六年十一月十五日具奏。

酌籌平糶量撫極貧片〔一〕

西安、同州、鳳翔、乾州等府州屬，本年夏秋被旱，收成歉薄，業經臣將咸甯等廳州縣應納銀糧倉穀酌請分别緩徵，奏蒙恩允在案。惟此次受旱之區，二麥多未播種，即其已種出土者，亦因久不得雪，未能穩固盤根，來年生計所關，難免人心煌恐，是以臣前經奏明，先擬酌辦平糶。查西安等四府州屬現存常平倉糧共有一百一十餘萬石，向因久貯在倉，恐致霉爛，故有推陳易新、存七出三之例，每年冬春酌量出借，秋後收納還倉。今遭此歉年，據各屬禀請推廣章程，勿限存七出三之數，多爲借給，以期民食有資。但臣細核情形，竊以爲出借之例止宜行於常年，若歉歲則須改出借爲平糶，於貧民乃有實濟。緣陝省常年出借，惟擇素有恒産之户秋後有糧收入者，令其春借秋還，若隨時買食之貧民，則恐其力不能還，不肯輕爲借給。此歷辦之情形也。兹值歲歉價昂，此等買食貧民正虞食貴，亟須爲之調劑，不應轉將倉貯糧食借與素有恒産之人。然竟借給貧民，又恐有借無還，徒致積爲民欠。故與其照案出借，不如照例平糶之爲宜也。第平糶有應嚴防之弊竇，亦有應變通之章程。如例載奸商牙蠹揑名零買，囤積射利，本應按律治罪，然治之於揑買之後，何如杜之於未買之先。臣與司道熟商，正值編查保甲之時，即責令地方官，統將户口確切查明，分晰註册。凡應准平糶之貧户，核其大小幾口，填給印單一紙，令其憑單買糧。每一次准將五日之糧一併糴回，隨於單内蓋戳，仍交該户收執，爲下次買糧之據。仍分别各鄉排日匀糶，周而復始。如此辦理，可免擁擠之虞，而囤積射利之徒亦不能希圖冒混矣。其章程有應變通者，如出糶有額，減價有數，固應示以限制。又糶價錢文應由州縣易銀，先解司道存庫，隨後發還買補，亦屬層層稽核之道。但辦理若過於拘執，恐吏胥轉得因緣爲奸。查地方官惟在得人，知該州縣本不可信，即不可令其辦荒。果其可信，則既委其經手平糶，應即責其一手買還，無論糧之多寡，價之增減，總以能發能收，使原額倉糧顆粒無虧爲止。似不必節節請示，以及一解一還，徒勞往返，轉爲滋弊之端。且該州縣果能經理有方，則初處糶得價錢，尚可齎向別處糧賤之區再行購買，轆轤轉運，所濟更多。是倉糧衹能供一次平糶之需，而轉運更可收數次平糶之益。其要歸於擇人妥辦而已。至此外極窮之民，以及老幼廢疾，即使減價平糶，彼亦無力買食，其爲顛連困苦，尤可矜憐。國家經費有常，何敢遽行議賑，惟有官爲收養，俾免餓殍在途。現在西安省城收養者已有三四千人，市廛悉皆清静，各屬亦令一體酌辦。並勸有力之户量出錢米，各濟各邨，使其受者知情，予者見德。則卹貧即所以保富，而地方亦藉獲安恬，以期仰副聖主軫卹窮黎之至意。

所有酌籌平糶及量撫極貧緣由，理合附片陳明，伏乞聖鑒。謹奏。

校記：

〔一〕此片硃批時間爲道光二十六年十二月二十一日，附奏當在十二月七日。

覆奏部議陝甘捐輸經費再行詳覈摺〔一〕

奏爲陝、甘捐輸經費，遵照部議再行籌畫覈辦，恭摺奏祈聖鑒事。

竊准户部咨稱：「議奏陝、甘捐輸番案經費，應准給予餘限兩月，扣至二十七年二月底一律截止。所捐銀兩原爲番案而設，擬令湊足七十萬兩，分貯陝、甘兩省藩庫，加謹封貯，以資儲備。其所請提銀四十萬兩發商生息一節，原因常年設卡游巡，豫爲籌計。但發商每年輸息亦祇獲息四萬兩，設遇急需，而所發本銀難以剋期收回，似宜實存在庫，提用較爲便易。應令該督撫等查照現議，將該省緩急情形通盤籌畫，詳加酌核，再行奏辦。其十一月以後所收捐銀及餘限内續收銀兩，均應報部撥用，藉資周轉。所有歸完減平銀六萬六千七百兩，迅即委員批解部庫，毋稍稽遲。又附片奏稱：陝西第三次捐輸，收銀六十餘萬兩，除現經議令湊歸陝、甘兩省藩庫外，計數儘有盈餘，擬即在此項内提銀三十萬兩，以充收買商米之用，立即委員解赴天津道庫交納，毋稍遲誤等因具奏。奉旨：依議。欽此。」咨到，臣等欽遵辦理。除陝西省已委試用同知雍載慶等三員，各管解捐輸銀十萬兩，分作三起，均已於正月起程赴天津道庫交納，不敢稍有稽遲外。其議定以七十萬兩分貯陝、甘藩庫一節，查甘省捐局三次奏報，共收銀十一萬一千八百餘兩。除應解部歸完原借減平銀數，尚不敷存貯之數，自應即由陝省覈撥解甘，並陝西藩庫封貯之項，均各專案報部，仍照臣等前摺所請，遇有重大事宜，必須專摺奏明方准動用，以重公項而備不虞。惟現准部議，既令臣等將緩急情形通盤籌畫，詳加酌核，再行奏辦，遵即往返熟商，從長計議，不敢僅顧目前，潦草塞責。竊以番務爲甘省最累之端，自古至今，不知辦過若干次數，果有一勞永逸之法，前人早應絶其根株，必不肯將就一時，仍貽後來之累。無如該番衆等族類既不可勝數，插帳又並無定居，且無恒業以資生，但恃攘奪爲長技。捕一處則一處暫爲斂迹，辦一年則一年僅免鴟張，如有關顧不到之時，防範未周之地，彼即狼奔豕突，無惡不爲。即如前年鉅案叢生，上年賊蹤稍斂，此中無他謬巧，總惟嚴防卡隘，勤拏漢奸，賊未來則分兵游巡，賊既至則合兵剿擊，雖不能盡期破獲，究不敢稍任空虛。然如此辦理，則須有常年額支之經費，有臨事急需之經費。所謂臨事者，如遇大股抗拒，必須多用兵威，若上年剿辦黑錯寺之類。即部議所云，存庫提用，較爲便易，亦卽臣等前摺所云「必須奏明方准動用者」是也。若常年阨要防卡防河及分派游巡之弁兵，欲其認真嚴守，不敢躲避虛報，則不得不另給口分，使之果腹有資，始能勇奮從事。以是計之，即終年安然無事，亦須二萬兩上下，方敷給發。以無已之支發，若取諸藩庫封貯之項，自然日見減少，且該年之中，又難保無臨事亟需奏請動用之款，則年復一年，不久卽歸烏有。臣等苟但顧目前，此數年內未必不可敷衍，而爲久遠之計，似生息一項勢不可無。卽如前摺所請，於捐項提出四十萬兩發商生息，經部臣核明每年祇可獲息四萬兩，原係燭照數計，再不能斷有加多。然若以二萬兩爲添防及游巡舟兵口食之需，仍以二萬兩歸本，則二十年後，本已歸足，息仍長流，較之全由封貯款項支發，日見消耗，似爲久遠之圖。查陝局捐輸，自第三起具奏之後，又有續收銀二十九萬餘兩，豫計截至二月底止，陸續呈捐者當復不少，覈數總有盈餘。合無仰懇皇上天恩，俯念邊境防番在在皆須設備，所有臣等前請提銀四十萬兩生息一項，仍求恩准辦理，庶兩藩庫封貯之款可期永遠存留，不至日久消耗，實於邊務有裨。現據兩省司道禀稱：查近年陝、甘商力亦甚疲乏，或須將生息分數酌量減輕之處。容臣等察看各屬情形，再行分別核辦，總期有裨公事，無拂輿情。其自十一月以後至餘限期内，所收捐銀，除發商生息外，自應遵照部議，全行報撥。但查甘省地連關外，每年所需兵餉四百餘萬，悉由江、浙、豫、東等省及長蘆、兩淮撥解前來，程途既遠，陸運維艱。若將捐輸條款抵解他省協甘之餉，似可稍省輾轉解運之煩，而他省應行解甘餉銀，又可另爲就近挹注。如此一轉移閒，於帑項並無出入盈縮，而運費節省實多，似一舉而數善備焉。

臣等通盤籌畫，彼此札商，意見相同。是否有當，謹合詞恭摺具奏，伏乞皇上聖鑒。謹奏。

校記：

〔一〕軍機處録副檔案此摺與陝甘總督布彦泰、陝西護撫臣楊以增會銜，道光二十七年正月二十八日具奏。林則徐二月十五日回任，此時尚請假養病。

雲貴奏稿卷一

覆奏回漢情形片〔一〕

再，臣在四川途次，承准軍機大臣字寄：「道光二十七年五月初二日奉上諭：李星沅密奏，辦理回務，體察情形等語。據稱此次剿辦雲州回匪，揆度機要，内回富而外回貧，外回强而内回弱。與其濫殺而徒滋藉口，不如密計而先務攻心。且邊郡不知有法，由來已久，莫如持平執法，俾漢回同體，犯則重懲。行保甲以清内匪，團練以禦外匪各等語。著林則徐於到任後詳加體察，酌量情形，悉心籌辦。原片鈔給閲看。另摺奏回犯張富於投誠後，隨往緬甯勸諭漢回，旋被該回匪逼令入夥。嗣訊據犯供，張富在雲州觀音閣被矛戳傷身死。旋據回寨繳到犯屍，檢驗被傷處所，與訪獲該犯之母妻等所供相符。現仍解省驗訊辦理等語。亦著林則徐詳細訪察，張富果否被矛致斃，及屍傷犯供等是否確鑿？萬不可輕信人言，遽以爲實，總當設法研求，務得實據，詳悉覆奏。將此諭令知之。欽此。」臣跪誦再三，並將發下李星沅原片詳加閲看。其所云「漢回同體，執法持平，與其濫殺而徒滋藉口，不如密計而先務攻心」等語，洵係熟察情形，務求公允之論。伏思漢回構衅，不過民與民讎，迨至糾衆抗官，則兵不得不用，然已疊經剿辦，尤須永冀安恬。前此永昌之後，緬甯又起。緬甯之後，雲州又起。懲創非不痛切，而仍反覆無常，總由人人以報復爲心，即處處之猜疑易起。加以游匪造言挑釁，漢回多爲所愚，意欲藉以復仇，而不知適以自害。彼則利其焚奪，人已陷於敗亡，此種匪徒最爲可惡。前督臣李星沅及兼署督臣程矞采節次懲辦者，業已不少，猶恐潛蹤匿迹，煽惑爲奸。故外匪一日不除，即禍根一日不斷。如何始能淨絶，現臣與撫臣均在加意講求。此時以軍務而言，似善後特爲餘事，而以清源而論，則杜患正費深籌。竊思漢、回雖氣類各分，而自朝廷視之，皆爲赤子，但當别其爲良爲匪，不必歧以爲漢爲回。果能各擇其良，以漢保回，以回保漢，協力同心，共驅外來游匪，則所謂同體者非復虛言，而所謂攻心者毋煩勁旅，與李星沅前所密陳，似相脗合。惟臣甫經抵任，一切未及週知，容當體以虛心，持以實力，不敢以目前息事，稍任各屬文武相率因循。至張富一犯之死，雖人言皆以爲實，臣到滇所訪，並無異辭，而仰蒙諭令設法研求，斷不敢遽行輕信。竊思犯屬欲其生，不欲其死，或不免指僞爲真，而仇家欲其死，不欲其生，必不肯隨聲附和。張富爲回中稔惡，漢民與之深仇積恨者實繁有徒。臣現以審究漢奸爲由，酌提人證，暗查與張富仇恨最深者數名，俟提到，向其窮詰，庶幾水落石出，真贋不致混淆。除再詳細研求，務得實據，另行覆奏外，謹先附片陳明，伏祈聖鑒。謹奏。

校記：

〔一〕林則徐題本道光二十七年六月十七日接篆，參照此片云「甫經抵任」及林則徐七月份各信，推斷此片道光十七年七月附奏。

審辦雲州等處漢回各匪摺〔一〕

奏爲審明前在雲州等處糾衆抗拒劫殺之漢回各匪，分別定擬，並將情重之犯六名，即行正法，以昭炯戒，恭摺奏祈聖鑒事。

竊照調任督臣李星沅片奏，飭據順甯文武在雲州之新村訪拏新興州外回黑臉馬五等犯，因其持械拒捕，經兵役將黑臉馬五、馬滿大二犯格殺，割取首級，生擒匪黨郭望年、張小老、李春有、馬庭汶、馬富、吕會原六名，飭解來省審辦。迨臣程矞采到任後，復飭搜捕匪黨，先後據禀拏獲回匪董老官、漢匪范小黑二犯，亦經具奏在案。嗣又獲范小黑之黨張小沅一名，提同前獲各犯至省，委員確審。兹據審明議擬，由藩臬兩司覆審招解前來。臣等率同在省司道親提研鞫。緣董老官係陝西渭南縣回民，向在雲南雲龍州一帶小本營生。郭望年即郭老四，又名郭老九，係四川銅梁縣漢民，先年移至雲南新興州居住。張小老係新興州漢民，李春有係新興州回民。馬庭汶即馬老二，馬富即馬老四，均係宜良、昆明等縣回民。吕會原係會澤縣漢民，同在順甯縣屬傭工。范小黑、張小沅均係順甯縣漢民，張小沅係范小黑妾張氏之姪。道光二十六年十月初六日，有回民黑臉馬五，因在新興州地方與褚發榮、張五公登等買米口角，邀約張小老、李春有並馬萬等前往毆打，將張五公登等毆斃七命。張小老、李春有僅止在場助勢，並未傷人。因聞差拏嚴緊，黑臉馬五聲言回民張富等與伊素識，現在雲州聚衆滋鬧，起意邀郭望年並張小老、李春有前往隨同燒搶。郭望年等應允同行。維時董老官亦聞雲州回民滋事，因係同教，起意前往幫助。十一月十三日，行至順甯縣屬狗街地方，路遇回民馬老四、張花嘴、馬隴老、蕭老二及不識姓名回民約一百五十餘人。董老官訴述前情，邀允同往，沿途搶掠漢人村寨共四五家。二十日，兵練前往捕拏，董老官因同夥多由烏合，不相認識，令衆人各用白布包頭，派馬隴老在左，蕭老二在右，伊與馬老四、張花嘴居中，各帶五十餘人，分作三股迎敵。當經兵練打敗，連夜逃走。其時殺傷該匪幾人，不及查數。二十四日，逃至永平縣屬龍街地方，兵練復往截拏。董老官喝令衆人拒敵，致殺練丁二人，該犯同夥亦被殺死三十餘人，其餘各自逃散。十二月初八日，黑臉馬五等途遇素識之馬庭汶、馬富、呂會原，告知情由，邀約入夥，馬庭汶等不允。黑臉馬五等許給工錢，令馬庭汶等背負行李，馬庭汶等貪利允從。偕抵雲州地方，黑臉馬五等又令馬庭汶等挑水煮飯，看守房屋。十四日，黑臉馬五與張富等，帶同郭望年、張小老、李春有並不識姓名多人，在觀音閣抗拒官兵。張富被兵練戳傷身死，郭望年、張小老、李春有亦各殺練丁一人。十七、二十一等日，官兵疊次圍攻，該匪等均在場隨同拒敵。迨後敗回，逃往各村寨，遇便搶掠，不記次數。此董老官及先經格殺之黑臉馬五等，各自起意糾同夥匪，拒殺練丁之情形也。

又，漢民范小黑於二十六年十一月間，因聞雲州回民滋事，與張小沅並村人張九和、劉榮、蔣小祥、馬俊、馬小二、李小三、張貴各自集練防堵。十二月二十六日右甸街期，范小黑因回民屢向漢民爭鬧，起意乘回民趕街，糾衆搶奪，既可洩忿，又可得贓使用。遂向張小沅等並伊姪范坤告知，邀允入夥，又令張小沅等轉糾王三、楊耀春、楊二聾子，並不識姓名五十餘人，各執器械，同往街上喊搶。回民攔阻，被張九和等殺死十餘人，張小沅亦用矛戳傷朱萬春左胺左肋身死，各搶錢米布疋逃走。是夜逃往保山縣屬猛庭回寨，回民聞風逃避，范小黑喊同衆人乘勢搶掠。張九和等殺死回民數人，張小沅亦用矛戳傷不識姓名回民左臂倒地，匪夥王三乘勢砍落頭顱，並有回民馬聯超之家屬，亦於是夜被匪戕害。當經兵練趕往圍拏，將匪夥殺退各散。二十七年三月十一日，經騰越明光隘土守備左大雄將范小黑拏獲。其子范小幅生，糾邀張小沅與楊耀春、楊二聾子並不識姓名多人，欲將范小黑劫回。左大雄帶練攔拏，楊耀春、楊二聾子各殺練丁一人。維時范小黑業已押解先行，未被劫去，其匪夥亦被格殺三人。惟右甸街及猛庭寨回民被殺名數，並被何人殺死，因人多勢亂，不及看明。此范小黑等糾衆搶殺，及張小沅聽從奪犯未成之情形也。節經各地方文武先後稟報，前督臣李星沅派委員弁帶領兵練勦捕，業將首要各犯拏獲審明，分別辦理具奏，一面札飭搜捕餘匪。嗣據該管文武暨委員卸順甯縣知縣楊覲、卸署順雲營參將劉思禮，前赴新村訪拏，除格殺黑臉馬五等，割取首級外，將郭望年等六名拏獲，又在姚州赤額坪地方會同該州將董老官拏獲。左大雄亦將范小黑解赴永昌。旋又據署右甸經歷蔡踵武稟報，拏獲張小沅一犯。當因該犯等情罪重大，均飭提省審辦。茲臣等率屬提訊，據各供認前情不諱。查律載：「謀叛，但共謀者不分首從皆斬。」又例載：「搶奪財物，聚衆十人以上，執持器械倚強肆掠，果有兇暴衆著情事者，照糧船水手之例分別首從定擬。」又：「糧船水手夥衆十人以上執持器械搶奪，爲首照强盜律治罪。」又：「强盜已行，但得財者斬。」又：「搶奪殺人者擬斬立決。」各等語。此案董老官因聞雲州回民滋鬧，起意糾衆往助，搶掠村寨，復兩次率衆拒敵，致斃練丁二人。郭望年、張小老、李春有，亦各隨同已死之黑臉馬五及張富等，抗拒官兵，各殺練丁一命。均屬情同叛逆。查張小老、李春有尚有在新興州助勢毆斃張五公登等一案，情罪較輕，應歸此案從重擬結，與董老官、郭望年均請比照「謀叛者斬」律，擬斬立決。范小黑因藉回民滋事，起意糾衆持械搶掠回寨，以致同夥殺死回民多命，實屬兇暴衆著，合依「糧船水手夥衆十人以上，持械搶奪，爲首照强盜律治罪」，「强盜已行，但得財者斬」律，擬斬立決。張小沅聽糾入夥，殺傷回民各一人，復聽從中途奪犯，應請從重照「搶奪殺人者斬立決」例，擬斬立決。當此彈壓漢回，翦除外匪之際，該犯等未便稽誅，臣等於審明後，即恭請王命，飭委臬司普泰、署督標中軍副將福陞，將該犯董老官、郭望年、張小老、李春有、範小黑、張小沅六名，綁赴市曹，即行處斬，並傳首犯事地方梟示，使匪類聞風知儆。馬庭汶、馬富、吕會原，訊止受雇服役，尚無隨同燒搶及抗拒官兵情事，應請於郭望年等斬罪上量減一等，從重發新疆給官兵爲奴，仍各照例刺字，馬庭汶、馬富係屬回民，照例調發。案係比照辦理，各犯家屬財産，請免緣坐查抄。逸犯馬老四、張九和等，並范小黑之子范小幅生，是否已被官兵格殺，抑尚在逃，仍飭地方官確查嚴緝，毋任漏網。黑臉馬五等業已格殺，應毋庸議。至張五公登等命案，容臣程矞采另行審擬具題。永昌、緬甯、雲州善後諸事，現俱次第辦理，地方安堵如常，合併附陳。

除全案供招咨部外，所有審明辦理緣由，臣等謹合詞繕摺具奏，伏乞皇上聖鑒，敕部核覆施行。謹奏。

校記：

〔一〕據内容此摺與雲南巡撫程矞采聯銜，當在林則徐抵任之初具奏，由程矞采主稿。

附審辦回民丁燦庭京控案片〔一〕

再，滇省迤西一帶漢回近日情形，臣等正在繕片縷陳，冀以仰紓宸念，適承准軍機大臣字寄：「道光二十七年七月初二日奉上諭：本日據都察院奏，雲南回民丁燦庭等控告香匪串謀滅殺無辜一摺，已明降諭旨，交林則徐等審辦矣。此案控闗奸匪挾讎尋衅，串謀倡亂，被害至一萬餘命之多，如果屬實，必須徹底根究，水落石出，庶足以服難民之心而除地方之害。林則徐、程矞采甫經到任，無所用其回護，著即平心研鞫，毋枉毋縱，務將棍徒會匪嚴行查禁，首惡各犯從重懲辦，以紓積忿而快人心。儻係從前辦理不善，亦應據實平反，奏明辦理。不得因案已將就了結，顢頇塞責，遂將萬餘人之屈抑，鬱而不伸。代人受過，已屬不可，況數萬生靈之沈冤，身爲大吏者竟置之不問耶？凛之，慎之！原呈著鈔給閱看。將此諭令知之。欽此。」臣等跪誦之下，仰見聖上軫念生靈，務伸冤抑。再三尋繹，欽凛同深。除俟回民丁燦庭等由部咨解到滇，提同人證，遵旨平心研鞫，不敢將就顢頇外。伏查永昌、順甯、緬甯、雲州一帶漢回，節次構衅，已越兩年。臣程矞采甫於本年四月間到任，臣林則徐係於六月間始到，誠如聖諭「無所用其回護」。但本未躬親其事，則原委未易深知，是以於未奉諭旨之前，即無時不明查暗訪，並恐先前在事各文武不免意存掩飾，難以確究真情。因查迤西道王發越，係於本年三月始抵新任，當將善後事宜責成妥辦，並確查節次讎殺根由。又以普洱府同知耿麟，從未經手該處軍務，委令署理順甯府篆，即與新派之委員文山縣知縣陸葆，一同密察情形據實禀覆。疊接該道等來禀，以目下彈壓巡防，倍加嚴緊，尚無別起衅端，惟報復之心，彼此均不能泯。緣漢回積讎已久，累世各不相能。溯查道光元年、十三年、十九年，皆有奏辦兩造械鬬焚殺多命之案，第尚不至如此次之甚。彼時回民亦會赴京疊控，有卷可稽。就赴訴之一事而言，則原告無非理直，被告無非理曲，剖斷似極不難。而統全案之原委而言，則此造直中有曲，彼造曲中有直，糾纏實爲不了。蓋一讎即有一報，而所報偏非所讎。崑岡之玉石俱焚，城門之池魚殃及，兇頑煽毒，而良善受災，事之不平，固莫有甚於此者。然欲按名伸理，而法又有時而窮。緣漢回彼此報復，皆起於倉猝之間，往往因游匪外來，遂成烏合之勢。回匪合則漢村倏爲灰燼，漢匪合則回寨立見摧殘。人多勢亂之時，被殺被燒者先已魂驚魄散，即起死者而問其孰殺，亦復不能指明，又何從爲之搜捕？惟訪有匪類即拏，拏有匪類即辦，則兇手自在其中。然欲訊其所殺何人，彼亦諉諸不識姓名而不能指實。此辦法所以綦難也。查前此節次用兵，皆稱勦辦回匪而未嘗及漢民者，緣回衆先有擄禁官弁，戕害將備，劫放重囚，抗拒官兵等事，是以向其攻勦，而漢民中之匪類，雖於回民混殺亂搶，究尚不敢抗拒官兵。彼回民見官兵勦回，則以爲助漢，而漢民見官吏殺回不盡，又以爲助回，無非隻顧私讎，而不知官法。前蒙發下李星沅密片，亦云回漢無不怨官者，職是故耳。即如丁燦庭等現在京控詞中所訴之寃，與臣等衙門所接回呈，大意亦略相似。其最稱寃屈者，係指前年九月初二夜，永昌七哨漢民將城内回民男婦老幼概行擅殺之事。雖其所呈八千餘丁口之數，核與賀長齡原奏「永昌城内本有住家回民四千餘人」之語不符，即道府廳縣及委員前後所禀，亦均無八千餘人之多。除再由臣等細查，以期覈明實數外。即就四千餘人而言，亦幾於全無遺類，是該處七哨漢民之兇橫慘毒，實屬駭人聽聞。總緣永昌一帶距省窵遠，蠻野成風，向有鄉民私設牛叢火竿以禦盜賊，偵獲一匪，即任意陵虐致死，並不報官。原呈所稱，道光十三年間，棍等活埋民命，知縣查究被圍，知府親往救解，反被勒結等情，雖現在查無案據，而所指未必無因。迹其恃衆逞兇，歷經禁止不悛，甚堪髮指。然當回漢互爭之際，無不豕突狼奔，地方官惟激變是虞，一時力難禁止，由於威約之漸，以致太阿倒持。言之實深憤懣。自有永昌擅殺之事，而讎衅愈結愈深，遂致不可收拾。案查原任督臣賀長齡於二十五年十二月，將該處漢民萬林桂等照光棍例斬決，又於二十六年七月將漢民楊老九等照「殺一家二命」例斬梟，此皆七哨之亂民，均經奏辦有案。其辦理不善之道員羅天池、署知府恒文等，亦經查明參奏。迨李星沅接任，又將羅天池奏請永不敘用，亦無非因永昌漢民擅行殘殺，不能阻止之故。在回民仍以此等匪類懲辦尚少，難令甘心，每以縱匪殺良，歸咎於官。此誠無辭以解。然謂官有助漢滅回之見，則是已甚其辭。觀於焚殺漢民之回匪，官亦未嘗一一究辦，是謂之無能則可，謂之偏護則未必然。漢民一面之辭本不免於失實，況其所切齒者在九月初二之事，亦思初二以前與初二以後，回衆之兇横，何嘗在情理之中。以臣等訪聞，此案自二十五年四月間，因回民在板橋唱曲，譏笑漢民起衅，漢民打毁清真寺，業已調處賠銀，而回民張世賢、丁泳年等尚復糾聚多人，疊撲板橋，不服彈壓，先將漢人張占魁殺斃。是月内漢民三次鬬敗，被燒樊家屯、窰門口二寨。官兵赴援，亦被拒傷。迨七月間外回聚於猛庭者甚衆，乃又進攻思母車寨，燒枯柯街及陶家寨，又燒大田街，攻丙麻。世職高朗死之，都司楊朝勳、守備潘惠揚，及兵丁百餘人俱被該回擄去。此皆九月初二以前回民逞兇之事。即丁燦庭等現詞，亦自認燒搶枯柯等處，戕傷官弁，並在蓮花寺擄官擄兵各情，而以「難回誤罪」四字巧自掩飾，實不知其欲蓋彌彰也。至九月初二以後，則該回與官兵接仗於永昌城外之小松寨，游擊朱日恭死之。其燒燬漢民村庄，亦復指不勝屈。迨二十六年春間，回匪黄巴巴復經傳帖聚衆數千人，在大了口搶客銀四千八百餘兩，燒順甯之江橋，攻永昌之飛石口，又在永昌官坡接仗，致千總趙發元、外委楊廷佐、都司繆志林、把總趙得和先後陣亡。四五月間，則又撲營於大麥地，接仗於烏鴉河，都司韋成喜，守備嚴方訓，把總解滮、金鼇皆死之。維時回衆攻右甸城，搶五里寨，復有竄赴蒙化，將南澗巡檢砍傷者。九月間，該回逃犯馬幗海，與海老陝等又糾黨至緬甯，聲稱報復十九年互鬬之讎。燒殺擄搶，爲日甚久。其雲州之回，又將出決絞犯打奪二名。至十二月間，雲州街道十九條，漢民房屋均被回衆燒燬，計三千數百間，並遍燒猛郎等漢寨三十餘處。官兵趕往剿辦，至本年正月内甫得息事。以上各情，又皆在前年九月初二以後，該回民等呈内絶不敘及，其爲諱匿可知。在滇省漢人紳庶，咸云回民之殺漢民，前後統算，實數倍於漢之殺回。臣等本未目覩情形，無從燭照數計，惟節次蔓延之大概，不敢不詳細訪查。故曰：就赴訴之一事而言，剖斷似極不難，而統全案之原委而言，糾纏實爲不了也。

臣林則徐到任之後，體察情形，與臣程矞采備細熟商，此時斷不可再行用兵，致濫殺而轉滋藉口。即緝拏匪類，亦須先除外匪，而内匪始可漸清。所謂外匪者，本係無籍游民，自稱爲回，而未必真回，自稱爲漢，而未必真漢。何處搶殺，即隨何處助兇。此等匪徒，現在拿到即辦，並處處嚴查保甲，務使無地容身。其所謂内匪者，如漢回同壤而居，安分者即爲良，生事者即爲匪。若必一時窮治，追溯搜查，則查漢而漢人即目爲護回，查回而回人又目爲護漢，漢回各執一説，分辯不清。治絲而棼，終非了局。臣等竊謂目前所最亟者，在彈壓之，使不妄動；化導之，使不互疑。是以首飭文武將永昌、順甯等處，無論絶産逃産，官爲悉數清釐；無論漢民回民，官爲設法招復。漢回中各有紳衿耆宿以及掌教頭人，責令於本處同類之中自相約束。又令各具互結，以回保漢，以漢保回，永禁侵陵，務敦和睦。現有數處善良紳士，已自議立章程，交相保護，臣等即先給予獎賞，以樹風聲。不日將屆秋收，先須杜其聚衆搶割之習，故於緊要處所皆須多留兵弁，防範稽查，仍嚴飭帶兵各員妥爲約束，不得藉端生事。一面將以上辦法，剴切示諭，與漢回相見以心，未知成效果否能臻，惟有勉竭愚誠，冀相感動。至於棍徒首惡，尤在不動聲色，嚴密兜擒，斷不敢姑息畏難，致令養癰成患。

除控案容臣等確訊另奏外，所有現辦情形，謹先附片密陳，伏乞聖鑒。謹奏。

校記：

〔一〕據此片内容、道光二十七年七月二日上諭及林則徐七月份各信，推斷此片於道光二十七年七月與程矞采聯銜附奏。

雲貴奏稿卷二

審擬湯丹廠漢回互鬬各犯摺〔一〕

奏爲審明湯丹廠漢、回挾嫌互鬬，致斃回民多命，燒屍燬房，獲犯分别按例定擬，恭摺奏祈聖鑒事。

竊據署東川府知府李德生稟報，湯丹廠漢、回互鬬，致斃回民多命，燒屍燬房等情，當經前督臣李星沅兼署巡撫任内，飭令查勘嚴拏究辦。旋據署府稟報，先後獲犯蘇耀等二十八名，經前督臣李星沅於奏覆回匪廠匪各情形摺内陳明聖鑒在案。臣程矞采到任後，一面嚴飭剿拏逸匪，一面飭將現獲各犯分起解省審辦。兹據委員雲南府桑春榮等審明，由按察使普泰議擬招解前來，臣等提犯親鞫。緣已死漢民倖坤發、羅起潰，及現獲之任連甲、杜潰、阮汶詳、李小四、王士銀、任東、姚亭潰、張彩、張添幅、李萬、蘇耀、阮潮玉、吕珍詳、胡中潰、戚小二、王潮有、潘趕年、潘啞吧、趙端工、羅起滐、羅起沅、蕭玉淋、楊受淋，與已死回民馬四銅錘，及現獲之馬成潰、馬石詳、桂小蘇、馬得亮、馬二草包，均係巧家所屬湯丹廠住人。已獲漢民許成孝，籍隸湖南武崗州，寄居湯丹廠，充當客長。回民清真寺後向有泉水，歷係漢回公共取用。道光二十六年十二月間，因天時晴旱，馬四銅錘等將水攔堵，不准漢民挑取，倖坤發等理論仍照舊規，漢回因此未睦。是月二十八日，漢民蘇耀赴廠賣糖，回民馬石詳向賒不允，互相爭吵。馬石詳之祖馬成潰袒護，邀允桂小蘇、馬得亮、馬二草包，並在逃之回民白添發、桂小鞍，各持棍趕往。馬成潰喝令桂小蘇將蘇耀拖翻，棍傷兩臂膊、兩胺。漢民趙添發、杜蔭沅攏勸，馬石詳毆傷趙添發胸膛，馬得亮、馬二草包等亦將杜蔭沅毆傷各散。蘇耀向倖坤發訴述，倖坤發許俟開年再爲理講。二十七年正月十三日，倖坤發令羅起潰往邀馬成潰等前往評理，適馬四銅錘在彼，向斥多事。羅起潰轉回告知，倖坤發因回民遇事逞强，起意糾毆洩忿，遂向吕珍詳、許成孝、阮潮玉、蘇耀商允。倖坤發令以回民阻水欺漢之言傳播鬬衆，分投糾約。吕珍詳等共糾得漢民羅起潰、任連甲、杜潰、阮汶詳、李小四、王士銀、任東、姚亭潰、李萬、胡中潰、戚小二、王潮有、潘趕年、潘啞吧、趙端工、羅起溁、羅起沅、蕭玉淋、楊受淋，及在逃之吕小平春、吕大眼睛、許小老、劉四鍋頭、楊花松、陳七、劉刁三、徐老五等二十七人，倖坤發亦糾約不識姓名漢民三十餘人，吕小平春等又轉糾得不識姓名漢民二十餘人，共八十餘人，在禹王宫會齊。馬四銅錘聞知，亦聚集回民桂小蘇、馬得亮、馬二草包，及在逃之白添發、桂小鞍、馬七、馬二花、馬三存保、馬老六、張幅銀、馬佔鼇、馬連沅、馬有淋、馬有受、馬大話、張小五、張老二、白小喜、陳鏰刀，並已死之馬小發甲、馬小詳、馬汶玉、馬占春、馬洪發、馬丁花子、馬小萇受、馬四塊瓦、白小八三、馬正保、馬尚平、陳姓等三十一人，並白添發等所糾之不識姓名回民二十餘人，共五十餘人，在清真寺防禦。十八日上午，倖坤發率衆各持刀矛，至清真寺地方喊駡，馬四銅錘亦率衆執持刀標，從寺內趕出，彼此互鬬。倖坤發將馬四銅錘並馬小發甲一併戳傷，羅起潰將馬小詳戳傷。白添發、馬汶玉趕攏，亦各將倖坤發、羅起潰戳傷，姚亭潰亦將馬汶玉戳傷，均各倒地。維時馬占春、馬洪發、馬丁花子、陳姓，並不識姓名回民二人，各向任連甲、杜潰、阮汶詳、李小四、王士銀、任東爭鬬，被任連甲等各自戳傷，亦俱跌地，與馬四銅錘等均各斃命。李萬用矛戳傷不識姓名回民左胳膊，該回民逃跑未斃。尚有回民馬小萇受、馬四塊瓦、馬小八三、馬正保、馬尚平，及不識姓名回民六人，被何人致傷身死，彼時人衆勢雜，各犯看視不明，未能供指。餘回因力難抵敵，往後退跑，被漢民喊追，倉猝復自行跌岩斃命八九人。呂珍詳、許成孝、阮潮玉、蘇耀、胡中潰、戚小二、王潮有、潘趕年、潘啞吧、趙端工、羅起潆、羅起沅、蕭玉淋、楊受淋等，均止在後助勢，並未傷人。嗣漢民等分路走散，呂小平春復帶同不識姓名漢民十餘人，並邀張彩、張添幅、陳七分追逃走各回。呂小平春與張彩路經新店房，有回民何石甲等上前喊挐。張彩跑走，何石甲之子何小科，拔刀趕砍。張彩轉身奪獲，回戳其胸膛殞命。張添幅與陳七行至山神廟，被回民楊興發等攔住欲毆。張添幅分辨，楊興發拔刀撲砍。張添幅亦拔刀抵戳，楊興發閃避，適其幼弟楊小老走攏，致被張添幅誤傷肚腹致斃。張彩、張添幅當各逃走。呂小平春、陳七復帶人各將何石甲、楊興發房屋打毀。呂小平春因傷斃回民多命，起意燒屍滅迹，希圖掩飾，遂令李小四、胡中潰、徐老五並不識姓名漢民六人，將各屍身檢齊，共三十餘具，連夜背至清真寺院内，搬取堆存柴草點燃，將各屍燒燬。因火星被風吹落屋内草堆，致將寺屋燃燒。時附近回民均因畏事移避，近寺房屋亦被燃燒多間。此漢、回挾嫌互鬭，傷斃回民多命，燒屍燬房之原委也。旋據獲犯解省，經委員等審明由臬司招解。臣等親提嚴鞫，各供前情不諱。臣等以蘇耀等被馬成潰等毆傷，係屬一時爭角，何以倖坤發事後扛幫，輒爲鬨衆聚鬭，恐另有起衅別情。並被糾被殺漢回，亦恐不止此數。其燬屍燒房，是否實係呂小平春起意，有無因該犯在逃扶同狡飾。再三究詰，僉供倖坤發原因邀馬成潰等理講，被馬四銅錘村斥挾忿，並因回民阻水，與漢民本有未睦，是以聽糾助毆，委無另起衅端。至被糾漢民，被殺回民，實止此數。其燒屍滅迹，委係呂小平春起意，房屋係被延燒，並非故意燒燬，不敢隱匿。各供不移，案無遁飾。查例載：「廣東等省糾衆互毆之案，如審係械鬭讎殺，糾衆至四十人以上，致斃彼造十命以上，首犯擬斬立決梟示。其隨從下手，傷重致死，應行擬抵者，均各依本律例擬抵。傷人及未傷人者，亦各按本律例分别治罪。至彼造倉猝邀人抵禦，並非有心械鬭者，仍照共毆本例科罪。」又律載：「同謀共毆人致死，下手致命傷重者，絞監候。餘人杖一百。」又：「鬭毆殺人者，不問手足他物金刃，並絞監候。」又：「因鬭毆而誤殺旁人者，以鬭殺論。」又例載：「回民結夥三人以上共毆之犯，但有一人，執持器械者，不分首從，發雲貴、兩廣極邊煙瘴充軍。」又：「聚衆執持兇器傷人，發邊遠充軍。」又：「糾衆互毆案内，餘人如有輾轉糾人數至五人以上者，無論曾否傷人，即照原謀律，杖一百，流三千里。」又：「毆故殺人案内，殘毁死屍，其聽從擡棄之人，照棄屍爲從律，杖一百，徒三年。」各等語。此案漢民倖坤發，因蘇耀被回民馬石詳賒糖爭鬧，馬成潰糾人將蘇耀毆傷，事後往邀理論，並挾馬四銅錘村斥之嫌，起意糾約八十餘人，持械互鬭，致斃回民三十餘命。該犯鬭殺馬四銅錘、馬小發甲二人，實屬首惡，非尋常互毆可比，例無治罪明文，應比照「廣東等省械鬭讎殺糾衆至四十人以上，致斃彼造十命以上者，首犯斬決梟示」例，擬斬立決梟示。該犯已當場被殺，仍照例戮屍，傳首犯事地方示衆。羅起潰、任連甲、杜潰、阮汶詳、李小四、王士銀、任東、姚亭潰，各自鬭殺回民馬小詳、馬占春、馬洪發、馬丁花子、陳姓、馬汶玉，並不識姓名回民等各一命，應仍照本律問擬。除羅起潰已被戳斃，應毋庸議，李小四聽從毁屍，輕罪不議外，任連甲、杜潰、阮汶詳、李小四、王士銀、任東、姚亭潰，均各依「鬭毆殺人者，不問手足他物金刃，並絞監候」律，擬絞監候。第聚衆持械非同尋常鬭毆，且回民之傷斃多命皆由該犯等助鬭濟惡所致，情節較重。現當彈壓漢、回滋事，必須執法持平，將兇暴大加懲創，此等鬭殺回民多命之犯按律俱應情實，未便日久稽誅，致長囂陵惡習。所有任連甲等七犯，應請旨加擬立決，俾各匪咸知儆戒，亦足以折服回衆之心。漢民張彩、張添幅，於倖坤發等互鬭之時先未在場，後經吕小平春邀追逃走各回，張彩被回民何石甲等喊拏争鬭，致將何小科戳傷身死，應照「鬭毆殺人」律，擬絞監候。張添幅亦因被回民楊興發等攔毆爭鬧，致誤傷楊小老身死，應照「因鬭毆而誤殺旁人以鬭殺論」，「鬭殺者絞監候」律，擬絞監候，秋後處決。漢民李萬聽糾用矛戳傷不識姓名回民，應照「聚衆執持兇器傷人」例，發邊遠充軍。漢民吕珍詳、許成孝、阮潮玉、蘇耀，訊止聽糾助勢，並未傷人，惟各輾轉糾約五人以上，應照「互鬭案内餘人如有輾轉糾人數至五人以上，無論曾否傷人，即照原謀律，杖一百，流三千里」例，各杖一百，流三千里。内吕珍詳、許成孝係在廠充當保長、客長，於倖坤發糾衆爭斗之時，並不力爲勸阻，輒聽從鬨衆糾約，致釀多命，應請從重發新疆地方當差。回民桂小蘇等，聽從馬四銅錘糾往抵禦，並未傷人，惟先與回民馬得亮、馬二草包、馬石詳等，聽從馬成潰結夥持械，將蘇耀等毆傷。内馬成潰與馬石詳等雖祖孫共犯，惟係侵損於人，應以凡人首從論。除馬成潰已在監病故外，桂小蘇、馬得亮、馬二草包、馬石詳，均應照「回民結夥三人以上共毆之犯，但有一人執持器械者，不分首從，發雲貴、兩廣極邊煙瘴充軍」例，發雲貴、兩廣極邊煙瘴充軍，與呂珍詳等各犯分别發配，折責安置。漢民胡中潰聽糾助勢，並未傷人，惟事後聽從呂小平春燒屍滅迹，應照「毆故殺人案内，殘毁死屍聽從擡棄之人，照棄屍爲從律，杖一百，徒三年」例，杖一百，徒三年，定地充徒，折責拘役，限滿詳釋。漢民戚小二、王潮有、潘趕年、潘啞吧、趙端工、羅起灤、羅起沅、蕭玉淋、楊受淋，訊止在場助勢，並未幫毆，均應照「共毆餘人」律，杖一百，俱酌加枷號兩箇月，滿日折責發落，以示懲儆。回民馬四銅錘糾衆互鬭，並馬汶玉戳斃人命，均罪有應得，已各被殺身死，俱毋庸議。避害回民及被延燒回房，已飭據該府廳妥爲招撫，給資苫蓋，均無失所。該處泉水，飭令仍照舊規，漢、回公同取用，不得爭競。

廠地現俱靜謐，除飭令該府廳隨時稽查約束，務使漢、回日久相安，毋得稍滋衅隙，並嚴緝逸犯呂小平春等務獲究辦，並全案供招咨部外，謹將審明定擬緣由，合詞恭摺具奏，伏乞皇上聖鑒，勅部核覆施行。謹奏。

校記：

〔一〕此摺與雲南巡撫程矞采聯銜，推斷為道光二十七年七月具奏。

姚州白井漢回互鬬大概情形摺〔一〕

奏爲姚州與白鹽井相連地方，漢、回尋衅燒殺，業已彈壓解散，現經獲犯審究，並查勘辦理情形，恭摺奏祈聖鑒事。

竊查姚州地方，漢、回雜處，白鹽井在其境内，該州北界白塔街一帶，係爲赴井通衢。本年八月十九日，據署楚雄府寶俊、楚雄協副將尚宗慶轉據署姚州知州咸孚禀報，八月十三日漢民王開汶等因回民沙汶英家藏頓軍器，盤查爭鬧，致有殺傷，漢、回因此搆衅，于十五等日在白塔街等村互相燒殺。當經會訊親往查辦，禀請派調官兵彈壓。並據白鹽井提舉李承基禀報，聞有回匪欲與井民尋衅，該井爲辦課重地，恐被騷擾，請兵防堵各等情。臣等當即檄飭楚雄府協隨帶弁兵，並飭甫經出省之委員麗江府裴驄，順道前赴該處，並檄調新授鶴麗鎮總兵音德布、護武定營參將王濤，就近酌帶弁兵馳往會同彈壓去後。嗣據該鎮府協等查禀，先經府協前往彈壓，飭令各掌教頭人曉以利害，遍爲傳諭，並聞官兵前至，遂經解散息爭。惟肇衅首要及逞兇各匪，俱已竄匿，現在嚴密緝拏，務獲究辦。臣林則徐於奏委重綸署理普洱鎮總兵摺内，業將姚州漢、回衅爭已息，鶴麗鎮總兵音德布應須會同緝犯尚駐姚州緣由，陳明聖鑒。一面飭令該鎮府等，確查起衅根由，並漢、回民被燒房屋，傷斃人數，據實具報，嚴拏首要各犯，認真審辦，並將被害漢、回妥爲撫卹，勿任失所。兹據該鎮府暨委員等禀稱，查因姚州回民傈三竅、馬幗良、傈伊麽等，諗知白井竈長漢民羅晴川家道殷實，商謀糾搶，私將器械寄藏素好之張汝淮、陳典家内。因在傈小雙茶鋪漏洩其事，被井民聞知，報經該提舉僉差將傈三竅並張汝淮、陳典等拏獲，起獲刀械等件送署。馬幗良逃逸，起意糾約回民報復，卽令馬小班等運送器械，於八月十三日至白塔街回民沙汶英家藏歇。經該處漢民王開汶盤問爭鬧，沙汶英之戚傈小老，將王開汶戳傷身死。漢民高添佑、馬致禾等前往理論，沙汶英恃强辱駡，致相爭鬭。高添佑等將傈小老戳斃，並傷斃沙汶英家男女九命及不識姓名回民二人，將其房屋打毀。回民馬幗良等，漢民高添佑等，因此搆衅，附近漢、回亦各隨聲附和，于十五等日互相燒殺。查勘白塔街、洋派、北關、官屯等村,漢民被燒房屋共一千六百八十餘間,山腳、官庄二村回民被燒房屋共二百六十餘間。漢民查報傷斃男女三百二十七丁口,内經獲屍驗明,被殺被燒及跌巖落水致斃者一百三十四丁口。回民查報傷斃男女六十五丁口,内經獲屍驗明,被殺被燒致斃者二十二丁口。此外並無屍身。是否尚有逃亡,抑係查報不實,現復逐處清查,俟得確數,再行具報。並聞白井關外回民亦有燒殺之事。該處僅住回民十餘户,均已搬避,未據親屬投報,究被何人殺害,致死幾人,屍棄何處,現亦確切查訪,俟得有端倪,起屍驗辦。計白井、姚州、楚雄縣先後拏獲滋事回、漢各匪偰三竅、張汝淮、陳典、馬幗良、偰有盈、馬春漢、偰金、聶倫、馬成名、偰汶盈、偰老抓、馬玉山、蕭小定、偰新成、馬致禾、胡小萬春、李映詳、偰世濼、偰世恩、偰有功、楊旭、偰小雙等二十二名。並案内要犯偰伊麼,因指拏黨匪偰有盈自圖減罪,致被偰有盈砍戳斃命,驗明屬實。惟各犯供多狡展,逸匪尚未全獲,現仍上緊偵緝嚴審,務得確情,録供詳辦。被害者均已按户撫恤,逃避者陸續招徠安集,不致失所等情前來。臣等查該漢、回等因口角衅爭,輒敢糾衆互相燒殺,以致傷斃多命,燒燬房屋多間,實屬逞兇不法。現查漢民被傷人命多於回民十分之八,漢民被燒房屋亦多於回民十分之九,雖其中互有曲直,而回民之强悍爲尤甚。應將兩造首惡黨匪嚴行懲辦,以昭炯戒,不敢稍任輕縱。除飭將現獲各犯研審確供，並上緊嚴緝逸犯，按名務獲，歸案審辦，另行按擬具奏外。現在姚州地方俱已安靜，白井照常煎銷。仍飭該鎮府及委員等妥爲查辦，務使漢、回日久相安，不得再滋衅隙。所有武定營弁兵已徹歸伍，其音德布隨帶弁兵，俟緝匪事竣亦卽徹回。

謹將查勘辦理大概情形，先行合詞恭摺具奏，伏乞皇上聖鑒訓示。謹奏。

校記：

〔一〕此摺與程矞采聯銜，道光二十七年十月二十一日具奏。摺中人犯名與清宮硃批奏摺略有異，不另出校記。

甄别鹽提舉州縣各員摺〔一〕

奏爲甄别昏庸謬妄及難勝民社各員，請旨分别革職勒休改教，以飭官方，恭摺奏祈

聖鑒事。

竊維立政之道，察吏爲先，如其措置乖方，識見適形其闒茸；聰明誤用，心術每中於回邪。又或相率因循，則公務必多廢弛。臣等於接見屬員時，無不留心考察。臣林則徐

前於校閲營伍之便，並經到處訪聞，據該管府州密禀前來。臣等督同司道詳加體訪，查有白鹽井提舉李承基，人本平庸，井地係其專管，平時不理民事。該民以煎鹽爲業，家多殷實，回匪因而恐嚇詐財，若井民喊告到官，即爲分別查拏，剖斷曲直，立加懲創，以儆其餘，回匪定生畏懼。乃聽井民膚受之愬，輒令以原執被，遂至倚官勢而報私仇。迨回民益肆囂陵，即架以謀逆重情，請兵救護。臣等就近發兵前往彈壓，業經解散，該提舉竟欲將回民剿殺殆盡，妄作條陳。又復私僱外來無業遊民，作爲練丁，幾至激成事變。種種荒謬，罔知事體之重輕。除案犯交府州拏解研審究懲，另摺奏聞外，應請將該提舉李承基先行革職。如查有别項情事，及虧短經徵課項，再行據實嚴參。又，嵩明州知州黄際昌，在任有年，性耽麴蘖，平時專恃官親辦事，故人皆得分肥。前次領運京銅，竟至短交十餘萬斤，現在查照例限追繳，若仍令其回任，勢必致虧倉庫錢糧，應即勒令休致。又，署邱北縣知縣黎崇基，才屬中平，該縣盜賊滋多，緝捕未能得力，該署令性情疏懶，難期振刷精神。又，署師宗縣知縣陳溶，壤地與邱北毘連，民夷雜處，訟獄繁興，該署令聽斷不勤，捕務亦欠起色。查黎崇基係進士出身，現已准補麗江縣，尚未令其赴任。陳溶由拔貢教習期滿，分發來滇，補缺有需時日。該二員年力强壯，文理尚優，應請均以教職改補。又，候補直隸州州判山毓柏，向多嗜好，心地不醑，舉動尤爲躁妄，曾經署理廳縣，不洽輿情，實屬聲名狼籍，未便既往不咎，稍事姑容，應請即行革職。謹就臣等見聞所及，核實奏參。此外查有庸劣之員，再行糾劾，斷不敢自甘徇隱，見好屬員，有負邊圻委任。所遺白鹽井提舉員缺，例應在外陞調，麗江縣缺，滇省現有應補人員，容臣等照例請補，合併陳明。

所有甄別緣由，謹合詞恭摺具奏，伏祈皇上聖鑒訓示。謹奏。

校記：

〔一〕此摺與程矞采聯銜，道光二十七年十月二十一日具奏。

雲貴奏稿卷三

飭提永昌京控人證未據報解情形片〔一〕

再，臣等因永昌漢、回久挾夙讎，互相殘殺，終非了局，要在彈壓之，使不妄動；化導之，使不互疑。是以仍留鎮將大員，帶領未徹官兵駐彼防範，並飭迤西道親歷永順一帶，督同府縣，曉諭紳衿、掌教，務敦和睦，永禁侵陵。疊次刊發告示，諄諄開導，令其各具切結，以漢保回，以回保漢。又爲之清釐田產，招復流亡，使知相安則樂利有餘，相讎則身家兩失。其紳衿、掌教等，亦即轉相勸戒，議立條規，不獨具結呈官，且各書和約，同誓於神，以明其無反覆。臣等接據文武稟報，亦卽優加獎賞，以誘其悔過遷善之誠。竊冀自茲以後，兵革可以不興，即留防各兵，亦惟盡此殘冬，皆可徹回歸伍。惟先有兩起回民京控，欽奉諭旨，交臣等審辦。其原告丁燦廷等一起，於十月十七日由部咨解到滇。又杜文秀等一起，亦於十一月初三日咨到。應即飭提被告人證解省，以憑質訊。惟查原呈所列被證，自百餘名至二百餘名不等，人數太多，勢難盡行提解，當經札飭該道府等分別首要次要，其於控案情節無甚關係者，祇須就地取供，彙送覈辦。惟被回民呈内指係香匪串謀滅殺無辜者，不能不提至省城，與原告質對虚實。乃歷今多日，總未解到，雖因永昌距省窵遠，難免遷延，而訪聞該處漢民業已糾聚匪徒，將應解之人意圖抗匿，藉稱本年正月内，該處有問擬軍罪之張杰、萬重二名，由官起解，被回匪攔路殺死，此次若解赴省，亦必在途被害，不敢起身，該道等諭以揀派文武幹員，多帶兵役，沿途護送，務保無虞，開導再三，而哨民總不願解。查該處爲保山縣所轄，地分七哨，南三哨尚可理喻，其北四哨强悍成風，就中金鷄、板橋二哨，尤多匪徒，燒香結會，風聞十餘年來，往往挾讎擅殺平民，匿不報官。若官爲查問，則沿村吹號糾人，每欲恃衆困辱官長。地方官恐急則生變，致蹈辦理不善之愆，因而隱忍彌縫，但冀事端寢息。養癰本非一日，積習殊可深憂。前者漢、回搆衅，猶祇民與民爲讎，今明知京控兩案奉旨交審，而膽敢糾約庇匿，意欲抗官。此風實不可長。惟該道府均未將情形具禀，臣等馳係轉深。現又諳飭妥爲曉諭，設法提解，固不可操之過促，致滋決裂之虞，亦不得匿不禀聞，轉釀邊隅之患。

所有提解控案未能就緒情形，臣等謹據實附片奏聞，伏乞聖鑒。謹奏。

校記：

〔一〕此片當與程矞采聯銜，推斷為道光二十七年十二月十六日附奏。

籌辦永昌哨匪起程日期摺〔一〕

奏爲保山縣七哨匪徒打奪解省人證，隨又焚燒縣署，劫放獄囚，殘殺城内回民及在官丁役，鎮道府縣現俱被困在城，道路梗塞，文報沈滯，不得不調兵剿辦，臣林則徐擬赴大理府就近調度，仍先出示，散其黨羽，以冀首要各犯作速就擒，地方仍歸綏靜，謹將籌辦情形，恭摺奏祈聖鑒事。

竊臣等前因永昌回民兩起京控，欽奉諭旨交審，飭提被告人證解省，日久未見解到，訪聞該處漢民欲將應解之人抗匿不解，而未據該道府具稟。當又疊札飭查，並將所訪大略情形，於上年十二月十六日合詞附片具奏在案。永昌距省十九站，嗣經查據保山鄰境各文武先後探報：十一月二十九日，永昌府縣會營帶兵押解京控案内被證，至離城四十里之官坡，被保山哨民劫去。次日又擁入城内，焚燒保山縣署，監犯盡行放出，先經招復之回民，現被搜殺無存。沿途哨民聚集，阻塞道路，搜檢公文，凡有關係之件，均不能遞送，江橋板片已被折去各等情。迨十二月二十五日，始接據該處鎮道及府縣營員會稟，則稱：十二月初一日起解京控人證周曰庠等九名，行至官坡，因聞前途有回匪聚衆圖搶，該被證等恐被殺害，哭求緩解。是日街期，衆民紛紛跪求，因人多擁擠，周曰庠等走散。旋報城内回民放火，延燒縣署監獄，漢民救火，匪回齊出搶殺，被兵練格殺多命，監犯亦乘間逸出等語。臣等查保山城内文報業已多日不通，而此次鎮道府縣等會稟，忽然同日遞到，其詞又皆畫一，而核與鄰境文武所報情節大相懸殊。此中愈多疑竇。當復疊遣弁兵差役，分投飛探，竝查有由保山逃出之腳夫數人，陸續傳訊。始知該處七哨匪徒不下數十萬人，每聚衆時，用牛角一吹，無不蜂擁而至，此次打奪京控人證，實係十一月二十九日之事。其時文武帶領兵役，雖有數百名，無如哨匪累萬趕來，槍礮亂放，有騰越鎮標外委胡恩榮左臂被礮子打穿，存亡未卜，各文員乘坐之轎，俱被打碎，武員軍械馬匹，被奪一空。其次日即係十二月初一日，各文武正在會議辦理此案，未開城門，忽有無數哨匪越城擁進，聲稱搜殺回匪。查保山城内有甫經由官招復之回民百餘人，逃赴縣署，聲喊救命。該哨匪遂追趕至縣，一齊放火，將縣署全行燒燬，回民盡行殺斃，竝有騰越廳回民來府應試，亦被殺多名。又以各衙門及公館有回子藏匿，恃衆搜殺，竝將迤西道之家丁誤認爲回人，殺死二名。其赴縣監放囚之時，有縣役張五攔阻，亦被殺害。所有在城文武隨帶丁役無多，其永昌協兵丁，亦係該處之人，勢難恃其捍衛。自鎮道府縣以及各委員，皆被困窘在城，每日市糧，限數出糶。該處有瀾滄江一道，爲省城及東路各屬赴永必由之路，該哨匪將江橋板片折去，並聚多人把守，如有公文遞過，哨匪即攔截折看，立時撕毀。永平縣遣遞公文差役，亦被殺死二人。其餘各處隘口均被匪黨把守，無人得入。是以臣等節次飭查各文件，俱無下落。其忽然遞省之會禀，即係哨匪揑就情詞，逼令書吏繕寫，勒官用印發申。而其實在真情，除鄰境探報及臣等查訊之外，全不得信。查該處哨匪如此不法，雖尚未聞戕害各官，而抗拒勒逼情形，即與反叛何異？推其藐法之由，聞自道光十三年間該處設立牛叢，挾仇擅殺，經署永昌府陳錫熊、署保山縣吳纁先後親往查禁，均被圍困窘辱，勒令寫立不辦字據，用印給付爲憑，始行放出。其事竟已寢息。嗣後該處之民，直皆目無官長。前兩年該哨與回結衅，互相焚殺，厥罪惟均，祇因回匪有拒敵大兵、戕官劫囚等事，是以用兵專爲剿回而設，其哨民尚無抗官情罪，故未加兵。今逆情如此昭彰，直欲負嵎梗化，若再化大爲小，不獨永昌竟成域外，而凡漢、回匪類，孰不恃居邊遠，羣起效尤？臣等與司道各員再三商酌，竝查知回民現亦四處糾黨各圖報復，若再互相殘殺，禍患更必蔓延，須得多調重兵，方足以示彈壓而資剿辦。查七哨有數十萬之衆，兵力單弱，深恐損威，其永昌、順雲一帶之兵，既因要隘甚多，難以分撥，且須防其句結，必得另調他處之兵。是以札商提臣榮玉材，先於提標及維西、永北、鶴麗、劍川、景蒙等營調兵約二千餘名，爲前隊一起，交榮玉材帶領，先赴永平駐劄，相機前進。又調省標六營及曲昌〔二〕、開化各兵約二千名，爲中隊一起，赴大理聽候調遣。又調昭通、東川兵七百名，令昭通鎮劉定選統帶，竝調貴州提標及威甯、安義二鎮兵共一千二百名，交安義鎮總兵秦鍾英統帶，爲後路一起，陸續進發。以上約調兵六千名，皆由東路前往。其永昌以西，有騰越、龍鄰〔三〕一鎮一協之兵，亦經酌調二千名，由西路前進，以期夾擊。復查歷次迤西用兵，無不添僱勇練，該處山川險阻，箐密林深，客兵路徑生疏，易滋迷誤，須用慣習山路之土民夷練，或指引嚮導，或分截要隘，兼杜匪徒竄伏，以防意外之虞。臣等亦已分飭各土司僱備精練，竝札該管府營認真挑選，以資應用。但查永昌之瀾滄江兩岸，皆依山爲險，路極彎曲，江橋一座，爲往來咽喉要路，今經該匪折去橋板，聚衆防守，恐此路未易進兵，若不得已，則各處官兵均須繞道順甯府前進。臣等分檄經過各地方，預爲佈置，已有眉目，計各路官兵正月底可以到齊。臣林則徐擬於十九日由省起身，赴大理府駐劄督辦。該處距省城十三站，距永昌六站，自可隨時相度機宜，分別調度。臣程矞采仍在省城督催各路官兵，籌辦糧餉接濟。所有總督衙門日行事件，暫委藩司趙光祖代折代行，其緊要事宜，仍包封寄至行次，由臣核辦。至軍需應用經費，查滇省別無閒款可籌，祇得於鹽課項下借動銀十萬兩，先行濟用。惟目前哨匪聯爲一氣，良莠不分，若概予征剿，恐脅從者自知不免，亦復相率抵敵，礙難辦理。是以臣等先行剴切出示，遍貼曉諭，以附近各邨漢民如不敢隨同附和，定不概予株連。即先已被脅勉從者，但能悔罪輸誠，亦可量邀末減。其心存畏懼，不敢始終怙惡，須將首要各犯迅速自行縛獻，以正刑誅。所有江橋板片亟須照舊鋪平，各處隘口不許阻攔行旅，往來文報毋得截留撕毁，被搶軍械作速照數繳還。以上各事如果逐一遵行，或可網開一面，免致盡數殲除。若仍冥頑不靈，罔知利害，則大兵一臨，惟有痛加勦洗，人皆粉骨碎身，地盡犁庭掃穴，不能曲予保全。如此大加曉諭，庶黨羽可漸解散，元惡易就殲擒。臣等惟有極力籌維，冀地方速歸安謐，以仰副聖主綏靖邊隅除莠安良之至意。

所有查明哨匪滋事，調兵辦理緣由，謹合詞恭摺具奏，伏乞皇上聖鑒訓示。

再，滇省程途遥遠，差弁齎摺約須四十日始能到京，臣等恐廑聖懷，嗣後軍務之摺即請由馬上飛遞，合併聲明。謹奏。

後？另有旨。」

校記：

〔一〕此摺與程矞采聯銜，道光二十八年正月十三日具奏。硃批：「此摺即應由驛馳奏，何待嗣後？另有旨。」

〔二〕清宮硃批奏摺作「曲尋」，與兵志合。

〔三〕清宮硃批奏摺作「龍陵」，與兵志合。

生擒彌渡匪犯審辦摺〔一〕

奏爲彌渡軍營生擒首要重犯，審明即行正法，餘犯按例定擬，恭摺奏祈聖鑒事。

竊照彌渡地方，内外匪徒句結滋事，傷官害民，經臣會督提鎮用兵剿辦，大獲勝仗。除臨陣殲殺情形已於另摺奏報外，所有官兵在陣前生擒拒敵逆匪，及先後逸出被獲各犯，陸續解送到臣者計共一百二十三名。當經飭調大理府知府唐愔培，督同署雲南縣知縣董宗超、署賓川州知州李崢嶸暨各委員，訊取確供，復經臣逐一提審。除訊明實未隨同拒敵傷官、結會拜盟、焚殺搶劫之黄小猓等三十五名，分别取保省釋，及遞解本籍管束外，臣核訊通案衆供，此次外來匪徒，係四川回民沙金隴、沙玉隴，漢民古明發爲首，本地匪徒，係回民麻汝淮、麻春融、黄中爲首。緣彌渡地方爲迤西買賣馬頭，常有川、陝、漢、回民人往來販貿，因地方頗稱富庶，往往流連不去，易生事端。道光二十七年秋冬間，沙金隴、沙玉隴弟兄與古明發等，先後販彌渡雜貨生理，遂與本地素稱强梁之回民麻汝淮等交好。十二月間，沙金隴等見陝西人喬姓在彌渡開義盛當鋪，銀錢充積，起意訛索，終日在鋪吵鬧。麻汝淮等遂勸鋪夥李六等出錢買靜，陸續詐去錢二百二十千，銀二十兩寢事。本年正月初九日，有川省回民張國幅，與軍犯張世保私相賭博爭毆，張國幅被張世保戳死，報經署彌渡通判林甘源，移明趙州知州周力墉到地驗屍，拘獲張世保到官。正在研訊，詎沙金隴等藉稱死者係其親戚，乃被軍犯欺侮，遂約川回多人，執持刀械，於十四日將各軍犯住處搶奪一空。該通判會同知州，差人禁止，沙金隴等即闖入通判衙門，將甫經拘訊之張世保擅行戳死，並另斃在旁軍犯陳亞林一名，帶傷四名。官差喊拏，立時閧散。因匪類人衆，一時難以就獲。其内匪麻汝淮等又起意恐嚇市肆民家，聲言四處外來人，若不安頓，即日必被焚搶。各户無不驚懼，逐日鳩集銀三百二十兩，由麻汝淮等交沙金隴、沙玉隴、古明發分散夥衆，作爲盤纏，口許一二日即各回籍。麻汝淮等分其餘利，多寡不一。乃沙金隴等因見良懦可欺，口雖言去，實無去志，愈圖搜劫城鄉各户，更可捆載而歸。猶恐人心不齊，起意結盟拜會，先與外來客民密約，得贓均分，又暗邀本地回民麻汝淮等，輾轉糾人，亦動以利。十八日在彌渡北門外之五顯宫燒香結拜，歃血飲酒，謂之進山。其入會之人約分九排，皆有總領：曰大爺，曰二爺，曰五爺，曰么大，曰滿大，曰滿五，曰十爺，曰么五，曰小老。古明發、麻汝淮與沙金隴、沙玉隴、麻春融、黄中均列排首，總共六七百人。十九日會畢，謂之出山。經通判、知州訪知差拏，因人衆不敢動手，趕緊禀請發兵。惟時北門外鄉民恐被侵擾，各自團練保護。二十日，該匪等各備馬匹，揚言是日起身，旋即藉稱四鄉持械堵截，不能前去，實則已與盟夥暗定時刻，分隊出搶。一時鎗礮刀械，紛紛突起，户民動遭殺害，驚惶失措，不敢禦敵。有李姓一家被搶銀五千兩，陳姓一家被搶銀二千四百兩，爲數最多，其餘搶銀自四百餘兩至數十兩不等，錢自百餘千至數千不等。該文武在街市禁阻，寡不敵衆，致各受傷。該匪等遂恃人衆，圍攻通判衙署。各官被困署中，請兵未到。二十一日，燒搶寺坡、北甲等處。二十二日，燒搶陸家、賴家〔二〕等營。二十三日，又燒搶阜角、馬溪、姚期等營。共計被害者十七邨莊。至二十四日，兵雖未齊，而將備已有到者，一面派兵堵禦，匪類稍有懼心，不敢再行放火。二十八、九兩日兵到漸齊，其次日提、鎮俱到，初二日劄營兜捕，初三日併力正攻，該匪恃衆抵拒。竭盡晝夜之力，殺斬無算，生擒復多。此係内外匪徒始而詐擾，繼而結拜，終而焚搶，戕官害民之一切情形也。此次沙金隴一犯，於初三日當場騎馬拒敵，經各兵民認明，連槍打落，奪獲其馬，斬取首級，送至大營。各邨人衆來觀，齊聲稱快。除將該首級懸竿標明示衆外，現所生獲之外匪首犯古明發、內匪首犯麻汝淮二名，均已供認起意會商，糾衆拜盟，復率領焚搶邨寨，殺害多人，拒敵官兵各情不諱，均屬首惡，應比照「凡謀叛，不分首從皆斬」律，加重凌遲處死。惟係比照定罪，家屬毋庸緣坐，財産亦免入官，稍示區别。曾義松、劉得畏、謝申華、陳有何、馬明、楊老三、趙添成七犯，均供認殺人自七命至二命不等，並經拒敵官兵。又唐汶星、徐兆近、李添朝、楊應全、李發、褚興、趙洪順、黑正青、趙斯樽、馬潮選、馬連興、王大順、侯小六、王春、陳泳盛、劉思潮、李諱、劉仍、馬成、毋受復、尹小存、徐崇、尹時有、羅從潰、李選揚、潘有受二十六犯，供認焚燒邨寨，各殺一命。俱屬同惡相濟，均應擬斬立決，加以梟示。馬青山、李洪順、曾世桂、黄明富、李添希、楊明、陳世汰、劉逢春、馬保、李發春、祁永林、張老蔡、連沅、趙鄭桂〔三〕、楊義隴、劉金賨、王結、馬信、馬沅、唐小四、高順才、徐廣順、但意才、楊正興、李昭、劉定幗二十七犯，雖供未經殺人，俱已隨同焚搶邨寨，得分贓物，均應擬斬立決。以上共犯六十二名，悉係情罪重大，未便稍稽顯戮，臣於審明後，即恭請王命，飭委大理府知府唐愔培、新嵍營遊擊恒權，押赴犯事地方即行處決，應梟示者傳首示衆，以昭炯戒。其獲時受傷較重，旋經監斃匪犯八名，内有李泳發、楊興順二名，殺害多命，應行戮屍，一體梟示。又楊沅、方有潮、馬靛青、鄧奉茂、王保罄、馬小沅、祁得、陳沅、陳聯升、馬章、馬潰、郭遇順、馬仍、馬吉桂、楊長保、李老二、官相潮、鄒正才十八犯，訊只隨同入會，竝未焚殺搶奪，亦無抗拒官兵，均應照「匪黨結拜，非依齒序，聚至四十人以上，爲從發極邊烟瘴充軍」例，發極邊烟瘴充軍，係在滇省犯事，應請照案發配兩廣安置。又據現犯供稱，沙玉隴、麻春融、黄中三犯已在陣前殲斃。惟屍身未經認明，恐難憑信，尚須確加查究，如經竄逸，尤須查拏務獲，不任倖逃法網。至臣現駐行營，未及辦理供招送部，謹開具犯名清單，註明緊要情節，恭呈御覽。仍將各犯口供發交臬司彙核，詳送撫臣咨部備案，以符定制。再，該匪等結會拜盟，事起倉猝，地方官查知禁止，而寡不敵衆，是以禀請發兵，現已剿辦完竣，所有失察處分，仰懇天恩從寬邀免。謹將訊明辦理緣由，繕摺具奏，伏乞皇上聖鑒。謹奏。

校記：

〔一〕此摺道光二十八年二月十二日具奏。

〔二〕清宫硃批奏摺下有「吳家」。

〔三〕宫中硃批奏摺作「趙儀、鄭桂」。

續獲彌渡匪犯審辦摺〔一〕

奏爲續獲彌渡滋事逸犯審明定擬，竝將重犯即行正法，以示懲儆，恭摺奏祈聖鑒事。竊臣前因彌渡地方内外匪徒滋事，當即調集官兵殲獲首從各犯，分别懲辦，業經繕摺奏報，竝聲明飭屬查拏逸犯務獲在案。臣思除惡務盡，逸犯一名不獲，根株一日不清。況此案夥黨，多係川、陝外來匪徒，如閱時稍久，誠恐出省遠颺，查緝更難得手。隨即通飭各府廳州縣毋分畛域，勒限上緊偵緝，竝於毗連各屬關隘，嚴飭認真盤詰，務期按名弋獲，不任免脱〔二〕稽誅。兹據蒙化、賓川、姚州、雲南等廳州縣陸續拏獲首從各犯，共計二十二名，解送到臣。當飭大理府知府唐愔培督同署太和縣知縣熊家彦、署賓川州知州李崢嶸暨各委員，訊取確供，復經臣飭提親訊。據首犯沙玉隴供認，與已正法之古明發、麻汝淮，竝殲斃之沙金隴等起意，糾約四川、陝西、貴州及趙州、永北、姚州各處漢、回，結盟焚搶，抗拒官兵，殺斃多命，乘間逃逸各情，歷歷如繪。覈與古明發、麻汝淮等前供悉相脗合。復提從犯隔别研訊，除陳興順一犯聽從結盟，竝未隨同焚搶，孫小灤、白萬明二犯係事後分贓，未經拜盟外，其馬六三等十八犯，各供認聽糾結盟，持械焚劫，並有打仗一、二、三次，殺斃一二命至三、四〔三〕命不等。臣恐尚有不實不盡，復提前獲留禁各犯，質認無異。再三究詰，矢口不移，案無遁飾。查沙玉隴商同古明發等糾衆拜盟，身爲會首，復率領焚搶邨寨，殺害多人，拒敵官兵，實屬罪大惡極，應請比照「凡謀叛，不分首從皆斬」律，加重淩遲處死。案係比照問擬，應免緣坐。馬六三、謝洸沅、李阿存、周其湮、鍾小三、楊順六犯，係聽從結盟，搶劫得贓，拒敵官兵，殺斃一二命至四命不等，同惡相濟，均應擬斬立決，加以梟示。王有才、劉玉順、趙起倡、韓成富、潘應發、張騰高、彭興順、宋洪發、陳常發、胡春華、楊啓灤、周澐十二犯，雖未經殺人，但隨同結盟，焚搶得贓，竝抗拒官兵，均應擬斬立決。以上十九犯俱屬情罪重大，未便稍稽顯戮，臣於審明後，即恭請王命，飭委文武員弁，將各犯押赴市曹，即行處決，以昭炯戒而快人心。應梟示者仍傳首示衆。又，陳興順一名，訊係聽從結盟，並未隨同焚搶，應照「匪黨結拜非依齒序，聚至四十人以上爲從」例，發極邊烟瘴充軍。孫小灤、白萬明二犯，委係事後分贓，未經拜盟，應照「强盜事後分贓」例，杖一百，徒三年。臣現由大理前赴永昌，未及辦理供招，謹開具犯名清單，註明情罪，恭呈御覽。所有各犯口供，仍行發交臬司歸案彙核，詳送撫臣咨部備案。至緝獲逸犯各文武，均尚認真，容查明首獲、協獲，與前案一併奏請鼓勵。合併聲明。

所有續獲逸犯審辦緣由，理合恭摺具奏，伏乞皇上聖鑒。謹奏。

校記：

〔一〕此摺道光二十八年二月二十一日具奏。硃批：「刑部知道。」

〔二〕清宫硃批奏摺作「兔脱」。

〔三〕清宫硃批奏摺作「四命」，與後文「四命」一致。

雲貴奏稿卷四

保山哨匪輸誠獻犯仍飭嚴拏摺〔一〕

奏爲保山七哨懾服軍威，已縛獻匪犯多名解臣審辦，仍飭各官兵兜圍嚴拏，務令滋事案犯全無漏網，以示懲創而靖地方，恭摺奏祈聖鑒事。

竊臣前於二月十二日由驛奏報先剿彌渡匪類情形，竝查知保山自發告示之後，江橋已鋪板片，文報不敢阻留，卽於摺末聲明，冀以仰紓宸念。隨即催兵移營，分路前赴永昌。臣亦將續獲彌渡案内逸犯二十二名在大理府復行審辦，於二月二十一日又經專差齎摺具奏在案。因思大理距永昌尚有六站，雖比省城爲近，而軍情信息究不能早晚常通。查永平縣爲永昌出入咽喉，前聞哨匪滋鬧之時，回匪亦借報復爲由，盤距〔二〕永平一帶，將往來貨馱强劫勒贖，以致客商絶迹，且糾搶居民財物，擄占婦女，靡惡不爲。是以臣復由大理移駐永平，既督入哨之官兵，並辦行劫之回匪。自永昌文報通後，在城文武各員均不至如前被困。隨據該鎮道等先後具禀，以哨匪傳聞此次所調兵練特多，又聞彌渡用兵殲殺無算，始有悔懼之心。城鄉紳士耆民近日漸出見官，據稱先因哨匪人衆勢兇，一時難以理諭，所以不敢出頭，迨接奉省城發出告示，知征剿匪類之中仍寓綏輯平民之意，伊等倖獲生路，亟與各哨逐加講解，咸知凜畏兵威，只求遵示辦理。所有案内匪犯，責令各處里甲約長均即確查縛送。橋板鋪平之後，不獨行人與文報全無稽留，大兵到時，亦必迎進，不敢稍阻。又放出縣監囚犯，自行遍處覓獲，仍送回監，現查僅少一犯，當再購線找尋。其在官坡搶去軍械，亦已繳還十之七八，仍在各哨查追呈繳。又縣署業已被燬，惟求准民捐葢，不敢稽延等語。臣以衙門爲法令所從出，頑民膽敢焚署，誅之尚不足蔽辜，若准賠修，竟似興廢自由，成何政體？嚴批駁斥不准。惟「匪犯速行縛獻，以正刑誅，庶免盡行剿洗」之語，係前經臣等奏明出示曉諭，自未便頓改前言。但所獻必以首要爲先，不得就輕避重，且以日時爲限，不得延喘緩兵，如敢詭詐相嘗，立即殄除務盡。

臣又札調久駐該城之迤西道王發越，面問情形，據稱該處士民均悔罪輸誠屬實，並因鶴麗鎮音德布連年在永昌用兵，民情素相敬憚，先令帶兵由江橋直入，見該處男婦老幼焚香跪迎，沿途不絶，吁求網開一面，准予緝匪送官。該鎮遂與先駐城内之騰越鎮總兵拴住，率同府縣查收所獻匪徒。維時雲南提督榮玉材，與昭通鎮總兵劉定選、貴州安義鎮總兵秦鍾英，先後各率將領備弁分路齊進，其民人之焚香跪迎者，亦與音德布到時無异。凡該處城鄉大路，無不壁壘匝地，旌旗蔽空，赫赫萬軍，使民戰慄。又永昌與順寧連界，以右甸爲緊要關鍵。查臨元鎮總兵李能臣，前本派在順甯留防，此次仍令帶兵約一千名在右甸紮營，以資策應，聲勢極爲聯絡。

節據音德布等禀報，獻出匪犯截至三月初五日已及一百三十餘名。經府縣訊取初供，其承認傳帖糾人、抗官打奪、入城焚署、殺人放囚之犯，已覺實繁有徒。臣又將回民兩次京控原呈所開被告名單，與現獲之犯互相核對，如劉書即劉一鵬、周曰庠、張時重即張重、李國即李兆祥、萬益三、劉文華、楊春富、張文儒、董俊、吴少游、周際岐、宋發春、藍得沛、石鉦即石育、吴堃等，本皆被告有名，而劉書、周曰庠，則尤控單所首列者。此外或一人而有兩名，亦所難定。飭詢永昌府縣有無頂替冒名，據復提犯互相識認，所獲實皆本人等語。當即飭令分起解至永平，容臣督同委員細加研審，分别懲辦。

伏思該地方既於兵到時即先投誠獻犯，自未便遽加剿擊，致使玉石俱焚。惟竟以所獻爲憑，則袒庇即在意中，藏匿亦復不免，且愈是首要之犯，愈恐徇隱者多。當此兵威極盛之時，搜緝尚非難事，除仍勒催多獻真犯外，臣復明查暗訪，且多遣文武員弁確探未獲匪踪，並向已經獲案之犯，問係何人糾約，何人協同，令其自相攻擠。彼既身遭縛獻，如有罪同法异者，諒必不肯甘心。如此逐節推求，若一哨中實有隱匿罪人，即當分兵圍拏，倘敢負固不服，則是孽由自取，定予剿洗無遺，不敢姑息因循，致貽後患。

除俟續獲案犯並審明定擬緣由另行馳奏外，所有現在縛獻多犯情形，臣謹會同雲南巡撫臣程矞采、提督臣榮玉材，合詞恭摺由驛具奏，伏乞皇上聖鑒訓示。謹奏。

校記：

〔一〕此摺道光二十八年三月初八日具奏，硃批：「所辦好。另有旨。」

〔二〕清宮硃批奏摺作「盤踞」。

覆奏永昌漢回情形片〔一〕

再，臣正在封摺時，適值齎摺差回，承准軍機大臣字寄：「本年正月二十五日奉上諭：林則徐等奏，提解控案，延未赴解等語。此風斷不可長。著林則徐等諳飭該道府等妥爲曉諭，固不可操之過促，致滋決裂，亦斷不能任其抗拒，不遵提訊。總須默化潛移，挽回風氣，以綏邊徼而靖兇頑。等因。欽此。」又由兵部限行四百里承准廷寄：「二月十七日奉上諭：林則徐等奏，保山縣七哨匪徒打奪解省人證，隨又焚燒縣署，殘殺城内回民，現在籌辦情形一摺。必應痛加剿洗，方足挽回積習。林則徐現已檄調各營精兵分股進剿，竝已親往大理府督辦，榮玉材業經帶兵前往。務當籌畫萬全，操必勝之權，相機攻剿。固當分别良莠，不可妄殺無辜，致失衆心，尤不可再示姑容，稍留餘孽。總期一鼓作氣，悉數殲除，方足大昭懲創。所稱鎮道府縣皆被困窘在城，每日市糧限數出糶，現在曾否解圍？該鎮道等如何著落？著即查明，由驛具奏。其瀾滄江爲赴永昌必由之路，江橋板片現被匪等拆斷，聚衆把守，尤當迅速設法擊散賊衆，修復橋道鐵索，俾文報得通，剿辦方能得力。至軍需經費，除於鹽課項下借動十萬兩外，所有雲南、貴州兩省現收捐輸之款，竝准其先行動支，以濟急需。程矞采在省督催各路官兵，籌辦糧餉，俱當悉心商辦，務使兵威遠振，漢回各匪盡皆慴服，斷不可稍有挫失，以靖邊圉而除兇頑，是爲至要。將此由四百里各諭令知之。欽此。」竝發回臣前奏摺一件，奉硃批：「此摺即應由驛馳奏，何待嗣後？另有旨。」欽此。臣在永平奉到，跪誦再三。仰見聖主廑念邊疆，務令遠振兵威，漢、回盡皆慴服。臣等得以遵循辦理，感悚彌深。除保山城市及瀾滄江橋情形已於正摺縷陳外，查提臣榮玉材先於保山之官坡地方紮營，會督各鎮將備弁查拏匪犯，撫臣程矞采早將各路官兵全催過省，臣謹再行咨會，一體欽遵辦理，斷不敢稍有挫失。至軍需經費，目前不能不用，而實無款可籌，仰蒙恩准於兩省現收捐輸款内先行動支，臣等倍深感激，惟有極力撙節，絲毫不許虛糜，並隨時察看情形，若可徹兵，即行酌量先徹，以歸節省。再，臣恭繹諭旨：「務使漢、回各匪盡皆懾服」，尤仰見聖主洞燭情形，持平訓諭之至意。臣察看迤西風氣，漢民惟保山七哨最爲桀驁，其餘尚近渻樸。回民則無處不有，且良善少而梗頑多。卽如永平所轄之曲硐等回莊，無非聚而爲盜。且因有二十五年九月保山城内漢民殺回一事，人人影射，自稱難回，無論客貨官鹽，攔搶到手，非贖卽賣。一拏到官，則稱被難之餘，無可謀生，不得不向客商索借度日，一似情有可原。其實此等多非保山回子，卽籍隸保山，亦多分往各寨，不皆城内被殺之家。就使原先真是難回，而既如此行爲，直成流賊，豈可復行曲貸？自臣駐劄永平以來，趁保山兵力正多，因已縛獻犯人尚未剿擊之際，訪有回匪聚搶，及受害民人告發，卽先派兵密往掩捕。計旬日間亦已獲犯一百名有零，容當陸續審辦。並救出被擄婦女數口，先行給親完聚。餘匪竄逸何處，亦經嚴飭各地方官確切偵探，會合兜擒。但各處回莊通氣者多，每以庇護同教爲名，而以窩盜分贓爲實，非重懲數處，難挽積慣頹風。此次臣調兵較多，固爲哨匪恃衆逞頑而設，亦因迤西久爲盜藪，非重辦無以掃清。即使哨匪辦完，亦擬乘勢會督提鎮，擇其要害，壓以重兵，責令頭人指名縛獻。果能盡將匪類獻出，以正刑誅，無論是漢是回，皆准一體辦理。總使剗除稂莠，保衛善良，以期邊圉肅清，稍副恩慈委任。謹會同提臣、撫臣繕片附奏，伏乞聖鑒訓示。謹奏。

校記：

〔一〕此片道光二十八年三月初八日附奏。硃批：「另有旨。」

審辦倡亂妖匪金混秋摺〔一〕

奏爲密訪保山滋事根由，竝研訊犯供，究出惑衆倡亂之妖匪金混秋即鐵帽子，拏獲審明，恭請王命，從重淩遲處死，以昭炯戒而絕禍源，恭摺奏祈聖鑒事。

竊臣前由大理移駐永平，督兵進剿保山七哨，因其畏威懾服，縛獻匪犯多名，當將飭提解審，仍令官兵兜拏緣由，於三月初八日恭摺由驛奏聞在案。臣思該處民風固屬强悍，然果何所倚恃，而竟敢於打奪人證之後，又公然進城焚署，殺人劫囚？恐另有荒誕不經之徒從中煽惑，以致不顧性命，不畏兵刑，狂悖兇殘，至於此極。當經密派精細諳練之委員數人，改妝暗訪，知哨匪所恃爲護符者有一種緊皮藥，若與人戰鬬，先服此藥，可以倍加勇力，兇很直前，即刀槍亦能抵擋。其造傳此藥之人混名鐵帽子，歷在邊地往來，此案滋事爲首之人與之潛相句結屬實。隨獲到倡謀聚衆之已革文、武生沈振達、張時重、張汶儒，詳細訊究來歷。據沈振達等僉供，鐵帽子實名金混秋，係大理府屬玀夷，因遊方賣藥，常戴鐵盔，鄉人呼爲鐵帽子。沈振達之義父沈聚成，原籍湖南，在保山之金鷄邨寄居，早年赴銅廠營生，被礦硐坍塌壓傷頭項，經金混秋用草藥醫痊，遂拜金混秋爲師，傳其緊皮方藥。沈振達從幼見過金混秋，稱爲大太爺。道光二十五年五月間，保山漢、回搆釁，回衆攻打金鷄邨，該邨咸推沈聚成爲練頭，率帶練丁堵禦。沈聚成將金混秋所傳緊皮方藥配給衆練丁服食，竝稱其藥曾經念呪畫符，食後皮肉縮聚，刀砍不進，槍打不透，以壯衆丁之膽。嗣果殺退回衆，將最爲著名之回匪九坎毛戕斃。衆皆歸功於沈聚成，懇其長爲地方保護。沈振達見伊義父年逾六十，素患哮喘病證，且係目不識丁，知其本無能爲，伊遂乘此機緣，武斷鄉曲。思及金混秋既有術呪法符，自不止製造緊皮藥一端，因潛往土司地面尋見金混秋，要傳各種邪術。金混秋告以有銅驘子一個，念呪騎上，能駕雲霧飛行，又有天印一顆，印在紙上，佩帶身邊，刀槍不入，竝能招調陰兵，可敵千軍萬馬，其他打仗防身之物，尚有多種。沈振達聞其法術，以爲可恃，益加崇信。二十七年十月内，聞回民京控，要提人證解省審辦，沈振達知伊義父沈聚成被控有名，恐其解省喫虧，與張時重、張汶儒等商謀阻解，找尋金混秋，請其卜卦。金混秋用竹片火炭打卦，稱係上吉，可以攔阻，不必解省。沈聚成遂往山裏藏匿。沈振達等倡言，官府如果要解，只得拚出大鬧一場。維時金混秋潛住保山之睡佛寺内，沈振達等密與往來，經該府縣風聞，將金混秋驅逐出境。沈振達等又遣萬鐸、傅贊趕往途次，截留金混秋到金鷄邨同住，商用各種邪法，竝蓋造陰兵臺一座。至本年二月大兵將到，始行躲散等情。臣查現在保山境内四面皆有官兵紮圍，該犯金混秋斷不能遠颺出境，轉恐匿在近處，使人不覺。當即密委素能緝捕之臣標千總施嘉祥，帶兵數十名馳往查緝。該千總探知金混秋寄匿保山城南蕭祠，其隨帶護身八人，皆有過人膂力，若遽行動手，恐致走脱，密禀提臣榮玉材，添員協拏。適榮玉材之子兵部額外主事桂恒，歷隨伊父出師，住在營盤，即與榮玉材添派之遊擊王夢麟、護遊擊陳得功、把總張慶曾，密至蕭祠外面，施嘉祥將所帶各兵前後佈置。時已昏夜，桂恒扮作過客，進祠尋見金混秋，託言央請打卦，攔其出路。施嘉祥即乘機上前，將其擒獲。王夢麟、陳得功、張慶曾均協同綑縛。該匪所帶之三帕等八人正欲抗奪，亦被施嘉祥等合力圍擒，無一得脱。滎玉材竝即知會各文武勘明金混秋隨身行李物件，逐一封貯，解送到臣。當即查驗有緬字經卷五束，緬佛一尊，念珠一串，鐵帽、銅帽各一頂，銅贏一個，約二寸許，鳥槍七桿，火藥一包。又有藥確、藥葫蘆各一箇，内裝藥物，或名緬茄，或名飛芋，與白胡椒雜貯，即係配製緊皮藥之用。復有木印一顆，分刻漢文、夷字。其漢文曰「猛硔天下」，夷字譯係「祖師余額發佛塔」等字。此外尚無違禁物件字迹。臣隨即親提該犯金混秋即鐵帽子，督同迤西道王發越等嚴訊。據供：「年五十六歲。祖上本係玀夷。故父余額發住居鄧川州，我在該州生長。二十歲時，拜從口外野夷金老蚌鷄爲師，便從他姓金，學習符呪，配緊皮藥，能醫跌打損傷，在邊地各處游方，住居無定。因沈聚成曾在銅廠被石壓傷，爲之醫治痊癒，沈聚成拜我爲師，傳授方藥。伊義子沈振達，亦相熟識。道光二十七年十月間，沈振達尋我占卦，説伊義父與永昌城哨多人，怕被回子京控，恐要起解上省，能否攔阻。我想此案人數甚衆，正可哄騙取財，告以卦象甚吉，攔阻無防。那時保山地方漢、回却無争鬭，我遂住在睡佛寺内。十一月中，沈振達常來看望，私言伊義父沈聚成雖已入山遠避，而同案之人不日起解，恐伊義父將來亦不得饒，不如先將頭起奪回，後起即俱不解，若鬧出亂來，專靠大太爺法術搭救保護之語，諄諄密託。我想向來金鷄等邨人最强悍，一呼數萬，諒必不致喫虧，我若不壯其膽，則向來所誇法術，反見是假非真。因面許以若要陰兵，我能調集數萬，但必須預先建立清淨屋宇，大家焚香禮拜，捨錢祈福，乃更有靈。又言永昌流年風水不利，尚須暗埋法物，方能壓勝。沈振達復帶伊同邨親戚張時重、張汶儒及城中人李㦤等向我密商。我説即使官兵前來，總不能敵我陰兵，我一念誦符呪，破之易如吹灰。衆皆深信不疑，索取緊皮藥而去。隔了幾日，不知地方官因何把我驅逐。我正走出兩站，有金鷄邨人萬姓、傅姓等來述沈振達的話，將我截留，擡赴金鷄邨，住在裕美店房内。二十九日即聞各邨齊吹牛角，趕赴官坡，將起解之人全行奪回。是夜沈振達、張時重、張汶儒等都向我來説事已鬧大，總因回子京控所致，明日大家都要進城殺盡回子。我看勢難阻止，只好聽之。又乘機催令速蓋陰兵臺一座，各邨俱派布施。我每日拈香一次，男婦老幼都來行禮，並與我磕頭。到臘月底，我對衆人説，已調陰兵兩萬六百名了。我又教李㦤們做壓勝之物，用蠟捻成各種獸形，托以木板，配以鷄蛋等物，於三更後暗埋各城外七處大路，説是能擋兵馬。至本年二月，聞得調來兵練有一萬數千之多，又聞兵過瀾滄地方，已將内外匪徒剿殺殆盡。不但七哨人人害怕，我恐前許陰兵的話，亦必盡露謊情。並探知金鷄邨人漸不信我法術，伊等城鄉紳耆商議縛犯送官，我恐被伊綑獻。又探有官兵四面兜圍，我若逃出，恐被截拏，只得於就近偏僻廟宇暫行躲藏。不料已被查知，將我拏獲。」等供。臣查該犯疊稱能調陰兵，自係久蓄逆謀，不止妖言惑衆，且木印鐫刻「猛硔天下」字樣，尤堪詫異。復向再三嚴詰，據供：「猛硔係耿馬土司界外隙地，不歸土司管轄。我故父曾在該處住歇，人稱祖師。上年我又經過其地，希圖佔作頭人，因刻木戳一方，留以待用。其天下二字，只就猛硔而言，即管理地方之意。夷字上刻我故父之名，亦只想壓服該處土人，委無別故。此戳並未行使，故未沾有印色，已蒙起出驗明。至經卷均從夷地傳來，並非自行編造，銅贏係隨身配帶之物，謂能騰雲駕霧，不過哄騙愚民，所稱調齊陰兵，委係空言煽惑，並無謀爲不軌別情。」臣訊供後，復於三月十五日親赴永昌府城巡閱營伍，並查看保山城哨情形。查其所謂陰兵臺者，只係搭蓋窩棚，當卽飭令拆毀，並發掘周圍地內，亦絕無詭祕物件。是其陰兵之説，僅以惑衆騙錢，無他妙巧，已屬顯然。其城外七處大路埋藏蠟獸等物，均已刨出送驗，所云能擋兵馬之説，影響全無。臣回至永平，又提該犯究詰，堅如前供，案無遁飾。查金混秋以玀夷潛匿邊地，膽敢妄布妖言，惑衆倡亂，致釀鬧案。並敢揑稱能調陰兵，可敵千軍萬馬，又捻造獸形埋藏城外大路。種種悖亂，不法已極。雲南地屬邊疆，人心最易惶惑，未便因其尚無謀爲不軌實情，稍存輕縱。金混秋除妄布妖言，煽惑人心，罪止擬斬不計外，應照「謀叛已行」，從重加凌遲處死。臣於審明後，即恭請王命，將該犯金混秋綁赴市曹，凌遲處死，並傳首保山城哨地方，懸竿示衆，以昭炯戒。案係比照定擬，家屬應免緣坐。其傳首爲徒及隨身服役各犯，均歸於滋事案内分别按例辦理，另摺具奏。起出鳥槍火藥，發營配用。經卷、銅羸、鐵帽、銅帽等物，案結銷毁。除將犯供發交臬司彙核，詳送撫臣咨部備案外，查保山地近夷方，易惑師巫邪術，即妖言毫無證驗，亦致深信不疑，以致藐法抗官，自罹重辟。其兇頑固屬可惡，而愚昧亦屬可憐。臣現與撫臣會商，剴切示禁，竝嚴飭各屬一體認真訪拏，務期盡消奸慝，弭患未萌，以仰副聖主綏靖邊陲至意。

所有訪獲倡亂妖匪審明懲辦緣由，理合專摺具奏，伏乞皇上聖鑒訓示。謹奏。

校記：

〔一〕此摺道光二十八年四月初三日具奏。

雲貴奏稿卷五

審辦保山哨匪並酌徹官兵摺〔一〕

奏爲保山滋事匪徒經該處自行縛獻，及臣督兵查拏到案者，現共三百二十九名，訊明情節輕重，分別定擬，並將首要各犯，恭請王命，先行正法，地方悉經安靜，民情感畏交深，各兵酌量留防，餘皆凱徹歸伍，恭摺具奏，仰慰聖懷事。

竊臣前將保山七哨懾服軍威獻出匪犯一百三十餘名，仍飭各官兵兜拏緣由，奏蒙聖鑒在案。臣查該處獻出各犯固不爲不多，而其中尤有首要之人，或紳耆畏其强梁，或親族徇於情面，觀望遷延，恐亦不免。經臣訪知姓名及由犯供指出者，均隨時開單勒拏，一面密查蹤跡，設法暗擒。如另摺奏獲之金混秋、沈振達、張時重、張汶儒等，皆倡亂主謀之首惡。此外隨同糾衆，奪犯抗官，焚署劫獄，搜殺回民各從犯，或由明拏，或由暗擒，續經報獲解訊者，並無虛日。截至三月底止，共解到三百二十九名。除金混秋一犯情節較繁，已另具專摺奏辦外，所有前後獲犯，均經臣督同雲南迤西道王發越暨各委員隔別研訊。緣沈振達、張時重即張重、張汶儒、萬鐸、趙育、張汶健、周曰庠、劉書，均係永昌、保山府、縣兩學已革文武生。其餘人犯，俱保山縣民人。沈振達原係王姓，因父母俱故，往依妻家度日，經伊妻伯沈聚成收爲義子，改從沈姓，與張時重等分住金鷄、板橋等邨。周曰庠、劉書因與回民雜處，恐被欺凌，邀約城鄉多人燒香結拜，有事相助。周曰庠、劉書各爲鄉首。道光二十七年七月，回民丁燦庭、杜文秀等以香匪串謀，滅殺無辜等情，先後赴京具控，奉旨發交臣等親提嚴訊，當經飭提人證去後。旋據迤西道王發越督飭永昌府保山縣將被告周曰庠等提獲，擬於十一月二十九日解省審訊。周曰庠思及沈聚成亦係被控有名，因充金鷄邨練頭，此次未聞同解，想係該邨衆人爲之庇護，即密令其子周際岐等向沈聚成求救。沈聚成亦恐被解，先已躲避外出。沈振達遂與張時重、張汶儒等商謀阻解，並以伊義父拜從爲師之金混秋，素有符呪法術可以倚恃，適住睡佛寺内。沈振達即往該寺，以前情央其卜卦。金混秋起意乘此煽惑歛錢，遂用竹片火炭打卦，稱爲上吉，可以攔阻，不必解省。沈振達聲言如果官府要解，只得拚出大鬧一場。稔知劉一鳴素諳製造槍礮，又因伊住處僻静，即許給銀兩，囑其製造。劉一鳴應允前往，陸續購買廢鐵，密雇匠人，在家私造鳥機、鳥槍各十餘件，交沈振達收藏。維時沈振達、金混秋密相往來，經該府縣訪聞，驅逐金混秋出境。沈振達私遣萬鐸、趙育、傅贊等，將金混秋接至金鷄郜同住，商用各種邪術。並與張時重、張汶儒等商允，於人證起解時，聚衆在途打奪。先寫傳帖，分赴各哨糾約，猶恐人心不齊，倡言如有一人不到，將來定行殺害。此沈振達倚恃金混秋邪術，倡謀糾衆，打奪犯證之緣由也。十一月二十九日，府縣會營撥兵，將周曰庠等九名作爲頭起解省。沈振達等探知，即令各哨傳人向金混秋領取緊皮藥，分往各處攔截，約吹牛角爲號，齊出打奪。是日午後，文武官弁兵練押解人證，行至官坡地方，張汶儒率領衆人上前，將周曰庠奪回。外委胡恩榮攔阻，被哨匪劉加和等施放鳥槍，轟傷左臂，並傷營兵丁其榮等四名。各官乘轎悉被打毁。兵練因衆寡不敵，所有隨帶器械、馬匹、衣服、銀物，俱被搶走。張汶儒等歸向沈振達、張時重告述前情，沈振達聲稱此事都因回民京控所致，氣忿莫遏，起意糾人次日入城搜殺回民洩忿。又因監内禁有哨民，可以乘勢劫放。大家應允，約會南門外人李幗，雇覓附城匪徒與各哨衆人會齊，於十二月初一日早進城。仍先向金混秋領取緊皮藥，因人多不敷分給，亦有未經領取之人。其時文武已閉城門防範。匪犯孟洙等潛於城缺處爬走進内，衆人亦蜂擁而進，扭開鎖鑰，披髮持刀，同聲喊殺。迤西道王發越出外彈壓，匪徒恃衆不服，持刀向戳，家丁王貴、蓋升救護，俱被戳死。回民見勢兇湧〔二〕，多有趨入縣署躲避者。哨民追趕，殺斃多命。

聞有回民持刀格鬬，哨民施放鳥槍，以致焚燬署内頭、二堂等處。監門亦被砍開，監犯逃出，禁卒張五攔阻，當被殺斃，内有回犯一名，亦被殺害。該縣出署彈壓，正值風大火烈，縣署全被延燒，有藏匿空屋之大小回婦，俱經燒斃。匪徒乘機搶掠銀物，並分往各處搜殺回民，致將在府應試之騰越回童亦被殺害多命。此沈振達等打奪犯證之後，復遣衆進城劫獄焚署，搜殺回民之情形也。是時各哨人情洶洶，恐有官兵前來剿捕，又慮外面聞信報復。該犯沈振達、張時重、張汶儒等均以瀾滄江有險可恃，即分派張成得等糾集多人，前往各隘口拒守，并拆去江橋板片，以阻行人。且因城中紳士不肯幫助，議禁各哨不准柴米進城。又恐城内各官暗用文牘到省請兵，令拒守各隘之人遇有公文，攔截拆看。適該鎮道將哨匪肆行不法請兵剿辦緣由，繕禀專差赴省，行至江橋，被該匪等搜獲，送交沈振達拆看。沈振達即將原禀抽出燒燬，另揑回匪搶殺放火，焚燒縣署，監犯乘閒逸出各謊情，挪改日期，繕就假禀，仍裝入原來印封遞省，希圖嫁禍於回，激動官兵剿辦。且聽從金混秋調遣陰兵之言，建臺惑衆，並造壓勝妖術，用蠟捻成各種獸形，夤夜埋於大路。此又沈振達等商同抗拒官兵，奸謀詭祕，種種不法之原委也。當該匪等滋事之際，人衆勢兇，公正紳耆率皆畏禍引避，迨聞省中調集兵練，人數正多，又見臣與撫臣會銜出示，諭令縛獻匪類，方免悉數殲除，並聞兵過彌渡地方，剿殺匪徒殆盡，各匪心生畏懼，紳者即乘機開導，商同各甲長遵示獻犯，求免玉石俱焚。先將橋板鋪平，通行文報，尋回逃逸監犯，繳還被搶軍裝。凡指名勒拏之人無不陸續綑送。其民閒私藏槍礮刀械，由地方官督令各甲長搜查收繳，計獲三千餘件之多。迨臣親到永昌查看情形，因金鷄郈有哨牆一道堅固異常，外挖深濠，内開礮眼，雖據稱因懼衆回滋擾，藉爲防守之資，然該處頑梗成風，豈宜更任深溝固壘。當即派遣弁兵嚴押該郈民人，立時拆毁，即將哨牆土石填塞溝濠，費數日之功，始經毁平填滿。此又該處民人畏懾軍威，輸誠悔罪，一切遵示辦理，求免剿洗之實情也。查此次滋事人犯，多即二十五年以來漢、回搆衅案内之人，其被回民京控有名者已獲過半，如張汶儒、張時重等均在所控之内。沈振達本無控案，僅因其義父沈聚成被控應解，並周曰庠遣其子求救，遂起意奪犯抗官。恐主謀滋事情形尚有不實不盡，旋獲到沈聚成訊明，伊聞傳解之信，已去各處躲避，實不知沈振達如何起意糾衆滋事。質之張汶儒、張時重等，則均稱實與沈振達同謀，並未尋見沈聚成商議，且沈聚成素不識字，自不能寫帖傳人。沈振達亦堅供因沈聚成躲避之後，恐官府著伊找尋，是以同謀阻解。又知金混秋與沈聚成誼切師徒，必能用其方術始終保護，經金混秋妖言聳動，深信不疑，以致鬧成大禍，懊悔無及。並究出沈聚成之妾沈李氏，亦拜從金混秋爲師，傳習符呪、方藥，與另獲爲徒之何萬還等，先後到案質審無異。又據委員訪有匪徒捏稱京控提人係各官假傳聖旨、編造歌謠、寫成匿名揭帖、刊刻板片之李名揚，一併獲案訊認屬實。當於該犯家中，起獲歌謠板片，當堂令其默寫，字句相符。至製造槍礮，則訊係劉一鳴，施放鳥機中傷弁兵，則係劉加和並未獲之劉汶倫、劉老六，傳帖糾人，則係萬鐸、趙育、張重五等，帶衆進城，則係李幗、張重六、丁濟溥、傅有學、萬儀、張密等，劫獄放囚，則係邵得興、王老七、宋發春、蘭得沛等，搜殺回民，並嚇截官長，殺斃家丁，則係楊得、白超鵬等。並追訊二十五年九月初二日帶練入城，慘殺回民多命，則係馬老五、樊晉得、白沾淋、蔣潮富、王均、楊茂、張炳等。其餘聽糾劫犯，並在官坡與縣署等處乘機搶奪銀錢衣物，放火焚燒回寺，砍殺回童，以及遞送傳帖，拒守江橋，拆斷板片，截毀公文，阻攔柴米進城各從犯，俱各供吐實情，歷歷如繪。彼此互質，衆供相符，案無遁飾。此案沈振達妄信妖言，起意糾衆奪犯抗官，私造槍礮，並劫放罪囚，謀殺回民，種種不法，實屬首惡，張汶儒、張時重厥罪惟均，俱照謀叛律擬斬立決，從重加淩遲處死。萬鐸、趙育、李幗、張重五、黄疤眼、姬小六、李七蠻、劉汶華、張成得、李得春、連其秀、楊蘭、楊秀凡、趙五蠻、陳淋、張老四、宋五十八、姜炳、王老七、邵得興、宋發春、蘭得沛、楊得、白超鵬二十四犯，或接引邪匪，聽信妖言，同謀轉糾奪犯，或劫放獄囚，焚燒衙署，乘機搶奪，殺斃回民一二命，並拆斷江橋，截毀公文，打毀官轎，嚇截官長，實屬同惡相濟，均照「謀叛斬立決」

律，擬斬立決，從重梟示。案係比照問擬，應免緣坐。馬老五、樊晉得、白占淋、蔣潮富、王均、楊茂、張炳、宋黑老蠻八犯，除聽糾奪犯輕罪不議外，究出二十五年九月殺斃回民多命，聶以青、聶小卷挾仇謀殺後支解屍身。趙三蠻搶奪得贓逾貫，又殺斃回民二命，均照例擬斬立決梟示。查明該犯等財産，按例覈辦。黃兆沅、王十蠻、晏三、袁二蠻、李沛、谷潤之、孟洙、蘇秉虔、林向春、段幅、王立得、姚小二、聶以全、聶以莊、安七蠻、董盈魁、傅發、蹇位、石秉鑾、王洪、張四牛、黃楊長子、楊春富、李丕顯、張汶健、楊發洪、楊本濚、張汶佑、楊三、趙受沅、董潮湘、張重六、丁濟溥、傅有學、萬儀、張密、劉一鳴、趙洙、高六十七、楊得洪、劉安章、張貞沅、姬汶昭、姬小九、徐定蠻、趙玉珍、王小五、王接蠻、王有發、王受倡、劉加和、周上智五十二犯，實係聽從轉糾奪犯，施放火器，中傷官弁，搶奪軍械，造意殺斃回民一二命，並劫囚在場助勢，放火焚燒公廨，殺斃家丁差役，及燒香結盟等事，均應照「謀叛已行」律，擬斬立決。劉一鳴製造槍礮至十數件之多，照例處斬，與施放鳥機轟傷官弁之劉加和，俱斬立決。李名揚一犯，捏造悖謬言詞，刊刻板片，投貼匿名揭帖，應照例擬絞立決。以上各犯情節較重，未便久稽顯戮，臣於審明後，即恭請王命，飭委迤西道王發越、新嶍營遊擊恒權，將該犯等綁赴市曹分別處決。馬老五、王均、李丕顯、張密四犯，俱已在監病故。馬老五、王均殺斃多命，照例戮屍。應梟示者傳首犯事地方懸竿示衆，以昭炯戒。周曰庠、劉書倡立香會，結拜弟兄，聚衆至二十人以上，各自爲首，自應各科各罪。周曰庠、劉書二犯，均擬絞立決，惟該犯係回民丁燦庭等京控首列之犯，應俟提齊原告人證，質訊明確，再行處決。楊寬、張小五、晏幅鑾、宋潮青、范老鑾、楊開鑾、王有洪、趙草果、田健九犯，聽從謀殺回民，傷而未死，俱照「謀殺人從而加功，絞監候」律，擬絞監候，秋後處決。沈聚成、沈李氏、三帕、坎望、老周、何萬選，各自拜從金混秋爲師傳授邪術、方藥，即屬爲從，照例改發回城給大小伯克及力能管束之回子爲奴。沈聚成在監病故，應毋庸議。沈李氏係屬婦女，案關邪術惑衆，應不准其收贖。崔科、楊浩等三十八犯，聽糾打奪人證，並進城乘機搶奪財物。又楊湘、陳啓等二十六犯，身充鄉約，即係在官人役，乃敢聽從匪人遞送傳帖，攔阻柴米，實屬骫法，均應照「謀叛爲從斬」罪上減一等，改發新疆，給官兵爲奴。劉加美、王禮等七十三犯，聽從奪犯，搶得財物，應照「聚衆打奪人犯因而傷差者爲從，杖一百，流三千里」律，應與「放火故燒空房斬」罪上減一等之徐連生，俱擬杖一百，流三千里。楊春幅等十犯，係聽糾奪犯，在場並未傷人，應照律杖一百，徒三年。周際岐、吳堃二犯，因其父周曰庠等被獲解省，即向沈振達求救，雖係迫於父命，究屬生事釀禍，應於「官司捕獲罪人，聚衆中途打奪因而傷差者爲從，杖一百，流三千里」罪上減一等，杖一百，徒三年。沙作、和尚、老李、周志五、景秀淋五犯，訊止受雇服役，並無拜從爲師情事，應於沈聚成遣罪減一等，擬杖一百，徒三年，均到配折責安置。以上各犯，應刺字者照例刺字，徒罪限滿詳釋。楊老五等十犯，訊係事後攫取財物，計贓准竊盜論，應照「竊盜贓一兩至一十兩」，擬杖七十，仍免刺字。劉定沅等二十八犯，訊止被脅同行，雖無不法實跡，究屬不合，應照不應重律，杖八十，俱折責發落。起獲李名揚匿名板片，案結銷燬。其餘田作貢等二十九名，歸於回民京控案内議結。其因變逸出、自行投首監犯趙金春等十名，飭令照例辦理。未獲楊學淋一名，仍嚴飭上緊緝拏。受傷外委胡恩榮，營兵丁其榮等四名，傷已醫痊，應毋庸議。被殺被燒溺斃之回民男婦，已據保山縣驗明捐棺殮埋。所有焚燒衙署及劈砍監獄，已由臣等率屬捐廉建蓋修理。城牆塌缺處所，飭令補修堅固。呈繳槍礮火藥器械，現在派員查驗，分别存貯配用。未獲各犯，仍飭文武員弁督率兵役，嚴緝務獲究辦。

此案事起倉猝，衆寡不敵，文武員弁應得處分及失察各職名，可否仰懇聖慈從寬邀免，出自格外天恩。除將各犯供詞發交臬司彙核，詳送撫臣咨部備案外，再查保山地方，經此次懲創之後，人心震懾，地方均甚安静。容再熟籌善後事宜，奏請聖裁，欽遵辦理。所有前調各標官兵，除酌量留防外，餘已陸續檄徹歸伍，合併聲明。

謹將獲犯審擬緣由，會同撫臣程矞采、提臣榮玉材，恭摺具奏，伏乞皇上聖鑒訓示。

謹奏。

校記：

〔一〕此摺道光二十八年四月初三日具奏。

〔二〕清宮硃批奏摺作「洶湧」。

順途校閲營伍并酌改營制摺〔一〕

奏爲保山軍務將竣，臣於駐劄永昌之便，遵旨校閲營伍，恭摺奏祈聖鑒事。

竊臣接准部咨：「欽奉上諭：本年輪應查閲雲南、貴州等省營伍之期。雲南、貴州著即派林則徐逐一查閲，認真簡校。如查有訓練不精、軍實不齊者，即將廢弛之將弁據實劾參，毋得視爲具文。等因。欽此。」臣查滇省向來閲伍章程，迤西之騰越鎮標暨永昌、龍陵二協，順雲一營，均在永昌府校閲。此次臣督辦保山軍務，先由大理移駐永平，節經獲犯訊供，漸次就緒。永平距永昌二百里，臣於三月十五日親赴郡城，沿途查看城哨情形，均極安靜。隨即校閱永昌協標官兵，並調考騰越鎮、龍陵協、順雲營官弁。其附近之鶴麗鎮、維西協、永北、劍川等營，向係附於提標及大理城守營操閱。此次該鎮協營官兵有調至永昌軍營者，亦即就近先行校閱，以省日後輪換赴考。所有閱過隊伍陣式，均尚整齊，連環排槍，聲勢聯絡，刀矛雜技，擊刺跳舞，亦俱熟習，馬步箭中靶分數不等，各在六七成以上，施放擡礮擡槍鳥槍，亦皆猛捷有準。兵丁技藝優長者當場奬賞，生疎者分别責革降糧。其將領備弁中，尚無應劾之員。惟永昌協右營外委韓映斗，馬步僅中一箭，年力就衰，應卽斥革。騰越鎮標中營外委畢玉昆，亦僅中一箭，惟年力正强，應降爲額外，勒令學習，以觀後效。又永昌協把總蘇秉甲，外委宋朝貴、蘇茂，年力俱壯，弓馬亦皆去得，惟訪聞人不可靠，據該管官揭報前來，均應先予斥革，再行確查究辦。查永昌民風素稱强悍，故兵丁不患其軟弱，而轉患其囂凌，尤防其與各哨匪類句通，致捕緝不能得力。臣於考校之餘，當場嚴加訓飭，以上年冬閒匪徒滋事，如果該營兵丁盡可如干城之寄，何待多調各處兵來。卽如該協拏送已革各兵，現經審明，分别定罪，豈爾等尚不知炯戒。諄諄開導之後，又嚴諭各將備再行確查，如有句結匪類之兵，速卽革糧嚴辦，倘尚扶同徇庇，察出定予特參。又，查永昌東隔瀾滄江，西隔潞江，兩處江橋最關扼要，此外各路隘口亦極繁多，若專恃土著之兵踞險分防，恐緩急究難深恃，臣現仍留駐征兵，緝拏餘匪外，擬此後酌照四川、甘肅換防之例，添派別營客兵擇要駐防，按年交換，不使與各鄉哨漸相熟習，聯爲一氣，並將該協在城額兵量撥鄰境差使，俾彼此互有牽制，以杜意外之虞。容與提臣榮玉材、撫臣程矞采備細酌商，再行會摺具奏。總期地方安謐，戍衛森嚴，以仰副聖主綏靖邊疆至意。

所有查閱永昌一帶營伍并籌畫營制大概情形，理合繕摺具奏。

再，臣自駐永平後，督令文武緝獲糾搶財物、擄佔婦女之回匪一百餘名，現將永昌案犯審畢，即行接審回案。一俟辦竣，擬赴大理校閱營伍，並將回民京控兩案人證提到該處親審，仍會同撫臣覈辦。如保山暨各處續有報獲匪犯，亦解大理歸案訊結。合併陳明，伏乞皇上聖鑒。謹奏。

校記：

〔一〕此摺道光二十八年四月初三日具奏，硃批：「依議。」

甄別知府各員摺〔一〕

奏為甄別才不稱職及衰庸有疾之知府、同知、知州，請旨分別降補、勒休，以肅吏治，恭摺奏祈聖鑒事。

竊臣等仰蒙恩命，畀任邊疆，首以整頓吏治為要務。業經兩次奏請甄別州縣提舉等員，分別降革、勒休在案。嗣復於各屬所辦公事隨時留心察看，並因臣林則徐此次親至迤西一帶督辦軍務，所有永昌、順甯、麗江等屬，向因距省較遠，未便札調前來，茲更就近訪詢，並將因公接見，覘其才識之長短，精力之盛衰，與臣程矞采往返函商，互相印證。查有現署永昌府知府李恒謙，由騰越同知拏獲永昌滋事首要回匪出力，奏奉諭旨，俟升任後賞加道銜，並賞戴花翎。旋奏升永昌府知府，奉旨：「准其升補，照例送部引見。」等因。欽此。於道光二十六年閏五月先行任事。因保山漢、回未靖，一時接署乏人，尚未給咨送部引見。上年臣等到滇後，雖未接見該員，而查知其於嘉慶年間即任滇省通判，洊歷思茅、龍陵、騰越各邊缺同知，並在永昌原任内已閱年餘，於邊務尚無貽誤。此次臣林則徐在永昌接見數次，聆其議論，雖甚熟悉情形，而性近優柔，臨事未能果決，即於該處地方難期整頓。惟當哨匪滋事之時，尚能將公正紳耆密為招致，諭令設法散其黨羽，並雇募練勇保護城垣，輿情並無不協。應請撤銷道銜，降為同知，留滇候補，以觀後效。又，署麗江府知府、龍陵同知陳釗鏜，平日辦事尚稱勤謹，歷任邊缺同知，兩署知府，均尚裕如，惟近患目疾，多日未痊，視事臨民，諸多不便。又，鶴慶州知州姚光熹，履歷雖開五十七歲，察其精力實已漸就衰頹，辦公殊形竭蹶，未便任其戀棧。以上二員，均請勒令休致。除將永昌府缺揀員另摺請調外，查實任麗江府知府嚴廷珏，自京引見回滇，不日可到，現將府缺委員暫代，俟嚴廷珏到滇，即行飭令回任。至龍陵廳同知，係邊俸要缺，容另揀員，照例題調。其鶴慶州知州簡缺，滇省現有應補人員，應請扣留外補。合併陳明。

所有甄別知府同知知州，請分別降補勒休緣由，謹合詞恭摺具奏，伏乞皇上聖鑒訓示。謹奏。

校記：

〔一〕此摺與程矞采聯銜，道光二十八年四月十九日具奏，硃批：「隨時均當如此甄覈。另有旨。」

調補永昌知府摺〔一〕

奏爲遴員調補邊要知府，恭摺奏祈聖鑒事。

竊照永昌府知府李恒謙，才具未能勝任，現經臣等另摺甄別，奏請降補在案。所遺永昌府知府係極邊要缺，例應在外題補。該處接壤夷疆，漢、回雜處，械鬬焚搶，久已相習成風，且上冬哨匪抗官，近日甫經懲創，此後彈壓撫綏，較常時尤關緊要，非嚴明幹練之員不足以資整飭。滇省雖有候補知府二員，皆於此缺未能勝任，其同知直隸州各員内，人地亦多未宜，殊無堪以請補請升之員。臣等與藩臬兩司逐加遴選，惟查有臨安府知府張亮基，年四十歲，江蘇舉人，由内閣中書因出差河南，堵合祥符大工出力，奉旨加侍讀銜，賞戴花翎。旋升侍讀，京察一等，奉旨記名以道府用。二十六年十二月奉旨：「雲南雲南府遺缺知府，著張亮基補授。」欽此。旋奏補臨安府知府，於二十七年八月二十四日到任。該員才識明幹，勤奮有爲，在臨安半載有餘，緝匪懲奸不遺餘力，以之調補永昌府知府，可期勝任。惟題缺請調，與例稍有未符，但人地相需，例得專摺奏請，合無仰懇天恩，俯念極邊要缺，准以臨安府知府張亮基調補永昌府知府，實於地方有裨。如蒙諭允，該員以知府調補知府，銜缺相當，毋庸送部引見。所遺臨安府知府，係請旨之缺，應請簡放，以重職守。

所有揀員調補邊要知府緣由，臣等謹合詞恭摺具奏，伏乞皇上聖鑒訓示。謹奏。

校記：

〔一〕此摺與程矞采聯銜，道光二十八年四月十九日具奏。

雲貴奏稿卷六

拏獲歷年拒敵官兵匪犯審明摺〔一〕

奏爲歷年永、順、雲、緬軍營剿散餘匪，竄擾各屬地方，現乘凱撤大兵，分投捕獲多起，究出戕害擄禁員弁，拒殺兵丁練勇各要犯七十六名，審明立置重典，以清餘孽而靖邊陲，恭摺奏祈聖鑒事。

竊查雲南迤西一帶，自道光二十五年漢、回搆衅，節次用兵，當時殲斃匪徒雖已不少，而擊散之衆分股竄逃，尚未搜捕淨盡。此等怙惡不悛，視焚殺爲故常，以劫掠爲生計，凡其經過之處，擄搶勒贖，放火殺人，無惡不作，而州縣塘汛兵役有限，遇賊難以就擒，迨標營聞信調兵往追，匪蹤又已他竄，是逸匪即成流賊，邊隅何日乂安？此次臣親至迤西，查悉此類竄擾情形，並疊據被害民人紛紛控訴，若不乘此大兵雲集，極力掃除，則撤兵之後，其竄擾必更甚於前，豈能時常徵調，故於駐扎永平督辦哨匪之際，即在曲硐等處分兵拏獲焚殺擄劫各犯一百餘名，先經附片具奏在案。嗣訪聞該匪等被拏嚴緊，又分竄蒙化廳之大、小圍埂及趙州之華藏寺、祁家營等處。復派副將趙萬春、李瑞，署遊擊懷唐阿，都司瑪克塔春、巴哈布，署守備李廷楷等，以凱撤歸伍爲名，帶兵馳往掩捕，一面檄飭該處文武嚴密會拏。正在遣兵起程閒，即接據署蒙化同知張錦禀稱，因大、小圍埂一帶山深箐密，每爲匪徒出没之區，先已諳諭該處紳士頭人，密探外匪來蹤，嚴杜内奸句結，並選公正能事之舉人馬綸、武生米萬選爲總甲長，邀同俸滿教職傅士珍，雇募練丁，梭巡偵緝。適有著名回匪馬無二、馬二隴、馬長興、馬茶幗興、米成等，聞拏逃至小圍埂附近地方，正欲宰殺牛隻，糾人歃血拜盟，以圖負嵎抗拒，卽經該署丞訪知，率同馬綸、米萬選、傅士珍等帶領練丁往拏。詎該匪等持械拒敵，各練丁多有受傷，仍上前奮力擒殺，將馬二隴、馬長興、馬沅、張小斗四犯當時格斃。擒獲馬無二、楊興、馬二保、馬雙淋、馬揚科、馬八一、馬八二、龍三、馬拴、馬小二等犯，禀解前來。訊據馬無二等同供，伊與已被官兵殺斃之賊首張富、大白象、貢巴巴，均係同夥，在永昌滋事，因馬無二氣力過人，羣推爲背旗領隊。二十六年三月初六日，張富要燬江橋，有領兵駐守飛石口之守備趙姓，也是回子，張富遣人告以汝我均係同教親戚，央他讓路。趙守備大駡，説我是朝廷帶兵的官，那肯與你們叛逆認作同教。我守這裏地方，豈能讓汝路過。抽箭射中張富唇吻。那時官兵亦齊聲喊殺，回衆死了二十餘人。有頭目羅萬喜等趕來，要代張富出氣，拚命抵拒，殺死官兵十餘人，砍傷落水無數，並將趙守備擒到長灣。趙守備駡不絶口，馬無二、馬茶幗興、米成、姚大喜等將其支解，馬無二把他心肝挖出，給張富等炒食。是日遂將江橋燒斷等供。案查守備趙發元，於二十六年三月在飛石口拒守，被賊戕殺，覈與犯供相符。當卽飭據張錦等將馬茶幗興、米成一併拏獲。米成於被拏時將身帶尖刀自抹咽喉，經練丁將刀奪下，驗明氣嗓未斷，醫治解審，提與馬茶幗興、馬無二質對，供認同殺情形。副將趙萬春等隨亦帶兵趕至該處，會同搜捕，將備皆爭先奮勇，擒獲多名。把總程國斌、唐萬全、劉焕章、覃福海，外委施嘉瑞、柳應祥、唐肇勳、姚炳，額外外委劉文華、余正林、王開魁，暨蒙化廳經歷朱美鏐、巡檢李克猷，分路兜拏，各有報獲。除當場格斃及訊係另案劫殺非與官兵拒敵者，核歸另摺分辦外，其曾經戕害員弁、拒殺兵練之要犯，計有四十二名。又據代理城守營都司韋中魁，會同代理趙州俞良傑，及團練壯丁之捐升雲南按察司經歷盧廷燮，將要犯羅萬泰[二]拏獲，並將盧廷燮帶練首獲之馬連保、趙大包、馬小中、趙小四代等犯一同解審，俱供屢敵官兵屬實。且據羅萬喜供稱，伊爲張富大頭目，歷在江橋、飛石口、長灣、枯柯河、小松寨、二臺坡、猛庭寨、烏鴉河打仗十餘次，殺死兵練約八九十人，並於二十六年三月初十日在大力哨與白應升同砍斃戴水晶頂之武官一人，該犯砍斷其項頸及四肢，並挖其心肝挂在樹上等情。旋據署遊擊陳得功拏獲白應升到案，供亦相符。案查是年三月初十日在大力哨陣亡者，係署都司之守備繆志林、把總趙得和兩人，今供所殺係戴水晶頂武官，則是守備繆志林無疑。又據委員咨，補武定州吏目謝德渲，督帶曲硐頭人拏獲楊楷〔三〕、木汶隴、馬阿三等犯。據楊楷供，於二十五年七月二十九日在蓮花寺打仗，與馬小二夥同擄禁武官二員，詢知一係都司姓楊，一係守備姓潘，嗣已聽其回營，並未殺害等情。復將張錦等獲解之馬小二，提與質對，所供亦同。卷查是年七月，有都司楊朝勲、守備潘惠揚，均被賊擄去，業經奏辦有案，與該犯所供相符，自非捏飾。此係訊出二十五、六等年滋事各匪，擄禁都守，戕害備弁之情形也。至拒敵兵練名數，以羅萬喜爲最多，緣其打仗十餘次，前後合計，故殺害至八九十人。此外則馬無二、馬茶幗興、米成、楊愷所殺或二十餘人，或十餘人，爲數亦多。又加署遊擊陳得功等所獲之楊茂春，殺害十人。署保山縣知縣韓捧日督同巡檢顧芳所獲之楊志五，殺害五人，並傷二人。都司瑪克塔春等所獲之白阿八，千總陳國樑所獲之黄得灤，俱殺害五人。陳得功又會同代理永平縣知縣沈保恒，暨委員捐升雲南通判沈傳經、普洱府經歷陸萬鵬拏獲黑旗馬大等犯内，馬大殺害三人，馬老四、馬順有、馬阿四各殺害四人，馬萬才、張幅受、袁阿十各殺害二人。副將趙萬春、李瑞等會同張錦等所獲各犯内，楊周、馬揚保各殺害三人，馬連興、馬揚科、馬幗成、馬恒椿、張湮、卜得潰各殺害三人。盧廷燮所獲之馬連保、趙小四代，各殺害三人。又其所獲趙大包、馬小中，各殺害二人。謝德湄所獲之木文隴、馬阿三，各殺害三人。委員候補知縣嚴錤所獲之木金奉，殺害二人。千總施嘉祥所獲之袁名消，亦殺二人。餘雖只殺一兵一練，而均係亂民，皆屬法無可貸。至案内人犯尚有另犯搶劫勒贖、强姦擄佔各情，而既經拒敵官兵，則情罪以此爲重。是以臣親提各犯審鞫，究出有與官兵打仗者，悉歸此案，從重問擬。羅萬喜、馬無二兩犯本係滋事頭目，且各戕害帶兵守備，甚至將其支解，挖取心肝，實爲罪大惡極，應照律淩遲處死，查明財産妻子，照例辦理。其楊楷等犯，或同擄都守，或同戕守備，以及殺害兵練自一二名至二十餘名不等，均屬兇惡昭著。楊愷、米成、馬茶幗興、白應升、馬小二、楊茂春、楊仁沅、白阿八、黄得濴、馬順有、馬老四、班鳩馬阿四、黑旗馬大、趙小四代、馬連保、馬阿三、楊周、馬老十、馬小三、木金奉、馬揚保、趙大包、馬連興、馬幗成、馬恒春、馬萬才、袁阿十、張幅受、木汶隴、馬揚科、馬小中、卜得潰、袁名消、張湮、龍三、袁阿科、土應全、馬生有、劉滿沅、馬大弟、袁耀、馬八十、白潰沅、閔至倫、白秀春、薩應圖、賽倫、馬添六、馬八一、馬小兒、楊興、馬喜、陳吾三、馬有勳、莫老六、張牙子二、馬拴、陳發魁、丁小五、朱東、王裁縫九、劉三沅、楊志伍、楊得、楊發枝、保連達、保文燦、米二憨、楊雙林、馬大保、馬二保、馬小腊、木汶接、馬遇頭七十四犯，均應比照「謀叛不分首從皆斬」律，從重加以梟示。案係比照問擬，請免緣坐。該犯等自軍營剿散之後，逃竄已逾二年，未便再稽顯戮，臣於審明後，即恭請王命，飭委迤西道王發越、提標參將存住，將該犯等押赴市曹分別凌遲、斬決。馬八二、張老五、袁阿十、陳順保四犯在監病斃，應照例戮屍，與現在正法各犯並格斃之馬二隴等，俱傳首犯事地方懸竿示衆，以昭炯戒。其夥同支解守備趙發元之姚老五，據現犯供稱，前在雲州打仗已被官兵擊殺，雖查與奏案相符，但恐尚難盡信，仍飭嚴緝務獲，不任漏網。

除另開犯名及罪名案由清單敬呈御覽，並另録犯供咨部外，所有拏獲歷年拒敵官兵各逸犯，分別懲辦緣由，臣謹會同撫臣程矞采、提臣榮玉材，恭摺具奏，伏乞皇上聖鑒。再，據順甯府營等處續報拏獲逸犯，亦經審有拒敵官兵情節，因路遠尚未解到，容俟到時審擬，另行奏結，合併陳明。謹奏。

校記：

〔一〕此摺道光二十八年五月十一日具奏。

〔二〕後文又作「羅萬喜」，清宮硃批奏摺均作「羅萬喜」。

〔三〕後文又作「楊愷」，清宮硃批奏摺均作「楊楷」，後文同。

拏獲疊次搶劫焚擄各匪犯懲辦摺〔一〕

奏爲拏獲疊次焚掠邨寨，攔劫財物，擄占婦女，拒捕殺人，及持械逞兇各匪犯，分別情罪輕重審明定擬，恭摺奏祈聖鑒事。

竊臣自本年二月間剿辦彌渡匪徒之後，即移駐永平督拏保山哨匪，並因近年迤西幾成盜藪，欲乘兵力殲除，是以附片奏聞，即一面分兵辦理。茲承准軍機大臣字寄：「三月二十九日奉上諭：勞師糜餉，原非善策。然此次調兵較多，剿平哨匪之後，如該督以爲必應乘勢掩捕，方可一勞永逸，即著會同提鎮，擇其要害，壓以重兵，所有著名匪類，責令指名縛獻。總期漢、回各匪盡皆懾服，盜蹤淨絶，邊圉肅清，方爲不負委任。等因。欽此。」仰見聖主乂安邊境，訓示周詳，俾臣得有遵循，彌深欽感。查迤西因距省窵遠，捕務每至因循，緣緝匪類借多兵，而調兵未敢輕議。匪徒無所懍畏，漸至鴟張，非一朝夕之故。此次哨匪滋事，不得不懾以軍威，仰蒙諭旨准調重兵，遂使兇頑伏法，而積久肆惡，亟待掃清之處，正不獨哨匪爲然。誠如聖諭：「若不趁此痛懲，豈有時常徵調之理。」幸賴德威遠播，自彌渡、保山軍聲疊振，各屬警動異常。臣分遣凱撤官兵，會同地方官緝匪，即皆宣布示諭，以所辦但分良莠，不論漢、回，果能速獻兇徒，照保山免其剿洗，如敢逞頑抗拒，照彌渡予以殲除，成法既所共聞，利害惟其自擇。前次所奏明拏獲曲硐等處匪犯一百餘名，業經隨審隨辦，而後來續獲者又不止一倍，復經臣督同迤西道王發越，暨印委各員審明，分別定擬。除訊有拒敵官兵情節者，從重核歸另摺奏辦外，其劫殺等案人犯木有才等一百六十七名〔二〕，此內漢、回不一，分隸保山、永平、順甯、雲州、蒙化、趙州、鶴慶、賓川、劍川等廳州縣，亦有由川、黔前來貿易傭工，久暫不等，犯事本不一處，糾夥亦非一時。茲因臣駐劄迤西，就近同時拏獲，人數衆多，未便各歸各起，逐案分摺具奏，應即併案彙辦。仍將各犯情罪，分別聲敘。緣木有才、唐泳受、何愷、吳玉潮、〔三〕木老九、韓立春、木信良等，稔知永平之曲硐一帶地方爲永昌往來大路，每年客商販運黄絲、棉花等物，馱載絡繹，起意糾夥攔路搶劫。道光二十七年十二月初三日，木有才糾夥二十六人，各執刀槍，在曲硐地方搶得客商棉花共一百九十二馱，內寶隆號九十七馱，合盛號四十馱，美盛號五十五馱，又建昌號黄絲三十四馱，連馬騾趕回俵分。又於是月初六日，唐泳受糾夥二十七人，在齊屯地方，持械搶得引鹽九十一馱，內馬增禄二十馱，馬體和十三馱，馬阿四二十三馱，馬定成三十五馱。因馬定成與夥盜馬阿三認識，給銀十八兩，續回鹽十八馱，其餘趕回俵分。又於初十日，吳正潮糾夥三十四人，在桃園鋪分執鳥槍、刀棍，搶得寶隆號棉花一百二十馱及衣物布疋。又於十三日，韓立春糾夥十五人，在小箐河搶得牛十二頭、馬二匹、騾四匹。是時各事主因連起被劫，不敢再行馱運，將在途之黄絲、棉花截留漾濞地方，寄存熊姓店内。木有才等聞知貨物停運，又糾夥木東興等七十九人，各持刀械同赴熊姓店内，派令楊小滿等五十八人在外把風接贜，木有才、何愷、木老九、馬玉標、韓立春、木信良、楊九沅、馬阿哈、馬寬濼、馬萬淋、安正、木幗富、張老七、楊汶標、丁自周、馬富九、馬阿狗、馬阿七、安佩、木有白、木東興等二十一人入室搜劫，將所獲棉花一百八十馱，黄絲三十四馱又八十四包，及鹽斤布疋衣物不計其數，交給楊小滿等，連馱騾一併趕至附近居住之何有沅、馬連生、王稀飯、趙九、馬重家内寄藏。因贜物無從消賣，復央與事主相熟之馬際常、曾惟馨，先後勸令備銀取贖。各事主共湊銀一千五百二十兩零向其贖回，尚有未贖之絲花各贜，零星變賣，連前勒贖之銀，每人約分數十兩及數兩不等。經地方文武訪知，卽派兵役查拏，因賊衆勢兇，未能逕行擒獲。隨據禀請，分撥弁兵陸續拏解到案，并起獲贜銀九百四十餘兩。提犯嚴鞫，供悉前情。又究出木有才於正月閒在遮落哨地，先後砍斃事主二命，搜得銀二十餘兩。又究出唐泳受本係逃徒，於上年十二月閒在永昌地方，同未獲之楊大鑪匠等，搶劫張老五鋪内食鹽一百斤，並將其妻搶赴曲硐，各輪姦一次，後在龍街地方放火燒民房二閒，搶得衣服銀兩分用。又究出吳正潮於上年九月閒，在黄連鋪地方，搶奪過路客人財物，先後砍斃事主二命。又於十二月閒，糾夥馬老五等在天井鋪地方，綑縛事主余姓夫婦，拷問搜劫，併將事主之孫媳輪姦一次。又同馬老五等在打牛坪地方，抄搶事主陳老四家，將其妻輪姦一次，劫得衣服同逃，并將房屋放火燒燬。又在雙岔河焚燒余宗貴、唐柏枝兩家房屋，劫得衣物分用。又究出何愷於上年十一月，糾夥馬老二等，在柏木鋪地方，先後搶劫陶姓耕牛衣物，及龍姓牲畜糧食，搶畢均將其房屋燒燬。又在蝦蟆潭地方殺死不知姓名過客，搶得銀三十兩、金佛一尊計重四錢，并布疋衣物。復於十二月閒，糾同木老四等搶趙姓家銀兩，并將其姪女搶來與木老四姦宿。又在打鶯山强姦不知姓名婦女人一次，復在秀嶺鋪梅小二家，姦佔其妻，將梅小二趕走。此木有才等糾搶棉花、鹽馱，及另犯謀財害命，搜劫贓物，焚燒房屋，輪姦婦女種種不法之情形也。又蔡金隴、邱八二、張六斤、吉應發、楊幅保、忽開成、蔡小狗、馬源、楊興灤、王正舉、張庭槐、歐鴻發、馬奉沅、張小李、段甘連保、蔡幗旺、張遇順、張小十老、偰小五三、羅順、李老五、羅八、姚老五等，先於正月十八九日在彌渡五顯宫，聽從已正法之沙玉隴糾約焚香結盟，二十日轉糾楊興灤、祁二憨、張庭槐、祁開沅、祁大憨、蔡小三、楊小順、黃小罄、丁一信、閔智、楊受湮、馬有保、馬路生、楊小八、蔣小詳、馬小汶、木有青、張有存等，隨同沙玉隴疊赴寺坡、北甲等處焚搶邨莊。鄉民紛紛逃避，蔡金隴、邱八二、吉應發、楊幅保各執刀鏢，追殺二人，張小李戳斃一人，并傷兩人，張六斤、忽開成、蔡小狗、馬源、楊興灤、王正舉、張庭槐、歐鴻發、馬奉沅、段甘連保、蔡幗旺、張小十老、張遇順、李老五、羅八、姚老五、偰小五三、羅順各殺斃一命。所搶銀錢衣物，多寡不等。旋聞官兵將到，各先乘閒竄逃。楊興灤因與羅蕩邨居民挾有夙嫌，於二月二十日三更時，糾同邱八二等前赴羅蕩邨，用火藥燒著范姓門首豆桿上，瞥見邨口有人前來，即各跑回，是夜延燒空屋數間，未經攫物。楊興灤心猶不甘，又約邱八二等於三月初二夜，復往該邨放火，共燒楊蓋、趙偉等房屋十六間。因居民先有準備，臨時躲開，均未燒斃，其家具財物多被搶奪，各犯分攜而散。楊蓋等隨即赴官控告，當經分派弁兵拏獲各犯到案，訊據供認挾嫌放火，搶奪財物屬實。并究出段秀等私造火藥，埋藏楊應家內，當遣雲南提標守備和鑑等，帶兵前往查起。因火藥埋在馬槽之下，蓋以石塊，兵丁用鐵鋤刨石，敲出火星，迸入藥缾之內，藥性轟發，該弁兵等躲避不及，致燒斃兵丁孫佔春等七名，守備和鑑、外委段定邦、楊登科等站立稍遠，亦被轟傷。據該守備等具稟前來。當經驗明飭醫調治，照例分別卹賞。此又蔡金隴聽糾結盟，搶劫殺人，挾嫌放火〔四〕，以致弁兵誤被轟傷之情形也。以上各案被害之事主人等，先前或因畏懼兇惡，或因顧惜顔面，未盡具控到官，自臣來至迤西，疊以前情控訴。兹陸續拏獲首夥各犯，隨解隨審，據供前情不諱。犯係先後拏獲，供認情節相符，案無遁飾。

此案木有才、唐泳受、何愷、吴正潮、馬玉標、木老九、韓立春、木信良、楊九沅、馬阿哈、馬寬灤、馬萬淋、安正、木幗富、張老七、楊汶標、丁自周、馬富九、馬阿狗、馬阿七、安佩、木有白、木東興二十三犯，起意糾搶勒贖，復搜劫焚殺，并輪姦婦女，種種不法，應照「强盜殺人姦淫婦女」律，斬立決梟示。蔡金隴、邱八二、張六斤、吉應發、楊幅保、忽開成、蔡小狗、馬源、楊興灤、王正舉、張庭槐、歐鴻發、馬奉沅、張小李、段甘連保、蔡幗旺、張遇順、張小十老、僳小五三、羅順、李老五、羅八、姚老五二十三犯，聽糾結盟，搶劫殺人，并挾嫌焚掠，同惡相濟，應與木有才等均擬斬立決梟示。祁二憨、祁開沅、祁大憨、蔡小三、楊小順、黄小罄、丁一信、閔智、楊受湮、馬有保、馬路生、楊小八、蔣小詳、馬小汶、木有青、張有存十七犯，或隨同行劫得贓，或放火搶奪財物，均照强盜律，不分首從，擬斬立決。該犯等情罪較重，未便稍稽顯戮，臣於審明後，即恭請王命，飭委文武，押赴市曹，分别處決。應梟示者，傳首犯事地方，懸竿示衆，以昭炯戒。木有白、蔡小三、張應桂在監病故，木有白照例戮屍。楊小滿、木愷、楊沅年、楊玉、楊沅經、土應中、丁錫潰、木金斗、楊洪潰、楊有沅、楊名寬、楊俊、楊汶禮、楊八十一、楊占青、李岡、馬陽、陳發中、馬志富、楊得周、木曉東、馬義得、馬四十六、馬添池、木老四、馬青竭、洪順、馬雙九、馬金美、安正發、木根沅、馬阿一、許其進、木有彰、馬阿七、皮老六、老紅、馬阿黑、馬六九、楊連潰、木有同、王懷、施二、馬閑、馬銀阿、馬萃美、馬四代、馬得保、小李、楊阿四、馬昭、馬依麼、馬民安、施湮受、趙吾三、馬八、張廷楷、馬迎生、楊鐵頭、段沅保、張經保、蔡連罄、祁士淋、董發有、陳受六十五犯，段秀、羅幗保、胡二泡、楊應，除私造火藥罪止擬軍輕罪不議外，均係在外把風瞭望，并未隨同入室，合依「强盜情有可原者」，改發新疆給官兵爲奴。施阿長、木受淋、木連玉、馬五斤、馬小老、馬阿五、楊玉聰、楊黑、丁儀、木三、梁連升、毛老六、馬老三、馬占沅、張丙、馬成有、馬沅才、米發科、馬有春、張從、木有香、馬十沅、施八四、木幗粱、李幗汶、李春、李洪、馬老鷹嘴、張六四、陳得沅二十九犯，均照「放火搶奪財物爲從，情有可原者」，發遣新疆給官兵爲奴。何有沅、馬連生、馬重、王稀飯、趙九五名，係屬回民，應照「回民窩竊罪應極邊煙瘴者」，改發新疆給官兵爲奴。均請咨解配，應刺字者照例刺字。馬際常、曾惟罄，雖訊無分贓情事，但與賊犯説事過錢，究屬不合，應與被脅同行并未分贓之木玉才、木先太、袁有升、張茂、木連甲、李林、何正岡、馬阿四、馬俊、黄沅有、楊得沅等，均照不應重律，杖八十，折責發落。被火藥轟斃之弁兵，量加卹賞，轟傷者飭令醫調。被擄婦女，已據給親領回。此案首夥各犯業經緝獲，該地方文武疎防職名，邀免開送。現獲贓銀，飭傳事主給領，未獲追賠。逸犯仍飭嚴緝務獲究辦。除供詞發交臬司彙核詳咨外，謹將各犯罪名案由，另繕清單恭呈御覽。所有拏獲疊次焚殺搶擄各匪犯懲辦緣由，會同撫臣程矞采、提臣滎玉材，合詞恭摺具奏，伏乞皇上聖鑒。謹奏。

校記：

〔一〕此摺道光二十八年五月十一日具奏。

〔二〕清宮硃批奏摺作「一百七十九名」。

〔三〕清宮硃批奏摺有「馬玉標」一名，與後文同。

〔四〕清宮硃批奏摺此句下有「並私藏火藥」。

續獲保山哨匪審辦摺〔一〕

奏爲續獲保山滋事餘匪一百七名，究明糾人奪犯，殺回搶物，及燒香結拜各情，分別懲辦，以紓民憤而靖地方，恭摺奏祈聖鑒事。

竊臣前於四月初三日將拏獲保山滋事匪徒三百二十九名審明定擬緣由，繕摺奏報在案。伏查保山地方山深箐密，路徑紛歧，節次所獲匪犯雖多，而分竄潛匿者亦所必有。復經嚴飭文武員弁，暨各路留防營兵，毋分畛域，實力搜捕，不准稍爲鬆勁。茲據陸續報獲匪犯一百七名，解送到臣。隨飭迤西道王發越，督同委員等提犯訊取確供，臣復親提研審。

緣李同全即蹇老鑾，於道光二十七年十一月二十九日，聽從已正法之沈振達，傳往官坡打奪京控人證，十二月初一日進城劫放罪囚，並搜殺回民四命。董二憨、宋潮潰、高發名、楊二鑾、張受禮、高楷、李如玉、程汶芝、萬新、高滄、陳發科、張受，均聽糾進城，先後殺斃回民一命及二三命不等，並同謀聽從奪犯劫獄，搶奪財物，燒香結盟爲從。趙老五、張介、趙汶潰、張小六、張亞六、王遇春、楊小四、朱汶鮮、胡雙沅、張潮中、張順、李全、曾幗甫、趙六十一、段闢沛、李黑鑾、布八兒、馮海、廠七鑾、胡三、王小二、李峙，均聽糾進城，殺斃回民各一命，另傷一人，並聽糾奪犯，燒香結盟爲從，復搶奪得贓，姦汙婦女。姚鐵匠、陶順、李時秀、萬老五、郭其才，訊係聽糾進城，謀殺回民，從而加功，並乘機搶奪。朱潮選、王成甲、王久長、邱美，各因口角爭毆，適傷致斃民人一命。趙四拜從已正法之金混秋爲師，傳授符呪，並供奉圖像。李如膏、楊發，聽從哨匪遞送傳帖，斂錢聚衆。張老蠻、高得潤、崔禾、楊八六、張四，聽從奪犯，乘勢搶得軍械雜物，並燒燬回房。趙淋、李曉、楊成、謝凝、魏寬、郭贊、周郁、張寬、范先、張贊、陳全、顧玉、趙全、李沛、宋俊、李蔚、葉五、王信、張小滿、張得沛、田作貢、張春、楊美、段蔣三、李連甲、張有義、劉幇、蘇茂、蘇秉甲、楊成淋、虞占朋、張諒、董茂、萬益三、楊歸生、楊能，均係燒香結盟爲從之犯。王三、李中詳、張喬得、祝二牛、李滐、楊發、張蘭芳、祝三牛，皆乘哨匪滋事，各自起意，藉端逞兇，訛詐得贓。其衍平安一犯，則係姦拐回婦。王發甲、陶急子則係執持兇器，毆人成廢。王小五一犯，私造鳥槍，售賣得錢。其餘馬中義、李汶茵、邵小保、馬大聰、趙得周、楊縛蠻、李彩，訊止被脅同行，並無持械傷人情事。以上各犯，督令反覆研訊，鞫供前情不諱。隨提前獲留禁待質之犯，互相指證，衆供僉同，案無遁飾。查李有全、董二憨、宋潮潰、高發名、楊二蠻、張受禮、高楷、李如玉、程汶芝、萬新、高滄、陳發科、張受十三犯，同謀劫囚，及先後殺斃回民一二命至三四命不等，除燒香結盟奪犯爲從，各輕罪不議外，均照「謀叛斬立決」律，擬斬立決，加重梟示。趙老五、張介、趙汶潰、張小六、張亞六、王遇春、楊小四、朱汶鮮、胡雙沅、張潮中、張順、李全、曾幗甫、趙六十一、段關沛、李黑蠻、布八兒、馮海、廠七蠻、胡三、王小二、李峙二十二犯，聽糾進城殺斃回民各一命，並搶奪得贓，均照「謀叛已行」律，擬斬立決。該犯等情節較重，未便日久稽誅，臣於審明後，即恭請王命，飭委文武，押赴市曹，分別處決。應梟示者，傳首犯事地方懸竿示衆。

李有全一犯，業經在監病故，照例戮屍。姚鐵匠等九犯，或同謀殺人從而加功，或因忿爭各斃一命，均分別照律擬絞監候，秋後處決。趙四一犯，訊係拜從已正法之金混秋爲師，應照爲從，改發回城給大小伯克及力能管束之回子爲奴。李如青等七犯，或聽從遞送傳帖斂錢，或聽糾奪犯，搶得軍械各物，均照「謀叛爲從」減等，改發新疆給官兵爲奴。趙淋、李曉等三十六犯，均係聽從燒香結盟，應實發雲貴、兩廣極邊煙瘴充軍。王三等八犯，屢次生事，行兇擾害，俱照例發極邊足四千里充軍。衎平安一犯，合依「姦拐和誘，知情爲首」，發極邊足四千里充軍。王發甲、陶急子二犯，應照「執持兇器傷人」例，問擬近邊充軍。王小五一犯，應照「私造鳥槍，杖一百，流三千里」例，擬杖一百，流三千里。以上各犯，均定地請咨解配，應刺字者分別刺字。馬中義、李汶茵、邵小保、馬大聰、趙得周、楊縛鑾、李彩七名，訊無不法情事，惟被脅同行，究屬不合，均照不應重律，杖八十，折責發落。

除犯供發交臬司彙覈，詳送撫臣咨部外，所有續獲哨匪審明定擬緣由，謹開具罪名事由清單，會同撫臣程喬采，恭摺具奏，伏乞皇上聖鑒。謹奏。

校記：

〔一〕此摺道光二十八年五月十一日具奏。

雲貴奏稿卷七

覆奏保山匪案並無劣員調處片〔一〕

再，臣承准軍機大臣字寄：「道光二十八年三月二十九日奉上諭：林則徐奏，保山七哨懾服軍威，縛獻匪犯多名，仍飭兜圍嚴拏一摺。覽奏均悉。所辦好。該地方各匪，於兵到時卽先投誠獻犯，惟所獻之犯有無袒庇藏匿，必應徹查根究，務期所獻實皆本人。首犯尤關緊要，應令按名交出。仍一面明查暗訪，斷不可有一名頂冒，致有漏網。該匪等聚衆抗拒，已成積習，若不趁此兵威痛懲，將來必仍反覆，豈有時常徵調之理？現在雲、貴兩省勁兵逼處，不患其不畏懼。如悔罪非出至誠，僅憑劣員在中調處，稍示軟弱，日後何以綏靖邊圉耶？林則徐等惟當示以兵威，廣加曉諭，倘略有恃衆難馴情形，仍當立予剿洗。姑息適足養奸。戒之。其前經圍困在城之鎮道等，是否因力難抵禦，畏葸無能，甘被圍困？抑或因事起衅，辦理不善？倘祇顧身家，苟全性命，有辱國體，亦應查明懲辦，不可因事過遂置之不問。現在解圍後，該員等作何下落，著一併確切查明，據實具奏。有應參處者，據實嚴參，以儆將來。等因。欽此。」仰見聖主詰戎禁虣，務儆將來。臣跪誦再三，莫名欽懍。伏查此次保山滋事，實由京控提人而起，並非別有根由。緣前年該處軍犯萬重、張杰起解在途，被回衆攔路截殺，該哨民因而藉口，將京控人證呈懇免解，經鎮道批駁不准，已定起解日期，又惑於奸匪金混秋打卦邪言，謂可不必解省，始思糾衆截回。迨奪犯已成，復因而遷怒回民，搜殺洩忿。適回民奔赴縣署，放槍追逐，致將房屋延燒。種種不法事端，皆臨時相因而起。即各犯到案僉供，亦不料事鬧如此之大。故當其洶洶聚集，一時附和者雖有盈千累萬之多，迨經撫綏彈壓，大衆亦各散歸，究無圍署傷官之事。惟沈振達等係主謀首惡，所住之金鷄、板橋等哨，附近江橋，恐各官備文赴省請兵，妄思截換公文，折毀橋板，大兵卽可不到。跡其抗違之始，原係不甘因回受戮，尚無與官爲仇。因懷畏罪之心，轉蹈犯法之罪，與蓄謀不軌情事實不相同。此次既調集兩省重兵，原無難立加轟洗，惟該哨民聚居邨落，並非有莠無良，既經獻犯輸誠，自未便一概剿除，致與始終抗拒者無所區別。此案前後獲獻各犯，共有四百餘名之多，問擬淩遲斬絞者，計一百四十五名，發遣軍流者一百八十八名，卽至輕亦問徒杖，現在尚飭搜挐逸匪。似此執法嚴辦，原期永靖地方。若既奏請調集重兵，復聽劣員調處了事，則堂堂出師遣將，而終於隱忍消弭，當何面目臨民。臣雖至愚，不敢出此。軍威壯盛，士卒正冀立功，誠如聖諭：「雲、貴兩省勁兵逼處，不患其不畏懼。」卽有劣員，亦無所用其調處。況辦至百數十名死罪，似與調處者迥相懸殊。所有此案情形，前摺均已縷陳，諒邀聖明洞鑒。至於鎮道文武各員，臣與撫臣初辦此案之時，亦疑其辦理不善，迨臣親至保山察看情形，採訪輿論，核其前後所辦，尚無不合機宜。查該鎮道本非駐劄永昌，因派辦善後事宜，始至該處，所帶兵役本極有限，當倉卒起事之際，人多勢衆，大半隨塲附和，仇回而非仇官。若不審察情形，舉動稍涉輕躁，則操之太蹙，城池倉庫，在在難保無虞。該鎮道當時親自彈壓，復督令府縣及佐貳員弁分頭曉諭，故脅從匪黨卽先解散。其時各官在城支持防護，雖不免於困而究未被圍。此該鎮道臨事鎮靜之尚合宜也。當哨匪糾衆之時，城内紳耆不肯隨同滋事，沈振達糾衆攔截柴米，不許入城，固爲挾制官長，實亦挾紳士不肯附和之嫌。該鎮道等察知哨民雖素桀驁，而仍畏外回之兇悍，此次既將回民搜殺，愈恐外回聞信，藉報復以擾郡莊。因招致公正紳耆，令其廣爲開導，諭以此時須協力防回，不宜城哨自分畛域，致爲外匪所乘。此層適中哨衆隱衷，故此後柴米入城，亦卽照舊。惟民情尚未大定，未便卽派兵圍拏，致令各哨驚疑。因卽以防回爲名，密調永昌以西之騰越、龍陵官兵至郡，既可防守府城及潞江兩處，且以備大兵到後，内外夾攻。故永昌以東之瀾滄江橋雖被拆毁，文報不通，而後路之潞江橋調到兵練駐防，仍可接連騰越，互爲聲援，以俟大兵之至。此該鎮道中間布置之尚合宜也。迨後大兵到齊，哨匪聞風畏懼，各思逃散，該鎮道督令紳耆頭人趕緊縛獻，並飭前調之騰越、龍陵弁兵嚴堵後路，不使潛逃。故綑獻之外，所有著名要犯，經各路官兵拏到案者，又加兩倍。綜前後事勢而論，該鎮道等實亦倍著辛勤。若責以先事之未能豫防，概予參黜，所謂欲加之罪，何患無詞？惟其於倉卒遇事之時，猶能竭力籌維，和衷共濟，俾城池倉庫諸獲安全，首要各犯不致遠颺，地方仍臻靖謐，似與一籌莫展及輕率僨事者，究有穹壤之殊。設使該文武有因事起衅，及甘被圍困，苟全性命情事，臣必當據實嚴參，不值代人受過。實以事由提解人證而起，委無别情，而人證奉旨飭提，萬無准其免解之理。是以臣等前發告示内云：「京控提人，乃出自煌煌上諭，並非地方官吏擅自行提，如謂提人卽是激變，則每年各省京控所提不知凡幾，誰敢如爾等之抗拒。」等語。以此詰問到案人犯，亦皆俯首認罪。是該鎮道等並無辦理不善之處，卽犯罪者亦無異詞。自各路官兵到齊，總兵搖住，仍督率所轄之騰越弁兵查拏要犯，現在事竣，甫回騰越廳城駐劄。迤西道王發越，迭在永昌、永平等處隨同臣研訊犯供，分别定讞，近日亦回大理。察看該鎮道均尚堪以勝任。惟此後永昌一郡，表率尤須得人，前因該府李恒謙性近優柔，於邊要地方難資整頓，業經臣會商撫臣，將其甄别降補，請以臨安府知府張亮基奏調在案。其署保山縣知縣韓捧日，平時辦事尚有條理，隨同張亮基措理一切，當可漸臻成效。至此次查辦保山哨匪，及督令凱徹官兵，乘勢捕挐各處匪犯，爲時四月有餘，而軍需節之又節，不敢稍有浮費。所請借用鹽課，並蒙恩允動支捐輸之銀，臣已與撫臣函商，擬由外設法，分年籌補歸款。容查明實用若干，再行妥議具奏。總期師行有效，餉不虛糜，以仰副聖主訓諭諄諄至意。所有欽奉諭旨，據實覆奏緣由，謹附片縷陳，伏乞聖鑒。謹奏。

校記：

〔一〕此片道光二十八年五月十一日附奏。

審出前次永昌戕害備弁匪犯挖心致祭片〔一〕

再，臣查前次永昌用兵卷内，趙發元等陣亡之事，曾經前督臣具奏。欽奉諭旨：「陣亡之署守備趙發元、署都司繆志林、把總趙得和，及陣亡受傷各備弁兵丁，著一併查明咨部照例議卹。」等因。欽此。仰見聖主褒忠延賞、激勵戎行之至意。惟原奏雖曾敘及趙發元罵賊遇害，而於其借路不允，發矢射中張富脣吻，竟至慘被支解，挖心炒食等情，當時尚未查出，致未備細上聞。茲經獲犯質訊，僉供如一。併察訪輿論，謂二十五、六年陣亡員弁中，無有過於趙發元之慘烈者。臣查該故備本係回人，而能深知大義，敵愾捐軀，不肯稍徇同教，尤爲難得。彼時被賊挖心炒食，凡在行間者聞之，皆恨不得擒此下手之賊而食其肉。今既拏獲馬無二，供認下手挖取趙發元心肝，而羅萬喜亦供認將繆志林挖心支解，又獲到同時賊夥，供指相符。臣審明後，即將該二犯淩遲處死，并在法場之側寫立趙發元等靈牌，於該二犯處決後挖心致祭，以慰忠魂。其行刑之弁兵與觀看之軍民，咸謂國法大伸，人心盡快。臣并摘敘辦理案由，傳示各回寨，咸使聞知，以見漢、回一視，且冀其追慕忠良，潛消澆悍，於風俗或可有裨。

除飭司查明應行議卹之員弁兵丁，速即一體詳咨辦理外，合併附片具奏，伏乞聖鑒。謹奏。

校記：

〔一〕此片道光二十八年五月十一日附奏。

審明丁燦庭等兩次京控摺〔一〕

奏爲遵旨審明保山回民兩起京控，分別情節虛實，及先後案擬辦理各緣由，恭摺奏祈聖鑒事。

竊臣等上年承准軍機大臣字寄：「道光二十七年七月初二日奉上諭：本日據都察院奏，雲南回民丁燦庭等控告鄉匪〔二〕串謀，滅殺無辜一摺。已明降諭旨，交林則徐等審辦矣。此案控關奸匪挾仇尋衅，串謀倡亂，被害至一萬餘命之多，如果屬實，必須徹底根究，水落石出，庶足以服難民之心而除地方之害。林則徐、程矞采甫經到任，無所用其回護，著即平心研鞫，毋枉毋縱，務將棍徒會匪嚴行查禁，首惡各犯從重懲辦，以紓積忿而快人心。等因。欽此。」當經臣等將到滇以來，訪查漢、回搆衅，互相焚殺各實情，於七月内先行附片具奏。奉硃批：「認真秉公辦理，枚靖邊圉爲要。」欽此。旋於十月内准到部文，奉旨：「此案著交林則徐、程矞采親提人證卷宗，秉公嚴訊確情，按律定擬具奏。原告回民丁燦庭、木文科，該部照例解往備質。」欽此。十一月内又准部文，奉旨：「此次復據雲南回民杜文秀等控告，匪棍劉書等挾嫌藉端，誣控從逆，致被搜殺搶掠，迨招撫回籍後，又被殺害多名等情。著仍交林則徐等親提人證卷宗，秉公嚴訊，按律定擬具奏。原告杜文秀、劉義，該部照例解往備質。」等因。欽此。并准將各原告連鈔録呈詞，咨解到滇。臣等遵卽會同核明兩呈所控之人，除相同者不重計外，合共指控二百七名。查保山距省十九站，人數太多，勢難盡解，當經札飭該道府分別首要次要，酌量行提，一面檄司委員往解。詎該處七哨漢民頑梗成風，始則欲將應解人證抗匿不解，繼則竟將起解之人聚衆劫回，並入城按殺招復回民，劫放獄囚，焚燒縣署，且拆毁江橋板片，截换來往公文。種種不法，必須大加懲創。經臣等奏調滇、黔兩省官兵分布進剿，臣林則徐於本年正月親赴迤西駐劄督辦，嗣該哨民等懾服軍威，自行縛獻匪犯，并經委員弁兵分投查拏，共計前後獲犯四百三十餘名，均已陸續審明，分別凌遲、斬絞、遣軍、流徒等罪名，兩次會摺奏聞在案。查上年滋事抗官之犯，本卽歷屆挾仇搆衅之人，兹將京控名單，與已辦人犯姓名互相校對。内已凌遲者張時卽張時重、張汶儒二名，斬梟者劉汶華、張炳、張重五、高滄、陳發科、宋潮潰、宋發春、李汝玉卽李如玉、李幗、王均卽王君、程文芝、蘭得沛、黄保卽黄疤眼十三名，斬决者張界、張汶健、張汶佑、楊小泗、李全、王遇春、馮海、廠七鑾、周尚志、胡三、林向春卽林抄羅十一名，絞决者劉書、周曰庠、李名揚三名，絞監候者趙草果、邱美二名，其遺犯除已故之張傑、萬重外，現所改發者沈聚成、董俊、段之有三名，擬軍者周郁、張寬、張贊、張小滿、張友義、楊能、楊成、楊歸生、李沛、李連甲、范先、趙林、趙全、萬益三、郭贊、田作貢、段蔣三、宋俊、顧玉、李曉、魏寬、王信、陳東、蘇秉甲、衔大即衔平安、謝凝二十六名，擬流者王全、董玉淋、白上材三名，擬徒者楊春富、周際岐、吳堃三名。統計京控單内已經辦罪者六十六名。除淩遲、斬梟、斬決各犯不便稽誅，已於未審京控之先，業經處決外，其絞決之劉書、周曰庠二犯，前摺内聲明俟提同原告質訊後再行處決，其餘定擬監候及遣軍以下人犯，經臣林則徐折回大理，提到原告丁燦庭親寫遵斷甘結，四人共印手摹，送呈備案。惟查核原呈情節有實有虚，或架聳其詞，或掩飾其罪，均所不免。適迤西軍務已竣，臣林則徐應返省垣，當將原告四名，並續獲被控之黄潰等，仍帶回省，遵奉諭旨，會同臣程矞采復提人證卷宗，督同在省司道逐加研訊。

緣丁燦庭、木文科、杜文秀、劉義，均係永昌府保山縣城内回民。黄潰等係保山縣民人，向爲前署縣事嗣代理府事之候補知州恒文服役。道光二十五年四月間，有已經殲斃之陝省回匪馬大等，在保山板橋地方唱曲譏笑漢民，被逐起衅，漢、回互相糾衆仇殺焚掠，經永昌文武帶兵往挐，回匪率衆拒敵，戕害大小營員及兵練多人。各處漢邨回寨，彼此互燒，其燒斃殺斃之人，事隔數年，難以追查確數。維時該管迤西道羅天池、署鄧川州知州恒文，先後奉札前往查辦，回衆愈聚愈多，屢有攻撲營盤之事。漢民喧傳回匪起意進城要將漢人殺盡，密約城内回民作爲内應，並將送書之人盤獲。以致九月初二日，金鷄、板橋各哨練頭藉有官給防匪之諭，紛紛帶練進城，聲稱援救，遂將城内回民，無分老幼男婦混行殺戮，以致同時殲斃約有四千餘命之多。因事起倉猝，在城文武彈壓不住。而恒文之家丁黄潰，與回民本有仇隙，乘機執刀至杜文秀未婚妻馬小有姑之家，砍殺其父斃命，將馬小有姑帶回寓處窩藏，旋經恒文押令送交保山縣，轉發官媒看養。該犯又與已正法之王均、楊茂、張炳、白占淋、樊晉得等，各帶練丁，名爲防變，實則縱其搶殺。有外出之回民白廷贊及其兄白廷颺家，被練殺害多命，并搶奪衣箱四隻。旋經前督臣賀長齡飭令保山縣追出，併作三隻，轉解太和縣傳主認領。同日丁燦庭、木文科、杜文秀、劉義等家，均被慘殺多命，因人衆勢亂，不能指出兇手何人。嗣經各路官兵彈壓剿辦，將挐獲漢犯萬林桂等，分别審擬正法，漢、回被燒邨寨及傷斃丁口，一律撫恤，經前督臣奏結在案。丁燦廷等痛念家口死亡，財物焚燬，心懷不甘，於回衆屢次報復之後，復商同木文科、杜文秀、劉義等先後赴京控訴，冀圖伸理。此該原告等起意京控之緣由也。其呈控不實之處，如所稱城内被殺八千餘人，核之節次奏案及府縣禀報，均無如許之多，然先前尚不敢定準。此次臣林則徐親到永昌，查縣署被燒之後，案卷已成灰燼，惟府卷均屬齊全。查有道光二十四年前任知府金澂任内，據保山縣造報編查户口底册，當即吊起，與鎮道暨委員公同查閲。内載五城共有回民四百一十七户，通計大小男丁一千八百八丁，女口一千二百四十三口。統共核算，其丁口纔及三千有零。即延至二十五年，一歲之間不能驟添一大半，又城外各邨雖有臨時逃入城内居住者，亦斷不能湊至八千餘人之多。原呈被殺人數顯見不實。且呈中既云「掩殺八千餘人」，而後尾又云「被害一萬餘命」，是一詞之内，亦自相矛盾。詰問丁燦廷等，又皆諉諸傳聞，不能指實。至於城外漢回各邨，彼此互燒互殺，在回民控詞，但言漢民燒殺回邨，而訪之滇省紳衿，則皆云被殺之漢民實比回民多至數倍。現在事過已久，原難獨照數計，而總之爲挾仇互鬭之案，除九月初二日城内慘殺之外，概不能專罪一邊也。又原呈將回匪燒搶枯柯河并戕傷兵弁之事，移在九月初二以後，謂因被漢民慘殺，不得已而復仇，又謂鄉練飾以號衣，香首假以頂戴，官私莫分，以致誤戕兵弁等語。查彼時回匪自二十五年七月間，即聚於猛庭寨，進攻思母、車燒、枯柯河及陶家寨、大田街，又攻丙麻，其戕殺營員，擄禁都守，皆係九月初二以前之事，而呈内挪前作後，尤見瞞情掩飾。又所控聚衆燒香一節，除指名爲首之劉書、周曰庠二名，均係得實，已於質對後即行絞決外，餘則有實有虚。且當堂將所控之人提與各原告質對，多不相識，並有其人早已亡故及出外多年者，亦皆混列在内。詰其憑何列控，則稱係輾轉摭拾成單，實非有心誣指。又控稱文武官員視回如仇，放匪掩殺，縱丁搶擄等情。查前數年回匪猖獗抗官，不得已調兵勦辦，其地方文武不能彈壓之咎，原所難辭，若因莠民互相殘殺，而遂加各官以袒助之名，甚且指爲串謀滅教，則前後數年中，永、順、緬、雲等處漢邨被回衆焚殺擄劫者，何可勝計？亦皆責官員以助回殺漢之偏袒，斷獄者又將何所適從？至被難之家，性命且不能自保，何論財物？然事後如果可以著追，亦未嘗不爲之查起。所有白廷贊及伊兄白廷颺家衣物，除已向黃潰追回箱三隻外，即使尚有餘贓，或焚或搶，亦早已化爲烏有，無從追回，並非地方官有縱匪匿贓情事。又據控稱，招撫難回百餘名解往大理，半途被殺三十六名一節。卷查二十六年五月，安插回民，行至右甸，途遇鄉團沖散，致被追殺三人，其漢團亦被殺斃一人，嗣附近地方官招徠回民，仍送至大理安置。所控固有其事，尚無殺死三十餘人之多。又據控稱，二十六年十二月間，永昌收租回民被殺七人。兹查案據實止六人。內袁潮富、木二蠻二名，係被王缺嘴挾嫌，商同楊椿富等在花橋謀殺，犯已全獲，將王缺嘴、楊椿富問擬斬絞，招審病故，鄭三蠻、張老七、張發沅擬流。又楊根大、馬潰二名，係被張汶健糾同樊晉得即樊么大、白占淋即白滿大等砍死，攫取銀物，已獲張汶健、樊晉得、白占淋，均擬斬決，白上才擬流，張汶申擬徒，續獲張汶卓現飭審辦。又木汶舉、袁湲二名，因下鄉收租，被趙潤與不識姓名數人搶奪銀物，戳傷身死，二參犯未弋獲，業經開參在案。又原呈牽控猛庭回民於二十六年十二月被右甸團匪殺害一節，雖非該原告等切己之事，而大致尚非虛捏。查此案上年拏獲首犯范小黑及張小沅，經臣等會審奏明斬梟在案。近日續獲嚴萃容、孫幅沅、馬中驥、輝潰登四犯，各供認在猛庭殺死馬應瑞等各一命，又獲李九舟、李廷玉二犯，供認各殺死練勇回民二命，均經彙核辦理。此又臣等研訊原告情節，分別虛實，不敢稍有偏抑之實情也。總之，數年來永昌之案，漢、回各有曲直。漢人之逞忿於回者，莫甚於二十五年九月初二日之事，而回人之逞忿於漢者，前後併計，實亦厥罪惟均。此次將哨匪辦至四百餘名，回民皆已心服。而回匪之流毒各處，先前拒敵官兵，近時劫殺商旅、擄掠婦女者，亦經拏獲懲辦，不但漢民心服，即各處回教中之良民，亦謂匪類既除，伊等免累，咸知感激。是此番但分良莠，不論漢、回之辦法，似有明效大驗。至保山哨民餘匪，臣等仍隨時飭拏。又經續解馮得勝、陳登萬及京控有名之已革文生石維沂三名。内馮得勝供認聽糾進城，乘機搶奪，石維沂、陳登萬均認燒香爲從，亦應一併按例擬結。查黄潰一犯，身充長隨，膽敢附和哨匪，刃斃人命，復將婦女擄藏，又縱練四出搶殺，應比照「謀叛斬立決」律，擬斬立決，加重梟示。臣等於審明後，即恭請王命，會委臬司、營將等，將該犯綁赴市曹處斬，傳首犯事地方，以示炯戒。案係比照問擬，家屬免其緣坐。李九舟、李廷玉二犯，在猛庭各斃練勇回民二命，亦應斬梟。嚴萃容、孫幅沅、馬中驥、輝潰登四犯，各殺回民一命，均應斬決。輝潰登解至途次，病已沈重，適臣林則徐審決另案重犯，即將其先行正法，以免倖逃顯戮。馬中驥於解省後病故，應毋庸議。李九舟、李廷玉、嚴萃容、孫幅沅四犯，經迤西道王發越審明定擬具詳，均因患病，尚未起解，當即咨明提臣，會同該道，恭請王命，即將各犯在大理就地正法，免致稽誅。馮得勝乘機進城搶奪財物，應照「謀叛爲從斬」罪上減一等，改發新疆給官兵爲奴。石維沂、陳登萬二犯，聽從燒香結盟，應照例實發極邊煙瘴充軍。原告丁燦廷、木文科、杜文秀、劉義京控呈詞，均有失實之處，本應照申訴不實律定擬，姑念伊家均已被害，情殊可憫，應請從寬免責釋放〔三〕。再，黃潰一犯，係勒休知州恒文之家人，該犯挾仇妄殺，並縱令練丁滋事，即使恒文並未縱容，亦屬昏瞶不職，且該員係與已革道員羅天池同辦此案，羅天池業經奉旨革職永不敘用，該員事同一律，僅予勒令休致，尚覺不足蔽辜，相應請旨將勒休知州恒文一併革職永不敘用，以示懲儆。黃潰所擄之馬小有姑，訊明未被姦污，已據杜文秀具結願領完娶，應毋庸議。此案京控單開香匪姓名，除查明業已物故，及早經外出並不在籍者，均毋庸傳提，以免拖累外，其提到被控人犯，供認燒香爲匪者，均已分別定罪〔四〕，即屢訊堅供並無燒香者，亦經提同該原告丁燦庭等再三質審，據供素不認識，並不能指出爲匪確據，不敢誣執，自應分別釋回本籍管束。至其控呈之外，有實曾戕殺回民而該原告轉未控者，亦先後併獲多人，俱訊明正法，統歸入哨匪案内録供報部。已咨者毋庸重録外，所有現在續辦斬絞遣軍之黄潰等十二名犯供，暨原告丁燦廷〔五〕等供結，一併鈔録咨部備核。經此番持平懲辦之後，漢、回人等尤當隨時化導約束，令其盡消仇衅，永作良民，以期仰副聖主「敉靖邊圉」之至意。

謹將會訊辦理緣由，合詞恭摺具奏，伏乞皇上聖鑒。謹奏。

校記：

〔一〕此摺道光二十八年六月十三日與程矞采聯銜具奏。

〔二〕清宫硃批奏摺作「香匪」。

〔三〕清宫硃批奏摺作「從寬免其責處」。

〔四〕清宫硃批奏摺作「定擬」。

〔五〕清宫硃批奏摺作「丁燦庭」。

雲貴奏稿卷八

彌渡出力員弁請奬摺〔一〕

奏爲遵旨保奏勦辦彌渡匪徒尤爲出力之員弁，卽懇天恩，分別奬勵，以昭激勸事。

竊臣前奏帶兵先至彌渡勦除匪類情形，欽奉上諭：「林則徐奏匪徒句結滋事，調兵勦辦，地方安靜一摺，覽奏均悉。雲南趙州彌渡地方，内外匪徒勾結滋事，焚殺劫搶，且敢圍署傷官，經該督調兵先往勦捕，將匪犯殲獲數百名，並撫恤受害良民，地方均已安靜。此次在事人員，著該督擇其尤爲出力者據實保奏，無許冒濫。」等因。欽此。仰見聖主激勵戎行、有勞必録至意，曷勝欽感。復查此次調集各路重兵，原以懲辦保山哨匪抗官之案，乃行至中途，驟接彌渡警報，不得不先其所急。且保山正恃負嵎之勢，謂可抗拒官兵，設使彌渡地方勦辦不能得手，則哨匪更必無所忌憚，辦理愈費周章，故必力振軍威，方可挽回積習。撫臣程矞采在省聞信，亦即催兵速行，以資調用。復思兵力之强弱，視帶兵官之勇卻爲轉移，將弁果奮勇向前，士卒亦安能退後？查彌渡有舊城門六座，皆經匪徒添造木栅累石，匪衆執持大小白旗，併力抵拒，其槍礮皆墻眼中放出，兇燄甚張。臣由楚雄馳至距彌渡四十里之雲南縣，催集各路精兵，先於附近岔口山梁分頭堵截，以防竄逸。各兵到有成數，卽派委臣標千總施嘉祥，執持令箭，剋期約令進攻，如將弁中敢有觀望遷延，卽以軍法從事。二月初三日早晨，提臣榮玉材、鎮臣音德布親駐彌渡之東面山梁，指揮督戰，揀派署遊擊陳得功、尋霑營守備王國才，率帶槍兵，首先攻破栅欄，衝鋒直入。時有一賊正欲執火點放大礮，被王國才揮刃砍斃，卽以賊礮轟賊。同時督撫提標威甯、開化、永北、維西、東川各營弁兵亦分路進攻，前後夾擊。竭一晝夜之力，計斬殺約有四五百名，生獲者一百餘名，均經分別審擬，將情罪重大者就地正法。奪獲大礮十九位，鳥槍刀械四百餘件，驗明發營配用。其官兵尚未到齊之前，匪徒聞風竄逸者，復經鄰境文武堵截兜拏，解營審辦，不任漏網稽誅，地方一律肅清，軍聲因而大振。凡此將士用命，俾兇匪悉正典刑，無非仰仗天威，迅除遺孽。臣欣倖之下，欽懔倍深。除提鎮係專閫大員，出自聖主恩施，不敢列單奏請外，其在事出力文武，由該管上司開册具報，經臣復加確核，將其次出力員弁由臣等自行奬拔，未敢濫登，謹擇尤爲出力之員，繕具清單，恭呈御覽。如荷天恩，分別鼓勵，則身受者倍加感激，卽入伍者亦共奮興，於戎務實有裨益。至傷亡弁兵，應行給予賞卹，及軍前賞給虛銜頂帶，均容照例造册咨部查核，合併陳明。

所有彌渡勦匪出力人員遵旨酌保緣由，謹會同撫臣程矞采、提臣榮玉材，合詞恭摺具奏，伏乞皇上聖鑒訓示。謹奏。

校記：

〔一〕此摺道光二十八年六月十三日具奏。

審明迤西續獲匪犯就地正法片〔一〕

再，此次迤西一帶查拏漢、回各匪，呼應較靈。一則藉兵練之多，地方縣營不慮勢孤力弱，再則因臣林則徐親駐其地，獲到之犯，一經提審明確，立時懲辦，其情罪重大者，即恭請王命，就地正法，毋庸遠解到省，聽候逐層審轉，各文武皆以此次辦賊可免累官，倍見踴躍從事，而漢回百姓目擊犯法之被形，亦皆異常警悚。茲回至省城，與臣程矞采備述迤西民情，並公同講求久安之策。訪查滇省向來解犯種種受累，凡重犯一名到省，沿途囚籠擡夫及僉派差役兵丁飯食，無非地方官賠墊，距省愈遠，則需費愈多。緣滇中幅員遼闊，一縣所轄有至七八百里之遥者，而又跬步皆山，夫價較他處數倍。地方官自起解重犯到省，以迄審明辦決，已不勝賠累之多，設有在省翻供，往還駁審，或調原審官到省隨同覆訊，則州縣因辦理一犯，而累月經年，奔馳羈滯，不得回任者有之。且此種匪犯不特於解省後，恃無旁證，最易狡翻，即其起解在途，先已難於馴伏，緣有過人膂力，扭斷鐐鐽，攀折木籠，皆爲若輩慣技，甚至路僻徑歧之處，其匪黨暗聚多人，潛謀劫奪，若兵役力不相敵，致被殺傷，遂將要犯劫去，長解短解之官均遭參劾留緝，而要犯終致漏網者有之。大抵地方官實心整頓者少，畏難苟安者多。以爲因拏犯而受累無窮，不如陽奉陰違，轉爲得計。卽使上司嚴行督飭，亦祇拏獲零匪塞責，其於大幫巨股結夥多人者，轉不敢輕易下手。盗賊之所以滋熾，病根多由於此。其被賊戕殺之家，非不亟圖鳴官拏辦，而拏不到案，或到而復逃，則被其報復之害更甚，故有被賊而並不敢呈告者。訪聞迤西一帶，向有「賊不畏官官畏賊，民雖被賊莫鳴官」之謡，因是各邨莊以防賊爲名，設牛叢以聚衆。始而獲賊擅殺，並不報官，迨後彼此相仇，所殺多非真賊，而大夥奸盗轉得句結横行，莫敢過問。頹風已久，不得不極力挽回。此次倖乘全勝兵威，得以大加懲創，而將來各屬緝捕要務，竟無一刻可任放鬆。然欲責其不鬆，先須使之免累。因思大夥巨匪被拏之時，當場格殺者本係例許勿論，其拏到匪犯内，如有患病受傷，易致倖逃顯戮，抑或黨與甚衆，氣力過强，沿途實難防範者，擬即准其就近批解道府，審已明確，由道移明臬司，具詳督撫，核明情罪果否允當，即由臣等咨行該處駐劄之提鎮，恭請王命，就地正法。非獨所獲兇盜可免長途被劫被逃，而行刑於犯事地方，俾被害者顯伸其冤抑，梗頑者共懾於駢誅。且地方官不至畏累苟安，緝捕可期奮勉，似亦戢暴安良之一法。除尋常命盜各案，仍按例逐名批解，不准援照辦理外，臣等爲埽清匪類起見，一時權宜設法辦理，以期匪徒盡戢，邊圉愈就安恬。

是否有當，謹合詞附片縷陳，伏祈聖鑒。謹奏。

校記：

〔一〕此片道光二十八年六月十三日與程矞采會奏。

審辦姚州滋事匪犯摺〔一〕

奏爲上年姚州地方，匪徒糾衆燒搶，殘斃多命，及白井練民搶奪滋事，陸續獲犯二百三十六名，審明分别定擬，並究出有在永順等處拒殺兵練，暨本案情罪重大各犯，先後在楚雄府城及省城恭請王命正法，以彰炯戒，恭摺會奏，仰祈聖鑒事。

竊照上年八月間，姚州回匪偰三竅等因謀搶白井竈户，事洩被拏，馬幗良等起意報復，運送軍械至沙汶英家藏頓，漢民王開汶盤問口角，致被殺斃。並馬致禾、高添佑等理論争鬭，傷斃沙汶英家九命及不識姓名回民二人，燒殺山腳、官莊等處回寨。回民偰八伊摸、馬幗良等乘機糾衆燒殺漢民白塔街、洋派、官屯等邨。各斃人命，多寡不等。並白井關外回民亦有被殺之事。臣等接據該署州咸孚馳稟，飛飭楚雄府協並調新授鶴麗鎮總兵音德布、署武定營參將王濤，酌帶弁兵，並委甫經出省之署麗江府裴驄，馳往會同查辦。旋據稟報，先經府協前往彈壓，即已息衅，嚴拏各匪究辦等情。當經臣等將查辦情形奏明聖鑒。一面嚴飭上緊擒拏，勿使漏網。因查先據該州勘報，漢民被燒房屋二千六百八十餘間，傷斃男女三百二十七丁口，回民被燒房屋二百六十餘間，傷斃男女六十五丁口。是否尚有逃亡，難得確數，應逐處清查，再行具報。其白井關外被殺回民若干，棄屍何處，現尚查無下落等情。臣等以該匪等倚衆逞兇，恐被燒被殺尚不止此數，飭令確查。嗣據該州會同委員通海縣袁風清、候補縣王秀毓，周歷清查，回民被燒房屋、被傷人命悉與前數相符，惟漢民被燒房屋共有三千一百三十一間，被傷人命共八百五十丁口，前因屍親搬避，旁人無從指報，兼有逃匿各箐，復被搜殺及墮巖溺水致斃，故與前報多寡未符，現查並無遺漏。並於白井關外等處陸續起獲私埋及遺棄山箐男女回屍五十六具，均驗有傷。一併造册呈核。並據該鎮府等先後禀報，督同州營文武嚴密捕拏，除偰小重子等十五名，格傷解案，訊供後身故，偰伊麼一名，因指拏黨匪偰有盈自圖減罪，致被偰有盈殺斃外，陸續拏獲匪犯共一百數十名，遂飭分起解省，發委雲南府等審辦。因首要逃逸尚多，復飭按捕歸案審究。適保山哨匪滋事，鶴麗鎮總兵音德布調赴該處軍營，而該州兵役力單，勢難分投堵緝，該匪等自知罪重，兼多四竄奔逃。臣等因思除惡務盡，必當乘勢掩捕，嚴加懲創，庶足以懾服人心而消弭後患。臣林則徐於懲辦保山、彌渡、永平、蒙化、趙州等處匪徒事竣，徹兵之便，密派弁兵分扎四圍要隘，並令昭通鎮總兵劉定選，隨帶弁兵前往會同府協，暨前署州咸孚、現署州吳嘉思四路兜拏。旋據弁兵差役拏獲首要偰八伊摸等八十二名，並經委員捐升雲南通判沈傳經，帶領丁練拏獲首要偰八老陝、章小老、倮王淋三名，候補縣嚴鉷帶領丁練拏獲首要倮老五、何有洸、倮小補子三名，武定州吏目謝德涫帶領丁練拏獲首要倮幅安、古盆子、楊其能三名，共計獲犯九十一名，提解至郡，督同委員連日研訊。內倮八伊摸等七十五犯，或係起意糾衆燒搶致斃多命，或聽從燒搶及事後挍山搶奪，均殺人自一二命至四五命不等，並究出有曾在永昌江橋、順甯猛庭寨等處拒殺兵練，運送火藥，搶奪礮位等項情事，俱屬罪大惡極。內馬留、倮萬隴二犯，因有在省人犯多名，須留以備質，其倮八伊摸等七十三名，未便稍稽顯戮，臣林則徐於審明後，分別淩遲、斬梟、斬決，即在楚雄府城恭請王命，飭委署楚雄府賓俊、署楚雄協副將尚宗慶，將該犯等綁赴市曹，分別處決。應梟示者傳首犯事地方，懸竿示衆，以昭炯戒。並將馬留等二名、倮俊望等十六名解省，併同前到各犯質審究辦。茲據該委員雲南府桑春榮等審明，由藩臬兩司覆審解勘前來。臣等會同提犯親鞫。緣姚州回民多係倮姓，並非同宗。倮八伊模、馬幗良、倮八老陝、倮幅安、倮伊麽、倮三竅等，素性兇横，人皆側目。道光二十七年七月閒，該犯等同章小老、張汝淮屢次訛詐李洸灤等銀兩。被害之人，畏不敢控。嗣倮三竅、馬幗良、倮伊麽等以詐銀無多，探知白井竈户羅晴川家道殷實，與倮思蒽、倮世灤商謀糾搶，私將器械藏寄張汝淮、陳典家內，因漏洩其事，被井衆報官，將倮三竅拏獲。馬幗良等起意向井民報復，八月十三日將刀械藏放馬小班草馱，送至白塔街回民沙汶英家寄頓，街民王開汶盤問口角，被沙汶英之戚偰小老殺傷身死。漢民馬致禾不依，糾約高添佑、胡小萬椿、彭爾受、高幗賓及街衆多人前往理論，並言如其不服，即毆打洩忿。因沙汶英家男婦齊出辱駡，致相爭鬬。小沙氏抓住馬致禾碰撞，被馬致禾拔刀戳傷咽喉。老沙氏拾石向高添佑擲打，高添佑喝令彭爾受幫毆。彭爾受用刀戳傷老沙氏左肋。沙汶英、偰小老各向胡小萬椿、高幗賓撲毆，被胡小萬椿、高幗賓各將沙汶英、偰小老砍傷，與小沙氏等俱倒地斃命。其餘沙汶英親屬五人並不識姓名回民二人，亦與街衆互鬬，被何人致斃，人多勢衆，不能確指。馬致禾當令衆人將沙姓房屋拆毀。因聞山腳、官莊回民欲行報復，馬致禾起意先發制人，糾衆燒殺該二處回寨，欲使回衆畏懼不敢尋衅。遂糾約畢老五、彭爾受、馬小荷包、胡東昇、高得和、劉興、楊啓亮、馬添旺、高偉、高正詳、董良厚、畢芳、李興、高淨等，及趕街各漢民共百餘人，前往山腳、官莊兩回寨放火燒殺。畢老五復起意將回民小邨一併焚燒。各該處回民男婦被燒被殺及逃跑跌巖身死者，共六十餘命。時有一回婦出外逃走，彭爾受將其砍傷身死。漢民馬小荷包等十二人，亦被回民傷斃。回民偰八伊模以漢民欺淩同教，正可藉報復爲名，燒殺漢邨，搶掠財物。隨糾允馬幗良等七十七人及其餘回衆共二百餘人，分往白塔街、洋派、北關、官屯等邨燒搶。維時漢民男婦奔命分逃，被該犯等殺斃一二命至四五命不等，並有被回衆殺傷及跌巖落水，致斃多命。該犯等同回衆搶獲銀錢、衣物、牲畜，不計其數，將各該邨房屋一併燒毁，當各走回。内張幗保搶獲牲畜銀兩，交張谷洪受寄銷賣，張谷洪藉此分得多贓。僳八伊模因知漢民逃避康郎等處山箐，帶有銀物牲畜，復起意糾約僳小三頭等五十三人及其餘回衆，分往搜山搶奪。僳小三頭等各拒斃漢民一命，其餘回衆亦有將漢民拒殺，得贓攜回。因聞官兵捕拏，各自逃散。此漢民馬致禾等因向回民盤查收藏軍器起衅，燒殺回寨致斃回民六十餘命，回民僳八伊模乘機糾衆燒掠漢邨，並挼山搶奪致斃漢民八百餘命之原委也。嗣回民僳俊望、馬幗安、羅蒽、僳小楞五、楊映望、僳成尚、何有潰、僳幗安、僳汶玉、僳新保、僳潮富、僳萬幅、僳映潰、僳添玉、楊本椿、楊小三苟、馬潮沅、僳新成、馬椿、僳成厚、玉成保、僳永保、楊裁、馬椿渼、劉唐、路古麽、僳本倖、僳有潰、僳萬淙、僳老八、僳潮良、張連科、何小石老、僳添潰、僳玉成安、僳小受、僳有才等，先後路過黑壩、西邑、隴山、羅家灣、杜家屯、稗子田等處，因漢民均忿恨回教，遇回辱駡，僳俊望等回詈爭毆，各斃漢民一命。白井練民蕭老五，因恨回民兇惡，見該井關外有回民數户正在搬家，起意糾搶，當向晁添錫、張有壬、張錫、王有潰、李應旭、白世良商允前往。白世良畏懼，中途轉回。蕭老五等分投搶奪，因事主攔護，蕭老五、晁添錫、張有任各自拒殺事主一命。張錫幫同蕭老五刃傷事主，將贓搶獲攜走。

時有幼孩拉住喊拏，蕭老五認係回民，起意致死，即將該幼孩砍斃。歸向白世良告知，分給贓物，當各逃走。嗣該處回民不依，至蕭老五邨内挼查喊罵。李小老大等勸解，因被牽詈爭鬧。李小老大用刀將一回民戳傷跌地，該回民稱須報復，李小老大起意致死，當將該回民砍傷斃命。其餘回民向張小喜得等爭鬬。張小喜得、賀小張更、盧小起、何泳興各自毆斃回民一命，餘回被張揚、張連甲、何洸斗用矛戳傷逃跑，李小老大等將各屍移赴山箐掩埋。獲屍啓驗，並查明被蕭老五等搶奪殺死等命，係屬各姓，並非一家。此又回民與漢民各自爭鬬，及白井練民搶奪回民財物拒捕，事後搜查爭鬬，致漢、回各有斃命之原委也。臣等提訊，各供不諱。查回民偰八伊模起意糾衆燒搶漢邨，致斃多命，照「強盜殺人放火」例，應擬斬梟，惟究出該犯於二十六年在永昌疊次抗拒官兵，燒燬江橋，殺死兵練十命，實爲兇惡之尤，應請加擬淩遲。偰八老陝、馬幗良、偰幅安、偰老五、土應揚、偰玉保、偰成盈、偰洸有、偰小補子、偰有中、章小老、偰小六二、偰小羊保、偰小寬子、何有洸、偰玉淋、古盆子、偰小四頭、楊才、偰小七頭、偰成陽、馬小四八、馬成富、偰添華、劉小三、小利黑、偰海羊、偰有興、馬留、偰萬隴、偰小石老、偰正善、偰升、張成隴、李濚華、馬成玉、偰俸潰、黑姑路、何小窰匠、偰小重子、小黑五、何老六、添么大、偰義學、楊材、羅老五、偰順沅、偰厚沅、偰伊麼、偰老六、楊成、偰添有、偰正楊、張幗保、偰小五斤、偰映有、偰洪玉、偰有旺、馬春玉、偰成良、偰汰全、偰應科、小苟子、偰小八子、偰淙沅、馬小班、偰有盈、偰俸、小花子、火里斯、偰金、偰成學、毛驢子、偰幗蒽、馬幗俊、偰三牛、楊中亮等七十七犯，均聽糾燒搶，各殺斃漢民自四五命及一二命不等，内究出有於二十六年在永順等處抗拒官兵，殺死兵練，運送火藥，搶奪礮位等項情事。查「謀叛已行」，律止斬決，俱應從重照「强盗殺人放火斬決梟示」例問擬。除偰伊麽已被偰有盈殺斃，張成隴、李濼華、馬成玉、偰俸潰、黑姑路、何小窰匠、偰小重子、小黑五、何老六、添么大、偰義學、楊材、羅老五被兵役格傷，解案訊供後身死，偰萬隴、偰正善、偰升、馬幗俊、偰三牛、楊中亮解審在途在監病故外，偰八老陜等五十七犯，均請照例斬決梟示。漢民馬致禾糾毆致斃回民沙汶英一家九命，並復起意糾衆燒殺回寨。查「聚衆共毆，原無必殺之心，而毆死一家三命」及「挾仇放火，燒房殺人」，均例應斬決。畢老五聽從燒殺，復又起意另燒回民小邨，亦例應斬決。該犯等挾仇燒殺，致斃多命，情殊兇殘，均請加擬梟示。漢民蕭老五糾搶回民財物，拒斃事主一命，並另行謀殺十歲以下幼孩一人。查「搶奪斃命」及「謀殺十歲以下幼孩」，均應擬斬立決。該犯兩犯斬決，照例加擬梟示。回民偰小三頭、楊其能、楊富、偰小奴、牙海約、偰添成、何珍、偰幗安、馬應椿、偰小五四、馬長零、偰小頭、丁潰、偰俊成、馬萬椿、李老五、偰路湮、楊映、洪火鐮墜、飯團子、小猓玀、㑩小老頭、㑩叫花、㑩隴、何小八四、楊進、㑩海仁、馬映洪、何有倫、沙鉢、小馬七、楊洲、閔潰、丁老五、楊雨生、㑩老抓、馬成名、楊瀶友、楊小五頭、馬淙受、㑩乳奴、㑩金文、㑩小煞波、馬玉山、楊添秀、魯古麽、㑩志隴、㑩汝才、㑩洸彩、㑩洪淙、㑩老五板、㑩老牛、㑩右事等五十三犯，聽糾挍山搶奪，各自拒斃漢民一命。內除馬玉山、楊添秀、㑩志隴、㑩汝才、㑩洸彩、㑩洪淙、㑩老五板、㑩老牛、㑩右事等被兵役格傷，解案訊供後身死，及解審在途在監病故外，㑩小三頭等四十四犯，均請照「白晝搶奪殺人」例，擬斬立決。漢民彭爾受聽從高添佑主使，戳斃老沙氏一命，照「鬬殺下手爲從」，罪止擬流，其聽從焚燒回邨，復故殺逃婦一命，罪應斬候，唯助惡燒殺，殊爲兇殘，應請加擬立決。以上各犯情罪重大，未便稍稽顯戮，內除㑩八伊模等七十三犯已在楚雄府城恭請王命，先行正法外，其馬致禾、馬幗良、馬留、㑩小石老、㑩添華、劉小三、小利黑、㑩海羊、㑩有興、㑩有盈、㑩俸、小花子、火里斯、㑩金、㑩成學、毛驢子、馬映洪、何有倫、沙鉢、馬小七、楊洲、閔潰、丁老五、楊雨生、㑩老抓、馬成名、楊瀶友、楊小五頭、馬淙受、㑩乳奴、㑩金文、㑩小煞波等三十二名，恭請王命，飭委臬司及督撫兩標中軍、城守營等，押赴市曹監視處決。應梟示者，將首級委員解赴犯事地方懸竿曉示，以昭炯戒。漢民晁添錫、張有壬，聽從蕭老五糾搶得贓，各斃事主一命，除晁添錫業已病故外，張有壬請照「白晝搶奪殺人」

例，擬斬監候。張錫聽從搶奪，於蕭老五拒殺事主時幫同刃傷，請照「搶奪殺人爲從」、「幫毆刃傷」例，擬絞監候。均秋後處決。高添佑、胡小萬椿、高幗賓聽從馬致禾糾毆，該犯高添佑主使彭爾受戳傷老沙氏致斃，應以主使爲首；胡小萬椿、高幗賓各自毆傷沙汶英、偰小老身死，照鬭殺律，均罪止絞候，第沙汶英一家致死九命之多，皆由該犯等助毆所致，情亦殘慘，且至因此釀成巨案，除胡小萬椿、高幗賓業已病故外，高添佑應請擬加立決。李小老大等因蕭老五糾搶拒捕，被回民控查解勸爭鬭，李小老大故殺回民一命，請照故殺律擬斬監候。張小喜得、賀小長更、盧小起、何泳興各自毆斃回民一命，請照鬭殺律擬絞監候。回民偰俊望、馬幗安、羅蒽、偰小楞五、楊映望、偰成尚、何有潰、偰幗安、偰汶玉、偰新保、偰潮富、偰萬幅、偰映潰、偰添玉、楊本椿、楊小三苟、馬潮沅、偰新成、馬椿、偰成厚、王成保、偰永保、楊裁、馬椿渼、劉唐、路古麽、偰本俸、偰有潰、偰萬淙、偰老八、偰潮良、張連科、何小石老、偰添潰、偰玉安、偰小受、偰有才，因先後與漢民口角爭鬭，各斃漢民一命，除楊本椿、張連科業已病故外，偰俊望等三十五犯，均合依鬭殺律擬絞監候，俱秋後處決。回民薩滿五、羅小海勇、馬洪保、偰小黄頭、馬小九、偰小囤子、蕭小定、楊騰隴、曹老三、唐有受、偰世碌、馬洲、馬成、何盈、偰俸蒽、馬騰隴、偰世蒽、馬存、馬小五八、偰保、何小長受、偰小三、馬受、偰汶章、偰洪受、偰本立、偰明安、偰亮、偰小七五、馬路甫、偰小麼臉等，聽從偰八伊模糾約搜山搶奪，並未傷人，内除馬路甫、偰小臉麼已病故外，薩滿五等二十九犯，請照「回民搶奪結夥三人以上」例，均應發雲貴、兩廣極邊煙瘴充軍。回民張谷洪，於張幗保搶獲漢邨牲畜銀物，受寄銷賣，分得多贜，照「知强盗後分贜滿數」例，應發近邊充軍，唯明知燒搶巨案，輒敢代爲銷贜分肥，較尋常分受盗贜尤爲藐法，請從重發雲貴、兩廣極邊煙瘴充軍。回民偰三竅、偰世滐，漢民張汝淮，各自迭次訛詐擾害，除偰三竅業已病故外，偰世滐、張汝淮照「兇惡棍徒」例，均發極邊足四千里充軍。漢民王有潰、李應旭，聽從蕭老五搶奪回民財物，當蕭老五等拒斃事主之時，該犯等在場目擊，即屬爲從，請照「搶奪殺人爲從，未經幫毆成傷」例，發極邊足四千里充軍。漢民張揚、張連甲、何洸斗因與回民口角争鬧，各用鐵矛戳傷回民平復，請照「兇器傷人」例，均發近邊充軍。回民偰登隴聽從偰八伊模糾約燒搶漢邨，臨時因病不行，事後分得贜物，請照「共謀爲盗，臨時患病不行，事後分贜」例，杖一百，流三千里。回民李映詳、張連沅、楊中明、莫如淋、偰汶盈、偰有功，聽從偰八伊模糾約燒搶漢邨，漢民白世良聽從蕭老五糾搶回户，均臨時畏懼不行，事後分得贜物，請照「共謀爲盗，臨時畏懼不行，事後分贜」例，均杖一百，徒三年，分别定地發配，折責安置。何小八頭、聶倫、楊旭、偰小雙等，聽從偰八伊模糾約燒搶，臨時畏懼不行，事後亦不分贜，請照

「共謀爲盜，臨時畏懼不行，事後不分贓」例，各杖一百。陳典訊不知偰三竅等謀搶竈户情事，惟聽藏刀械，亦有不合，請照不應重律杖八十，酌加枷號一箇月，分別枷責發落。姚州及白井地方經此懲創，回、漢各知震懾，閭閻均屬安靜，仍飭該處文武隨時稽查約束，不得再滋事端。此案雖經拏獲首要多名，盡法懲辦，惟恐尚有潛匿，並白井案犯亦尚未悉數就獲，仍飭嚴密查拏，不得稍形松懈。續有弋獲，另行審擬具奏。前署州咸孚，於地方致斃多命，雖失於防範，第因勢凶事驟，力不能制，今於數月之内協獲多犯，合無仰懇聖慈，寬免議處。至回、漢各犯，先後共獲二百三十六名，内淩遲、斬決、梟示並罪應絞決等犯，共有一百三十八名之多，係屬設法兜擒，俾首要不致漏網。所有接署姚州及白井文武員弁，並鄰境暨在事差委各員，或帶兵圍捕，或購線密拏，雖皆分所應爲之事，但人犯衆多，辦理均甚出力，臣等未便没其微勞。可否量予鼓勵之處，均出恩施格外，恭候訓示遵行。

除全案犯供咨部外，謹將各犯罪名事由另繕清單，恭呈御覽。伏祈皇上聖鑒。謹奏。

校記：

〔一〕此摺與程矞采聯銜，道光二十八年六月十五日具奏。

雲貴奏稿卷九

迤西移改協營添設汛兵摺〔一〕

奏爲迤西甫就乂安，地方實形遼闊，擬於善後案内，添移營汛兵丁，及酌派换防處所，將經費由外籌辦，以聯聲勢而重巡防，恭摺奏祈聖鑒事。

竊照滇省之永昌、順甯、大理三府，暨蒙化一廳，竝楚雄府所轄之姚州，皆處迤西邊界，山深箐密，道阻且長，雜處漢回，易藏奸宄。本年自春至夏，先在彌渡用兵，繼由保山、永平，遞及蒙化之大小圍埂，終而辦至姚州，皆藉所調大兵分投緝匪。除勦殺不計外，先後獲犯一千餘名，均已分别訊明，寘之於法。經此一番懲創，閭閻始能安枕，商旅乃得通行。惟地段綿延，各營汛相距既遥，即有鞭長莫及之勢，迨聞焚搶劫殺，兵至而賊已遠颺。是以今夏軍務竣時，雖將全師凱撤，而猶酌留兵弁分段駐防。入秋以來，仍陸續報獲逸犯多名，地方益臻静謐。惟各處情形不一，有須互相鈐制者，自宜以客兵换防。

有須永固藩籬者，又宜以土兵駐守。爲久遠計，不得不相度要隘，移汛添兵，以期巡察周詳，互相犄角。臣林則徐前在迤西駐劄時，即與臣榮玉材，率同迤西道王發越，隨處查勘，公同酌議。迨回省後，復與臣程矞采，暨在省司道，節次籌商。如永昌地方，最稱扼要，在國初原設永順鎮總兵，統轄中左右三營，迨後改鎮爲協，祇留左右二營，左營兼中軍都司一員，右營守備一員，均駐永昌府城内。自城外至大理府五百餘里，路途險阻，而實爲來往通衢，乃僅有把總、外委汛地，竝未駐有千總以上之武職，殊屬非宜。今擬將永昌存城之右營守備一員，移駐緊要之永平縣城，其自瀾滄江北岸之杉木和汛，直至東北大路之漾濞汛，皆應歸於右營管轄。查永平原駐把總一弁，帶兵三十四名，未免單薄，今擬添募兵八十六名，連原駐之兵，合共一百二十名，駐劄永平，以爲永昌門户。又永平轄之永定站，亦係大路，距城約及百里，爲盜賊出没之所，向未駐兵，今擬添募兵五十名，撥一外委督巡，作爲永定汛。又龍街，距城一百二十里，回民多而且悍，向來亦未駐兵，今擬添募兵四十名，撥一外委管帶，作爲龍街汛。又漾濞，雖在蒙化廳界内，而距廳城約二百里，其汛地本係永昌右營所轄，但向來僅以額外外委帶兵三十二名駐劄相近之柏木鋪，而於漾濞上下兩街烟户極多之處，雖有巡檢分駐，竝無武弁專防，殊不足以資巡緝，今擬移撥永昌千總一弁，添慕兵八十名，令其管帶駐守，其柏木鋪原駐兵弁，即作爲漾濞汛協防，統歸右營守備管轄。又永昌左營之姚關汛，壤接夷地，距城一百六十里，原設把總一弁，駐兵六十名，今擬添募兵四十名，共成一百名，駐守要隘。又舊乃汛，距城四百五十里，本係右營汛地，今應改歸左營，其原設代防外委一弁，駐兵三十名，在昔足敷防守，今將保山回民安插於官乃山，已有二百餘户，而尚有回民續求赴彼居住者，該山系舊乃汛所轄，防範稽查更關緊要，擬改撥把總一弁，添募兵五十名，以資彈壓。又永昌坡，距城一百八十里，地形險要，向只駐兵十二名，今擬添募兵六十二名，移把總一弁赴彼管帶，以資防守。至永昌協左右營汛地，前因都守均在本城，故分汛頗有錯雜，今既將守備移駐永平，應按各汛地勢，分别改隸兩營。如姚關、舊乃、永昌坡、蟒水、枯柯河、潞江、猛峝、戥子鋪、猛賴、栗柴垻、觀音山十一汛，應歸左營都司管轄，杉木和、竹魯凹、燕子河、北沖、河灣、永平城、永定、龍街、柏木鋪、漾濞十汛，應歸右營守備管轄。此永昌一帶添改備弁兵丁之情形也。但永郡最爲險要者，莫過於瀾滄江橋。往年回匪之燒橋，上冬哨匪之折板，皆謂此橋一斷，官兵即不能渡江，以致匪類恃爲負嵎之固。查向來該橋一帶只派兵丁八名輪巡，固屬無益，今即添營移汛，若僅守以本處兵丁，仍恐其與哨匪句通，緩急究難盡恃。臣林則徐前於永昌閲兵摺内，業經先陳大概，兹復公同商議，似此咽喉之地，宜以客兵换防，擬由提標派出千總一弁，帶兵一百名，駐劄瀾滄南岸之平坡。該處踞險憑高，四面皆堪瞭望，以之守禦折衝，自當倍形得力。每届半年，調换一次，俟接防者到彼，准原駐者回營，以均勞逸。但客兵於地形未盡熟悉，仍須主兵協同守望，不任置若罔聞。此後擬將江橋地方作爲永昌左右兩營公汛，如該處失事，將永昌都守與派防之提標千總，一體懲處，以期各顧考成。此又酌擬主客互防之原委也。至順甯府地方，南北相去七百餘里，從前營伍原隸永順鎮標，迨後改爲順雲營，以參將一員管轄，駐劄緬甯廳城內，離順甯府城三百餘里，而所轄之錫腊等處，接連夷地，回匪每與夷衆句結爲奸，且距營既遥，恐參將難於遠馭。查龍陵協副將一缺，雖處邊隅，而地方現甚安静，且龍陵距騰越鎮不遠，該鎮總兵堪以隨時策應。今擬將順雲營參將與龍陵協副將兩缺互相調换，作爲順雲協副將、龍陵營參將，並龍陵中軍都司亦改爲順雲協中軍都司，均移駐緬甯廳城，將該協錢糧歸都司經管，其順雲營左軍守備，仍駐順甯府城，右軍守備則須移駐錫腊。查錫腊原只外委一弁，帶兵十八名劄駐，今情形大非昔比，夷回均須防範，兵力不可太單，數年以來皆有留防弁兵三百名，現擬以守備兵久駐其地，所需兵額酌定二百四十名，除原駐兵十八名外，尚應添兵二百二十二名。又右甸一城，介在永、順兩府之間，是以永昌協與順雲營皆有右甸名目。然該處距順甯府城祇一百四十里，而距永昌府城二百一十里，今既於永順坡添兵駐守，則永昌協不必再立右甸汛之名目，自應歸於順雲專轄。查右甸城，毘連猛庭寨，漢、回雜處，屢啓衅端，原駐把總一弁，帶兵四十三名，爲數本少，近年多事之際，添駐防兵每及數百名，今匪類多已就擒，仍須時加防範，擬酌添守兵三十七名，連原駐之四十三名，共成八十名，竝添撥額外外委一名，隨同把總管帶。又阿魯史塘，亦係犬牙交錯處所，原設塘兵五名，不敷稽察，今擬改塘爲汛，添兵三十五名，撥順雲營存城外委一弁管帶。以上三汛，共應添兵二百九十四名。查順雲之兵分汛多而存城少，龍陵之兵分汛少而存城多，除右甸、阿魯史二處所添兵數，仍於順雲存城兵内改撥外，所有錫腊應添兵數，即於龍陵存城兵内改撥，作爲新設順雲協額兵，不必另行招募，千總以下各弁，均不更動。惟其中軍都司既改歸順雲協，應將龍陵右營守備改爲中軍守備，竝將左右兩營改爲左右哨，由該備督率兩哨千總經理營務。此順甯一帶酌改營制之情形也。至大理府，爲提督駐劄之所，復有城守一營，似兵力已屬充足，但城守營汛地綿亘三縣四州，而額兵僅七百餘名，逐日解犯護餉等差，絡繹不絶，勢難再行裁撥，其提標中、左、右三營之兵皆爲徵調而設，若將標兵改汛，殊與營制不符。現查太和、趙州交界之下關，商旅輻輳，向無員弁駐劄，亦屬非宜，今擬添募兵一百名，撥大理城守營存城之右哨千總一弁，移赴下關駐防，作爲該千總汛地，其原設巡防上、下兩關汛之右哨〔三〕外委千總前往上關駐劄，以專責成。又彌渡把總，即令專駐太和縣城，毋庸兼管，竝另派左哨外委千總前往上關駐劄，以專責成。又彌渡地方，甫經戡定，原駐外委一弁，帶兵四十名，尚覺單薄，今擬添募兵四十名。又紅巖一處，亦匪類聚集之區，向無駐劄弁兵，今擬添募兵四十名，撥城守左哨二司外委，在紅巖駐劄巡防，與趙州、彌渡上下聯絡，統歸大理城守都司管轄。其餘各汛，悉仍其舊。此大理一帶移汛添兵之情形也。又蒙化一廳，最多回户，而其汛地係景蒙營遊擊管轄，該遊擊向駐景東廳城，距蒙化廳城已有四百七十里，而自蒙化廳至扼要之三勝站，又七十餘里，中間未設塘汛，實恐疏虞。今擬將景蒙營存城之右哨二司把總移駐三勝站，由該營撥兵八十名隨同駐劄，竝巡查大小圍埂及茅草哨等處，以免空虛。至楚雄原有楚姚鎮標，自裁鎮改協之後，其分駐姚州者，惟千總一弁，帶兵六十七名，除分布二十二塘，計兵四十五名外，存城者僅兵二十二名。如上年該處漢回焚殺之事，在城兵丁即不敷彈壓，今擬添募兵五十三名，連各塘共成一百二十名，俾共防守城池，巡緝附近匪類。此又蒙化、姚州二處改汛添兵之情形也。以上所改協營汛城，凡駐防各員弁，均於存城内酌量移撥，毋庸增添。惟兵丁除撥抵外，計應添募守兵六百四十一名，無閏之年，需餉銀七千六百九十二兩，有閏加增銀六百四十一兩，兵米每名每月例支三斗，今擬概以折色散放，每月折銀三錢，無閏之年，需米折銀二千三百七兩六錢，有閏加增銀一百九十二兩三錢。但思國家經費有常，曷敢以添餉增兵，復由部中於正餉之外另籌撥款，惟當於本省自行籌畫，庶足以資久遠而節度支。查滇省鹽務課款中，因銷數暢旺，於正溢課外尚有溢餘銀數萬兩。道光八年前督臣阮元奏請按年據實造報，以一半歸部報撥，一半留存本省，以備邊費，各項例不准銷之款，就此支銷，奉旨允准在案。今因迤西漢、回甫定，邊地綿長，移伍添兵，實善後中必不可緩之務，合無仰懇聖恩，准於本省鹽課溢餘項下，每年儘先動撥銀一萬兩，遇閏加增八百三十二兩九錢，作爲新添兵餉米折之用。此款開除之外，尚應存溢餘若干，再照奏定章程，以一半歸部充公，一半留存本省邊費。每年估撥兵餉之時，即先將增添餉銀米折數目，聲明扣除，毋庸請撥，以清款目。至移駐都守應蓋衙署，及千把外委兵弁均須建蓋汛房，經費頗繁，亦未便開銷款項。現據大理府知府唐愔培捐銀二千兩，準升蒙化同知汪之旭捐銀一萬兩，騰越廳同知彭崧毓捐銀三千兩，共銀一萬五千兩，堪以分撥估建。如尚不敷，再由臣等另行籌給。此項工程既係捐辦，應奏明請免造册報銷。至永昌江橋換防弁兵鹽菜口糧，每年約需銀一千五百兩，並往返軍裝擡費，即由本省邊費內支放，毋庸另籌。如此一挹注間，於帑項既可不糜，而營伍堪資實用。總期久安長治，以仰副聖主整飭營伍、綏靖邊陲之至意。所有添募兵丁，現即豫飭各營汛先行認真挑募，務擇其年力強壯、技藝可觀者方准應募，由該管將備逐層考驗報查，不許以老弱一名充數。俟奉俞允後，即於二十九年正月起，一體到汛值防，以免拖前搭後。其餘未盡事宜，另容隨時確核，分別奏咨辦理。

除將添改營汛處所另繕清單，恭呈御覽，竝分咨户、兵兩部外，謹將臣等會同籌辦緣由，合詞恭摺具奏，伏乞皇上聖鑒，飭部覈覆施行。謹奏。

校記：

〔一〕此摺與程矞采、榮玉材聯銜，道光二十八年十月二十四日具奏。

〔二〕清宮硃批奏摺以下文字為「把總，即令專駐太和縣城，毋庸兼管，並另派左哨千總前往上關駐劄，以專責成。又彌渡地方甫經戡定，原駐外委一弁，帶兵四十名，尚覺單薄，今擬添募兵四十名。」與此文文字略異。

查勘礦廠情形試行開採摺〔一〕

奏爲遵旨查勘滇省礦廠情形，請將舊廠核實清釐，新礦試行開採，以期弊去利興，行之有效，恭摺奏祈聖鑒事。

竊准部咨：「奉上諭：前因户部奏籌備庫款一摺，當派宗人府、大學士、軍機大臣會同妥議具奏。茲據另議章程五條，無非就自然之利斟酌損益，惟在該督撫等各就地方情形熟商妥議，立定章程具奏。等因。欽此。」臣等跪誦再三，仰見聖主裕國足民、利用厚生之至意。復〔二〕查新定章程五條，内如河工、漕務，本爲滇省所無，鹽務則向有定章，竝無懸引墮課，自應遵旨，無庸更易。至錢糧年清年款，各税儘收儘解，均無蒂欠。除將應造清册，飭屬依限據實造報，聽候稽查，以昭劃一外，計滇省所應辦者，首在開採一事，敢不詳慎籌維。復〔三〕思有土有財，貨原惡其棄於地；因利而利，富仍使之藏於民。果能經理得宜，自可推行無弊。考之周禮：「丱人掌金玉錫石之地。」注云：「丱之言礦也。」其曰「爲之厲禁以守」者，爲未經開採言之也。曰：「以時取之，物其地圖而授之，巡其禁令。」此即明言開採之法，爲後世所仿而行焉者也。「以時」云者，注疏但釋其大意，今以臣等在滇所訪聞者證之，似指冬春水涸之時而言。蓋金爲水母，五金所産之硐，皆須戽水而後取礦。故辦銅例有水洩之費，銀礦亦然。夏秋礌硐多水，宣洩倍難，往往停歇。若水過多而無處可洩，則美礦被淹，亦成廢硐。乃悟「以時」二字，古人固早見及此也。「物其地圖」云者，亦如今之覓礦，先求山形豐厚，地脈堅結，草皮旺盛，引苗透露，乃可冀其成廠。滇中諺云：「一山有礦，千山有引。」引之初見者曰子櫝，漸而得有正櫝，乃可進山獲礦。礦形成片者謂之刷，礌硐寬廣者謂之堂，由成刷而成堂，始爲旺廠。若土石夾雜，則謂之鬆塃，旋開旋廢，易虧工本，甚至下開上壓，滇諺謂之蓋被，則非徒無益矣。故認勘必須詳細。所謂「物其地圖」者，正以此耳。「巡其禁令」云者，誠以開採人多，須有彈治之法。如今之廠内各設課長、客長、硐長、鑪頭、櫰頭、鍋頭，皆所以約束礌户、尖户及鑪丁、砂丁之類，又須多派書差巡練，以杜偷匿漏課，並禁奪底爭尖。此皆「巡其禁令」之遺意。是開礦之舉，不獨歷代具有成法，而周禮早已明著爲經。況滇省跬步皆山，本無封禁，而小民趨利若鶩，礦旺則不招自來，礦竭亦不驅自去，斷無盤踞廢硐，甘心虧本之理。其謂人衆難散，非真知礦廠情形者也。滇人生計維難，除耕種外，開採是其所習。近年因銅斤産薄，惟恐京運不敷，但有能覓子廠之人，廠員無不亟令試採。若輩行山望氣，日以爲常，於地力之衰旺盈虚，大都能知梗概，見有可圖之利，或以紅單而報苗引，或以僉呈而請山牌，當其朋集鳩貲，人人有所希冀，要之人事居其半，天事亦居其半。據本地人所言，開而能成，成而能久者，向實不可多得。然第就目前而論，如其地可聚千人者，必有能活千人之利，聚至數百人者，亦必有能活數百人之利，無利之處，人乃裹足。故凡各屬礦廠衰旺興閉，地方官皆不能隱瞞，惟設法經理之人，能使已閉復興，轉衰爲旺者，實難其選耳。案查嘉慶十六年間，户部議覆雲南銀廠十六處抽收税課，以二萬六千五百五十兩零爲每年總額。准以此廠之有餘，補彼廠之不足，不必分廠核算，務期總額無虧。如收不足數，著落分賠，遇有盈餘，儘數報解。迨嘉慶十九年，白沙一廠衰竭封閉，奉旨開除。此後定有課額者，共止十五廠，年應抽解課銀二萬四千一百一十四兩零，載在户部則例。其奏准儘收儘解之廠，則例所載，祗有角麟、太和、悉宜、白羊四處，嗣又據續報永北廳之東昇廠、東川府之碁山廠、新平縣之白達母廠。此内惟東昇一廠歷年出産較多，所抽課銀尚可以補各廠之缺。若碁山、白達母二廠，則皆於鉛礦内抽取，殊不濟事。其已定課額之十五廠内，如南安州之石羊、土革，鎮雄州之銅廠坡，會澤縣之金牛，永平縣之三道溝，實皆歷年廢歇，因課額早定，不敢短絀，或以未成之子廠先行劃補，或由經管之有司自行賠解。檢查歷年奏銷册内，均與開化府、鶴慶州、永北廳之金廠四處，一同按額解課，總數竝無虧短。除課金嬴餘無多不計外，其報撥課銀，節年嬴餘，自一二千兩至六七千兩不等。此臣等於未奉諭旨之先，因欲整飭廠務，即已分别查明之實在情形也。兹蒙諭令於所屬境内確切查勘，廣爲曉諭，酌量開採。自應先於舊廠之外，加意稽查。當飭藩司遴擇曉事委員，分路訪覓，諭以金銀皆可採取，不必拘定一格。即或有人互爭之地，前因滋事而未准開者，今不妨由官督辦，抑或草皮單薄之礦，前恐未成而不敢稟者，今不妨據實報聞，且仰繹訓諭諄諄，不准游移不辦。如果開採之後，弊多利少，亦准奏明停止等因。聖明俯體下情，如此開誠布公，官民更何所用其疑慮乎？況查滇省課金，或以牀計，或以票計，例定課額甚微，其課銀章程，本係一五抽收，民間採得十萬兩之銀，納課者僅一萬五千兩，可謂斂從其薄，於民誠有大益。將此明白開導，似民間皆已踴躍倍常。當據委員會同臨安、普洱文武稟稱，查得他郎通判所轄坤勇箐地方，距城九十里，有土山數重，山頂全係碎砂，不能栽種，故無民居。前因土內產有金砂，遂有外來游民私挖淘洗，致相爭鬭，稟經前督臣委員會同他郎、元江廳州前往查逐，該游民各即逃散，遂將該山封閉。但金砂仍不時湧現，挖淘較易，難免游民旋復潛來。如蒙奏明開採，雖豐嗇難以遽定，究足以裨公課而杜私爭。臣等隨復批飭各員親詣該山，勘明實在情形。旋據稟覆：「山頂寬平，周圍約七八里，掘土尺餘，即見細碎金砂，閃爍耀目。官員到山，游民先已躲避，勘有私硐四口。詢訪附近郕人云，挖起金砂，取水屢淘，復以木板爲牀，竟日搖盪，一人之力，日可得金幾釐，多亦不出一分。又離該山數里有名爲三股擂及小凹子二處，勘有草皮銀礦，微夾金砂，現亦有人偷挖，但未進山成硐。」等情。臣等當即批准，將此三處試行開採。但先前既因私挖致釀鬭爭，此次官爲督辦，亟應選擇殷實良善者作爲頭人，責令招募砂丁，逐層約束。前此偷挖滋事驅逐復來者，亦當訪拏究辦，以示懲儆。且必須先派員弁，多帶兵丁，始足以資彈壓。容臣等斟酌調遣，一俟佈置定局，再行縷析奏聞。又據鎮沅直隸同知，暨文山、廣通二縣先後禀稱：前因奉文廣覓銅廠，疊經示諭民人訪尋子廠呈報。嗣有鎮沅廳民羅梓鵬等，報有距城百餘里之興隆山麓，獲銀礦引苗。當令招丁試採，該廳時往履勘，其礦砂忽接忽跳，未能定準，如數月内堪以接採，擬即酌定課程。又文山縣民萬雲隴等，以距城一百八十里之白得牛寨地方出有礦苗，該民等已各出備油米，呈縣開採。經該縣報府委勘，山勢豐厚，惟四圍包欄不甚緊密，所出草皮墏礦，成色較低，兼以時有時無，不免旋作旋輟，請加察看，可否抽收銀課，儘收儘解。又廣通縣民李集之等，以象山地方，距城九十七里有礦可採，報經該縣准令試辦。嗣採得門礦，所出無多，業經揞鑪分計〔四〕，無如銀微色低，唯將所出黑鉛，藉作底母之用，尚須再行試準，量請抽課。各據實具禀前來。臣等查該三廠開採，雖尚未見成效，然總須該地方官激勵廠民，奮勉從事，不可任其半塗而廢。現已札令速將礦砂煎樣解驗，應抽課銀，先許儘收儘解，俟試辦一年，察定情形，再將抽解數目，入額清撥〔五〕。至此外更令廣爲覓採，有苗即力求獲礦，有礦即務使成堂，如能采辦數多，應先遵照朝議，商給優獎，官請議敘，以期率作興事，感奮爭先。至舊額老廠，雖據逐細查訪，實係衰歇者多。然習於廠事者，必能明其消長之機，以籌修復之法，或拉龍扯水，或旁路抄尖，或配石分計〔六〕，如錘手背夫及揩鑪下罩之人，所見既多，諒亦能知補救，即或需費工本，但能先難後獲，亦當設法爲之。倘實係硐産全枯，徒勞無益，則名是實非之廠，似應據實開除，即於儘收儘解各廠中奏明抵補。總須比較原定舊額無絀有贏，方爲核實整頓之道，不得因廣採新山，而轉置舊廠於不問。至於官辦、民辦、商辦，及如何統轄彈治、稽查之處，仰蒙恩諭，不爲遥制，凡在官商士庶，無不感激倍深，自當按地方之情形，籌經久之善策。查辦廠先須備齊油米柴炭，資本甚鉅，原非一人之力所能獨開。官辦呼應雖靈，而在任久暫無常，恐交代葛藤滋甚。倘或因之虧空，參辦則有所藉口，籌補則益啓傚尤。況地方官經管事多，安能親駐廠中，胼胝手足，勢必假手於幕丁胥役，弊竇愈多。似仍招集商民，聽其朋資夥辦，成則加獎，歇亦不追，則官有督率之權而無著賠之累，似可常行無弊。臣等與在省司道及日久在滇之正佐各員，下逮商旅民人，無不虚衷採訪。竊以此次認真整頓，令在必行，所宜先定章程者，約有四事：一曰寬鉛禁。查銀礦惟炸礦爲上，爲其塊頭淨潔，出銀多而成色高。然廠中似此之礦，百不得一。其習見者，名爲大花銀礦、細花銀礦，其實皆鉛礦也。鉛礦百斤，煎鉛得半，即爲好礦。而好鉛十斤入鑪架罩，其上者得銀六七錢，次者僅二三錢。除抽課、工費之外，只敷半本。其里出鉛汁，名爲銷團〔七〕，鉛浸灰内，名曰底母，皆可溜成黑鉛，以此售賣，始獲微利。滇省向因黑鉛攸關軍火，曾有比照私賣硝磺辦罪之案，故鑪户所餘底銪皆爲棄物，虧本愈多。臣等查黑鉛一項，或錘造錫薄〔八〕，或炒煉黄丹顔料，所用亦廣，原非僅爲製造鉛彈之需，律例内竝無黑鉛不准通商之文。且貴州之柞子廠、四川之龍頭山，黑鉛均准售賣。滇省事同一律，如准將底銪出售，以補廠民成本之虧，庶不至於退歇。況售買底銪必有行店，其發運若干，令廠員驗明編號，填給照票，俟運至彼處，即將照票赴該地方衙門繳銷，既可杜其走私，於軍火無所妨礙，藉得霑有利益，於廠民實獲補苴。一曰減浮費。查雲南各屬，無論五金之廠，皆有廠規。其頭人分爲七長。每開一廠，則七長商議立規，名目愈多，剥削愈甚。查歷辦章程，迤東各廠硐户賣礦，按所得礦價，每百兩官抽銀十五兩，謂之生課。迤西各廠，硐户賣礦不納課，惟按煎成銀數，每百兩抽銀十二三兩不等，謂之熟課。皆批解造報之正款，必不可少。此外有所謂撒散者，則頭人、書役、巡查之工食薪水出焉。有所謂火秏、馬腳、硐主、硐分、水分，以及西岳廟功德、合廠公費等名目，皆頭人所逐漸增添者，雖不能盡裁，亦必須大減。現在出示曉諭，務令痛删無益之規銀，以辦必需之油米，庶不至因累而散。

一曰嚴法令。查向來廠上之人，殷實良善者什之一，而獷悍詭譎者什之九。又廠中極興燒香結盟之習，知滇諺有云：「無香不成廠。」其分也爭相雄長，其合也併力把持，恃衆欺民，漸而抗官藐法。是以有礦之地不獨官懼考成，竝紳士居民亦皆懍然防範。今興利必先除害，非嚴不可。即如所用鐵器，除鎚鏨、鍋鏟、菜刀准帶外，一切鳥槍、刀械，全應搜淨，方許入廠。其駐廠彈壓之印委員弁，皆准設立枷杖等刑具，有犯先予枷責，或插耳箭遊示，期於小懲大戒。若廠匪膽敢結黨，仇殺多命，鬧成巨案，或恃衆强姦盜劫，擾害平民，責令該府州廳縣會同營員立卽兜拏務獲，審明詳定之後，請照現辦迤西匪類章程，就地請令正法，俾得觸目警心，庶可懲一儆百。

一曰杜詐僞。查礦廠向係朋開，其股份多寡不一，有領頭兼股者，亦有搭股分尖者，自必見有好礦而後合夥。滇省有一種詐僞之徒，慣以哄騙油米爲伎倆，於礦砂堆中擇其極好淨塊，如俗名墨緑及硃砂、蕎麫之類，作爲樣礦示人，啗以重利，慫恿出貲，承攬既多，身先逃避。愚者以此受累，黠者以此詐財，良民不敢開採多以此故。又廠上賣礦買礦之時，復有一種積蠹，插身説合，往往私抽釐頭，爲之裝蓋底面，顛倒好醜，爲貽害廠務之尤。兹先出示諭禁，嗣後訪獲此等匪徒，皆即加重懲辦，庶可除弊棍而示勸懲矣。

臣等在滇未久，於礦廠情形本不諳習，仰荷聖慈委任，且蒙訓諭周詳，謹就察訪實情，先籌大概，雖成效尚未能豫必，而任事斷不敢畏難。此外續查利弊情形，總當據實直陳，以仰副宵旰疇咨於萬一。

所有查勘籌辦緣由，是否有當，臣等謹合詞恭摺具奏，伏乞皇上聖鑒訓示。謹奏。

校記：

〔一〕此摺與程矞采聯銜，道光二十九年二月二十日具奏。

〔二〕〔三〕清宮硃批奏摺均作「伏」。

〔四〕〔六〕清宮硃批奏摺作「分汁」。

〔五〕清宮硃批奏摺作「請撥」。

〔七〕清宮硃批奏摺作「銷團」。

〔八〕清宮硃批奏摺作「錫箔」。

雲貴奏稿卷十

勦辦騰越廳邊外野夷情形摺〔一〕

奏爲騰越廳界外野夷膽敢攔入邊地，擄搶各寨居民，派員帶練出卡痛加勦辦，餘匪畏威歸順，沿邊悉獲安恬，恭摺仰祈聖鑒事。

竊照雲南騰越廳地方，三面通夷，爲迤西極邊之區。界連緬甸，所屬沿邊卡外，别有各種野夷，既非外域齊民，又不歸土司管轄，雜居山谷，分寨自立頭人，其性貪暴兇頑，每乘虚突至漢屯〔二〕，搶擄人畜財物。因營汛不敷分布，曾於道光初年請項建置碉堡，雇練駐防要隘。而山徑叢雜，該匪輒於無練之處，覓途潛出肆擾，節經堵緝驅逐，尚不致大爲邊患。乃自上年秋冬以來，有古勇、盞西邊外之老草坡、熊家山等處野匪，疊糾多人，至古勇、河西、栗子園、崩麻各漢寨，先後擄去男女二十六丁口，並牛馬牲畜財物。報經古勇土弁，協同屯練追捕無獲，禀由鎮道府廳會議，以該處距各營較遠，山徑荒僻，險易難知，若調官兵勦捕，既恐多延時日，且不諳習路途，不如就近抽撥屯練，札調能事備弁管帶進勦，可期事半功倍。查有附近之明光隘土守備左大雄，勇敢有爲，疊次出師著績，堪以率領各土弁，管帶勁練，出卡相機勦辦，應需鹽糧，由騰越廳籌捐供支，先後具禀請示。臣等核其所請，實爲肅清邊境要務，當即批令督同妥速辦理去後。旋據該鎮道府廳等節次禀報，本年正月十九日，調齊勁練五百名，交左大雄管帶進勦。二月初四日，行抵老草坡，野匪已有準備，早經挖濠樹栅，出而抗拒。該土弁親帶各練奮勇攻擊，槍礮齊施，各匪敗竄入栅，砍斃二十餘人，帶傷甚多。隨乘勢圍栅，放火焚燬匪巢，各匪分竄至大竹箐等八寨，並西山九寨。該土備又以次進攻，各寨野夷始知畏懼，邀請安分寨頭詣營投誠。查該處夷風，遇有齊心禁戒之事，須抱大石發誓，方見真誠。其各寨中，惟六頂之大野貫與習董之大頭目，平日尚知信義，當飭該野貫等，如能擔保各寨不敢滋事，誓石投誠，方可允準。該夷等俱願遵照，隨即獻還所擄男女八丁口，牲畜六件，查明原主給領。其餘財物，據稱係熊家山等野匪擄去。旋即移營往攻，於二月初八日進至熊家山，探知該野匪所居，懸巖陡壁，已將出入要口深濠固塹，且恃有怕洒等五寨爲之羽翼，負隅不出。該土備帶練分攻，各匪亦分股抵禦。騰越鎮總兵拴住接據禀報，恐左大雄深入險寨，練力不敷，又復商令該廳，加調屯練五百名往助。左大雄得添新練，遂逼近要口，分爲五路進攻。二十二日，該匪出巢拒敵，各練丁迎頭奮擊，殲斃頭裹紅巾首匪二名及匪衆數十名。各匪退回口内。迨夜潛出劫營，練丁先已防備，極力轟拒。野匪撲營愈急，經六品軍功頂帶練總董大文瞥見，指揮放槍迎擊，並自行抱石打中爲首一匪腦後倒地。詎匪夥從旁放槍，致董大文額角受傷被害。衆練開栅齊出，抄截環攻，始將各匪打退。平明查看山箐内，有匪屍二十餘具。仍復連日進攻，斃匪無數，土練亦閒有傷亡。是月二十九日，始將熊家山匪巢焚燬，即在該處劄營，以堵怕洒等寨往來要路。其中安分野夷恐被玉石俱焚，紛紛詣營求請投誠歸化。該土備慮其挾詐，令通事逐名究詰。據供：熊家山滋事匪首一名茶山老五，一名阿五，其怕洒等寨匪首名爲總頭老五，與各小頭目等，均先後被殲身死，餘皆逃散。伊等恐被勦滅，趕將寨匪所擄之男女十八丁口，并牛十七件獻出，求免盡勦。又查出寨匪所留之漢奸馬六、張小老二人，綑送請辦。該土備允其所請，當將人畜交收。訊據漢奸馬六、張小老供認：均係沿邊民人，向走夷方貿易，因虧本負欠難歸，潛入野山，交結夷匪，指引搶擄，冀圖得贓分肥。其送還被擄民人楊啓元、楊官文、余小老、余小二、蔡大、劉九榮、邵小三、劉五斤、劉鳳英、劉小三、張邵有、張紹富、尹益、李國棟、張聯榜、張喬科、金洪榮十七名，并婦女何劉氏等九名，逐一訊據供稱：先後遭匪擄去，扣留役使，并欲勒贖。該婦女等均未被匪姦污。餘供大略相同。其代老草坡等處擔保求誠之六頂野貫、實董頭目十人，亦爲熊家山等寨懇求免勦，情願出具永不滋事刀標木刻，誓石投誠，如再爲匪，惟伊十人是問。察其情詞，不至反覆。隨飭傳齊各野山頭目與邊民，同至漢夷交界之三官殿，宣示恩威，嚴加傳諭，責成六頂、習董各頭目分寨管束，永不准其入邊搶擄滋事。各野夷咸皆畏服，叩頭盟誓。所具刀標木刻，均於邊隘立石示衆。沿邊地方，已極安靖，遂於四月初六日撤練回至廳城。查明此次陣亡，除練總董大文外，尚有練丁六名，又受傷練丁十八名，分別卹賞。所有一切經費，據署騰越同知鄧墀稟請，悉由該廳籌應等情。臣等查此次該土備左大雄，自正月中旬帶練出勦，至四月初間竣事，各寨野夷除焚巢殲巢外，均已畏威悔罪，立誓輸誠，洵能遠振軍威，又安邊地。此後仍須益嚴約束，倍緊巡防，所有各卡隘練丁，暨應責成騰越鎮將會廳逐一點驗，凡從前疏縱夷匪及現在年力就衰者，均從重責革究辦。其撫夷備委中，據查有孟學鄒、吳正傳、楊鎮邦，及練頭孟效鄒、洪德恩五名，此次俱甚出力。但從前夷匪擾害邊民，何以不能有犯即懲，應令根究明白，分別功罪，以示勸懲。漢奸馬六、張小老，句結外匪滋事，已據自行供認，自應歸於迤西匪犯案内，飭道審明，就地懲辦。傷亡練丁，咨部請卹。其六品軍功頂帶練總董大文，親手擊斃首匪，旋因中槍陣亡，可否仰懇天恩，照土千總例賜卹。至明光隘土守備左大雄，前在永昌等處軍營屢經出力，疊蒙賞戴花翎，並加宣撫使銜。該土備深知感奮，茲又收服各寨夷匪，可否再懇恩施，賞給巴圖魯名號，以示激勸。其騰越鎮總兵拴住、迤西道王發越、永昌府知府張亮基、署騰越廳同知霑益州知州鄧墀，籌商軍務，督率均尚有方，可否請旨交部均予從優議敘之處，出自聖主恩慈。所需軍費，既經籌捐辦理，并請免其造册報銷。

除再查明練丁中超衆出力之人，咨部量給頂戴外，所有勦辦邊外夷匪竣事，邊疆綏靖緣由，臣等謹合詞恭摺具奏，伏乞皇上聖鑒訓示。謹奏。

校記：

〔一〕此摺與程矞采聯銜，道光二十九年四月二十七日具奏。

〔二〕軍機處録副檔案作「漢村」。

他郎廳新礦酌更營汛摺〔一〕

奏為普洱府屬之他郎廳地居邊要，現在督辦開採，更宜駐以重兵，擬移遊擊大員，並請酌更營制，以資彈壓而重邊防，恭摺奏祈聖鑒事。

竊臣等於本年二月會奏遵旨試行開採摺内，聲明他郎通判所轄之坤勇箐曾出金砂，因遊民私採鬭爭，將山封閉，但金砂不時湧現，難免去者復來，又近處勘有草皮銀礦，現亦有人偷挖，此次官為督辦，必須多兵彈壓，容臣等斟酌調遣，一俟布置定局，再行縷析奏聞在案。維時營制未經議定，先於附近該廳之普洱、臨元二鎮，元江、新嶍二營，共派兵三百名，交護臨元鎮左營都司陳國樑帶往駐劄，暫為彈壓。並委候補通判卓樤、永平縣知縣文定仲，各齎告示、令箭前往，會同他郎通判倭克金布，選充頭人課長，議立約束章程，並責成鎮將道府各大員，就近稽查督辦。惟念兵雖暫駐，究非經久之謀，而地在沿邊，尤在藩籬之固。查他郎地方遼闊，東南兩境遠與老撾、交阯、暹羅、緬甸有路相通，就邊防而言，本應以重兵扼要駐守。今該處文員，係普洱府之通判分駐，而同城之武汛千總，又不歸於普洱鎮管轄，而係臨元鎮所屬之元江營參將分弁赴防。是文武雖在一城，而一則隸於臨元，一則隸於普洱。遇有要事，為文職者固可於駐劄普洱之道府稟請遵行，而武職營汛事宜，普洱鎮不能過問，須由元江營轉稟臨元鎮指示辦理，道路既多紆折，核轉更致躭延。在無事之時，或尚不甚緊要，值此新開礦廠，人數日見衆多，尤應文武和衷，聯為一體，始免事權歧出，呼應不靈。且查滇省額設六鎮總兵，本皆有中、左、右三營，以符規制。惟普洱鎮左營遊擊，因與威遠、新嶍兩營屢次互相改換，故現在該鎮只存中、右二營，與各鎮殊不一律，似應復還普洱左營遊擊，以昭體制而重邊防。惟營缺未敢擅添，自應量為移改。因查新嶍營遊擊向係駐劄元江州屬之新平縣城，而其分防之嶍峩縣汛，則又屬於臨安府，是彼處文武所轄，亦復兩歧。查新平係在元江腹內，又有他郎當其東南，以為屏蔽。前因境内有魯魁、𢑥牢〔二〕兩山，易藏匪類，是以曾設專營。今新平地方較之昔時大為安靜，其嶍峨尤為腹地，更可將汛務歸入臨元鎮標，所有新嶍遊擊一缺，似可移駐他郎，作為普洱左營遊擊。廠務既資彈壓，邊防亦更森嚴，以視目前派往客兵祇係暫時駐劄者，自必倍形得力。第遊擊既移，其中軍守備一員自應隨往。又左右哨兩千總，亦應酌帶一人，與原駐他郎城内之千總，各分左右哨。至元江營本有把總一弁，帶兵四十五名，分駐他郎之阿墨汛，又有分駐邦轟、宿南兩汛之外委二人，共帶元江兵六十五名，今應移歸新設遊擊管轄。又普洱中營亦有一把總、一外委，帶兵七十九名，分駐通關，哨汛距他郎較近，亦應歸於該遊擊管轄。此外尚有應帶弁委，及酌添馬步各兵，或由新嶍原營移撥，或由普洱鎮標改添，均俟該鎮將議覆至日，另咨兵部立案。惟新平舊分十汛，地勢亦屬綿長，若遊擊移駐之後，僅以千、把總領其汛地，恐職分太微，難資管束，應另移守備一員作為總轄。行據臨元鎮總兵李能臣稟覆，該標左營本有都司，可以經管錢糧等事，其左營守備尚可通融移駐新平，作為元江營右軍守備，仍隸該鎮統轄，其元江營參將，應即改名元新營，以符名實。以上擬更營制大概情形，經臣等飭據藩臬兩司，暨督糧道轉移臨元、普洱鎮道，並行該處府州，分別籌議，詢謀僉同，茲據該司道等會詳請奏前來。相應仰懇聖恩，俯念邊疆營汛，因時制宜，準將原設新嶍營遊擊移駐他郎，作為普洱鎮左營遊擊，其新平汛駐劄守備等員弁，歸於元江營管轄，將嶍峩汛歸入臨元鎮標。如此量為轉移，則文員之該管道府，與武員之該管鎮將，悉歸畫一，似公事可免歧誤，而邊境更冀肅清。如蒙俞允，所有衙署兵房，凡可彼此互換者，皆毋庸另議。惟他郎城內應添蓋遊擊、守備衙署，及自他郎城外至坤勇箐礦廠等處，如有扼要控制應須建蓋汛房者，一切工料所需，均由臣等督屬籌捐辦理。惟營分職名有應酌改之處，應再咨部酌換關防等項，以昭信守。至官兵係通融移撥，并無格外加添，其原支俸餉廉費各銀，無所增損。惟查鎮標官兵領餉，例由中營照數請領，轉給開支，而他郎距省程途，較之普洱中營稍近數站，若將該營俸餉解回中營之後，又解左營，未免徒多往返。擬令嗣後該鎮標遣官來省領餉回鎮，即於路過左營之便，先將該營俸餉等銀交給該遊擊具領收放，以省重疊來回。又兵米一項，從前他郎駐兵本少，該廳徵放本色之外，尚有餘存本折分別撥解，今移駐兵數既已增多，該處糧販本稀，自應責令他郎通判概徵本色，以資散放，其由普洱、元江撥出之兵，該原營應減本色，改折徵解。至各營汛軍裘器械，亦可酌量抵換，彼此互改營名，毋庸紛紛搬移，以歸省便。其餘未盡事宜，另容隨時酌核，分別題咨辦理。總期開廠籌邊，兩有裨益，以仰副聖主整飭營伍、綏靖地方之至意。

所有會籌移駐緣由，臣等謹合詞恭摺具奏，伏乞皇上聖鑒，敕部覈覆施行。謹奏。

校記：

〔一〕此摺與程矞采聯銜，道光二十九年四月二十七日具奏。

〔二〕清宮硃批奏摺作「哀牢」。

訪獲他郎廳廠匪黃應倡等大概供情摺〔一〕

奏為他郎廳開礦事宜，甫將章程立定，兹訪明曾經滋事之廠匪拏獲多名，飭解普洱府嚴行審辦，務使廠民知儆。謹將大概情形，恭摺奏祈聖鑒事。

竊臣等前經訪知他郎廳之坤勇箐出有礦硐，當即欽遵諭旨，試行開採，擬選殷實良善之户作為頭人，招募砂丁，逐層約束，並以前此偷挖滋事驅逐復來者，亦當訪拏究辦，以示懲儆，業經會摺奏聞在案。嗣據委員通判卓㯹、知縣文定仲前後會議章程十餘條，並將在廠各項人丁名册，查明籍貫年貌，詳細開報。核其逐層管束之法，每砂丁二十五人，設有丁目一名，每丁目十人，復設丁長一名，積至砂丁一千人，另設總頭一名，而仍選立客長五名，總司稽核。又責成鑲頭報挖新礦，鑪頭請票扯火，課長掌秤抽收，彼此互相稽查，隨時示以賞罰，復以課書、練役分段梭巡。雖事務甚繁，而約束尚無鬆懈。并據該委員等稟稱，金砂實極微細，每日淘水摇牀，所得僅以分釐計，勢難按則抽金。惟銀礦漸由子櫃而得正櫃，目下丁力加多，可期進山接礦，請將金課亦核作銀抽解，以免瑣屑畸零。查其所稟，委係實情，當即批准照辦。惟訪聞原先偷挖之人，多欲朦混入廠，此內有曾糾衆互鬭致相殘殺者，亦有擾害郫莊被人控告者，目下若不先為訪拏，則此輩自矜得計，必致故惡復萌，而衆人相率效尤，亦恐逞强滋事。臣等飭據普洱、臨元、他郎等處文武先後密禀，訪有外來滋事之匪首黄應倡，於上年十二月間未經奉文開採，即欲恃强先來挖礦，率夥盤踞罵泥街。該處居民被其擾害，協力驅逐。本年二月初間，與其黨邱綱移至戞楚地方，復圖占擾。又有臨安匪徒支老五等，及元江、他郎夷匪楊卜喇等，皆係著名之犯，與外來各匪在麻栗樹、石頭寨等處分類糾鬭，互有殺傷。其乘機分竄偏僻郫寨句結搶擄者，先經署普洱府崔紹中訪聞，會督思茅、甯洱廳縣，拏獲劉大蒲煞等三十四名，訊出各匪首要姓名，禀請四路圍緝。適臣等因開礦需兵彈壓，已會調普洱、元江官兵各一百名，臨元、新嶍官兵各五十名，赴廠駐劄，當飭帶兵各將備順途訪查，並令咨會文員，一同實力搜捕。旋據臨元鎮總兵李能臣，會同署普洱府崔紹中、署元江州李杰、署他郎通判倭克金布、前署他郎通判沈世良，並督令護元江營參將常興、署新嶍營遊擊察興阿、護臨元鎮都司陳國樑等，各分途帶領弁兵差役，先後拏獲外匪黄應倡、邱綱等四十六名，臨安匪徒支老五等二十一名，元江夷匪楊卜喇等十一名，起獲槍礮、藥鉛、刀矛多件，解至他郎會同研審。各供認互鬭搶擄數次，其當場致斃屍身，或自行燒燬，或彼此殘棄，或尚有掩埋處所可以刨驗，并搶劫郫寨情形，亦據歷歷指認。惟被害事主多未呈報到官，不能知其姓名。現在傳諭各㔹寨居民據實補報。計各文武所獲現犯共一百一十二名，已據署普洱府崔紹中禀請，親自馳至普洱，提同前獲各犯，確審懲辦。尚恐查拏之時有匪犯乘閒逸出，仍飭各營汛分途嚴緝。其已經到廠之官兵，即令留駐鎮壓。經此一番訪拏，廠務頓覺森嚴，所有新招廠民，見先前滋事匪徒多被緝獲，咸知觸目警心，悉就約束，廠内倍形安靜。雖金砂現極有限，而銀廠頗有起色，可期成效日臻。

除飭迤南道督同普洱府縣審明確供，妥速定擬詳辦，俟定案時，由臣等勘明，再行具奏外，謹將現在訪獲舊日廠匪多名緣由，先行恭摺具奏，伏乞皇上聖鑒。謹奏。

校記：

〔一〕此摺與程矞采聯銜，道光二十九年四月二十七日具奏。

保山縣城内回民移置官乃山相安情形摺〔一〕

奏爲保山縣城内回民，自移置官乃山以來，已逾一載，察看情形妥協，可期久遠相安，謹將原辦緣由奏明立案，仰祈聖鑒事。

竊臣等於上年會奏永昌善後案内，議請添移營汛弁兵，聲明保山縣轄之官乃山，因安插回民二百餘户，尚有陸續前來者，擬添兵五十名，連原駐之三十名，派一把總帶領，以資彈壓等情，已蒙飭部覈議覆准在案。彼時回民移居未久，尚須細察情形，未敢以試辦之章程遽作常行之定準。節經諄飭永昌府知府張亮基，就近督縣加意撫綏，認真彈壓。計上年四月安置之後，至今已越一年。疊據稟報，該回民二百餘户，在官乃山墾種爲生，均極守分安業，堪以永遠居住等情。臣等查此案移置之由，因道光二十五年九月間，保山城内回民被該處七哨匪徒挾仇殘殺一次，迨二十七年甫經招復，又於十二月初一日因哨匪打奪解省人證，復恃衆入城搜殺一次。雖被殺由於報復，死者亦非概屬無辜，而受害情形實堪憫惻。除業經盡絶之户無可挽回外，其有他出始歸，以及藏匿逃亡遺存丁口，悉經由官訪明，捐貲撫卹，以軫餘生。至二十八年春間，臣林則徐親往迤西督兵查辦，於痛勦彌渡之後，直擣七哨地方，哨匪始慴軍威，俯伏歸命，當時拏獲辦罪至四百餘名之多。七哨經此痛懲，不敢復逞兇頑之習。本擬招復逃亡回衆，仍返故居，惟查房屋被焚，早成灰燼，若令自行建蓋，已屬力所未能，且與漢民界址毘連，清釐匪易，一時既虞其尋衅，日久更難以相安，故於軍務將竣之時，即另籌安置保回之地。嗣據地方文武暨各委員覓得保山所轄距城二百餘里之官乃山一座，周圍約十餘里，外狹中寬，前隔潞江，後依雪山。雪山之巔，石崖陡險，雖有猓猓夷人窩居其上，向不與民人相通。其自半山中腰，下至臨江，閒有平曠地土，堪以墾種，因而外來無業客民，單身赴彼，或種包穀雜糧，或植大小果樹，先搭棚寮棲止，漸蓋土屋草房。究因中隔潞江，往來未能甚便，該客民等仍不樂於久居。隨訪得有楊育春、白奉禮等，均願將自墾成熟之地暨果樹寮房，悉行折價遷讓，或以城鄉産業與之掉換，亦所樂從。當查該處山場，既有田畝樹株，按年可收花息，並已種將熟之雜糧果實，均願折價賣給，回民到彼，即無枵腹之虞，若漸墾漸多，更可長資養贍。因詢保回頭人童俊、劉耀宗等，以保山之清真寺舊有零星公産，其各鄉亦有故絶回户遺産，如願公同估價，與官乃山産業房産互相掉換，便可官爲經理，伊等當即允從。其價值除互抵外，尚有不敷，由官湊捐給付，遂將官乃山一座全作保回聚居之所。除有他處親戚可依、不願前往者，聽其自便外，凡願移之回户，皆按大小人口，官給盤費。經署保山縣知縣韓捧日、署永昌協副將桂林等，將該回民二百餘户，分起押送前往，到後仍酌給三箇月口糧，俾得從容治産。此上年安置保山回户之情形也。嗣又添撥把總一員，先後帶兵八十名，歸於原設之舊乃汛駐劄，就近巡防。該回民等益知官爲保護，得以久安生業，陸續去者復有數起，自係知爲樂土，彼此相招。查該處去秋包穀雜糧，均稱豐熟，果樹亦皆獲利。今年墾種之地比較去年更多，將來户口繁滋，該山亦足資其力食，與山巔之猓猓夷人，及江外之土著漢民，均無轇轕，而保山城哨相距甚遥，更無虞其生衅。是回民安置在此，似可決爲久遠之圖。雖不願者，本不强其前來，而已來者，定可安於無事矣。惟其祖先墳墓向來本在保山，當二十五年互鬭之時，回匪之燒漢屋者極多，而漢匪之掘回墳者尤甚，屍骸堆積，令人不忍覩聞。臣等面囑該府張亮基，督屬妥爲修掩。張亮基到任後，即與署保山縣陸葆捐發廉銀，選擇公正紳耆，分赴各山，將被挖回墳逐一修砌，悉還其舊，不獨屍骨全無遺棄，並棺柩每與更新。統計自夏至冬，共修回墳九千餘冢。該處事定之後，有回民赴保山祭掃者，府縣派差照料，即以暗杜衅端。該回民見其墳冢新修，比前加勝，亦皆同聲感激，并可消釋前嫌矣。又據張亮基稟稱：保山回户中，未經故絶之人遺有田産，上年軍務竣後，曾經委員分路清查，核與該回頭人查報大數相符。當即由官派佃代種，收取租銀，尋覓外出各回民，寄交該處地方官給領。惟思回户業經他徙，若將零星田産留在保山，内有狡黠之徒未忘舊衅，即難保不藉此爲由，以清租爲尋衅之地。不如查起原契，官爲覓售，其無原契者，亦由官估價值，分別變賣。節經頭人傳諭，業已允從者多。惟聞有力之回，本在他處經營貿易，有不必急於變産而尚觀望遷延者，若不催令一體辦理，轉恐退有後言，是以現仍傳覓本户回民，諄切曉諭，令其出售零産，以斷葛藤。總期保邑漢、回各遂其生，永無可開之衅，以仰副聖主綏安邊圉、一視同仁至意。

所有續辦善後緣由，臣等謹合詞恭摺縷陳，并咨部核明立案。伏乞皇上聖鑒。謹奏。

校記：

〔一〕此摺與程矞采聯銜，道光二十九年五月初六日具奏。

密保永昌府張亮基片〔一〕

再，永昌連年滋事，民幾不知有官，實由吏治因循，以致獷悍成風，積重難返。上年甫經懲創，亟須爲地擇人。仰荷聖恩，凖以臨安府張亮基調補永昌府缺。該府自到任後，辦理不遺餘力，於地方之利弊無不訪察周知，於風俗之澆漓無不革除務盡。如昔時牛叢香把、拜會結盟、斂費賽神、信妖惑衆諸惡習，皆能令行禁止，杜絶根株，一有句結潛滋，即被查拏懲辦。又將各邨寨槍礮火藥全行搜繳入官，産硝各硐全封，軍火無從私製。

至該處向有教演拳棒、聚唱小説之所，今則改爲義學。又有糾詐大户、引誘游女之風，今則厲其鄉禁。徭役之累民者，設法裁革之；道途之險巇者，捐貲平治之。合諸臣等正摺所陳，安置回户，修護回墳，勸售回産等事，無非任勞任怨，期以永杜衅端。訪查彼處民情，於該府懷畏兼深，漢回如一。且不獨永昌一郡如是，即附近之順甯、蒙化等屬，亦莫不然。是張亮基調任年餘，竟能大挽積年難挽之習。臣等職司察吏，似此實在得力知府，不敢壅於上聞。惟地方正當起色之時，仍應責成經理，將來遇有兼轄迤西及統轄滇省之任，如蒙簡界鴻慈，似張亮基皆可力圖報稱，以收得人之效。

臣等爲邊疆需才起見，不揣冒昧，謹合詞附片密陳。是否有當，伏祈聖鑒。謹奏。

校記：

〔一〕此片清宫硃批奏摺原件注有硃筆「林則徐、程矞采」，推斷為道光二十九年五月初六日附奏。

圖書在版編目（CIP）數據

林文忠公政書 /（清）林則徐著；茅林立，林灌點校. -- 福州：海峽書局，2022.11

（八閩文庫．要籍選刊）

ISBN 978-7-5567-0883-3

Ⅰ．①林…　Ⅱ．①林…　②茅…　③林…

Ⅲ．①奏議 - 匯編 - 中國 - 清代　Ⅳ．① K249.065

中國版本圖書館 CIP 數據核字（2021）第 241997 號

林文忠公政書

作　　者：［清］林則徐　著　茅林立　林灌　點校
責任編輯：廖偉
裝幀設計：張志偉
出版發行：海峽書局
電　　話：0591-87557277（發行部）
網　　址：http://www.zpxsxk.com
電子郵箱：zhongxuankan@sohu.com
地　　址：福建省福州市東水路 76 號
郵政編碼：350001
經　　銷：中篇小說選刊雜志社發行部
印刷裝訂：雅昌文化（集團）有限公司
地　　址：深圳市南山區深雲路 19 號
開　　本：787 毫米 ×1092 毫米　1/32
印　　張：18.75
字　　數：326 千字
版　　次：2022 年 11 月第 1 版第 1 次印刷
書　　號：ISBN 978-7-5567-0883-3
定　　價：84.00 元